한국연구재단 학술명저번역총서 동양편 337

『열미초당필기』 역주 ❶

난양소하록灤陽消夏錄 1-3

한국연구재단 학술명저번역총서
동양편 337

『열미초당필기』 역주 ❶
난양소하록灤陽消夏錄 1-3

초판 1쇄 인쇄 2025년 6월 20일
초판 1쇄 발행 2025년 6월 27일

저　　자　기윤
역 주 자　이민숙
펴 낸 이　이대현

편　　집　이태곤 권분옥 임애정 강윤경
디 자 인　안혜진 최선주 강보민
기획/마케팅　박태훈

펴 낸 곳　도서출판 역락
주　　소　서울시 서초구 동광로46길 6-6 문창빌딩 2층(우06589)
전　　화　02-3409-2055(대표), 2058(영업), 2060(편집) FAX 02-3409-2059
이 메 일　youkrack@hanmail.net
홈페이지　www.youkrackbooks.com
등　　록　1999년 4월 19일 제303-2002-000014호

ISBN 979-11-7396-161-8 94820
ISBN 979-11-6742-443-3 94080(세트)

*정가는 뒤표지에 있습니다.
*잘못된 책은 바꿔 드립니다.

이 저서는 2021년 대한민국 교육부와 한국연구재단의 지원을 받아 수행된 연구임 (NRF-2021S1A5A7080010)

한국연구재단 학술명저번역총서 동양편 337

『열미초당필기』 역주 1

난양소하록灤陽消夏錄 1-3

기윤(紀昀) 저
이민숙 역주

역락

옮긴이의 말

1.

『열미초당필기』는 오늘날 기윤(紀昀)을 문인, 혹은 유머대사로 기억하게 만든 대표작품이다. 관리의 세계를 두루 경험한 그는 관직에서 물러난 뒤, 소동파(蘇東坡)의 황주귀설(黃州鬼說)에서 자신과 부합하는 정신 유형을 발견했다. 그리하여 '필기'라는 형식에 소설적 재미를 더하고자, 인류의 역사와 함께해 온 여우와 귀신의 이야기를 빌려 세상의 이치를 비판했다. 『열미초당필기』는 매 권이 탈고될 때마다 수많은 문인과 서점 상인들에 의해 필사되었으며, 모방 작품이 생겨날 정도로 큰 인기를 끌었다. 그 결과 이 책은 『홍루몽』, 『요재지이』와 함께 청대의 대표적인 베스트셀러로 평가되었고, 노신(魯迅)은 "그의 자리를 꿰찰 후인은 없을 것이다."라고 극찬했다.

이 책은 조선에도 비교적 이른 시기에 전래되었다. 현재 규장각, 국립중앙도서관, 성균관대, 고려대 등에 소장된 판본을 살펴보면, 『열미초당필기』는 1800년대 초·중반에 국내에 유입되어 일부 사대부층과 고서점 중심으로 읽힌 것으로 보인다. 기윤이 조선 문인에 대해 깊은 관심을 보였다는 사실은 이미 널리 알려져 있다. 그는 예부상서로 재직할 때 조선의 사신들과 활발히 교류했으며, 유득공, 박제가, 홍량호 등과 시문을 주고받기도 했다. 이러한 인연 덕분에 그의 이름은 조선의 사대부들에게 낯설지 않았고,

그의 시와 『열미초당필기』 또한 자연스럽게 조선 지식인 사회에 소개되어 일찍부터 독자층을 형성했다.

2.

기윤(1724~1805)은 청대의 대표적인 학자이자 유머대사이다. 호는 효람(曉嵐), 자는 춘범(春帆), 만년에는 석운(石雲), 관혁도인(觀奕道人), 고석노인(孤石老人), 다성(茶星), 기하간(紀河間)이라 불렸으며, 시호는 문달(文達)이다.

그는 옹정 2년(1724) 6월 15일 오후 직례성(直隸省) 하간부(河間府) 헌현(獻縣) 최이장(崔爾莊) 대운루(對雲樓)에서 태어났으며, 가경 10년(1805) 2월 14일 향년 82세의 나이로 세상을 떠났다.

기윤이 태어난 날 밤, 조부 기천신(紀天申)은 한 줄기 빛이 대운루 안으로 들어오는 꿈을 꾸었다고 전해지며, 민간에서는 배·대추·밤·과일을 수시로 들고 다니며 먹는 그의 식습관을 두고, "원숭이 요정(猴精)이 사람으로 태어났다"는 전설까지 돌았다. 실제로 그는 아홉 살에 동자시(童子試)에 응시하여 남다른 재능을 드러냈고, 건륭 21년(1756)에는 진사에 급제하여 한림원 편수관(編修官)으로 관직에 진출했다.

이후 귀주 도균부 지부(知府)를 거쳐 한림원 시독학사(侍讀學士)에 이르렀으며, 『사고전서』를 비롯해 『역대직관지(歷代職官志)』, 『하원기략(河源記略)』 등 국가 주도 편찬사업에 참여하여 당대 학술계의 거두로 자리매김했다.

기윤은 동시대의 다른 문인들에 비해 비교적 평탄한 삶을 살았다. 그러나 우루무치로의 단 한 차례 유배는 출세가도를 달리던 그의 삶에 적지 않은 불안감을 안겨주었다. 우루무치는 신강(新疆)의 성도로, 18세기 중반인 1755년 건륭제가 군사적으로 이 지역을 정복한 뒤 '서역'이라는 이름 대신 '새로운 강역'이라는 뜻의 '신강'이라는 명칭을 부여함으로써 점차 중국 영토에 편입되었다. 형식상으로는 중국의 땅이었지만, 청나라 초기까지만 해도 신강은 한인 관료나 지식인들에게는 낯설고 황량한 유배지였으며, 문명과는 거리가 먼 미개한 이들이 사는 곳으로 여겨졌다. 그들에게 신강으로의 유배는 곧 문명 세계를 떠나 관문 밖, 이른바 '야만의 땅'으로 내쳐지는 것을 의미했다.

건륭 33년(1768), 기윤의 사돈 노견증(盧見曾)이 국고를 유용한 사실이 발각되면서 가문 전체가 멸문지화의 위기에 처했다. 기윤은 자신의 딸과 집안을 보호하기 위해 노견증에게 이 사실을 사전에 알렸고, 결국 기밀 누설죄로 몰려 45세의 나이에 우루무치로 유배되었다.

건륭제는 기윤을 신뢰하고 아꼈으며, 지방 근무를 꺼려 도성에 잡아둘 만큼 그를 특별히 아꼈던 황제였다. 황제의 절대 권력을 생각하면, 신하들의 반대를 무시하고서라도 기윤을 도성에 남겨둘 수 있었을 것이다. 그럼에도 불구하고 굳이 그를 신강으로 유배 보낸 데에는 다른 이유가 있었던 것이다. 기윤은 이 점을 진지하게 고민하지 않을 수 없었다.

건륭제의 입장에서 볼 때, 아무리 고위 관리라도 죄를 지으면 1만 리 밖의 변방으로 유배될 수 있다는 점을 모든 관리들에게 각인시킬 필요가 있었다. 동시에 10년 넘게 추진해온 신강 정책의 성과를 점검하고, 현지의 사회, 경제적 상황을 한인 관료의 시각에서 정밀하게 파악할 필요도 있었던 것이다. 건륭제를 누구보다 잘 이해하고 있었던 기윤은, 자신이 단순한 처벌의 대상이 아니라 정치적 메시지와 정책 평가의 도구로 선택되었음을 직감했다.

이에 기윤은 당대의 유종원(柳宗元)에게서 자신이 처한 상황에서 취해야 할 자세와 역할을 찾고자 했다. 유종원은 영정혁신(永貞革新)의 실패로 영주(永州)에 좌천된 동안, 당나라 정부가 회서절도사(淮西節度使) 오원제(吳

元濟)의 반란을 평정한 사건을 접하게 된다. 직접 전투에 참여할 수 없었던 유종원은, 문사로서 나라의 은혜에 보답하는 유일한 길은 시문을 통해 이를 찬양하는 것이라 여겼고, 이에 「회이 평정의 시를 올리는 글(獻平淮夷雅表)」을 지어 올렸다. 기윤 역시 유종원의 이 태도를 본받고자 했다. 신강의 변방 도시였던 우루무치가 10여 년 만에 인구가 증가하고 산물이 풍부해진 지역으로 탈바꿈한 것은 전적으로 황제의 은혜라는 판단 아래, 그에 보답하는 길은 시문으로 표현하는 일이라 여긴 것이다.

이에 기윤은 유배자의 신분을 넘어 신강의 생존 기술과 자연 환경에 대한 깊은 이해를 갖춘 인물로 자신을 새롭게 정의할 필요성을 느꼈다. 그는 건륭 36년(1771), 도성으로 돌아오는 길에 『우루무치잡시(烏魯木齊雜詩)』 163수를 지어 세상에 내놓았다.

그러나 북경으로 돌아온 기윤은 절망을 금할 수 없었다. 자신이 집을 비운 사이, 장남 기여길(紀汝吉, 1744~1776)이 잘못된 학문의 길에 빠져 요절하고 만 것이다. 『난양속록』에 따르면, 기여길은 건륭 30년(1765) 향시에 합격하여 거인(擧人)이 된 뒤 비로소 시와 고문을 익히기 시작했으나, 아직 확고한 학문적 방향을 잡지 못한 상태였다. 그 무렵 그는 포송령(蒲松齡)의 『요재지이(聊齋志異)』 초고를 접하고 깊이 빠져들었으며, 결국 그 세계에서 빠져나오지 못한 채 젊은 생을 마감했다.

이 비극 앞에서 기윤은 자신의 삶을 되돌아보며 중요한 선택을 내려야 했다. 산수 전원의 조용한 삶으로 돌아가는 대신, 그는 다시 조정에 남아 관료로서의 길을 걷기로 결심했다. 조정으로 복귀했을 당시 그는 개가하는 아녀자의 심정이었으며, 또한 자신의 신세가 책 사이에 낀 좀 벌레 같다고 느꼈다. 그러나 좌절에만 머물러 있을 수는 없었다.

그의 폭넓은 지식은 가만히 있어도 세상으로 나아가게 했고, 요절한 아들과 같은 젊은 세대를 위해 무언가 해야 한다는 사명감도 그를 일으켜 세웠다.

기윤은 황제의 명에 따라 『사고전서』 편찬에 참여하였고, 그간의 학문과 경험을 바탕으로 『열미초당필기』를 집필했다. 그는 이 책을 통해 사회의 비리를 고발하는 동시에, 나이든 문인학자로서 한순간의 열정이나 감정보다, 인생을 살아가는 데 필요한 근본적인 도리와 통찰을 설파하고자 했다.

3.

『열미초당필기』는 기윤이 만년에 저술한, 편폭이 일정하지 않은 필기체 소설이다. 그의 문인 성시언(盛時彦)이 쓴 『열미초당필기』 원서(原序)에 따르면, 건륭 54년(1789) 여름, 기윤은 난양(灤陽, 열하)으로 비서(秘書)의 교감과 정리를 위해 파견되었다. 그러나 작업은 이미 오래전에 완료된 상태였고, 그는 선장본에 제목을 써 붙이는 일을 감독하는 것 외에는 특별한 일이 없었다.

긴 여름날 시간이 남아돌자, 그는 예전에 보고 들었던 이야기를 떠올려 여섯 권 분량의 패설(稗說)을 짓고, 이를 『난양소하록(灤陽消夏錄)』이라 이름 붙였다. 이후 2년 뒤에는 『여시아문(如是我聞)』 4권을, 이듬해에는 『괴서잡지(槐西雜志)』 4권을, 또 다음 해에는 『고망청지(姑妄聽之)』 4권을 완성하였다. 그리고 마지막으로 가경 3년(1798) 여름, 다시 열하를 찾아가 『난양속록(灤陽續錄)』을 집필하였다. 이렇게 쓰인 다섯 편의 필기체 소설은, 2년 뒤인 가경 5년(1800)에 제자 성시언이 합간하고, 기윤이 북경에 있을 때 머물렀던 서재의 이름을 따서 『열미초당필기오종(閱微草堂筆記五種)』이라 이름 붙였다.

중국의 역대 문인들은 '소설'을 대개 '자기 한 몸을 건사하는 데 필요한 정신적 양분' 정도로 여겼다. 그래서 소설 창작은 삶의 여유가 생기는 만년에나 즐길 수 있는 소일거리로 간주되었고, 기윤 역시 이러한 인식에서 크게 벗어나지 않았다.

『사고전서』 편찬 이후, 기윤은 『열미초당필기』를 집필하면서 자신의 심정을 담아낼 새로운 문체를 찾게 되었고, 그것을 이전 문인들도 자주 활용했던 '귀신 이야기'에서 발견하였다. 그러나 장남 기여길이 재야 문인 포송령의 『요재지이』에 깊이 빠진 끝에 요절했다는 사실을 알게 된 기윤은, 자신의 글이 그런 '별 볼일 없는 문인들'의 작품과 비교되길 원치 않았다. 이에 그는 새로운 형식, 즉 잡설(雜說)에서 발전한 필기(筆記)를 택하였다. 필기는 수필 형식으로 문체가 단아하고, 다양한 내용을 품을 수 있는 고상한 장르였다. 또한 기윤은 독자의 흥미를 끌기 위해 '사실'에 어긋나는 '허구'가 불가피하다는 점도 인식하였다. 그래서 그는 인정(人情)에 어긋나지 않고 권계(勸戒)의 뜻이 담긴 제한된 허구를 주장해 작품을 출판하기에 이르렀다.

『열미초당필기』에는 약 1,250편의 이야기가 수록되어 있다. 명말부터 청초에 이르는 강희, 옹정, 건륭, 가경 4대에 걸친 정치·경제·문화·군사·민속 등 다방면의 내용을 담고 있다. 그중에서도 여우와 귀신이 등장하는 이야기가 전체의 절반 이상을 차지하고 있다.

기윤은 이러한 여우와 귀신의 형상을 통해 자신의 세계관과 현실 인식을 드러냈다. 그는 이들의 몸을 빌려 당시 관료 사회의 부정부패와 뇌물 수수, 재물 앞에서 비굴해지는 인간의 탐욕, 봉건 예교 아래 희생되어 가는 노비와 여성들의 고통을 고발했다. 또한, 극심한 가난 속에서 가족을 팔아야만 했던 백성들의 비참한 삶, 겉으로는 도덕과 학문을 말하면서 뒤로는 과부의 재산을 노리는 위선적인 유학자들, 죽음이 오가는 현장에서조차 탁상공론에 빠진 지식인들의 모순된 모습을 낱낱이 폭로한다.

특히 『열미초당필기』에는 창길(昌吉)에서의 반란, 중가르 칸국의 멸망 등 역사적으로 굵직한 사건들도 함께 실려 있어, 청나라가 주변 국가를 어떻게 정복하고 영토로 편입했는지를 생생히 보여준다. 더불어 과거급제자의 선발 방식과 지역 균형 선발 등의 제도를 상세히 서술하며, 오늘날의 대학입시 제도를 떠올리게 하는 흥미로운 유사성도 제시하고 있다.

그 외에도 관리들의 주요 금기와 건강을 위한 보양식, 예언과 놀이문화로서의 부계점(扶乩), 유배지 우루무치의 정치·경제 변화와 풍속 등 다양한 주제를 폭넓게 다루고 있어, 『열미초당필기』는 단순한 귀신 이야기집을 넘어 당대 사회의 백과사전적 기록이라 할 수 있다.

『열미초당필기』에 이처럼 다양한 사회 현상이 담길 수 있었던 것은, 기윤이 폭넓은 인물 군으로부터 이야기의 소재를 수집했기 때문이다. 그는 자신의 직접적인 경험뿐 아니라, 부형(父兄), 조카, 친구, 스승, 동료, 부하, 하인, 하녀는 물론이고, 날품팔이꾼에 이르기까지 다양한 계층의 인물들에게서 이야기를 들었다. 특히 하층민들의 사상과 감정, 욕망과 이상은 여과 없이 있는 그대로 담아내고자 노력하였다.

그러나 『열미초당필기』는 광범위한 제재와 다양한 인물 군상을 담고 있는 만큼, 이야기의 길이가 일정하지 않고 전체적으로 다소 산만한 인상을 줄 수 있었다. 이에 기윤은 서술 방식에 변화를 주어, 이야기의 기록자인 자신과 이야기를 전달하는 강술자, 그리고 이야기 주인공의 시각을 유기적으로 뒤섞어 새로운 심미 세계를 창조해냈다. 또한 그는 심리 묘사보다는 외부 행동과 언행의 묘사에 집중함으로써, 송·명대 이학(理學)에 심취한 강학가(講學家)들의 위선적 언행과 숨은 속셈을 교묘하게 드러냈다. 이를 통해 기윤은 단순한 이야기꾼을 넘어, 자신의 문학적 가치와 비판 의식을 한층 더 높일 수 있었다.

4.

『열미초당필기』 역주 작업은 한국연구재단 명저 번역 사업의 일환으로 진행되었다. 본 번역은 2년에 걸쳐 초역을 완료한 뒤, 지속적인 윤독과 꼼꼼한 교정을 거쳐 출판에 이르렀다. 본 번역은 초각본인 가경(嘉慶) 5년(1800)본을 저본으로, 소산(蕭山) 사람 사선(謝璿)·육종위(陸鍾渭)의 상주(詳註)와 소흥(紹興) 사람 탕수명(湯壽銘) 교정의 『상주열미초당필기(詳註閱微草堂筆記)』(1918)와 『열미초당필기』 관련 여러 판본을 참고하고 교감하여 진행하였다.

『열미초당필기』는 대학자 기윤의 폭넓은 지식을 바탕으로 명말에서 청초에 이르는 정치, 경제, 문화, 민속, 종교, 의학, 서역 등 다양한 내용을 상세히 기록하여 당시 사회상을 엿볼 수 있다. 특히 청나라 신강(新疆)에 대한 시각은 오늘날 중국의 소수민족 및 소수민족 정책에 대한 이해에도 중요한 단초를 제공한다. 이에 본 번역은 전문 연구자는 물론, 중국의 흥미로운 옛이야기에 관심 있는 독자에게도 유익하고 흥미로운 책이 될 것이다.

『열미초당필기』 역주 작업은 결코 만만치 않았다. 채원배 선생이 지적했듯, 이 책은 손가는 대로 쓴 수필 형태로 당시 노인들도 쉽게 이해할 수 있었으나, 각 글자마다 깊은 내력이 있어 전고(典故)나 사자성어를 꼼꼼히 살피지 않으면 본뜻을 제대로 파악하기 어려운 경우가 많았다. 이에 많은 시간과 노력을 기울였음에도 불구하고, 오타나 해석상의 오류가 있을 수 있음을 너그러이 양해해 주시고, 독자 여러분의 따뜻한 질책을 부탁드린다.

차례

난양소하록灤陽消夏錄 — 1

난양소하록灤陽消夏錄 — 2

난양소하록灤陽消夏錄 — 3

일러두기

1. 본 번역은 초각본인 가경(嘉慶) 5년(1800)본을 저본으로, 소산(蕭山) 사람 사선(謝璿)·육종위(陸鍾渭)의 상주(詳註)와 소흥(紹興) 사람 탕수명(湯壽銘) 교정의 『상주열미초당필기(詳註閱微草堂筆記)』(1918)와 『열미초당필기』 관련 여러 판본을 참고, 교감하여 진행했다.

2. 『열미초당필기』는 다음 원칙에 준해 번역한다.

① 본 번역은 가능한 한 직역을 위주로 하고 직역으로 문맥이 통하지 않을 경우에는 본뜻이 벗어나지 않는 범위 내에서 의역하며, 문맥의 이해를 돕기 위해 필요시 [ ] 부분을 삽입해 번역한다.

예 또 삼 년에 한 번 벼슬아치들의 고과를 평가하는 것은 무엇 때문이겠는가? [관직에 몸담고 있으면서도] 공이 없다면 그것이 바로 죄를 짓는 것이 아니고 무엇이겠는가!

② 고유명사는 처음에만 ( ) 안에 한자를 넣어주고, 그 뒤로는 생략한다.

③ 중국을 제외한 외국의 국명, 지명, 인명, 서명의 경우, 외래어 표기법에 의거하여 해당 국가의 현대식 표기법을 따르고, 조목마다 처음에만 ( ) 안에 해당 지역 언어를 병기한다. 그리고 나머지 필요한 상황은 주석으로 처리한다.

예 페르디난트 페르비스트(Ferdinand Verbiest)[1]

1 페르디난트 페르비스트(Ferdinand Verbiest): 원문은 '남회인(南懷仁)'으로, 벨기에 출신의 예수회 선교사이다. 1659년 중국에 온 페르비스트(1623~1688)는 서양의 천문학과 수학에 통달해 처음에는 예수회 수사 아담 샬(Adam Schall)을 도와 흠천감(국립천문대)에서 근무했다. 강희 원년(1662)에 양광선(楊光先)을 중심으로 하는 보수파의 반대 운동에 부딪혀 아담 샬과 함께 북경 감옥에 갇혔다. 이어 보수파가 실각하자 다시 흠천감의 일을 맡게 되었으며, 궁정의 분수 등을 만들어 강희제의 신임을 받아 공부시랑(工部侍郎)의 직위를 하사받았다. 또한 서양풍의 천문기기를 주조하고 그것을 해설한 『영태의상지(靈台儀像志)』(1674) 16권을 출판했으며, 같은 해에 『곤여도설(坤輿圖說)』이라는 세계 지도를 펴냈다.

④ 각주에서는 표제어를 제시한다. 각주의 내용이 길 경우 "…"를 이용해 어디부터 어디까지에 관련된 주석인지를 밝힌다.

예 입으로만…않았다: 『예기(禮記)』에 보면, "입으로만 은혜를 베풀고 실제로 이루어지지 않으면 원망으로 인한 재앙이 몸에 미친다(口惠而實不至, 怨菑及其身)."라는 문장이 있다.

⑤ 원주는 번역문과 원문에 그대로 노출시킨다. 다만 본문과의 차이를 구분하기 위해 글자 포인트(9)를 줄이고 색깔을 입혀 처리한다.

예 원주: 남회인(南懷仁)은 서양인으로 흠천감(欽天監) 감정(監正)을 지냈다.

원주: 다음과 같이 적혀 있다. 증서를 발급합니다. 아무 곳의 누구누구는 나이가 몇 살인데, 모년 모월 모일에 이곳에서 병사했습니다. 오늘 친척들이 관을 본적으로 가져가려 함에 특별히 통행증을 발급합니다. 중요 길목을 지키고 있는 귀신은 이 패를 보면 바로 혼을 확인하고 통과시켜 주시오. 구실을 대며 지체하거나 일을 어렵게 해서는 안 됩니다.

⑥ 주석 번호는 권별로 시작한다.

『열미초당필기(閱微草堂筆記)』 원서(原序)

성시언(盛時彦)

유학자라면 누구나 문이재도(文以載道)에 대해 한마디씩은 한다. 도(道)는 어찌하여 불가의 심인(心印)이나 도가의 구결(口訣)처럼 심오하여 그 깊이를 헤아릴 수 없고 비밀스럽게 전해지지 않는가! 만사의 당연한 이치가 담겨 있는 것이 바로 도이다. 그러므로 도는 천지간에서 수은처럼 땅에 흘러 알알이 둥글고, 달이 물에 비치듯 도처에서 볼 수 있다. 크게는 나라를 다스리고 천하를 평안하게 할 수 있으며, 작게는 일 한 가지, 물건 하나, 행동 하나, 말 한마디에도 도가 존재한다. 그 가운데 문(文)은 도가 표현된 한 단면이다. 문 가운데 큰 것은 『육경(六經)』이 되었는데, 그 속에 도가 들어가 있다. 도는 전해 내려오면서부터 각 왕조의 역사가 되고, 여러 제자서가 되었으며, 세상 사람들의 문집(文集) 속에 들어가 있게 되었으니, 이것이 바로 도가 문 가운데에 표현된 한 측면으로, 자연 그 속에 담긴 말은 충분히 도를 밝힐 수 있다. 다시 시대를 거치면서 패관소설(稗官小說)이 되었는데, 패관소설은 언뜻 도와는 무관해 보인다. 그러나 『한서(漢書)』「예문지(藝文志)」의 한 일가로 나열되면서부터 역대의 서목(書目)에도 기록되었다. 황당하고 도리에 어긋나는 것은 수를 셀 수 없을 만큼 많지만, 그 가운데 정도(正道)에 가까운 것은 사람의 마음이나 세상을 다스리는 데 있어 보탬이 되지 않은 바가 없었다.

하간(河間) 선생은 학문과 문장으로 천하의 명망을 얻고 있지만, 천성이

고지식해 탁상공론이나 서로의 문호를 치켜세우는 것을 좋아하지 않았다. 또한 재주 있는 사람이 방탕하게 놀고 시사(詩社)니 주사(酒社)니 하면서 명사풍류(名士風流)로 자처하는 것도 좋아하지 않았다. 그리하여 식사를 하고 난 나머지 시간에는 전적만을 끼고 살았고, 나이가 들어서는 자료검토나 고증이 내키지 않아서 이문(異聞)을 수집하고 때로는 붓 가는 대로 글을 써서 본인이 하고 싶은 말을 기탁했다. 이렇게 해서 『난양소하록(灤陽消夏錄)』 등 다섯 권의 책에 기이하고 이상한 내용의 글이 실리게 되었고, 방자한 내용의 글이 적히게 되었다. 그러나 큰 뜻은 대개 순박하고 정도로 귀결되어 있어 사람들에게 권선징악을 알게 하는 데 있었다. 그런 까닭에 재자가인(才子佳人)을 내세운 음란서적의 경우 한순간에 지가는 올릴 수 있었지만, 결국에는 묻히고 말았다. 그러나 선생님의 책은 서판에 새겨서 오래도록 읽어도 싫증이 나지 않으니, 이것이 바로 수식이 많은 글들과 다르다는 명확한 증거이다. 돌이켜 보건대, 판각하는 사람들이 많아지면서 곡해하는 부분도 많아졌고, 또 명(明)나라 사람이 쓴 『냉재야화(冷齋夜話)』처럼 작품의 표제를 함부로 고치는 경우도 생겨났으니, 이 또한 독자들의 허물이다.

나 성시언(盛時彦)은 일찍부터 선생님을 좇아 선생님의 『고망청지(姑妄聽之)』를 새기고 책 말미에 발문(跋文)을 썼는데, [이를 보신] 선생님께서는 내가 책의 내용을 잘 이해한다고 생각하셨다. 근자에 와서 여러 판목의 글자가 더욱 희미해져 글씨를 알아볼 수 없게 되었기에 선생님께 청해서 다섯 권의 책을 합쳐서 하나로 엮고, 각각의 원본은 그대로 보존하기로 했다. 그래서 대바구니 안에 불을 켜놓고[1] 손수 교정보면서 감히 힘든 것을 꺼리

1 대바구니 안에 불을 켜놓고: 원문은 '구등(篝燈)'이다. 『송사(宋史)』「진팽년전(陳彭年傳)」에

지 않았고, 또한 선생님께 청하여 검사를 한번 받은 후에 인쇄했다. 선생님의 책이 굳이 이 판각본으로 전해져야 할 필요는 없지만, '어(魚)'가 '노(魯)'가 되는 표기상의 오류를 조금이라도 줄여 세상을 가르치려는 선생님의 뜻에 작은 보탬이 되고자 할 따름이다.

가경(嘉慶) 5년(1800) 경신년 8월 문인 성시언이
북평(北平)에서 삼가 이 글을 쓰다.

文以載道, 儒者無不能言之. 夫道豈深隱莫測, 秘密不傳, 如佛家之心印, 道家之口訣哉! 萬事當然之理, 是卽道矣. 故道在天地, 如汞瀉地, 顆顆皆圓, 如月映水, 處處皆見. 大至於治國平天下, 小至於一事一物一動一言, 無乎不在焉. 文, 其中之一端也. 文之大者爲『六經』, 固道所寄矣. 降而爲列朝之史, 降而爲諸子之書, 降而爲百氏之集, 是又文中之一端, 其言皆足以明道. 再降而稗官小說, 似無與于道矣. 然『漢書』「藝文志」列爲一家, 歷代書目亦皆著錄. 豈非以荒誕悖妄者雖不足數, 其近於正者, 於人心世道亦未嘗無所裨歟.

河間先生以學問文章負天下重望, 而天性孤直, 不喜以心性空談, 標榜門戶. 亦不喜才人放誕, 詩社酒社, 誇名士風流. 是以退食之餘, 惟耽懷典籍, 老而嬾於考索, 乃採掇異聞, 時作筆記, 以寄所欲言. 『灤陽消夏錄』等五書, 俶詭奇譎, 無所不載, 洸洋恣肆, 無所不言. 而大旨要歸於醇正, 欲使人知所勸懲. 故誨淫導欲之書, 以佳人才子相矜者, 雖紙貴一時, 終漸歸湮沒. 而先生之書, 則梨棗屢鐫,

---

보면, 진팽년은 어려서 공부를 좋아했다고 한다. 그의 모친이 그를 아껴 밤늦도록 글 읽는 것을 금하자, 진팽년은 등을 몰래 대바구니 안에 넣고 밀실에서 책을 보면서 모친이 모르게 했다고 한다.

久而不厭, 是則華實不同之明驗矣. 顧翻刻者衆, 訛誤實繁, 且有妄爲標目, 如明人之刻『冷齋夜話』者, 讀者病焉.

時彦夙從先生游, 嘗刻先生『姑妄聽之』, 附跋書尾, 先生頗以爲知言. 邇來諸板益漫漶, 乃請於先生, 合五書爲一編, 而仍各存其原第. 篝燈手校, 不敢憚勞, 又請先生檢視一過, 然後摹印. 雖先生之著作不必藉此刻以傳, 然魚魯之舛差稀, 於先生教世之本志, 或亦不無小補云爾.

嘉慶庚申八月, 門人北平盛時彦謹序

『열미초당필기』 서(序)

정개희(鄭開禧)

하간(河間) 기문달(紀文達) 공은 오랫동안 한림원에 계시면서 대문장과 거작을 남기셨으니, 한 시대의 대문호라 할 수 있다. 어떤 사람은 선생님께서 익살스러운 이야기를 좋아하셔서 풍자와 꾸짖음으로 문장을 쓰셨다고 말하는데, 오늘 내가 그 필기를 살펴보니 뜻이 진실되고 온화하며 체제가 매우 엄격했다. 또한 종지는 대체로 권선징악으로 귀결되고 있어서 옳고 그름이 성인의 뜻에서 어긋나지 않았고, 소설이기는 하지만 정사(正史)와 다름없었다. 기문달공은 직접 이렇게 말씀하셨다.

"『열미초당필기』는 『벽운하(碧雲騢)』처럼 시비를 전도하지 않았고, 『주진행기(周秦行紀)』처럼 은혜와 원한을 가슴에 품게 하지 않았으며, 『회진기(會眞記)』처럼 재자와 가인을 묘사하지 않았고, 『비신(祕辛)』처럼 잡스럽게 묘사하지 않았으니, 군자들에게 내쳐지지 않기만을 바랄 뿐이다."

아마도 이 말은 기문달공의 겸손에서 나온 것 같다. 공의 손자 기수복(紀樹馥)이 영남(嶺南)의 관리로 왔을 때, 그를 따라다니면서 이 책을 달라고 하는 이가 많아 다시 판각하게 되었다. 기수복은 사람됨이 순박하면서도 학식도 갖추고 있어 능히 관직을 수행할 수 있었고, 집안의 가풍을 떨어뜨리지도 않았다고 한다.

도광(道光) 15년(1835) 을미년 봄날 용계(龍溪) 사람 정개희 쓰다.

河間紀文達公, 久在館閣, 鴻文鉅製, 稱一代手筆. 或言公喜詼諧, 嬉笑怒罵, 皆成文章, 今觀公所著筆記, 詞意忠厚, 體例謹嚴. 而大旨悉歸勸懲, 殆所謂是非不謬於聖人者歟, 雖小說, 猶正史也. 公自云: “不顚倒是非如『碧雲騢』, 不懷挾恩怨如『周秦行紀』, 不描摹才子佳人如『會眞記』, 不繪畫橫陳如『祕辛』, 冀不見擯於君子.” 蓋猶公之謙詞耳. 公之孫樹馥, 來宦嶺南, 從索是書者衆, 因重鋟板. 樹馥醇謹有學識, 能其官, 不墮其家風云.

道光十五年乙未春日, 龍溪鄭開禧識

『상주열미초당필기(詳註閱微草堂筆記)』 서

채원배(蔡元培)

청대(淸代) 소설 가운데 가장 유행한 세 작품이 있는데, 『석두기』·『요재지이』·『열미초당필기』가 그것이다. 『석두기』는 전체가 백화(白話)로 쓰인 장회체(章回體) 평본(評本)으로 주석이 필요 없다. 『요재지이』는 당대(唐代) 단편소설을 정교하게 모방해서 쓴 작품으로, 독자들이 인용문의 내용을 잘 이해하지 못했기에 일찍부터 상주본(詳註本)이 나왔다. 반면 『열미초당필기』는 손가는 대로 쓴 수필형태의 글이라 노인들도 모두 이해할 수 있었다. 그래서 옛날부터 주(註)를 다는 사람이 없었다. 그러나 기효람(紀曉嵐)은 박학다식하여 아무 뜻 없이 글을 썼지만 글자마다 모두 내력이 있어, 글자의 의미를 찾아 밝히지 않으면 자칫 독자들이 진의를 파악하기 힘들다. 이와 같은 점에 착안하여 회문당주인(會文堂主人)은 특별히 상주(詳註)를 달고 찍어냄으로써 『석두기평본』·『요재지이주본』과 더불어 장차 기씨(紀氏: 紀昀)의 책이 더욱 더 사람들에게 환영받길 바랐다.

중화민국(中華民國) 7년(1918) 11월 18일 채원배 쓰다.

淸代小說最流行者有三, 『石頭記』·『聊齋志異』及『閱微草堂筆記』是也. 『石頭記』爲全用白話之章回體評本至多而無待於註. 『聊齋誌異』倣唐代短篇小說刻意求工, 其所徵引間爲普通人所不解, 故早有詳本. 『閱微草堂筆記』則用隨筆體信手拈來, 頗有老嫗都解之概. 故自昔無作註者. 然紀曉嵐氏博極群書, 雖無意爲文而字字皆有來歷, 不爲證明, 讀者或不免失其眞意. 會文堂主人有鑒於此, 特詳註而重印之, 以與『石頭記評本』·『聊齋誌異註本』相將從此紀氏之書將益受普通人歡迎矣.

中華民國七年十一月十八日 蔡元培識

난양소하록

灤陽消夏錄

1

관혁도인(觀奕道人) 찬(撰)

건륭(乾隆) 54년(1789) 기유년 여름에 비적(祕籍: 잘 알려지지 않은 전적)을 순서에 맞게 정리하고 배열하러 난양(灤陽)[1]에 갔다.[2] 가서 보았더니 교감 작업[3]은 이미 오래전에 끝나 있어 관리들이 선반 위의 선장본(線裝本)에 책 이름을 써서 붙이는 일[4]만 감독하면 되었다. 낮은 길고 할 일은 없어 이전에 보고 들었던 것을 기억해내어 책으로 써 내었는데, 일정한 체제는 없다. 소설패관(小說稗官)[5]은 저술의 일과는 무관하다는 것을 알고 있지만, 거리에서 떠도는 이야기[6] 가운데도 간혹 권선징악에 보탬이 되는 것이 있다. 이에 잠시 필경사[7]에게 주어 초록하게 하고는, 책이름을 『난양소하록(灤陽消夏錄)』이라 명명했다.

---

1 난양(灤陽): 청나라 때의 승덕현(承德縣)이다. 일명 열하(熱河)라고도 하는데, 난수(灤水)의 북쪽에 위치해있다. 청대에 이궁(離宮)이라는 피서산장(避暑山莊)이 그곳에 위치해 있었으며, 『사고전서(四庫全書)』를 보관해 둔 문진각(文津閣)도 그곳에 있었다. 문진각은 청대 내정사고(內廷四庫)의 하나이다.

2 갔다: 원문은 '우역(于役)'으로, 행역(行役)이라고도 한다. 『시경(詩經)』에 보면, "변방에 성을 쌓으려 나간 님, 언제나 돌아오시려나(君子于役, 不知其期)!"라는 시구가 있다.

3 교감 작업: 원문은 '교리(校理)'이다. 『한서(漢書)』「초원왕전(楚元王傳)·유흠(劉歆)」에 보면, "비고(祕庫)에 보관 중인 것을 펼쳐 공개하고, 옛 사적을 교감, 정리하게 했다(陳發祕藏, 校理舊史)."라는 문장이 있다.

4 책 이름을 써서 붙이는 일: 원문은 '제첨(題籤)'으로, 선장본의 표지에 책이름을 써 붙이는 것을 말한다.

5 소설패관(小說稗官): 『한서』「예문지(藝文志)」에 보면, "소설가의 무리는 대개 패관에서 나왔으며, 거리에서 떠도는 이야기와 길에서 듣고 말한 것으로 지었다(小說家者流, 蓋出於稗官, 街談巷語, 道聽塗說者之, 所造也)."라는 문장이 있는데, 안사고(顏師古)의 주에 따르면 패관은 하급관리이다.

6 거리에서 떠도는 이야기: 원문은 '가담항의(街談巷議)'이다. 장형(張衡)의 「서경부(西京賦)」에 보면, "거리의 이야기나 세상의 풍문으로 다른 사람을 질책하거나 평한다(街談巷議, 彈射藏否)."라는 문장이 있다.

7 필경사: 원문은 '초서(抄胥)'로, 전적을 초록하는 일을 담당하는 관리를 말한다.

乾隆己酉夏, 以編排祕籍, 于役灤陽. 時校理久竟, 特督視官吏題籤庋架而已. 晝長無事, 追錄見聞, 憶及即書, 都無體例. 小說稗官, 知無關於著述, 街談巷議, 或有益於勸懲. 聊付抄胥存之, 命曰『灤陽消夏錄』云爾.

1.

장생 돼지

어사(御史) 호목정(胡牧亭)이 해준 이야기이다.

마을에 돼지를 기르는 사람이 있었는데, 이 돼지는 이웃집 노인만 보면 눈을 부라리고 미친 듯이 꿀꿀대며 물어뜯을 기세였지만, 다른 사람에게는 그렇지 않았다고 한다. 이를 본 이웃집 노인은 처음에는 몹시 화가 나서 돼지를 사서 살점을 씹어 먹으려 했다. 그러다 얼마 뒤에 노인은 갑자기 무언가 깨달은 듯 이렇게 말했다.

"이것이 바로 불경에서 말하는 '숙원(夙冤)'이란 말인가! 세상에 풀 수 없는 원한은 없다."

그리하여 노인은 좋은 값으로 돼지를 사들이고 절로 보내어 장생 돼지로 기르기 시작했다. 그 후에 노인이 절에 가서 돼지를 보았더니, 돼지는 머리를 조아리고 입을 귀에 갖다 대며 다정하게 노인에게로 다가서는데, 이전의 그런 흉포한 모습은 더 이상 찾아 볼 수 없었다.

내가 언젠가 손중(孫重)이 그린 「복호응진[8]도(伏虎應眞圖)」를 본 적이 있

8 응진(應眞): 손작(孫綽)의 「유천태산부(游天台山賦)」에 보면, "응진은 석장(錫杖)을 타고 하늘을 날아다니네(應眞飛錫以躡虛)."라는 시구에, 응진은 나한(羅漢)이라는 주석이 달려 있다. 생각건대 불가의 십팔나한인 복호존자(伏虎尊者)를 말하는 것 같다.

는데, 그림에 파촉(巴蜀) 서부[9] 사람 이연(李衍)이 쓴 제사(題詞)가 있었다.

성인[10]은 난폭한 호랑이를 타고도,
되레 천리마처럼 부리네.
어떻게 온순하게 다룰 수 있었던가?
도술의 힘으로 그 사나운 기세를 잠재웠다네.
이에 천지간에 정만 있으면,
모두가 인연을 맺을 수 있음을 알았네.
모두가 금석[11]과 같은 굳은 마음을 가지고 있으면,
일을 함에 있어 두렵고 꺼릴 것이 없다네.

나는 이 제사가 바로 호어사가 말해 준 이야기의 증거가 될 수 있다고 생각한다.

胡御史牧亭言. 其里有人畜一豬, 見鄰叟輒瞋目狂吼, 奔突欲噬, 見他人則否. 鄰叟初甚怒之, 欲買而啖其肉. 既而憬然省曰: "此殆佛經所謂'夙冤'耶! 世無不可解之冤." 乃以善價贖得, 送佛寺爲長生豬. 後再見之, 弭耳暱就, 非復曩態矣.

嘗見孫重畫「伏虎應眞」, 有巴西李衍題曰: "至人騎猛虎, 馭之猶騏驥. 豈伊

9 파촉(巴蜀) 서부: 원문은 '파서(巴西)'이다. 사천성 동부와 중경일대를 가리킨다.

10 성인: 원문은 '지인(至人)'이다. 『장자(莊子)』「소요유(逍遙遊)」에 보면, "지인은 자기가 없다(至人無己)."라는 구절과 함께 "지인은 지극한 사람(至極之人)"이라는 주가 달려 있다.

11 금석: 원문은 '금석(金石)'이다. 『후한서(後漢書)』「왕상전(王常傳)」에 보면, "금석과 같은 굳은 마음으로 한(漢)나라 왕실을 보좌했네(輔翼漢室, 心如金石)."라는 구절이 있다.

本馴良? 道力消其鷙. 乃知天地間, 有情皆可契. 共保金石心, 無爲多畏忌.” 可爲此事作解也.

2.

여우의 일침

창주(滄州)[12]에 사는 효렴(孝廉) 유사옥(劉士玉)은 서재를 여우에게 빼앗겼다. 여우는 대낮에 사람들과 이야기를 나누는가 하면, 사람들에게 벽돌과 기와를 던지기도 했지만, 어느 누구도 여우의 모습을 보지 못했다.

평원(平原) 사람 지주(知州) 동사임(董思任)은 훌륭한 관리였는데, [유사옥 집안의] 이야기를 듣고는 직접 찾아가서 여우를 쫓아내려 했다. 그가 한창 사람과 요괴의 다른 이치를 쭉 늘어놓고 있을 때, 갑자기 처마 밑에서 낭랑한 목소리가 들려왔다.

"공이 관리로서 백성들을 아주 사랑하고, 또한 남의 돈도 갈취하지 않았기에 감히 공을 공격하지 않는 것입니다. 그러나 공이 백성을 아낀 것은 공 자신이 명성을 좋아했기 때문이고, 남의 돈을 갈취하지 않는 것은 후환이 두려워 그랬을 뿐이니, 저 역시 공을 피해 달아나지 않을 것입니다. 그러니 공께서는 공연히 말을 많이 해서 화를 자초하지 말고 그만두십시오!"

12 창주(滄州): 지금의 하북성(河北省) 창주시(滄州市)에 해당한다.

동사임은 허둥지둥[13] 돌아가 며칠을 언짢은 가운데 보냈다.[14] 유사옥의 집에 아주 미련한 하녀가 한 명 있었는데, 유독 여우를 두려워하지 않았고 여우도 그녀만은 공격하지 않았다. 어떤 사람이 여우와 이야기하다가 그 일에 대해 물어보자 여우가 말했다.

"그녀는 비록 천한 하녀이지만, 그래도 진정한 효부입니다. 귀신도 그녀를 만나면 놀라서 피하는데, 하물며 우리 같은 여우들이야 말할 나위 있겠소!"

유사옥이 그 말을 듣고 하녀를 서재에 살게 했더니, 여우는 그날로 자취를 감추었다.

滄州劉士玉孝廉有書室, 爲狐所據. 白晝與人對話, 擲瓦石擊人, 但不睹其形耳. 知州平原董思任, 良吏也, 聞其事, 自往驅之. 方盛陳人妖異路之理, 忽檐際朗言曰: "公爲官, 頗愛民, 亦不取錢, 故我不敢擊公. 然公愛民乃好名, 不取錢乃

---

13 허둥지둥: 원문은 '낭패(狼狽)'이다. 『박물전휘(博物典彙)』에 따르면, 낭(狼: 짐승)은 앞 두 다리가 길고, 뒤의 두 다리가 짧으며, 패(狽: 전설상의 짐승)는 앞 두 다리가 짧고, 뒤의 두 다리가 길었는데, 낭은 패가 없으면 똑바로 서지 못하고, 패는 낭이 없으면 길을 갈 수 없었다고 한다. 그리하여 두 짐승은 늘 같이 붙어 다녔기 때문에 여기에서 낭패라는 말이 나왔다. 또 서로 떨어져서 길을 가게 되면 땅바닥에 곤두박질쳤는데, 바로 여기에서 일이 잘못되어 급히 달아나는 상황을 뜻하는 '낭패'라는 의미가 유래했다.

14 언짢은 가운데 보냈다: 원문은 '돌돌(咄咄)'로, '돌돌'은 의외의 일에 놀라 지르는 소리다. 『세설신어(世說新語)』「출면(黜免)」에 보면, 은중군(殷中軍: 殷浩)이 [서인(庶人)으로] 폐출당하고 신안현(信安縣)에 있을 때, 온종일 허공에다 무슨 글자를 썼다고 한다. 양주(揚州)의 관리와 주민들이 그의 옛 은혜를 잊지 못해 그를 좇아 왔었는데, 그들이 가만히 살펴보았더니, [은중군은] 오직 '돌돌괴사(咄咄怪事)'라는 네 글자를 쓰고 있을 뿐이었다고 한다. 여기서부터 '돌돌(咄咄)'은 상식적으로 이해할 수 없는 아주 이상한 일 혹은 괴상망측한 뜻밖의 일을 만났을 때 내는 소리로 굳어졌다.

畏後患耳, 故我亦不避公. 公休矣, 毋多言取困!" 董狼狽而歸, 咄咄不怡者數日. 劉一僕婦甚粗蠢, 獨不畏狐, 狐亦不擊之. 或於對語時擧以問狐, 狐曰: "彼雖下役, 乃眞孝婦也. 鬼神見之猶斂避, 況我曹乎!" 劉乃令僕婦居此室, 狐是日卽去.

3.

노학구(老學究)

애당(愛堂) 선생[15]이 해준 이야기다.

옛날에 한 나이든 학구[16]가 밤길을 가다 뜻밖에 죽은 친구를 만났다고 한다. 학구는 천성이 강직한 사람이라 [귀신을 만났다는 사실을 알면서도] 두려워하지 않고 친구에게 어디로 가느냐고 물었더니, 친구가 말했다.

"나는 저승 관리로, 남촌(南村)으로 사람을 잡으러 가는 길인데, 마침 가는 방향이 같구먼."

그리하여 두 사람은 함께 길을 가게 되었다. 어느 쓰러져가는 집 앞에 이르자 귀신이 말했다.

"이곳은 선비가 사는 집일세."

학구가 어떻게 알 수 있느냐고 묻자 귀신이 말했다.

---

15 애당(愛堂) 선생: 기윤(紀昀)의 고조인 기곤(紀坤)의 아들 기동인(紀同仁)으로, 바로 애당공을 말한다.

16 학구: 일반적으로는 융통성이 없는 지식인을 말한다. '학구'라는 말은 당대(唐代) 과거제도에서 유래했다. 『구당서(舊唐書)』「선거지(選擧志)」에 따르면, 명경과(明經科)에도 오경(五經), 삼경(三經), 이경(二經), 학구일경(學究一經)과가 있었다. 학구일경과 출신을 일러 학구라고 했는데, 하나의 경서에만 통달했음을 가리킨다.

“사람이란 낮에는 분주히 왔다 갔다 하기[17] 때문에 성령이 모두 파묻혀 있네. 그러나 잠을 잘 때는 아무 잡념도 생겨나지 않아 머릿속이 맑고 깨끗해지네. 이때 가슴속에 쌓여 있던 글들이 글자마다 빛을 발하며 몸의 온갖 구멍을 통해 나오는데, 그 모습이 마치 길고 찬란한 옥대와 같고, 알록달록하게 수놓은 비단과도 같다네. 학문이 동한(東漢)의 정현(鄭玄)이나 당(唐)의 공영달(孔穎達)과 같고, 문장이 전국시대(戰國時代)의 굴원(屈原)이나 송옥(宋玉), 동한의 반고(班固)나 서한(西漢)의 사마천(司馬遷)과 같은 사람이라면 빛줄기가 하늘을 뚫고 올라가 별·달과 함께 광채를 다툴만하네. 그보다 조금 못한 사람이라면 빛이 몇 길 길이로 비추고, 그보다 더 못한 사람이라면 몇 자 길이로 비추고, 이렇게 조금씩 줄어들어 가장 아래 있는 사람은 빛이 희미한 등불과 같아 겨우 창밖으로 새어나올 뿐일세. 사람들은 [이 모든 것을] 볼 수 없지만, 우리 귀신들만은 볼 수 있다네. 이 집에서 7~8자의 빛이 뿜어져 나오는 걸 보고 나는 [저 안에 선비가 있다는 것을] 알았다네.”

학구가 물었다.

“나 역시 평생 동안 글만 읽었는데, 내 빛은 얼마나 되는가?”

그러자 귀신은 한참 동안 입만 달그락 거리더니[18] 이렇게 말했다.

“어제 자네의 서재 앞을 지나가다 보니 자네는 한창 낮잠을 즐기고 있

---

17 분주히 왔다 갔다 하기: 원문은 ‘영영(營營)’으로, 『시경』「소아(小雅)·청승(青蠅)」에 보면, “윙윙대는 파리 떼(營營青蠅).”라는 시구가 있다.

18 입만 달그락 거리더니: 원문은 ‘섭유(囁嚅)’로, 말을 하려다 움츠러드는 모습을 말한다. 한유(韓愈)의 「반곡으로 돌아가는 이원을 전송하며[送李愿歸盤谷序]」에 보면, “말을 하려다 말고 입만 달그락거리다(口將言而囁嚅).”라는 구절이 있다.

더군. 자네의 가슴속을 들여다보니 고두강장(高頭講章)[19] 1부, 묵권(墨卷)[20] 500~600편, 경문(經文)[21] 70~80편, 책론(策論)[22] 30~40편이 들어 있는데, 글자가 모두 검은 연기로 변한 채 자네의 서재를 에워싸고 있더군. [자네 같은] 학생들이 외는 시서(詩書) 소리는 마치 짙은 구름과 안개 속에 있는 것과 같아 정말이지 아무런 빛도 보지 못했다네. 내가 어찌 허튼 소리를 하겠는가!"

그 말을 들은 학구가 버럭 화를 내며 귀신을 질책하자 귀신은 도리어 호탕하게 웃으면서 떠나갔다.

愛堂先生言. 聞有老學究夜行, 忽遇其亡友. 學究素剛直, 亦不怖畏, 問: "君何往?" 曰: "吾爲冥吏, 至南村有所勾攝, 適同路耳." 因並行. 至一破屋, 鬼曰: "此文士廬也." 問: "何以知之?" 曰: "凡人白晝營營, 性靈汩沒. 惟睡時一念不生, 元神朗澈. 胸中所讀之書, 字字皆吐光芒, 自百竅而出, 其狀縹緲繽紛, 爛如錦繡. 學如鄭·孔, 文如屈·宋·班·馬者, 上燭霄漢, 與星月爭輝. 次者數丈, 次者數尺, 以漸而差, 極下者亦熒熒如一燈, 照映戶牖. 人不能見, 惟鬼神見之耳. 此室上光芒高七八尺, 以是而知." 學究問: "我讀書一生, 睡中光芒當幾許?" 鬼囁嚅良久, 曰: "昨過君塾, 君方晝寢. 見君胸中高頭講章一部, 墨卷五六百篇, 經文

19 고두강장(高頭講章): 당시의 문장가들이 해석해 놓은 사서 교재나 주자(朱子)가 주를 달아 놓은 사서의 앞부분을 말한다. 지금은 경서의 원문 상단에 공란을 두어 해설문을 인쇄하는데, 이것을 일러 '고두강장'이라고 한다.

20 묵권(墨卷): 과거 합격자들의 모범 답안지를 말한다.

21 경문(經文): 팔고문(八股文)의 예상 문제답안지를 말한다.

22 책론(策論): 원문은 '책략(策畧)'으로, 책문(策問)의 예상 문제답안지를 말한다.

七八十篇, 策畧三四十篇, 字字化爲黑煙, 籠罩屋上. 諸生誦讀之聲, 如在濃雲密霧中, 實未見光芒. 不敢妄語!" 學究怒叱之, 鬼大笑而去.

4.

귀신의 시

동광(東光) 사람 이우담(李又聃) 선생이 한번은 완평(宛平) 재상의 폐허가 된 정원에 갔다가 회랑에서 시 두 수를 발견했다. 그중 한 수는 다음과 같다.

> 쏴쏴 불어오는 서풍은 깨진 격자창[23] 두드리고,
> 쓸쓸한 가을 풀은 텅 빈 뜰에 가득하네.
> 처마 끝에 걸린 달빛,
> 떨어져 나간 담벼락 비추니 이끼 더욱 푸르게 빛나네.

나머지 한 수는 다음과 같다.

> 하늘에는 별들이 드문드문 깜박이고,
> 은하수[24] 사이로 조각구름 지나가네.

---

23 격자창: 원문은 '령(櫺)'이다.

24 은하수: 원문은 '은하(銀河)'이다. 『백첩(白帖)』에 따르면, 천하(天河)를 은한(銀漢), 은하라고도 한다.

난간에 기대어 앉자 초루[25]의 북소리 들려오는데,
잇달아 다섯 번 울려 퍼지네.

얼룩얼룩한 먹 흔적이 사람이 쓴 것 같지 않다.

東光李又聃先生, 嘗至宛平相國廢園中, 見廊下有詩二首. 其一曰: "颯颯西風吹破欞, 蕭蕭秋草滿空庭. 月光穿漏飛簷角, 照見莓苔半壁青." 其二曰: "耿耿疏星幾點明, 銀河時有片雲行. 憑闌坐聽譙樓鼓, 數到連敲第五聲." 墨痕慘淡, 殆不類人書.

25 초루: 원문은 '초루(譙樓)'이다. 성문 위에 있는 높은 누각으로 멀리 바라볼 수 있다.

5.

꿈속의 부채

동곡강(董曲江) 선생은 이름이 원도(元度)이고 평원 사람이다. 그는 건륭 17년(1752) 임진년의 진사(進士)로 한림원(翰林院)에 들어가 서길사(庶吉士)로 있다가 외지로 나가 지현(知縣)이 되었다. 후에 부학교수(府學敎授)에 제수되었다가 얼마 지나지 않아 병을 핑계로 사직하고 고향으로 돌아왔다.

그는 젊은 시절 꿈에서 부채 하나를 선물 받았는데, 그 위에 절구 세 수가 적혀 있었다.

> 조공은 선계의 연못[26]에서 말에게 물 먹이던 날,
> 아름다운 서원(西園)[27]에서 함께 노닐던 옛 친구 그리워하네.
> 지극한 마음은 끝내 바뀌지 않았는데,
> 달은 깃발에 걸려 있는 꽃 그림자 밝게 비추네.

---

26 선계의 연못: 원문은 '천지(天池)'이다.

27 서원(西園): 조식(曹植)의 「공연시(公讌詩)」에 보면, "고요한 밤 서원에서 노니니, 빈객의 수레가 나는 듯이 서로 뒤따르네(淸夜遊西園, 飛蓋相追隨)."라는 시구가 있다. 『명일통지(明一統志)』에 따르면, 서원은 창덕부(彰德府) 업현(鄴縣)에 있는 동작원(銅雀園)을 가리킨다.

척오성남(尺五城南)[28]에 함께 말달려 와보니,
쭉 늘어서 있는 수양버들 가에 물고기[29]가 뛰어 노네.
황금 고리[30] 줄 열매[31] 수놓인 비단,
진왕 조식이 여덟 말의 재주[32]를 지녔다는 사실 믿기지 않네.

불 켜진 누각에 퉁소와 피리소리 둥둥,

---

28 척오성남(尺五城南): 신씨(辛氏)의 『삼진기(三秦記)』에 보면, 성 남쪽에 사는 위씨(韋氏)와 두씨(杜氏)는 천자와의 거리가 한자 다섯 치에 불과했다. 즉 그들의 지위가 천자에 버금갈 정도로 높다는 것을 가리킨다. 위두(韋杜)는 당대(唐代)의 위씨와 두씨를 함께 이르는 말이다. 위씨는 위곡(韋曲)에 살았고, 두씨는 두곡(杜曲)에 살았는데, 모두 장안의 성 남쪽에 있다. 이들은 당시의 명문귀족으로 사람들은 이 두 집안을 '위두(韋杜)'라 불렀다. 위곡과 두곡은 모두 산수가 빼어나고 숲이 울창해 당시의 명승고적이었다. 후에는 이를 빌려 풍경이 뛰어난 곳을 가리키는 말로 사용되었다.

29 물고기: 원문은 '적린(赤鱗)'이다. 강엄(江淹)의 「별부(別賦)」에 보면, "연못에서 뛰노는 물고기(聳淵魚之赤鱗)"라는 시구가 있고, 이상은(李商隱)의 「벽성(碧城)」에도 "물고기가 미쳐 날뛰면서 거문고를 타네(赤鱗狂舞撥湘絃)."라는 시구가 있다. 생각건대 모두 『순자(荀子)』「권학(勸學)」의 "호파(瓠巴)가 거문고를 뜯으니 물고기가 고개 내밀며 듣네(瓠巴鼓瑟遊魚出聽)."라는 구를 빌려 쓴 것 같다. 상현(湘絃)은 상현(湘弦), 상슬(湘瑟)이라고도 하는데, 상비(湘妃)가 탔던 거문고로, 후에는 슬(瑟)을 가리키는 말로 사용되었다. 호파는 상고(上古) 시대 초(楚)나라 사람으로, 거문고의 대가였다.

30 고리: 원문은 '굴수(屈戍)'이다. 『철경록(輟耕錄)』에 보면, 오늘날 사람들은 창문에 철이나 동으로 경첩을 만들어 달고 환뉴(環紐)라고 이름 지었는데, 북방에서는 이것을 굴수라 불렀다.

31 줄 열매: 원문은 '조호(雕胡)'이다. 『서경잡기(西京雜記)』에 보면, 줄에 열매가 있는데 이를 조호라고 한다. 고(菰)는 포아풀과에 속하는 다년생의 수초로, 잎은 자리를 만드는데 쓰이고, 열매와 새싹은 먹을 수 있다.

32 진왕 조식이 여덟 말의 재주: 원문은 '진왕팔두재(陳王八斗才)'이다. 『남사(南史)』「사령운전(謝靈運傳)」에 따르면, 천하의 재주를 곡식에 비유하면 모두 열 말 정도 된다고 한다. 그 가운데 조자건(曹子建)이 여덟 말의 재주를 가지고 있고, 나 역시 한 말의 재주를 가지고 있으며, 나머지 한 말의 재주는 예로부터 지금까지 함께 사용하고 있다고 한다. 이상은의 「탄식(可嘆)」에도 "진왕은 여덟 말의 재주를 모두 써버렸네(用盡陳王八斗才)."라는 시구가 있다. 조식은 자가 자건(子建)으로 진왕에 봉해졌다.

누가 「소양주(小涼州)」[33] 연주하고 있나?
봄바람에 떨어진 두구 꽃[34]은 얼마나 되는지,
함께 추강(秋江)의 비애 한 소절 지어볼 까나.

어휘가 대부분 난해하고, 그 후로 어떤 징험도 나타나지 않았기 때문에 끝내 그 이유를 알 수 없었다.

董曲江先生, 名元度, 平原人. 乾隆壬申進士, 入翰林, 散館改知縣. 又改教授, 移疾歸. 少年夢人贈一扇, 上有三絶句曰: "曹公飲馬天池日, 文采西園感故知. 至竟心情終不改, 月明花影上旌旗." "尺五城南並馬來, 垂楊一例赤鱗開. 黃金屈戍雕胡錦, 不信陳王八斗才." "簫鼓冬冬畫燭樓, 是誰親按「小凉州」? 春風豆蔻知多少, 併作秋江一段愁." 語多難解, 後亦卒無徵驗, 莫明其故.

33 「소양주(小凉州)」: 『구당서』「예악지(禮樂志)」에 따르면, 천보(天寶: 742~756) 연간의 악곡은 모두 서역 변방지역의 이름을 따서 정했는데, 「양주(涼州)」·「감주(甘州)」·「이주(伊州)」 등이 그 예이다. 「양주곡본(涼州曲本)」은 서량(西涼)에서 제작된 것으로, 그 소리는 궁조(宮調)이고, 대편(大遍)과 소편(小遍)이 있다.

34 두구 꽃: 원문은 '두구(豆蔻)'이다. 두목(杜牧)의 「증별(贈別)」에 보면, "야들야들 간들간들 이제 겨우 열 서너 살은, 따스한 2월초 육두구 같구나(娉娉嫋嫋十三餘, 豆蔻梢頭二月初)."라는 시구가 있다. 『본초강목(本草綱目)』에 따르면, 두구 꽃은 싹이 넝쿨을 휘감으며 자란다고 한다. 남방 사람들은 꽃이 채 피기도 전에 그것을 따서 먹고, 이를 '함태화(含胎花)'라고 불렀으며, 후에 시인들은 처녀를 두구 꽃에 비유해서 사용했다.

6.

시를 논하는 귀신

산서(山西) 평정현(平定縣) 사람 효렴 왕집신(王執信)은 일찍이 유림(榆林)[35]에서 벼슬살이하던 부친을 따라 그곳에 간 적이 있었다. 유림으로 가던 도중에, 밤에 교외에 있는 한 사원의 경각(經閣) 아래에서 잠을 자게 되었다. 경각에서 누군가 쉬지 않고 재잘대는 소리[36]가 들렸는데, 얼핏 시에 대해 논하는 것 같았다. 왕집신은 이곳은 문사가 드문 곳으로 어떻게 이런 일이 있을까 내심 의아하게 생각했다. 자세히 들어보았지만, 무슨 이야기를 나누는지 정확히 알아들을 수 없었다.

잠시 뒤에 점차 누각의 처마 아래에서 말소리가 흘러나오면서 다소 뚜렷하게 들렸다. 한 사람이 말했다.

---

35 유림(榆林): 청대(清代) 섬서(陝西)의 부(府) 이름이다.

36 쉬지 않고 재잘대는 소리: 원문은 '서어(絮語)'로, 쉬지 않고 말을 하는 모양을 말한다. 송나라 사호(史浩)의 『양초적유(兩抄摘腴)』에 보면 다음 구절이 있다. "머뭇거리면서 단번에 결정내리지 못하는 것을 방언으로 '서(絮)'라 했는데, (이것은) 마치 부드러우면서도 힘이 있고 풀리지 않는 올의 끝이 솜과 비슷하기 때문이다. 부공(富公: 富弼, 富鄭公)과 한공(韓公: 韓琦, 韓魏公)이 함께 재상으로 있을 때 한 가지 사건을 처리해야 했다. 부공이 의심쩍어 하면서 한참동안 결정을 내리지 못하자, 한공이 부공에게 말했다. '공은 또 머뭇거리는[絮]군요!' 그러자 부공이 낯빛을 고치며 '서(絮)가 무슨 말이요?'라고 했다고 한다."

“당언겸(唐彦謙)[37]의 시는 격조(詩格)가 그리 높지 않지만, ‘바짝 마른 벼 황폐한 땅에 나 뒹구니 스산한 기운[38] 일고, 꽃샘추위에 떨고 있는 초목에 전운이 감도네.’라는 시구만은 정말 훌륭합니다.”

그러자 다른 사람이 말했다.

“나는 일찍이 ‘북쪽 사막은 햇빛과 흰 눈이 맞닿아 있고, 바람에 날리는 모래 구름 속으로 들어가니 구름이 누렇게 변하네.’라는 구절을 쓴 적이 있는데, 직접 변방에 가보지 않고는 이런 광경은 볼 수 없습니다.”

앞서 말했던 사람이 다시 말했다.

“나도 ‘스산한 기운 감돌건만 산 무심히 푸르고, 강가에 찬바람 일건만 가을은 여전하네.’라는 시구가 있는데, 변방의 해 저무는 모습을 잘 묘사했다고 스스로 생각했습니다.”

두 사람이 이야기를 주고받은 지 한참이 지났을 때 갑자기 절에서 종소리가 나자, 말소리가 뚝 그치더니 조용해졌다.

날이 밝은 뒤 일어나서 가 보았더니, 창문은 자물쇠로 채워진 채, 먼지가 가득 쌓여 있었다. 후에 “스산한 기운 감돌건만 산 무심히 푸르고”라는 시구를 임총진(任總鎭)[39]의 유고에서 봤다. 임총진은 이름이 거(擧)로, [건륭 12년(1747)에] 군대를 거느리고 금천(金川)[40]으로 출정해 수차례 싸우다가

---

37 당언겸(唐彦謙): 당나라 병주(幷州) 진양(晉陽) 사람으로, 자(字)는 무업(茂業)이다. 책을 두루 읽고 재주가 많았으며, 문사(文詞)가 힘이 있고 화려했다. 특히 칠언시에 뛰어났으며, 저서로는 『녹문선생집(鹿門先生集)』이 있다.

38 스산한 기운: 원문은 ‘변기(邊氣)’로, 당언겸의 「비릉도중(毘陵道中)」에 나온다.

39 임총진(任總鎭): 자는 한충(漢沖)이고 청나라 산서 대동(大同) 사람이다.

40 금천(金川): 본래는 물 이름으로, 사천(四川) 대도하(大渡河)의 상류이다. 이곳에 토사(土司: 중국 변방의 원주민 관리)가 살았다. 청나라 강희·옹정제 때의 토사 사라분(莎羅奔: ?~1760)은 티

적진에서 죽었다.

"북쪽 사막은 햇빛과 흰 눈이 맞닿아 있고"라는 시구는 끝내 누가 지은 것인지 알 수 없었다. 그 혼령이 오래도록 남아 임총진과 함께 노닐게 되었다면, 역시 평범한 귀신은 아닌 것 같다.

平定王孝廉執信, 嘗隨父宦楡林. 夜宿野寺經閣下. 聞閣上有人絮語, 似是論詩. 竊訝此間少文士, 那得有此? 因諦聽之, 終不甚了了. 後語聲漸出閣廊下, 乃稍分明. 其一曰: "唐彦謙詩格不高, 然'禾麻地廢生邊氣, 草木春寒起戰聲', 故是佳句." 其一曰: "僕嘗有句云: '陰磧日光連雪白, 風天沙氣入雲黃', 非親至關外, 不睹此景." 其一又曰: "僕亦有一聯云: '山沈邊氣無情碧, 河帶寒聲亙古秋', 自謂頗肖邊城日暮之狀." 相與吟賞者久之, 寺鍾忽動, 乃寂無聲. 天曉起視, 則扃鑰塵封. "山沈邊氣"一聯, 後於任總鎭遺稿見之. 總鎭名擧, 出師金川時, 百戰陣歿者也. "陰磧"一聯, 終不知爲誰語. 卽其精靈長在, 得與任公同游, 亦決非常鬼矣.

베트에 출정해 공을 세운 덕분에 금천안무사(金川安撫司)가 되었다. 사라분이 스스로 대금천(大金川)이라 불렀기 때문에 이전 토사 택왕(澤旺)은 소금천(小金川)이 되었다. 건륭 11년(1746) 사라분이 반란을 일으키자 운귀총독(雲貴總督) 장광사(張廣泗)가 토벌에 나섰으나 공을 세우지 못했다. 그 벌로 장광사는 건륭제에게 죽임을 당했다. 대학사 부항(傅恒)과 악종기(岳鍾琦)에게 사라분을 토벌하게 하자, 사라분이 투항했다.

7.

무뢰배 여사(呂四)

창주성(滄州城) 남쪽 상하애(上河涯)에 여사(呂四)라는 한 무뢰배가 살고 있었다. 여사는 성격이 흉악하고 횡포가 심하여 모든 나쁜 일은 도맡아 해서 마을 사람들은 마치 그를 범이나 이리처럼 두려워했다.

어느 날 해 질 무렵 여사가 패거리들과 함께 마을 밖에서 바람을 쐬고 있는데, 갑자기 우르릉 천둥소리가 들리더니 비바람이 몰아쳤다. 저 멀리로 한 젊은 부인이 비바람을 피해 강가[41]의 오래된 절로 들어가는 것이 보였다. [이를 본] 여사가 패거리들에게 말했다.

"저 여편네를 가지고 놀아볼까!"

날이 저물고 먹구름까지 끼어 사방이 어두웠다. 여사가 갑자기 절로 뛰어 들어가 부인의 입을 틀어막자 패거리들이 합세하여 부인의 옷을 홀딱 벗기고 윤간했다. 그때 갑자기 번갯빛이 창을 뚫고 들어왔는데, 젊은 부인이 자기 아내와 많이 닮아 있었다. 여사가 급히 손을 떼고 물어보니 틀림없는 자기 아내였다. 여사는 노여움을 참지 못하고 유린당한 아내를 번쩍 들어 물에 던져버리려 했다. 여사의 아내는 목 놓아 울면서 말했다.

---

41 강가: 원문은 '하간(河干)'이다.

"네 놈이 남의 여자를 욕보이려다가 결국에는 나를 욕보이게 했다. 하늘의 이치가 확연하거늘 네 놈이 되레 나를 죽이려 한단 말이냐!"

여사는 말문이 막히자 급히 아내의 저고리와 바지를 찾았다. 그러나 아내의 저고리와 바지는 이미 바람에 휩쓸려 물속으로 떠내려가고 없었다. 여사는 어떻게 할 방법이 없어 결국 아무 것도 걸치지 않은 아내를 업고 집으로 돌아갔다. 구름이 걷히고 달빛이 환하게 비치고 있었기 때문에 마을 사람들은 그 광경을 보고 시끌벅적하게 웃으면서 앞다투어 그에게 무슨 일이냐고 물었다. 여사는 아무런 대꾸도 하지 못하고 결국에는 스스로 물에 몸을 던지고 말았다.

원래 여사의 처는 친정에 다니러 갔다가 한 달 뒤에 돌아오기로 약속되어 있었다. 그런데 뜻밖에도 친정에 불[42]이 나는 바람에 지낼 곳이 없어 약속된 날짜보다 앞당겨 집으로 돌아오던 중이었다. 여사는 이런 사실도 모른 채 일을 저질렀던 것이다.

훗날 여사가 아내의 꿈에 찾아와 이렇게 말했다.

"나는 업보가 무거워 지옥[43]에 떨어져야 마땅했소. 그러나 생전에 어머니께 효도를 다했기 때문에, 저승 관리가 문서를 검토해 보고 뱀으로 환생케 하셨소. 나는 곧 다시 태어날 것이요. 당신은 머지않아 새 남편을 맞아들이게 될 것이니, 새 시부모[44]도 잘 봉양하시오. 저승에서는 불효를 가장

---

42 불: 원문은 '회록(回祿)'으로, 회록은 화신(火神)의 이름이다. 『좌전(左傳)』「소공(昭公)」 18년에 보면, "정나라에서는 불의 신인 회록에게 빌어 불을 물리치고(鄭禳火于回祿)"라는 문장이 있다.

43 지옥: 원문은 '이리(泥犁)'이다. 『석명집(釋名集)』에 따르면, 지옥의 범어표현이다.

44 시부모: 원문은 '고장(姑嫜)'으로, 남편의 부모를 말한다. 두보(杜甫)의 「신혼별(新婚別)」에 보면 "신첩의 신분이 아직 분명치 않은데 어떻게 시부모에게 절을 올리겠나이까(妾身未分明,

엄중하게 다스리니 부디 스스로 지옥의 불구덩이에 뛰어 들지 마시오."

여사의 아내가 개가하던[45] 날, 율무기 한 마리가 마치 미련이라도 남아 있는 듯 집의 대들보 위에서 머리를 수그리고 아래를 내려다보고 있었다. 여사의 아내는 전날 밤 꿈이 생각나 머리를 들어 물어보려 했다. 그때 갑자기 문밖에서 북 치고 노래하는 소리가 들렸다. 율무기는 들보 위에서 서너 차례 몸을 뒤집더니 훌쩍 떠나갔다.

滄州城南上河涯, 有無賴呂四. 凶橫無所不爲, 人畏如狼虎. 一日薄暮, 與諸惡少村外納凉, 忽隱隱聞雷聲, 風雨且至. 遙見似一少婦, 避入河干古廟中. 呂語諸惡少曰: "彼可淫也!" 時已入夜, 陰雲黯黑. 呂突入, 掩其口, 衆共褫衣相嬲. 俄電光穿牖, 見狀貌似是其妻. 急釋手問之, 果不謬. 呂大恚, 欲提妻擲河中. 妻大號曰: "汝欲淫人, 致人淫我. 天理昭然, 汝尙欲殺我耶!" 呂語塞, 急覓衣裤. 已隨風吹入河流矣. 旁皇無計, 乃自負裸婦歸. 雲散月明, 滿村譁笑, 爭前問狀. 呂無可置對, 竟自投於河.

蓋其妻歸寧, 約一月方歸. 不虞母家遘回祿, 無屋可棲, 乃先期返. 呂不知, 而搆此難. 後, 妻夢呂來曰: "我業重, 當永墮泥犁. 緣生前事母尙盡孝, 冥官檢籍, 得受蛇身. 今往生矣. 汝後夫不久至, 善事新姑嫜. 陰律不孝罪至重, 毋自蹈冥司湯鑊也." 至妻再醮日, 屋角有赤練蛇垂首下視, 意似眷眷. 妻憶前夢, 方擧首問之. 俄聞門外鼓樂聲. 蛇於屋上跳擲數四, 奮然去.

何以拜姑嫜)?"라는 시구가 있다.

45 개가하던: 원문은 '재초(再醮)'이다.

8.

전생의 인연

헌현(獻縣) 주씨(周氏) 집의 하인 주호(周虎)는 여우에게 홀려 20여 년 동안 여우와 부부처럼 지냈다. 한번은 여우가 주호에게 말했다.

"저는 수련하지 400여 년이나 되었지만, 지난 생 당신과의 연분 때문에 이렇게 당신에게 보답하는 것입니다. 하루라도 모자라면 그 하루 때문에 승천할 수 없습니다. 연분이 다하면 저는 당신을 떠날 것입니다."

어느 날 여우는 웃으며[46] 기뻐하는가 싶더니 이내 눈물을 흘리고 슬퍼하면서 주호에게 말했다.

"이번 달 19일 우리의 연분이 다하면 저는 당신을 떠날 것입니다. 당신을 위해 이미 부인을 봐두었으니, 그녀와 혼인하면 됩니다."

그리고는 상자 안에서 백금을 꺼내 주호에게 주고는 혼례 준비를 하게 했다. 이때부터 그들은 평소보다 더 애틋하게 지내며 항상 그림자처럼 붙어 다녔다. 15일이 되자 여우는 새벽에 일어나 갑자기 작별 인사를 했다. 주호가 약속한 날보다 빠르다고 화를 내자 여우가 울면서 말했다.

"업보의 연은 하루가 모자라서도 안 되고 그렇다고 하루가 많아서도

46 웃으며: 원문은 '천(囅)'이다.

안 되지만, 며칠 정도는 제 마음대로 정할 수 있습니다. 이후에 다시 한번 당신을 만날 요량으로 3일의 연분을 남겨두었습니다."

몇 년 뒤에 정말 여우는 다시 주호 앞에 나타나 3일 동안 주호와 즐겁게 지낸 뒤 떠나갔다. 떠나갈 때 여우는 오열하면서 말했다.

"오늘 이후로는 영원히 만날 수 없습니다."

[이 이야기를 들은] 진덕음(陳德音) 선생이 말했다.

"이 여우는 남은 인연을 잘 관리했는데, 복을 소중히 여기는 사람이라면 반드시 이렇게 해야지."

그러나 유계잠(劉季箴)은 오히려 이렇게 말했다.

"3일 뒤면 영원히 헤어질 판인데, 굳이 3일을 남겨둘 필요가 뭐가 있는가? 이 여우는 자칭 400년을 수련했다고 하지만, [미련 때문에] 정을 단칼에 베어버리지 못했으니,[47] 일을 이렇게 처리해서는 안 되네!"

나는 두 사람의 평론이 각자 서로 다른 도리를 말하고 있지만 모두 타당하다고 생각한다.

獻縣周氏僕周虎, 爲狐所媚, 二十餘年如伉儷. 嘗語僕曰: "吾鍊形已四百餘年, 過去生中, 於汝有業緣當補. 一日不滿, 卽一日不得生天. 緣盡, 吾當去耳." 一日, 輾然自喜, 又泫然自悲, 語虎曰: "月之十九日, 吾緣盡當別. 已爲君相一婦, 可聘定之." 因出白金付虎, 俾備禮. 自是狎昵燕婉, 逾於平日, 恒形影不離. 至十五日, 忽晨起告別. 虎怪其先期, 狐泣曰: "業緣一日不可減, 亦一日不可增,

47 정을 단칼에 베어버리지 못했으니: 원문은 '현애철수(懸崖撤手)'로, 위험이 다가오고 있음을 말한다. '현애'는 산이 험준하고 깎아지른 곳을 가리킨다.

惟遲早則隨所遇耳. 吾留此三日緣, 爲再一相會地也.” 越數年, 果再至, 歡洽三日而後去. 臨行嗚咽曰: “從此終天訣矣.” 陳德音先生曰: “此狐善留其有餘, 惜福者當如是.” 劉季箴則曰: “三日後終須一別, 何必暫留? 此狐煉形四百年, 尙未到懸崖撤手地位, 臨事者不當如是!” 余謂二公之言, 各明一義, 各有當也.

9.

도사의 가르침

헌현의 현령 명성(明晟)[48]은 응산(應山)[49] 사람이다. 한번은 한 억울한 송사를 깨끗하게 처리하고 싶었으나, 상관이 허락하지 않을까 걱정하여 의심이 갔지만 결단을 내리지 못하고 있었다.

학관(學官)에서 일하는 사람[50] 가운데 여우와 친구로 지내는 왕반선(王半仙)이라는 이가 있었다. 여우가 사소한 길흉도 잘 맞힌다고 해서 명성은 왕반선을 여우에게 보내 가르침을 청했다. 그러자 여우가 정색하며 말했다.

"명공께서는 백성의 부모로서 사건을 심리할 때 마땅히 백성들의 억울함과 그렇지 않음을 논해야지, 상사의 허락을 물어서는 안 됩니다. 나리께

48 명성(明晟): 상해회문당본(上海會文堂本)에는 '신(晨)'으로 되어 있으나, 가경본(嘉慶本)과 도광본(道光本)에는 '성(晟)'으로 되어 있어 고쳐 번역한다.

49 응산(應山): 호북성 관할 현으로, 지금의 광수시(廣水市)이다.

50 학관(學官)에서 일하는 사람: 원문은 '문두(門斗)'이다. 살펴보니 본래 문을 지키는 사람을 '문자(門子)', 창고 일을 맡아서 하는 사람을 '두자(斗子)'라고 불렀는데, 이는 『이견지(夷堅志)』에 보인다. 서가(徐珂)의 『청패류초(淸稗類鈔)』「서역(胥役)·문두(門斗)」에 보면, 과거에는 학관에서 일하는 사람을 문두라고 했다고 한다. 대개 학중(學中)에서 본래 생원(生員)을 위해 녹미(祿米)를 지급하는 일을 맡아보았는데, 문두라 칭한 것은 문과 창고를 함께 관리했기 때문에 문자와 두자를 합해서 그렇게 불렀다고 한다.

서는 설마하니 제부(制府)[51] 이공의 말씀을 잊으신 것입니까?"

왕반선이 돌아와 그 사실을 아뢰자, 명성은 두려워하는[52] 기색이 역력하더니, 다음 이야기를 해주었다.

총독(總督) 이위(李衛)[53] 공께서 현달하기 전에 한번은 한 도사와 같이 강을 건너게 되었다고 한다. 마침 어떤 사람이 뱃사공과 말다툼을 하고 있었는데, 도사가 그 광경을 보고 길게 한숨 쉬며 말했다.

"목숨이 경각에 달려 있는데, 그깟 돈 몇 푼 때문에 실랑이를 하다니!"

잠시 뒤 그 사람은 돛대에 발이 걸려 넘어져서 물속으로 곤두박질쳐 죽었다. 이공(李公: 李衛)은 내심 기이한 일도 다 있다고 생각했다. 배가 강 중류에 이르렀을 때 갑자기 광풍이 일어 배가 뒤집히려 했다. 이때 도사가 우보(禹步)[54]를 걸으면서 주문을 외자 풍랑이 가라앉아 살아날 수 있었다. 이위가 도사에게 살려줘서 고맙다고 연신 절을 하자 도사가 말했다.

"지금 물속에 빠져 죽은 사람은 그렇게 죽을 팔자라 저 역시 구할 수 없었습니다. 그러나 공께서는 귀인으로 어려움을 만나도 구제될 팔자였으니, 어찌 구하지 않을 수 있겠습니까. 감사는 무슨?"

이공이 다시 절을 하며 "선사의 가르침을 받들어 종신토록 천명에 따

---

51 제부(制府): 송대에는 안무사(安撫使)와 제치사(制置使)를, 명대와 청대는 총독을 제부라고 불렀다.

52 두려워하는: 원문은 '쌍(雙)'이다.

53 이위(李衛): 자는 개(玠)이고, 청나라 강소성(江蘇省) 동산(銅山) 사람이다. 직례총독(直隷總督)을 역임했으며, 시호는 민달(敏達)이다.

54 우보(禹步): 대개 두 발로 걷지 못하는 것을 '우보'라고 한다. '우도(禹跳)'라고도 하는데, 이는 『순자(荀子)』에 보인다. 오늘날 '우보'는 법술을 펼치기 위한 일종의 의식으로 비틀거리는 듯한 걸음걸이를 말하는데, 여기서는 바로 이것을 말한다.

라 분수에 맞게 살겠습니다."라고 말하자 도사가 말했다.

"모두가 그렇지는 않습니다. 일신의 궁달(窮達)은 천명에 따라야만 편안합니다. 천명을 따르지 않으면, 바쁘게 뛰어다니며 온갖 수단을 동원해 서로를 배척하게 될 뿐입니다. 당나라의 이림보(李林甫)[55]나 남송(南宋)의 진회(秦檜)[56]는 몰랐겠지만, 그들은 아첨하여 선량한 사람들을 함정에 빠뜨리지 않고서도 충분히 재상이 될 수 있었는데, 쓸데없이 자신의 죄상만 보탰습니다. 국가나 민생의 이해와 관계된 일은 천명에만 맡겨서는 안 됩니다. 천지가 인재를 내고, 조정에서 관직을 두는 것은 모두 길흉화복의 운수를 더하고 보(補)하기 위해서입니다. 권력을 손에 쥐고도 팔짱을 끼고 가만히 앉아서 천명만을 따른다면, 천지가 무엇 때문에 인재를 내고 조정에서 관직을 만들었겠습니까? 문지기는 [공자를 일러] '안 되는 줄 알면서도 억지로 가서 하려는 분이시군요!'[57]라고 말했고, 제갈무후(諸葛武侯: 諸葛亮)는 「후출사표(後出師表)」에서 '나라를 위해 온 힘을 다 바치고 죽은 뒤에야 그만둘 작정입니다. 일이 되고 안 되고는 신이 미리 알 수 있는 바가 아닙니다.'라고 했습니다. 이것이 성현의 안신입명(安身立命)의 가르침이니, 공께서는 이를 기억해 두십시오."

이공은 공손한 태도로 도사의 가르침을 받고 이름을 물었다. 그러자 도사는 "내가 이름을 말하면 공께서 놀라실까 두렵습니다!"라고 했다. 배에

---

55 이림보(李林甫): 당나라 왕실의 종실로, 성품이 음흉해서 사람을 모질게 죽였다. 현종(玄宗) 때 19년 동안 재상의 자리에 있으면서 여러 차례 큰 옥사를 일으켰다.

56 진회(秦檜): 송나라 고종(高宗) 때의 간악한 재상으로, 자는 회지(會之)이고 강녕(江寧) 사람이다.

57 안 되는 줄…분이시군요: 이 말은 『논어(論語)』「헌문(憲問)」에 보인다.

서 내려 수십 걸음 갔을 때 도사는 홀연히 사라지고 없었다.

"옛날에 내가 회성(會城)[58]에 있을 때 이공께서 그 일을 말씀해주셨는데, 이 여우가 어떻게 그것을 알고 있는지 도무지 모르겠네."

獻縣令明晟, 應山人. 嘗欲申雪一冤獄, 而慮上官不允, 疑惑未決. 儒學門斗有王半仙者, 與一狐友. 言小休咎多有驗, 遣往問之. 狐正色曰: "明公爲民父母, 但當論其寃不寃, 不當問其允不允. 獨不記制府李公之言乎?" 門斗返報, 明爲㦬然, 因言. 制府李公衛未達時, 嘗同一道士渡江. 適有與舟子爭詬者, 道士太息曰: "命在須臾, 尙較計數文錢耶!" 俄其人爲帆脚所掃, 墮江死. 李公心異之. 中流風作, 舟欲覆. 道士禹步誦咒, 風止得濟. 李公再拜謝更生, 道士曰: "適墮江者, 命也, 吾不能救. 公貴人也, 遇阨得濟, 亦命也, 吾不能不救. 何謝焉?" 李公又拜曰: "領師此訓, 吾終身安命矣." 道士曰: "是不盡然. 一身之窮達, 當安命. 不安命, 則奔競排軋, 無所不至. 不知李林甫·秦檜, 卽不傾陷善類, 亦作宰相, 徒自增罪案耳. 至國計民生之利害, 則不可言命. 天地之生才, 朝廷之設官, 所以補救氣數也. 身握事權, 束手而委命, 天地何必生此才, 朝廷何必設此官乎? 晨門曰: '是知其不可而爲之!' 諸葛武侯曰: '鞠躬盡瘁, 死而後已. 成敗利鈍, 非所逆睹'. 此聖賢立命之學, 公其識之." 李公謹受教, 拜問姓名. 道士曰: "言之恐公駭!" 下舟行數十步, 翳然滅迹. "昔在會城, 李公曾話是事, 不識此狐何以得知也."

---

58 회성(會城): 성회(省會)를 말한다.

10.

이기심

북촌(北村)의 정소선(鄭蘇仙)은 어느 날 꿈에 저승에 가서 염라대왕[59]이 죄인을 심리하는[60] 광경을 보았다. 이웃마을에 사는 한 할멈이 대전 앞으로 나오자 염라대왕은 옷매무새를 가다듬고 두 손을 맞잡으면서 그녀에게 차 한 잔을 내린 뒤, 저승 관리에게 속히 좋은 곳으로 보내주라고 명했다.

정소선은 이를 보고 저승 관리에게 머리를 조아리며 물었다.

"저 시골 할멈은 어떤 공덕이 있습니까?"

그러자 저승 관리가 말했다.

"저 부인은 한평생 남에게 손해를 끼치면서 자기를 이롭게 하고자 하는 마음(利己損人)을 가지지 않았소. 이기심이란 어진 사대부라 해도 피하기 어려운 것이오. 하지만 자신을 이롭게 하려다 보면 다른 사람에게 손해

59 염라대왕: 원문은 '염라왕(閻羅王)'이다. 『내전(內典)』에 따르면, 염라대왕은 산스크리트어로 삼다라(閃多羅)이고 열 명의 형제가 있다. 모두 지옥이나 저승(九幽, 酆都)의 주인이다. 『수서(隋書)』「한금호전(韓擒虎傳)」에 따르면, 살아 있을 때는 상주국(上柱國)이 되고 죽어서는 염라왕(閻羅王)이 되었다고 하는데, 옛날부터 이 명칭이 쓰였음을 알 수 있다.

60 죄인을 심리하는: 원문은 '방록수(方錄囚)'이다. 록(錄)은 상황을 살핀다는 뜻이다. 『한서』「준불의전(雋不疑傳)」에 보면 "녹수도(錄囚徒)"라는 문장이 있는데, 안사고의 주(註)에 따르면 사건의 정상을 참작해서 원망이나 불만이 있는지 없는지 그 여부를 살피는 것을 말한다. 오늘날로 보면 죄인을 심리한다는 뜻이다.

를 끼치기 마련이오. 그래서 온갖 교활한 음모들이 이로부터 생겨나고, 각종 죄악과 원수가 생겨나는 것이오. 심지어는 오명을 만 년 동안 남기고[61] 그 해악이 온 천하를 더럽히기도 하는데, 이 모든 것은 바로 이기심으로 인해 생겨난 해악이오. 그런데 저 부인은 스스로 그 사심을 누를 수 있었기에 책을 읽고 경서를 강하는 유생들도 그녀를 만나면 몹시 부끄러운 기색을 띠었소. 염라대왕께서 노부인에게 예를 갖추고 대하는 것이 무엇이 이상하단 말이오?"

정소선은 본디 꿍꿍이[62]가 있던 사람이라 저승 관리의 이야기를 듣고는 두려움에 꿈에서 깨어났다.

정소선이 또 말하기를, 할멈이 대전으로 들어오기 전에 관복을 입은 한 관리가 의기양양하게 들어왔다고 한다. 그 사람은 자칭 가는 곳마다 물 한 잔만 얻어 마시고 왔을 뿐이어서 이렇게 귀신을 만나도 부끄러워할 것이 없다고 말했다. 그러자 염라대왕이 그의 말을 일소에 부치며 말했다.

"나라에서 관리를 두는 것은 백성들을 잘 다스리기 위해서이다. 그래서 역참을 관리하거나 수문을 관리하는 보잘것없는 관리조차도 마땅히 처리해야 할 이해와 폐단이 있소. 그저 남의 재산을 탐하지 않는다고 해서 훌륭한 관리라고 말한다면, 관청에 꼭두각시를 세워두면 될 것 아닌가? 꼭두

---

61 오명을 만 년 동안 남기고: 『통감(通鑑)』에 따르면, 진(晉)의 환온(桓溫)은 남몰래 반역의 뜻을 품고 있었다고 한다. 환온은 일찍이 베개를 어루만지고 탄식하며 "사내대장부가 100년 동안 아름다운 이름을 남길 수 없다면 만 년 동안 오명이라도 남겨야한다."라고 말했다고 한다.

62 꿍꿍이: 원문은 '심계(心計)'이다. 『사기(史記)』「평준서(平準書)」에 보면 상홍양(桑弘羊)은 낙양(洛陽) 상인의 아들로, 지략이 뛰어나 13세의 나이로 시중이 되었다(以心計, 年十三侍中)고 한다.

각시라면 물조차 마시지 않을 것이니, 그대보다 훨씬 낫지 않은가?"

그러자 관리가 다시 이렇게 항변했다.

"제가 비록 내세울 공로는 없지만, 그렇다고 지은 죄도 없습니다!"

염라대왕이 말했다.

"그대는 평생 동안 도처에서 자신의 안전만을 도모해서 모 옥사의 경우는 혐의를 피하기 위해 아무런 말도 하지 않았으니, 이것이 바로 백성들에게 손해를 입힌 것이 아니고 무엇이란 말인가? 모 사건과 모 사건의 경우는 그대 자신이 번거롭고 귀찮을까 손을 놓고 돌보지도 않았으니, 이것 역시 나라를 곤경에 빠뜨린 것이 아니고 무엇이란 말인가? 또 삼 년에 한 번 벼슬아치들의 고과를 평가하는[63] 것은 무엇 때문이겠는가? [관직에 몸담고 있으면서도] 공이 없다면 그것이 바로 죄를 짓는 것이 아니고 무엇이겠는가!"

관리는 매우 위축되어[64] 조금 전까지 시퍼렇던 서슬이 갑자기 꺾였다. 염라대왕은 천천히 그의 표정을 보더니 웃으면서 말했다.

"내 그대의 오만함을 탓했을 뿐이네. 냉정히 말하자면 그래도 그대는 삼·사 등급에는 속하는 훌륭한 관리는 되니, 내세에서도 관리로 일할 수 있네!"

그리고는 곧장 저승 관리에게 명해 그 사람을 전륜왕(轉輪王)[65]에게 보냈다. 이 두 사건을 통해서 볼 때 사람의 마음속 아주 은밀한 부분까지 귀

---

63 삼 년에 한번 벼슬아치들의 고과를 평가하는: 원문은 '삼재고적(三載考績)'이다. 『서경(書經)』「요전(堯典)」에 따르면, 3년마다 근무 평가를 해서 승진시키거나 강등시키는 것을 말한다.

64 위축되어: 원문은 '축적(踧踖)'으로, 공경하면서 불안해하는 모양을 말한다.

65 전륜왕(轉輪王): 십전염왕(十殿閻王)의 1인으로, 윤회(輪回)의 일을 담당하고 있다.

신이 모두 꿰뚫고 있음을 알 수 있다. 따라서 현자의 가슴속 한 가닥 이기심도 귀신의 꾸짖음에서 벗어날 수 없다.

『시경(詩經)』에 "그대가 방에 홀로 있을 때에 [도리어 귀신에게 부끄럼 없는 행동을 할지라!][66]"라는 말이 있더니, 정말로 그러하구나!

北村鄭蘇仙, 一日夢至冥府, 見閻羅王方錄囚. 有鄰村一媼至殿前, 王改容拱手, 賜以杯茗, 命冥吏速送生善處. 鄭私叩冥吏曰: "此農家老婦, 有何功德?" 冥吏曰: "是媼一生無利己損人心. 夫利己之心, 雖賢士大夫或不免. 然利己者必損人. 種種機械, 因是而生, 種種冤愆, 因是而造. 甚至貽臭萬年, 流毒四海, 皆此一念爲害也. 此一村婦而能自制其私心, 讀書講學之儒, 對之多愧色矣. 何怪王之加禮乎?" 鄭素有心計, 聞之惕然而寤. 鄭又言此媼未至以前, 有一官公服昂然入. 自稱所至但飮一杯水, 今無愧鬼神. 王哂曰: "設官以治民. 下至驛丞·閘官, 皆有利弊之當理. 但不要錢卽爲好官, 植木偶於堂? 倂水不飮, 不更勝公乎?" 官又辯曰:"某雖無功, 亦無罪!" 王曰: "公一生處處求自全, 某獄某獄, 避嫌疑而不言, 非負民乎? 某事某事, 畏煩重而不擧, 非負國乎? 三載考績之謂何? 無功卽有罪矣!" 官大踧踖, 鋒棱頓減. 王徐顧笑曰: "怪公盛氣耳. 平心而論, 要是三四等好官, 來生尙不失冠帶!" 促命卽送轉輪王. 觀此二事, 知人心微曖, 鬼神皆得而窺. 雖賢者一念之私, 亦不免於責備. "相在爾室", 其信然乎!

---

66 그대가…할지라: 『시경』「대아(大雅)·억(抑)」에 보면, "그대가 방에 혼자 있을 때에 도리어 귀신에게 부끄럼없는 행동을 할지라(相在爾室, 尙不愧于屋漏)."라는 문장이 있다. 고대에는 방안의 서북쪽에 작은 장막을 쳐 놓고 그 안에 신주를 모셔두었는데, 사람들의 눈에 보이지 않는 곳을 '옥루(屋漏)'라고 했다. 후에는 방안의 깊고 어두운 곳을 가리키는 말로 사용되었다.

11.

벼락 맞은 부부

어떤 한 벼슬아치 집안의 며느리는 평소 [시어머니와] 어떤 불화[67]도 없었다. 옹정(雍正)[68] 10년(1732) 임자년 어느 날 갑자기 번개가 창을 뚫고 들어와 섬광처럼 번쩍! 하더니 벼락[69]이 며느리의 심장을 관통해서 왼쪽 옆구리를 뚫고 나왔다. 남편 역시 벼락을 맞고 머리부터 엉덩이[70]까지 모두 새까맣게 탄 채 겨우 숨만 붙어 있었다. 한참 뒤에 깨어나서 아내의 시신을 보고 울면서 말했다.

"나는 성정이 꼿꼿해서 어머니와 간혹 다투기도 했지만, 당신은 그저 울면서 마음속 불만을 토로하고 눈물을 훔쳤을 뿐인데, 이놈의 벼락이 어째자고 당신을 잘못 죽였는지 모르겠소."

---

67 불화: 원문은 '발계(勃谿)'이다. 『장자』「외물(外物)」에 보면, "집안에 사람이 없고 텅 비어 있으면 고부가 서로 싸운다(室無空虛, 則婦姑勃谿)."라는 구절이 있다. 즉, 집 안이 텅 비어 아무도 없을 때 사소함을 받아주다 보면 싸움이 나기 마련이다.

68 옹정(雍正): 청나라 제5대 황제 애신각라윤진(愛新覺羅胤禛)의 연호(1722~1735)이다.

69 벼락: 원문은 '뇌설(雷楔)'로, '벽력설(霹靂楔)'이라고도 한다. 『영표록이(嶺表錄異)』에 보면, 뇌주(雷州)에서 벼락이 쳤을 때 그 속에서 도끼모양의 쐐기가 나와서 이때부터 '벽력설'이라 부르게 되었다. 주로 어린 아이들이 이것을 몸에 차고 악기를 몰아냈다고 한다.

70 엉덩이: 원문은 '고(尻)'로, 바로 좌골(坐骨)이 끝나는 곳을 가리킨다.

이 남편은 저승에서도 이승에서처럼 주모자를 엄벌에 처한다는 사실을 몰랐던 것이다.

雍正壬子, 有宦家子婦, 素無勃谿狀. 突狂電穿牖, 如火光激射, 雷楔貫心而入, 洞左脇而出. 其夫亦爲雷焰燔燒, 背至尻皆焦黑, 氣息僅屬. 久之乃蘇, 顧婦尸泣曰: “我性剛勁, 與母爭論或有之, 爾不過私訴抑鬱, 背鐙掩淚而已, 何雷之誤中爾耶.” 是未知律重主謀, 幽明一也.

12.

무운 화상

무운(無云) 화상은 어디 사람인지 알 수 없다. 강희(康熙)[71] 연간에 하간부(河間府)의 자승사(資勝寺)에서 기거했다.[72] 그는 종일토록 묵묵하게 앉아서 좌선만 할 뿐 말을 걸어도 대꾸조차 하지 않았다. 어느 날 갑자기 선상(禪床)에 올라가 직선 자[73]로 탁자를 두드리자 '펑!' 하고 소리가 나더니 조용히 입적했다. 탁자 위에 다음 게어(偈語)[74]가 쓰여 있었다.

> 삭발하고 집을 떠나 육진(六塵)[75]으로부터 몸을 깨끗이 해오다,
> 스스로 내 육신 거두어 가려 하네.

---

71 강희(康熙): 청나라 제4대 황제 애신각라현엽(愛新覺羅玄燁)의 연호(1661~1722)이다.

72 기거했다: 원문은 '괘단(掛單)'으로, 스님이 기거하는 것을 말한다. 유극장(劉克莊)의 「진은사(眞隱寺)」에 보면, "스님이 빈집을 빌려 머무네(僧借虛堂徑掛單)."라는 시구가 있다.

73 직선 자: 원문은 '계척(界尺)'이다. 문구용품으로 선을 긋는데 사용한다. 요실잔(姚實殘)의 말에 따르면, 태조는 측백나무로 자를 만들고 이를 격필간(隔筆簡)이라 칭했다고 한다.

74 게어(偈語): 원문은 '게(偈)'로, 불가에서 읊조리는 시사(詩詞)를 말한다.

75 육진(六塵): 『반야경(般若經)』에 보면, 육진(六塵)은 색(色), 성(聲), 향(香), 미(味), 촉(觸), 법(法)의 육경을 말한다. 눈으로 보는 것을 색진(色塵), 귀로 듣는 것을 성진(聲塵), 코로 냄새 맡는 것을 향진(香塵), 혀로 맛보는 것을 미진(味塵), 몸에 장식하는 것을 촉진(觸塵), 뜻을 쌓는 것을 법진(法塵)이라 한다.

백성에게 은혜를 베풀고 만물을 아끼는 일 끝이 없거늘,

주공과 공자 같은 성인이 그러하였네.

불법은 묵자(墨子)[76]의 '겸애'에 가깝지만, 무운 화상의 행동은 양주(楊朱)[77]의 '위아(爲我)'적 행동에 가깝다.

無云和尙, 不知何許人. 康熙中, 掛單河間資勝寺. 終日默坐, 與語亦不答. 一日, 忽登禪床, 以界尺拍案一聲, 泊然化去. 視案上有偈曰: "削髮辭家淨六塵, 自家且了自家身. 仁民愛物無窮事, 原有周公孔聖人." 佛法近墨, 此僧乃近於楊.

---

76 묵자(墨子): 원문은 '묵(墨)'이다. 묵적(墨翟)으로 송(宋)나라 사람이다. 공자와 동시대 사람이라고도 하고 그 뒤의 사람이라고도 한다. 묵가는 겸애(兼愛)를 위주로 하고 근검절약을 숭상했는데, 바로 이점에서 불교와 아주 유사하다.

77 양주(楊朱): 원문은 '양(楊)'으로, 전국 시대의 양주를 가리킨다. 자기가 가지고 있는 것을 덜어 다른 사람을 이롭게 하는 것을 큰 경계로 삼고 있다. 이런 점에서 묵가(墨家)와는 정반대이다.

13.

환영(幻影)

영파(甯波) 사람 오생(吳生)은 기생집[78]에서 놀기를 좋아했다. 그러다 뒷날 한 호녀(狐女)에게 빠져 남몰래 자주 그녀를 만나면서도 여전히 기생집[79]을 드나들었다.

하루는 호녀가 그에게 말했다.

"나는 조화를 부릴 줄 아는데, 당신이 연모하는 여인을 한 번만 보면 바로 똑같은 모습으로 변할 수 있어요. 당신이 누군가를 떠올리기만 하면 그녀가 바로 나타나니 돈으로 산 웃음[80]보다는 낫지 않겠어요?"

---

78 기생집: 원문은 '북리(北里)'이다. 『사기』「은본기(殷本記)」에 보면, 사연(師涓)에게 새로운 속악(俗樂: 淫聲)을 만들게 하고 「북리지무(北里之舞: 고대 춤곡 이름)」와 「미미지악(靡靡之樂: 악곡 이름)」을 만들도록 했다. 오늘날은 기녀들이 사는 곳을 일러 '북리'라고 한다.

79 기생집: 원문은 '청루(青樓)'이다. 한나라 세조(世祖)는 누각을 푸른색으로 칠하고 청루라고 불렀는데, 훗날 사람들은 기생이 기거하는 곳을 일러 청루라 칭했다. 두목(杜牧)의 「심회를 풀다(遣懷)」에 보면, "청루에서 박정한 남자라는 명성을 얻었네(贏得青樓薄倖名)."라는 시구가 있다. 청루는 기녀가 사는 곳이라 주석이 달려 있다.

80 돈으로 산 웃음: 원문은 '매소(買笑)'이다. 『설림(說林)』에 보면, 무제(武帝)가 여연(麗娟)과 함께 꽃을 감상하고 있었다고 한다. 장미가 한창 꽃봉오리를 맺기 시작했는데, 그 모습이 마치 웃음을 머금은 듯 아름다웠다. 이에 무제가 "이 꽃은 절세가인의 웃음보다 아름답구나."라고 말하자, 여연이 장난삼아 "웃음을 살 수 있습니까?"라고 물었다. 무제가 "가하다."고 하자, 여연은 시중에게 황금 백 냥을 가져오게 해서 웃음을 산 돈을 무제에게 바쳤

오생이 한번 해보라고 청했더니 호녀는 순식간에 변신했는데, 모습이 진짜와 꼭 같았다. 그리하여 오생은 그 이후로는 더 이상 밖으로 나가지 않았다.

한번은 오생이 호녀에게 말했다.

"기생집에 빠져 정신없이 지내는 것보다 훨씬 낫네. 그러나 안타깝게도 이 모든 것이 환영이라 늘 마음속에 벽이 있는 것 같으이."

호녀가 말했다.

"그렇지 않아요. 성색(聲色)의 즐거움이란 마치 한 줄기 섬광이 돌에 부딪히면 이는 불꽃과 같습니다.[81] 어찌 단지 제가 변한 그 사람만 거짓이겠어요? 그 사람 자체도 환영이에요. 어찌 그 사람만 거짓이겠어요? 저 자신조차도 거짓이에요. 천백 년이래 역대의 명기들도 모두 거짓이에요! 수양버들 우거진 곳, 청산 어느 곳 하나라도 예로부터 가무의 장소로 쓰이지 않은 적이 있었나요? 선왕처럼 아름다운 여인을 만난다 하더라도[82] 죽으면 땅에 묻히고, 상릉목자(商陵牧子)처럼 아내를 사랑한다 해도 어쩔 수 없이

다고 한다.

81 섬광이…같습니다: 원문은 '전광석화(電光石火)'이다. 유협(劉勰)의 『신론(新論)』에 보면, "사람의 짧은 인생은 전광석화처럼 잠시 반짝하다 지나간다(人之短生, 有如石火, 炯然以過)."라는 구절이 있다. 또 주자(朱子)의 『장흠부에게 드리는 답장(答張欽夫書)』에도 "선가(禪家)에서 전광석화처럼 빨리 사라진다고 하더니 정말 그러하네(正禪家所謂石火電光底消息)."라는 구절이 있다.

82 선왕처럼…만난다 하더라도: 원문은 '악우휴운(握雨攜雲)'이다. 송옥(宋玉)의 「고당부(高唐賦)」에 따르면, 옛날에 선왕이 일찍이 고당에서 노닐 때 꿈을 꾸었다고 한다. 꿈에 한 부인이 나타나 "저는 무산(巫山)의 남쪽인 고구(高丘)의 험준한 곳에 살고 있습니다. 아침에는 지나가는 구름(行雲)이 되고, 저녁에는 지나가는 비(行雨)가 되지요. 매일 아침저녁으로는 양대(陽臺) 아래에 있답니다."라고 말했다고 한다.

헤어지는 경우도 있지요.[83] 아름다운 두 사람이 만나면 어떤 사람은 그것을 시각으로 계산하고, 어떤 사람은 날로 계산하며, 어떤 사람은 달로 계산하고, 어떤 사람은 해로 계산하지만, 결국에는 헤어지게 마련이에요. 수십 년 동안 살다가 헤어지는 것이나 잠깐 동안 만나 살다가 헤어지는 것이나 낭떠러지에 가서 손을 놓으면 모든 것이 일순간 사라지는 것과 같아요. 기생집에 드나들면서 그곳에 빠져 있으면,[84] 세월은 일장춘몽[85]처럼 덧없이 흘러가지 않겠어요? 설령 정이 깊은 두 사람이 숙명적으로 만나 평생 짝이 되어 살아간다 하더라도 붉은 얼굴은 그대로 멈춰있지 않고, 백발도 생기지요. 같은 사람도 더 이상 이전에 보았던 모습은 아니지요. 당시의 짙은 눈썹과 화장한 얼굴 역시 헛된 환영이라고 할 수 있지요. 당신은 어째서 다른 사람으로 변한 저만 환영이라 생각하나요?"

---

83 상릉목자(商陵牧子)처럼…있지요: 『고금주(古今注)』에 따르면, 「별학(別鶴)」은 거문고의 곡조 이름이라고 한다. 상릉목자가 아내를 맞이한 지 5년이 지나도 아이가 생기지 않자, 부모가 다른 곳에서 후처를 맞아들이려 했다. 이에 거문고를 끌어당겨 「별학조(別鶴操)」를 연주했다고 한다. 「이란(離鸞)」은 거문고의 곡조 이름이다. 『서경잡기』에 보면, 경안세(慶安世)는 나이 열다섯 살에 성제(成帝)의 시랑(侍郎)이 되었다고 한다. 북과 거문고를 잘 다루었고, 그 가운데서도 「쌍봉리란(雙鳳離鸞)」을 잘 연주했다고 한다.

84 기생집에…빠져 있으면: 원문은 '의취외홍(倚翠偎紅)'이다. 도곡(陶穀)의 「청이록(淸異錄)」에 보면, 남당(南唐)의 임금 이욱(李煜)이 미복차림으로 기생집에 드나들었다고 한다. 하루는 한 스님이 먼저 와 자리를 펴고 있었기에 이욱은 불청객의 신세가 되었다. 이에 술에 취해 벽에다 "자작하게 술 따라 마시며 낮게 울려 퍼지는 가기의 노래, 기생집에 드나드는 대사(淺斟低唱, 倚翠偎紅大師)."라고 적었다고 한다.

85 일장춘몽: 원문은 '춘몽(春夢)'이다. 「후정록(侯鯖錄)」에 보면, 소동파(蘇東坡)가 나이가 들어 창화(昌化)에 살 때 일찍이 큰 술잔을 짊어지고 노래를 부르며 들판 사이로 지나가고 있었다고 한다. 이때 새참을 들고 나가던 부인이 70세라고 말하며 이렇게 읊조렸다. "한림학사의 지난날의 부귀는 모두 일장춘몽이로세(內翰昔日富貴, 一場春夢)." 소동파 역시 그러하다고 생각했다. 이에 마을 사람들이 그녀를 '일장춘몽 할멈[春夢婆]'이라고 불렀다고 한다.

오생은 호녀의 이야기에 뭔가 느낀 바가 있었다. 몇 년 뒤에 호녀가 이별을 고하고 떠나가자, 오생은 결국 기생집에 발길을 끊었다.

甯波吳生, 好作北里游. 後暱一狐女, 時相幽會, 然仍出入青樓間. 一日, 狐女請曰: “吾能幻化, 凡君所眷, 吾一見即可肖其貌. 君一存想, 應念而至, 不逾於黃金買笑乎?” 試之, 果頃刻換形, 與眞無二. 遂不復外出. 嘗語狐女曰: “眠花藉柳, 實慊人心. 惜是幻化, 意中終隔一膜耳.” 狐女曰: “不然. 聲色之娛, 本電光石火. 豈特吾肖某某爲幻化? 即彼某某亦幻化也. 豈特某某爲幻化? 即妾亦幻化也. 即千百年來, 名姬艷女, 皆幻化也! 白楊綠草, 黃土青山, 何一非古來歌舞之場? 握雨攜雲, 與埋香葬玉, 別鶴離鸞, 一曲伸臂頃耳! 中間兩美相合, 或以時刻計, 或以日計, 或以月計, 或以年計, 終有訣別之期. 及其訣別, 則數十年而散, 與片刻暫遇而散者, 同一懸崖撒手, 轉瞬成空. 倚翠偎紅, 不皆恍如春夢乎? 即夙契原深, 終身聚首, 而朱顏不駐, 白髮已侵. 一人之身, 非復舊態. 則當時黛眉粉頰, 亦謂之幻化可矣. 何獨以妾肖某某爲幻化也?” 吳洒然有悟. 後數歲, 狐女辭去, 吳竟絶迹於狎游.

14.

이(理)와 기(氣)를 논하는 귀신

교하현(交河縣)의 급유애(及孺愛)[86]와 청현(靑縣)의 장문보(張文甫)는 모두 학식 있는 선비로서, 함께 헌현에서 학생들을 가르치며 살았다. 한번은 두 사람이 함께 달빛을 밟으며 산책하다가 남촌과 북촌 사이까지 가게 되었다. 그곳은 서당에서 제법 멀고, 논밭이 황폐해져 적막할 뿐만 아니라 잡목도 우거져 있었다. 장문보는 두려운 마음에 돌아가고 싶어 말했다.

"황폐한 무덤에는 귀신이 많다고 하던데, 어찌 오래 머무를 수 있겠는가?"

별안간 한 노인이 지팡이를 짚고 걸어오더니, 두 사람을 향해 읍하고 앉아 말했다.

"세상에 무슨 귀신이 있다고 그러십니까? 두 분 선생께서는 세상에는 귀신이 없다고 말한 완첨(阮瞻)[87] 선생의 말을 들어 보지 못했습니까? 두 분

86 급유애(及孺愛): 저자 기윤의 첫 번째 선생으로, 약관의 나이로 수재에 합격했으나, 40세가 되도록 급제하지 못했다. 기윤의 조부 기천신(紀天申)의 초빙을 받아 기부(紀府)로 와서 기윤에게 사서삼경을 가르쳤다고 한다.

87 완첨(阮瞻): 『진서(晉書)』「완첨전(阮瞻傳)」에 보면, 완첨은 평소 무귀론을 주장하면서, 자칭 이 이치로 유명세계를 구별할 수 있다고 했다. 어느 날 한 객이 완첨을 찾아와 귀신에 대한 이야기를 나누기를 청했다. 그 객은 거듭 곤욕을 당하자 마침내 굴복하고는 낯빛을 바

선생께서는 모두 학식 있는 분으로서 어찌하여 불가[88]의 망령된 말을 믿으십니까?"

노인은 내친김에 정주(程朱)[89]이학의 '이(理)'와 '기(氣)'에 대한 이론을 늘어놓으면서 '이(理)'와 '기(氣)'의 이치로 만물의 생성과 소멸을 논하는데, 어찌나 말에 조리가 있고 유창하던지 두 사람은 모두 고개를 끄덕이면서 그의 정주이학에 대한 지식에 감탄했다. 두 사람은 노인과 말을 주고받느라 정작 노인의 이름을 묻는 것을 잊어버렸다.

그때 저 멀리서 큰 수레 몇 대가 다가오고 있었는데, 소 방울소리가 크고 낭랑했다. 그러자 노인은 옷소매를 떨치며 급히 일어나 말했다.

"저승 사람들은 조용하게 산 지 오래되었소. 제가 무귀론(無鬼論)을 지지하지 않았다면, 두 분 선생과 함께 밤새도록 길게 이야기할 수 없었을 것이오. 이제 우리가 헤어져야 할 때가 되었기에 삼가 두 분 선생께 솔직하게 제 신분을 말씀드렸으니, 두 분 선생께서는 놀라실 필요도 없고, 또 제가 일부러 두 분 선생을 희롱했다고도 생각하지 마십시오!"

두 사람이 고개를 드는 순간 노인은 순식간에 사라지고 없었다. 이런 곳에 문인학사가 있을 리는 없고, 동공여(董空如) 선생의 묘가 근처에 있는

꾸며 말했다. "고금의 성현들도 모두 귀신이 있다며 함께 전했는데, 어찌하여 그대만 홀로 귀신이 없다고 하오. 내가 바로 귀신이요!" 그러고는 모습을 바꾸더니 바로 사라졌다고 한다.

88 불가: 원문은 '석씨(釋氏)'이다. 불조(佛祖)는 성이 석가(釋迦)이기 때문에 불가를 석씨라고 불렀다.

89 정주(程朱): 송나라 정호(程顥)는 자가 백순(伯醇)이고 낙양(洛陽) 사람이며, 그의 동생 정이(程頤)는 자가 정숙(正叔)이다. 주희(朱熹)는 자가 원회(元晦)이고 무원(婺源) 사람이다. 모두 도학자로서 선비들이 그들을 정종(正宗)으로 받들어, 세상에서는 이들을 정주라 불렀다.

데, 혹여 그의 혼이런가!

交河及孺愛, 靑縣張文甫, 皆老儒也, 並授徒於獻. 嘗同步月南村北村之間. 去館稍遠, 荒原闃寂, 榛莽翳然. 張心怖欲返, 曰: “墟墓間多鬼, 曷可久留?” 俄一老人扶杖至, 揖二人坐, 曰: “世間何得有鬼? 不聞阮瞻之論乎? 二君儒者, 奈何信釋氏之妖妄?” 因闡發程朱二氣屈伸之理, 疏通證明, 詞條流暢, 二人聽之, 皆首肯, 共嘆宋儒見理之眞. 遞相酬對, 竟忘問姓名. 適大車數輛遠遠至, 牛鐸錚然. 老人振衣急起曰: “泉下之人, 岑寂久矣. 不持無鬼之論, 不能留二君作竟夕談. 今將別, 謹以實告, 毋訝相戲侮也!” 俯仰之傾, 歘然已滅. 是間絶少文士, 惟董空如先生墓相近, 或卽其魂歟!

15.

당소자(唐嘯子)

하간현(河間縣)에 사는 당생(唐生)의 장난기는 그곳 사람들이 지금까지 이야기할 정도로 유명한데, 이른바 당소자(唐嘯子)가 바로 그 사람이다.

하간현에 무귀론을 즐겨 주장하는 한 훈장이 있었는데, 한번은 이런 말을 했다.

“[진대(晉代)의] 완첨이 귀신을 만났다고 하던데, 어찌 그런 일이 있을 수 있겠는가? 그 말은 불제자들이 멋대로 지어낸 유언비어에 불과하네.”

[그 말을 들은] 당소자는 밤에 그 집 창문에다 흙을 뿌리고 소리를 내며 문을 두드렸다. 훈장이 깜짝 놀라 누구냐고 물었다.

“귀신. 내가 바로 ‘이(理)’와 ‘기(氣)’가 만들어낸 세상에서 가장 아름다운 피조물이지!”

그 소리에 훈장은 식겁해 머리를 파묻고 떨면서 제자 두 명을 불러 날이 밝을 때까지 자신을 지키게 했다.

이튿날 훈장은 기가 빠져 자리에서 일어나지 못했다. 친구들이 소식을 듣고 찾아오자 그는 신음하면서 “귀신이 있어! 귀신이!”라고만 말했다. 얼마 뒤에 사람들은 그 일이 당소자의 소행임을 알고는 모두들 손뼉을 치며 웃어댔다. 그러나 그 일이 있은 후로 서당에 진짜 귀신이 나타났다. 귀신은 벽돌과 기와를 던지고 창문을 흔들어댔는데, 하룻밤도 그냥 지나가지 않았다. 처음에는 사람들도 당소자가 다시 장난친 것이라 생각했으나, 자세히 살펴보니 이번에는 진짜 귀신이 소동을 피운 것이었다. 결국 훈장은 그 소동을 견딜 수 없어 서당을 버리고 떠나갔다.

아마도 훈장은 당소자에게 놀림당한 것이 못내 부끄러웠고 또한 한번 놀란 뒤라 이미 기가 꺾여 있는 상태였다. 여우는 훈장이 기가 빠진 틈을 이용해서 그에게 장난을 쳤던 것이다. "요물은 사람에 의해 일어난다."[90]라고 하더니, 바로 이런 상황을 두고 한 말인가!

河間唐生, 好戲侮, 土人至今能道之, 所謂唐嘯子者是也. 有塾師好講無鬼, 嘗曰: "阮瞻遇鬼, 安有是事? 僧徒妄造蜚語耳." 唐夜洒土其窓, 而嗚嗚擊其戶. 塾師駭問爲誰, 則曰: "我二氣之良能也!" 塾師大怖, 蒙首股栗, 使二弟子守達旦. 次日委頓不起. 朋友來問, 但呻吟, 曰: "有鬼!" 旣而知唐所爲, 莫不拊掌. 然自是魅大作. 抛擲瓦石, 搖撼戶牖, 無虛夕. 初尙以爲唐再來, 細察之, 乃眞魅. 不勝其嬲, 竟棄館而去.

蓋震懼之後, 益以慙恧, 其氣已餒. 狐乘其餒而中之也. "妖由人興", 此之謂乎!

---

90 요물은 사람에 의해 일어난다: 이 말은 『좌전(左傳)』에 보인다.

16.

무뢰배의 최후

천진현(天津縣)에 사는 한 효렴이 청명절에 친구 몇 명과 봄놀이[91]를 나갔는데, 하나같이 나이가 어리고 품행이 단정치 못했다. 그들은 수양버들 사이로 혼자서 나귀를 타고 가는 젊은 여자를 발견했다. 동행이 없는 것을 업신여겨 서로를 부추기며 뒤쫓아 가서 여자를 희롱하며[92] 집적대기 시작했다. 그러나 여자는 전혀 거들떠보지도 않고 채찍으로 나귀를 후려치며 걸음을 재촉할 뿐이었다. 앞서 달려가던 두세 명의 친구들이 먼저 그녀를 따라잡자, 젊은 여자가 갑자기 나귀에서 내려 반가운 듯이 그들을 대하며 상냥하게[93] 말하기 시작했다.

잠시 후 효렴이 나머지 친구들과 쫓아가서 여자를 자세히 살펴보았더니 바로 자기 아내였다. 그러나 자기 아내는 결코 나귀를 탈 줄 몰랐다. 게다가 오늘 그녀가 까닭 없이 이 교외까지 왔을 리 만무했다. 효렴은 의심스

91 봄놀이: 원문은 '답청(踏青)'이다. 청명절에 남녀노소 할 것 없이 교외로 놀러 나갔는데, 이를 답청이라 했다.

92 희롱하며: 원문은 '만(嫚)'으로, '업신여기다'의 뜻이다.

93 상냥하게: 원문은 '연어(軟語)'이다. 두보의 「촉승 여구 사형에게(贈蜀僧閭丘師兄)」에 보면, "밤에 나긋나긋하고 상냥한 말소리가 들렸네(夜闌聞軟語)."라는 시구가 있다.

럽기도 하고 분하기도 해서 앞으로 걸어 나가 큰소리로 아내를 꾸짖었다. 그러나 아내는 여전히 낄낄대며 웃었다. 효렴은 분노가 치밀어 오르자 주먹을 날려 아내의 뺨을 후려갈기려 했다. 그러자 아내가 갑자기 몸을 날려 나귀를 타고 다른 사람으로 둔갑하더니, 채찍으로 효렴을 가리키며 꾸짖었다.

"너는 다른 사람의 아내를 보면 희롱하고 온갖 못된 짓은 다하면서, 다른 사람이 네 아내를 희롱하는 것을 보면 이렇게 화를 내는구나. 너는 성현의 책을 읽었다고 하면서도 '서(恕)' 이 한 글자의 뜻조차 이해하지 못하니, 네가 어떻게 계적(桂籍)[94]에 이름을 올리겠느냐?"

여자는 효렴을 몇 차례 꾸짖고는 쏜살같이 떠나갔다. 효렴은 사그라진 재처럼 얼굴이 새하얗게 질려, 한 발짝도 떼지 못한 채 그렇게 길옆에서 굳은 자세로 서 있었다. 나귀를 탄 젊은 여자가 어떤 귀신인지는 결국 알 수 없었다.

天津某孝廉, 與數友郊外踏青, 皆少年輕薄. 見柳陰中少婦騎驢過. 欺其無伴, 邀衆逐其後, 嫚語調謔. 少婦殊不答, 鞭驢疾行. 有兩三人先追及, 少婦忽下驢軟語, 意似相悅. 俄某與三四人追及, 審視正其妻也. 但妻不解騎. 是日亦無由

94 계적(桂籍): 『피서록화(避暑錄話)』에 보면, 세상에서는 과거에 급제하면 계수나무의 가지를 꺾었다고 생각했는데, 바로 다음 이야기에서 나온 것이다. 『진서』「극선전(郤詵傳)」에 보면, 극선(郤詵)은 대책(對策)으로 과거에 급제해서 의랑(議郎)에 봉해졌다고 한다. 후에 극선이 옹주자사(雍州刺史)로 갈 때 진나라 무제(武帝)가 동당(東堂, 진나라의 정전(正殿)으로 극선이 동당에서 급제한 뒤 과거장의 대명사가 되었음)에서 그를 배웅하며 말했다. "경은 스스로 어떤 인물이라고 생각하는가?" 그러자 극선이 "신은 현량대책(賢良對策)으로 치자면 천하제일입니다. 그것은 계림(桂林)의 가지와 같고 곤산(崑山)의 옥과 같습니다."라고 했다. 당대 이후로 과거에 급제하는 것을 '동당계(東堂桂)'라 했다고 한다.

至郊外. 且疑且怒, 近前訶之. 妻嬉笑如故. 某憤氣潮涌, 奮掌欲摑其面. 妻忽飛跨驢背, 別換一形, 以鞭指某, 數曰: “見他人之婦, 則狎褻百端, 見是己婦, 則恚恨如是. 爾讀聖賢書, 一‘恕’字尙不能解, 何以挂名桂籍耶?” 數訖徑行. 某色如死灰, 殆僵立道左, 不能去. 竟不知是何魅也.

17.

액도통(額都統)

덕주(德州) 사람 전백암(田白岩)이 해준 이야기이다.

액도통(額都統)[95]이란 사람이 전(滇) 땅과 검(黔) 땅[96] 사이의 산 속을 지나다가 어떤 도사가 아름다운 여자를 돌 위에 올려놓고 심장을 가르려고 하는 것을 보았다고 한다. 액도통은 여자가 살려달라고 애걸하는 것을 보고는 급히 말을 몰아 앞으로 달려가서 도사의 손을 저지했다. 그 순간 여자가 펑! 하고 소리를 내더니 불꽃으로 변해 날아갔다. 이를 본 도사가 발을 구르며 말했다.

"공께서 내 일을 망쳤소! 이 여자는 요물로, 미색을 이용해 100여 명의 목숨을 앗아갔기에 내가 이 요물을 잡아 죽여 화근을 없애려 한 것이오. 이 요물은 사람의 정기를 너무 많이 빨아먹었고, 시간도 꽤 흘러 영성(靈性)에도 통달했소. 머리를 잘라낸다 해도 혼은 살아남아 도망 다닐 수 있기 때문에 반드시 심장을 도려내야만 죽소. 그런데 공께서 지금 이 요물을 놓아주

---

95 도통(都統): 청대 팔기군(八旗軍)의 우두머리로, 1기(旗)의 호구, 생산, 교양과 훈련 등의 일을 관장했다.

96 전(滇) 땅과 검(黔) 땅: 원문은 '전검(滇黔)'이다. 운남(雲南)을 줄여 전성(滇省)이라 불렀고, 귀주(貴州)를 줄여 검성(黔省)이라 칭했다.

었으니, 이제 그 화가 끝이 없을 것이오! 맹호 한 마리의 목숨을 아껴 산으로 돌려보냈으니, 얼마나 많은 산의 사슴과 고라니가 그 날카로운 이빨에 목숨을 잃을지 모르겠소!"

도사는 비수(匕首)[97]를 상자에 넣고 분통을 터뜨리며 계곡을 건너갔다.

이것은 전백암이 만들어낸 우언(寓言)[98]으로, 바로 [범문정(范文正)이 말한] "한 집안의 슬픔이 어찌 한 지방 전체 백성의 슬픔만 하겠는가![99]"이다. [액도통과 같은 관리는] 잠시 탐관오리[100]를 봐주면서 스스로는 음덕을 쌓았다고 생각하고 사람들도 그가 충후(忠厚)하다고 칭찬할 것이다. 그러나 자식을 팔고 아내를 저당 잡히는[101] 가난한 백성들은[102] 모두 그렇게 생각하

---

97 비수(匕首): 검의 일종으로, 화살촉처럼 끝이 예리하고 길이가 짧아서 사용하기 편하다.

98 우언(寓言): 『사기』「장주전(莊周傳)」에 보면, "저서 십여 만 마디의 말이 있는데, 대개가 말을 기탁한 것이다(著書十餘萬言, 大抵率寓言也)."라는 구절이 있다. "우(寓)는 기탁한다는 뜻으로, 가상의 인물을 만들어 이를 통해 자신의 뜻을 전달하는 것이다. 따라서 『장자』에 「우언」편이 있게 된 것이다."라고 주 달려 있다.

99 한 집안의…하겠는가: 원문은 '일가곡, 하여일로곡(一家哭, 何如一路哭)'이다. 이 구절은 주희의 『송명신언행록(宋名臣言行錄)』에서 나왔다. 범문정공(范文正公)이 참정(參政)이 되었을 때 각 지방(路: 행정구역이름. 宋代 행정 구역의 이름으로 곧 省에 해당한다) 감사(監司)들의 재주가 불민한 것을 싫어해서 관직의 명부에다 재주가 불민한 감사를 보면 그 사람의 이름 아래에다 붓으로 선을 그어 표시해두었다. 평소 범문정공을 웃어른으로 모시던 부강(富弼)이 말했다. "어르신께서는 한번 붓으로 밑줄을 긋고 계시지만, 그로 인해 한 집안이 통곡하고 있다는 것을 아십니까?" 그러자 범문정공은 "한 집안의 슬픔이 어찌 한 지방 전체 백성의 슬픔과 같을 수 있겠는가?"라고 대답하고, 마침내 그들을 모두 파면시켰다고 한다.

100 탐관오리: 원문은 '묵리(墨吏)'이다. 『좌전』「소공(昭公)」 14년에 보면, "자신은 악하면서 미명을 훔치는 것을 혼이라 하고, 탐욕스러우면서도 직권을 남용하는 것을 묵이라 하며, 사람을 거리낌 없이 죽이는 것을 적이라 한다(己惡而掠美爲昏, 貪以敗官爲墨, 殺人不忌爲賊)."라는 구절이 있다.

101 저당 잡히는: 원문은 '첩(貼)'이다.

102 자식을…가난한 백성들은: 『자치통감(資治通鑑)』에 보면, 남조(南朝)의 송(宋)나라 명제(明帝: 439~472, 劉彧)가 고택을 상궁사(湘宮寺)로 만들고 웅장하고 화려하게 꾸민 뒤 스스로 큰 공

지 않으니, 또한 이런 관리를 등용해서 무엇 하겠는가?

德州田白岩曰: 有額都統者, 在滇黔間山行, 見道士按一麗女於石, 欲剖其心. 女哀呼乞救, 額急揮騎馳及, 遽格道士手. 女噭然一聲, 化火光飛去. 道士頓足曰: "公敗吾事! 此魅已媚殺百餘人, 故捕誅之, 以除害. 但取精已多, 歲久通靈. 斬其首則神遁去, 故必剖其心乃死. 公今縱之, 又貽患無窮矣! 惜一猛虎之命, 放置深山, 不知澤麋林鹿, 劘其牙者幾許命也!" 匣其匕首, 恨恨渡溪去.

此殆白岩之寓言, 卽所謂"一家哭, 何如一路哭也!" 姑容墨吏, 自以爲陰功, 人亦多稱爲忠厚. 而窮民之賣兒貼婦, 皆未一思, 亦安用此長者乎?

적을 세웠다며 자랑했다고 한다. 그러자 곁에 서 있던 우원(虞愿)이 "이 절은 백성들이 자식을 팔고 부인을 저당 잡혀 모은 돈으로 지은 것인데,…여기에 무슨 공덕이 있다고 그러십니까(此皆百姓賣兒帖婦錢所爲,…何功德之有)?"라고 말했다. 이 문장은 『일지록(日知錄)』과 『남제서(南齊書)』「우원전(虞愿傳)」에도 보인다.

18.

소송사

헌현의 왕(王) 아무개는 공소장 작성에 뛰어난 관리[103]로 교묘하게 다른 사람의 재산을 잘 가로챘다. 그러나 매번 재산이 모일 때마다 뜻밖의 일로 재산을 까먹곤 했다.

성황묘(城隍廟)[104]의 한 꼬마 도사가 밤에 행랑 처마를 지나는데, 관리 두

103 공소장 작성에 뛰어난 관리: 원문은 '도필(刀筆)'이다. 『사기』「소하세가(蕭何世家)」에 보면, "소하는 진(秦)나라 때의 도필리(刀筆吏)였다."라는 구절이 있다. 고대에는 죽간에 글을 썼는데, 글자를 잘못 쓰면 칼로 그것을 깎아내고 고쳤기 때문에 도필이라고 했다. 오늘날은 공소장을 쓰는 사람을 도필이라고 하는데, 붓이 칼과 같은 역할을 하기 때문이다.

104 성황묘(城隍廟): 『춘명몽여록(春明夢餘錄)』에 따르면, 성황의 이름은 『주역(周易)』에 보이지만, 묘사(廟祀)가 언제부터 시작되었는지는 알 수 없다고 한다. 당나라 이빙양(李冰陽)은 사전(祀典)에서 성황신(城隍神)의 기록을 찾아볼 수 없고, 오(吳)나라와 월(越)나라에만 보인다고 말했다. 송나라 조여시(趙與時)는 무호(蕪湖)의 성황사(城隍祠)가 오나라 적오(赤烏) 2년(239)에 세워진 것으로 볼 때 성황신이 당나라 때 시작된 것이 아니라며 이빙양의 주장이 잘못되었음을 지적해냈다고 한다. 그러나 『예기』에 따르면, 천자는 여덟 신에게 납제(臘祭)를 지냈다고 한다. 이기씨(伊耆氏: 神農 혹은 堯임금)가 처음 납제를 지내기 시작했다. 여덟 신에게 제사지낼 때는 도랑[水庸]에서 한다. 물[水]은 황(隍)이고, 용(庸)은 성(城)이다. 이것이 바로 성황에 대한 제사의 시작이다. 『춘추전(春秋傳)』에 따르면, 정(鄭)나라는 네 곳의 성에 난 불을 꺼달라고 제사지냈고, 송나라는 말을 재물로 사용해 네 곳의 성에서 제사지냈는데, 이것이 바로 그 증거이다. 이로 볼 때 성황에 대한 제사는 요임금 때 시작되었고, 송나라 이후에 천하에 널리 퍼졌다.

명이 장부를 들고 정산하고 있었다.[105] 그중 한 사람이 말했다.

"그 놈이 올해 모은 돈만 해도 꽤 될 터이니, 어떤 방법으로든 반드시 그 돈을 다 쓰게 해야 하네."

그렇게 말하고는 한참동안 궁리하고 있는데, 다른 한 사람이 말했다.

"취운(翠雲)이 한 명이면 되네. 그렇게 골머리를 싸매고 생각할 필요 없네."

이 성황당에서는 자주 귀신을 만날 수 있었기 때문에 꼬마 도사도 귀신을 예사롭게 보아 그다지 두려워하지 않았다. 다만 취운이 누구인지, 누구 때문에 셈을 하는지는 알 수 없었다.

얼마 지나지 않아 헌현에 취운이라는 젊은 기생이 나타났는데, 왕 아무개는 그녀에게 정신이 팔려 재산의 팔구십을 쏟아 부었다. 또한 악창에 감염되어 백방으로 약을 구하고 의사를 불러들였기 때문에 병이 나을 무렵에는 그의 재산도 다 없어졌다. 어떤 사람이 그가 평생 동안 모은 돈을 계산해봤는데, 손꼽아도 3~4만 냥은 되었다. 훗날 그는 광질(狂疾)에 걸려 급사했는데, 관을 사서 염할 돈도 없었다.

獻縣吏王某, 工刀筆, 善巧取人財. 然每有所積, 必有一意外事耗去. 有城隍廟道童, 夜行廊廡間, 有二吏持簿對算. 其一曰: "渠今歲所蓄較多, 當何法以銷之." 方沉思間, 其一曰: "一翠雲足矣. 無煩迂折也." 是廟往往遇鬼, 道童習見, 亦不怖. 但不知翠雲爲誰, 亦不知爲誰銷算.

---

105 관리 두 명이…있었다. 가경(嘉慶) 5년본과 도광(道光) 15년본에는 모두 "문이리지부대산(聞二吏持簿對算)"으로 되어 있으나, 민국(民國) 7년본에는 "유이리지부대산(有二吏持簿對算)"으로 되어 있어, 여기서는 민국 7년본에 따라 고쳐 번역한다.

俄有小妓翠雲至, 王某大嬖之, 耗所蓄八九. 又染惡瘡, 醫藥備至, 比愈則已蕩然矣. 人計其平生所取, 可屈指數者, 約三四萬金. 後發狂疾暴卒, 竟無棺以殮.

19.

사념의 대가

중서사인(中書舍人) 진운정(陳雲亭)이 해준 이야기이다.

한 대만(臺灣)의 문서 전달 담당 관리[106]가 관사에서 묵었다고 한다. 어떤 아름다운 여자가 담에 올라 뜰 안을 살피고 있는 것을 발견하고는 여자를 꾸짖고 찾아보았지만 아무데도 없었다. 한밤중에 갑자기 꽝 — 하는 소리와 함께 기와조각이 날아 들어와 베개 옆에 떨어졌다. 이에 "어떤 요괴이기에 함부로 천자의 사신을 모독하느냐?"라고 묻자, 창밖에서 낭랑한 목소리로 대답했다.

"부귀도 있고 팔자도 좋으신[107] 양반이 제게 피할 틈도 주지 않고 저를 꾸짖으셨습니다. 저는 이 일이 신명에게 발각될까 두려워 지금까지도 전전긍긍 떨고 있는데, 공께서는 지금 주무시는 와중에도 사념이 싹터 저를 역졸의 딸로 잘못 알고 다른 날 첩으로 맞아들일 궁리만하고 계십니다. 사

106 문서 전달 담당 관리: 원문은 '역사(驛使)'이다. 원래는 두 나라를 왕래하는 사절을 가리켰으나, 여기서는 역참에서 문서를 전달하는 일을 맡은 관리를 말한다.

107 부귀도 있고 팔자도 좋으신: 원문은 '녹명(祿命)'이다. 『논형(論衡)』에 보면, "사람에게는 명(命)과 녹(祿)이 있다(人有命有祿)."라는 구절이 있는데, 명(命)은 빈부귀천을 말하고, 녹(祿)은 흥망성쇠를 말한다.

람의 마음에 사념이 한번 싹트면 귀신들은 바로 알아챕니다. 사악함이 사악함을 불러들여 신명도 이 때문에 저를 탓할 수 없게 되었습니다. 그래서 저는 기와를 던져 공께 앙갚음하려 했던 것인데, 공은 어찌하여 화를 내시오?"

관리는 몹시 부끄러워 해가 채 뜨기도 전에 급히 행장을 꾸려 떠나갔다.

陳雲亭舍人言. 有臺灣驛使宿館舍. 見艶女登墻下窺, 叱索無所睹. 夜半琅然有聲, 乃片瓦擲枕畔. 叱問: "是何妖魅, 敢侮天使?", 窓外朗應曰: "公祿命重, 我避公不及, 致公叱索. 懼干神譴, 惴惴至今, 今公睡中邪念, 誤作驛卒之女, 謀他日納爲妾. 人心一動, 鬼神知之. 以邪召邪, 神不得而咎我. 故投瓦相報, 公何怒焉?" 驛使大愧沮, 未及天曙促裝去.

20.

장진인(張眞人)

어사(御史) 섭려정(葉旅亭)의 집에 갑자기 여우가 나타나 소동을 일으켰다. 대낮에 사람들과 이야기하면서 섭려정에게 집을 양보하라고 몰아세웠다. 또 까닭 없이 소란을 피워 집안을 휘저어 놓았는데, 집안의 잔과 쟁반이 절로 춤추고 안석과 걸상도 절로 움직였다. 섭려정이 장진인(張眞人)[108]에게 이 사실을 알리자, 장진인은 [법술(法術)에 뛰어난] 법관(法官)에게 일을 맡겼다. 법관이 먼저 부적 한 장을 그려 펼쳐놓자, 여우가 나타나 부적을 찢어버렸다. 다음으로 [여우의 죄상을 적은] 문서[109]를 성황신에게 바쳤지만, 역시 효험이 없었다. 그러자 법관이 말했다.

"천호(天狐)[110]가 틀림없으니, 상주문[111]을 써서 상제(上帝)께 부탁하지 않

---

108 진인(眞人): 도관(道官)의 이름이다. 도교는 한대의 장도릉(張道陵)에 의해 시작되었는데, 그의 4세손인 장성(張盛)에 이르러 그 세력이 커져 강서성(江西省) 귀계(貴溪)에 있는 용호산(龍虎山)으로 옮겨가 교주가 되었다. 원대에는 천사(天師)라는 칭호를 사용했고, 명나라 태조 때에 와서 태조는 천사라는 칭호 대신 청일사교진인(正一嗣教眞人)이라는 칭호를 하사하고 은인(銀印)을 내렸으며, 2품의 녹봉을 내렸다. 청나라 때드 이를 그대로 답습했다.

109 문서: 원문은 '첩(牒)'으로, 관에서 발행하는 문서를 말한다.

110 천호(天狐): 『원중기(元中記)』에 따르면, 여우는 천년이 지나면 하늘과 통하게 되는데, 이를 천호라 불렀다고 한다.

111 상주문: 원문은 '배장(拜章)'으로, 황제가 상제께 올리는 상주문을 말한다.

으면 안 됩니다."

그리고는 칠일동안 도량(道場)을 꾸몄다. 도량을 꾸민 지 삼 일 째 되던 날 여우는 전과 다름없이 욕을 해대더니 나흘째 되던 날은 좋은 말로 화해를 청해왔다. 섭려정은 여우와 곤란한 사이가 되고 싶지 않고, 또한 그 일을 끝까지 하고 싶지 않았다. 장진인이 말했다.

"상주문이 이미 상제께 전달되어 저희도 어쩔 수 없습니다."

도량을 꾸민 지 칠일 째 되던 날 갑자기 쿵쾅![112] 하고 심하게 다투는 소리가 나더니, 창과 문이 떨어져 나갔다. 날이 저물기도 전에 법관이 다른 신을 불러 도움을 청해 가까스로 여우를 사로잡아 항아리[113] 안에 넣고, 광거문(廣渠門)[114] 밖에 묻었다.

내가 예전에 장진인에게 귀신을 몰아낼 수 있었던 이유를 물었더니, 장진인이 말했다.

"저 역시 그저 법술을 행했을 뿐 그 이유는 모릅니다. 무릇 귀신들은 모두 도량에서 인끈을 받아 복역하고, 부록(符籙)[115]은 법관이 관장합니다. 진인은 관가의 우두머리와 같고, 법관은 서리(胥吏)와 같습니다. 진인은 법관이 아니라서 부록을 행할 수 없고, 법관은 진인의 인끈이 없으면 그의 부록

---

112 쿵쾅: 원문은 '팽(砰)'으로, 큰 소리를 의미한다.

113 항아리: 원문은 '앵(罌)'으로, 배가 크고 주둥이가 작은 오지병을 말한다.

114 광거문(廣渠門): 북경 외성(外城)의 동남쪽 문을 가리킨다.

115 부록(符籙): 『북사(北史)』「위헌문제기(魏獻文帝紀)」에 따르면, 헌문제가 도량에 행차해 친히 부록을 받고 특별히 도성 백성들의 세금을 감면해주었다고 한다. 생각건대, 부록은 도가의 비문으로, 부(符)는 전서(篆書)나 주문(籀文), 성문(星文)이나 뇌문(雷文)처럼 글자가 구불구불하다. 록(籙)은 소서(素書)로, 천조(天曹: 道家에서 말하는 天上의 관청)의 하급관리가 기록한데서 생겨난 명칭이다. 대개 도교를 신봉하는 사람들이 부록을 많이 찼다.

도 영험하지 않습니다. 어떤 부록은 영험함이 있고 어떤 부록은 영험함이 없는데, 이는 마치 각 관사에서 상주문을 올렸을 때 인준을 해주기도 하고 반박을 당하기도 하는 것과 같은 이치이니, 일일이 모두 다 거행되지는 않습니다."

나는 이 말이 일리 있다고 생각해 다시 물었다.

"심산의 빈집에서 갑자기 요괴를 만나도 그들을 다스릴 수 있습니까?"

장진인이 말했다.

"조정의 관리도 길을 가다 도적의 습격을 받으면 달아나 숨기 마련입니다. 혹시라도 도적이 무지하게 일어나서 대관(大官)의 의장(儀仗)[116]을 건드린다면, 비록 병권[117]을 쥔 대신이라 하더라도 군사들을 부르지 못할 것이니 일시에 어떻게 할 수 없습니다."

이 말 역시 대단히 믿음이 간다. 그러나 이상의 일체의 신기한 이야기는 모두 견강부회한 것이다.

葉旅亭御史宅, 忽有狐怪. 白晝對語, 迫葉讓所居. 擾攘戲侮, 至杯盤自舞, 几榻自行. 葉告張眞人, 眞人以委法官. 先書一符, 甫張而裂. 次牒都城隍, 亦無驗. 法官曰: "是必天狐, 非拜章不可." 乃建道場七日. 至三日, 狐猶詬詈, 至四日, 乃婉詞請和. 葉不欲與爲難, 亦祈不竟其事. 眞人曰: "章已拜, 不可追矣." 至七日,

---

116 의장(儀仗): 『구당서』「백관지(百官志)」에 따르면, 절도사나 관찰사가 쌍정(雙旌)이나 쌍절(雙節)을 내렸는데, 어느 장소에 행차하면 절(節)을 세우고 육독(六纛)을 꽂았다고 한다.

117 병권: 원문은 '병부(兵符)'이다. 부(符)는 신(信)으로, 각자 하나씩 가지고 있다가 그것을 맞춰보고 신호로 삼았다. 한나라의 법제에 따르면, 군대를 파병할 때 길이 6치의 동호부(銅虎符: 동으로 만든 호랑이 모양의 부절)를 주어 그 증표로 삼았다.

忽聞格鬪砰, 門窓破墮. 薄暮尙未已, 法官又檄他神相助, 乃就擒, 以罌貯之, 埋廣渠門外.

余嘗問眞人驅役鬼神之故, 曰:"我亦不知所以然, 但依法施行耳. 大抵鬼神皆受役於印, 而符籙則掌於法官. 眞人如官長, 法官如吏胥. 眞人非法官不能爲符籙, 法官非眞人之印, 其符籙亦不靈. 中間有驗有不驗, 則如各官司文移章奏, 或準或駁, 不能一一必行耳." 此言頗近理, 又問: "設空宅深山, 猝遇精魅, 君尙能制伏否?" 曰: "譬大吏經行, 刦盜自然避匿. 儻或無知猖獗, 突犯雙旌, 雖手握兵符, 徵調不及, 一時亦無如之何." 此言亦頗篤實. 然則一切神奇之說, 皆附會也.

21.

경향각(經香閣)

염운사(鹽運使) 주자영(朱子穎)이 해준 이야기이다.

그가 산동(山東)의 태안(泰安)[118]을 다스릴 때 한 서생이 태산(泰山)[119]의 깊은 산중에 갔다가 갑자기 석벽에서 새어나오는 사람의 말소리를 들었다고 한다.

"어디서 나는 경서(經書)의 향기이지? 설마 다른 세상의 사람이 왔단 말인가?"

쿵![120] 하는 굉음과 함께 석벽이 반으로 갈라지면서 아름답고 웅장한 누각[121]이 산꼭대기에서 나타났다. 관을 쓰고 허리띠를 맨 한 늙은 유생이 내

118 태안(泰安): 청대 산동의 부(府) 이름이다.

119 태산(泰山): 원문은 '대악(岱嶽)'이다. 산동 태안현 북쪽에 위치해 있는데, 대종(岱宗)이라고도 불리며 오악(五嶽)의 하나이다. 『백호통(白虎通)』에 따르면, 동악(東嶽)을 대종(岱宗)이라고 하는데, 만물이 동쪽에서 번갈아 일어나기 때문이라고 한다.

120 쿵: 원문은 '괵(劃)'으로, 갈라지는 소리이다.

121 아름답고 웅장한 누각: 원문은 '패궐경루(貝闕瓊樓)'이다. 『초사(楚辭)』「구가(九歌)·하백(河伯)」에 보면, "자색 조개로 꾸민 문을 단 옥 진주 궁궐이여!(紫貝闕兮朱宮)"라는 시구가 있다. 왕일(王逸) 주에 따르면, 하백이 사는 곳으로 자색조개로 지은 궁궐이다. 『습유기(拾遺記)』에 보면, 적건호(翟乾祜)가 해안에서 달을 감상하고 있을 때 어떤 사람이 "그 가운데 무엇이 있소?"라고 묻기에 적건호가 웃으면서 대답했다. "제가 가리키는 대로 달이 따라 움

려와 자신을 맞이했다. 서생이 깜짝 놀라서 여기가 어디냐고 묻자, 유생이 말했다.

"이곳은 경향각(經香閣)이라는 곳이오."

서생이 머리를 조아리며 경향의 뜻을 묻자, 유생이 말했다.

"말하자면 기니, 여기 앉아서 이야기합시다. 옛날에 공자(孔子)[122]가 『춘추(春秋)』를 산정하고 나서야 그 가르침이 만세토록 전해졌고, 미언대의(微言大義)[123]도 대대로 전해졌소. 한대(漢代)의 유생들은 공자가 살던 시대로부터 멀지 않았기에 뜻을 풀이하고 주를 달아 선대 성현들의 뜻이 잘 드러날 수 있었소. 또한 당시의 질박한 문풍을 버리지 않았고, 사람들도 학파를 만들거나 명리(名利)를 추구하는 악습에 물들지 않은 채, 오직 각자 자신의 학설을 전수하고 학문의 연원을 밝히는 데 힘썼소. 당대에 와서도 이런 문풍은 바뀌지 않았소. 북송(北宋)에 와서 칙령으로 『십삼경(十三經)』[124]에 주소

직이지요." 잠시 뒤 달이 하늘에 반쯤 걸려 누각 위에서 찬란하게 빛나고 있었다. 이는 뒷날 웅장하고 화려한 궁실을 형용하는 말로 사용되었다.

122 공자(孔子): 원문은 '니산(尼山)'이다. 산 이름으로 니구(尼丘)라고도 하며, 산동 곡부현(曲阜縣) 동남쪽에 있다. 춘추(春秋) 때 숙양흘(叔梁紇)이 안씨(顏氏)와 니구에서 공자를 낳았다. 그리하여 후세 사람들이 공자를 '니산'이라 불렀다. 공자는 만년에 『시경』을 산거(刪去)하고 예악을 정하고, 『주역』을 찬하고, 『춘추』를 지어 선왕의 도를 전했다.

123 미언대의(微言大義): 『한서』「예문지」에 보면, "공자가 죽고 나자 미언(微言)은 끊어지고 그의 70제자가 세상을 떠나자 대의(大義)도 어그러졌다(昔仲尼沒而微言絶, 七十子喪而大義乖)."라는 문장이 있다.

124 『십삼경(十三經)』: 원문은 '『십삼부(十三部)』'로, 오늘날 말하는 『십삼경주소본(十三經注疏本)』이다. 심삽경은 『주역』·『시경』·『주례(周禮)』·『의례(儀禮)』·『예기』·『춘추』·『좌전』·『공양전(公羊傳)』·『곡량전(穀梁傳)』·『효경(孝經)』·『논어』·『맹자』·『이아(爾雅)』이다. 『사원(辭源)』에 따르면, 남송(南宋) 이전의 주소본은 모두 단행본으로, 각각 따로 전해졌다. 남송 소희(紹熙: 1190~1194) 연간 황당(黃唐)이 이를 합간하면서, 그 후로 십행본(十行本) 『십삼경주소(十三經注疏)』가 있게 되었다. 오늘날 통행되는 것은 완문달(阮文達)의 원각본(元刻本)으

(註疏)를 달아 성현의 뜻을 찬미했소. 몇몇 이름난 유생들은 새로운 학설이 날로 일어나고, 그로 인해 성현의 학문이 점점 끊어질까 염려해 이 경향각을 세우고, 성현의 전적을 보관했소. 중앙에 있는 것은 최초 판각본(板刻本)으로, 오색옥(五色玉)[125]으로 만든 함에 보존하는데, 바로 공자의 가르침을 존중해서 이오. 그리고 역대의 관각본(官刻本)을 함께 배치해 백옥(白玉)으로 만든 함에 넣어서 보존하는데, 이는 역대 제왕들이 학문을 중시한 공로를 표창하기 위해서이며 모두 남쪽으로 향하게 배치했소. 좌우에 진열된 것들은 역대 각 유생들의 사각본(私刻本)이오. 한 권씩 완성될 때마다 초판본이나 뛰어난 판본을 골라, 간행된 연대에 따라 순서를 매기고 경향각에 진열해 두었소.[126] 이들 전적은 창옥(蒼玉)으로 만든 함에 넣어서 보존하고 있는데, 이는 고적을 아끼는[127] 사가들의 공로를 격려하기 위함으로, 모두 동서양쪽으로 향하게 배치했소. 이상의 전적들은 모두 산호로 이름을 붙이고 황금 자물쇠로 봉해 두었소. 동서 양쪽 처마 아래로 침향목(沈香木)과 단향목(檀香木)[128]으로 만든 탁자가 있고, 수놓인 비단으로 만든 방석을 깔아 두었소. 그러면 역대 유생들의 혼령이 1년에 한 번 이곳에 와서 살피고 경향각에 나란히 줄지어 앉아 이야기한다오. 경향각 뒤쪽의 방 세 칸에는 당

로, 가장 잘 갖추어져 있다.

125 오색옥(五色玉): 『위략(魏略)』에 따르면, 대진국(大秦國)에서 오색옥이 났다고 한다.

126 두었소: 원문은 '기(庋)'이다.

127 고적을 아끼는: 원문은 '급고(汲古)'이다. 한유의 「가을 상념 11수(秋懷詩十一首)」제5에 보면, "옛 것을 길으려면 긴 두레박줄을 얻어야하리(汲古得修綆)."라는 시구가 있다. 옛것을 배우면 얻는 바가 있는데, 이는 두레박으로 물을 긷는 것과 같다라는 의미이다.

128 침향목(沈香木)과 단향목(檀香木): 원문은 '침단(沈檀)'으로, 모두 향나무 이름이다. 『구당서』「이울전(李蔚傳)」에 보면, "침향목과 단향목으로 만들었다(構以沈檀)."라는 문장이 있다.

대 이전 유생들의 경서들을 수놓인 비단 끈[129]으로 한 질씩 묶어 모아두었소. 이 이외에 자기키만큼이나[130] 많은 저술을 남기고 세상을 덮을 만큼 명성이 뛰어나며 자신의 책을 명산[131]에 보존하도록 놔둔다하더라도, 경향각의 문에 한 발짝도 들여놓을 수 없는데, 이것은 바로 선대 성현의 유지 때문이라오. 자시와 정오가 되면 장서의 글자와 구절 하나하나에서 진한 향기가 발산되어 경향각이라 이름 짓게 된 것이오. 모든 우주의 원기가 끊임없이 운행하고,[132] 음양 두 기운이 왕성하게 움직여 서로 영향을 미친다오.[133] 음기는 정오에 생겨나고 양기는 자시에 생겨나는데, 이때 성인의 마음과 천지가 서로 통하게 된다오. 그래서 이름난 유생들이 성인의 도리를 밝힘에 그 깊고 오묘한 부분은 천지와 통하기 때문에 서로 교감하게 되는 것이지요. 이에 반드시 경서를 전하는 학자만이 비로소 경서의 향기를 맡을 수 있고, 다른 사람은 맡지 못하오. 세상의 유생들 가운데에는 불을 밝혀 낮을

---

129 수놓인 비단 끈: 원문은 '찬조(纂組)'이다. 찬(纂)은 조(組)와 같으면서도 붉은 색을 띠고 있다. 조(組)는 인끈(綬)에 속하는데, 그 가운데 작은 것을 면영(冕纓)이라고 한다. 『한서』「경제기(景帝記)」에 따르면, "비단에 수를 놓고 인끈을 짜는 일은 여인의 길쌈을 망친다(錦繡纂組, 傷女紅者也)."라는 문장이 있다.

130 자기키만큼이나: 원문은 '등신(等身)'이다. 『송사(宋史)』「고황중전(賈黃中傳)』에 보면, 고황중은 어려서부터 총명했다. 다섯 살 되던 해에 부친 고빈(賈玭)은 아침마다 그를 똑바로 세워놓고 책을 쌓아 그의 키를 재었다. 이로부터 자신의 키만큼이나 책을 많이 읽었다는 뜻을 의미하게 되었다.

131 명산: 『사기』「태사공자서(太史公自序)」에 보면, "이를 명산에 숨겨두어 후인들에게 전하고자 한다(…藏之名山…俟後世聖人君子)."라는 구가 있다.

132 끊임없이 운행하고: 원문은 '알운(斡運)'이다. 『한서』「율력지주(律曆志註)」에 보면, 알(斡)은, 돌다(旋)·움직이다(運)의 뜻이라고 한다. 장화(張華)의 「여지(勵志)」에 보면, "대의는 돌고 돈다(大儀斡運)."라는 시구가 있다.

133 음양 두 기운이…영향을 미친다오: '이기(二氣)'는 원기(元氣)이다. 『주역』에 보면, "하늘과 땅은 음과 양의 두 기운을 화합하여 만물을 생성하고(天地絪縕, 萬物化醇)."라는 문장이 있다.

이어[134] 밤에도 『십삼경』을 연구하는 사람이 있고, 종신토록 경을 파고들며 우러러 보는[135] 사람도 있소. 또 개중에는 경을 연구하다 온갖 비난을 받기도 하는데, 이는 각자의 성정과 학문의 바탕이 다르기 때문이오. 그대의 4대조 할아버지께서는 판각공(板刻工)이셨는데, 일찍이 손수 『주례(周禮)』의 일부를 판각하셨소. 그래서 그 향기가 지금까지 남아 있었기에, 나는 그대가 이곳에 왔다는 것을 알 수 있었소."

그는 유생의 인도아래 경향각의 모든 곳을 둘러보고 차까지 얻어 마실 수 있었다. 떠날 시간이 되자 유생이 말했다.

"그대는 자중자애 하시오. 이곳은 아무나 쉽게 올 수 있는 곳이 아니오."

서생이 뒤를 돌아보았더니, 만산 봉우리가 하늘을 찌르고 있을 뿐 인적이라곤 전혀 없었다.

생각컨대 이 일은 황당하게 들리는데, 아마도 한학(漢學)[136]을 숭상하는 유생이 만들어낸 우언 같다.

무릇 한대의 유생들은 훈고를 전문적으로 했고, 송대의 유생들은 의리(理義)로서 서로 숭상했다. 얼핏 한학은 거칠고 송학은 깊이가 있는 듯하지만, 훈고를 모르면서 어떻게 의리를 알 수 있겠는가? 송대의 유생들은 한

---

134 불을 밝혀 낮을 이어: 원문은 '분고계구(焚膏繼晷)'이다. 한유의 『진학해(進學解)』에 보면, "기름을 태워 밤에도 낮을 이어가며(焚膏油以繼晷)."라는 구가 보인다.

135 파고들며 우러러 보는: 원문은 '찬앙종신(鑽仰終身)'이다. 『논어』에 보면, "선생님의 덕은 우러러보면 더욱 높게 보이고, 뚫고 파보면 더욱 굳으며(仰之彌高, 鑽之彌堅)"라는 문장이 있다.

136 한학(漢學): 한대의 유학자들은 훈고만을 중시했다. 청대에는 고거(考據)를 숭상했기 때문에 고거학(考據學)이라 부르고, 이것을 한학이라 생각했다.

학에 대해 일률적으로 헐뜯고 비방했을 뿐만 아니라 되레 하찮게[137] 보았는데, 이것은 바로 어가를 완성하고 나서 조잡한 통나무 바퀴[138]의 결점을 지적하고, 나루터를 건너고 난 뒤에 뗏목[139]을 불태우는 것과 같다고 할 수 있다. 그래서 송대의 유생들을 비난하는 풍조가 분분히 일어났던 것이다. 그런 까닭에 나는 『사고전서』[140]「시부총서(詩部總序)」를 편찬할 때 이렇게 썼던 것이다.

"송대 유생들이 한대 유생들을 공격한 것은 경서 토론이 목적이 아니라 그저 한대 유생들을 이기기 위해서였다. 후대 유생들이 송대 유생을 공격한 것도 마찬가지로 경서 토론이 목적이 아니라, 송대 유생들이 한대 유생들을 비방한 것에 대한 불만을 가졌기 때문이다."

---

137 하찮게: 원문은 '저(苴)'이다. 『장자』의 "도의 찌꺼기로 천하를 다스린다(其土苴以治天下)."라는 구에 토저(土苴: 쓰레기)와 분초(糞草)라 주를 달고 있다.

138 조잡한 통나무 바퀴: 원문은 '추륜(椎輪)'이다. 바퀴살이나 바퀴 테가 없는 조잡한 수레로, 구조가 채 완성되지 않은 것을 말한다. 『문선서(文選序)』에 보면, "조잡한 통나무 바퀴가 어가의 시작이 되었지만(椎輪爲大輅之始)."라는 구절이 있다. 대로(大輅)는 임금이 타는 수레 혹은 큰 수레를 의미한다.

139 뗏목: 원문은 '보벌(寶筏)'이다. 『금강경(金剛經)』에 보면, "너희 비구니들은 내 설법을 왜 뗏목에 비유하는지 그 이유를 아느냐?"라는 구절이 있다. 이백(李白)의 「봄날 산으로 돌아와 맹호연에게 부치다(春日歸山寄孟浩然)」에 보면, "뗏목은 미혹의 강을 건너게 해주네(寶筏渡迷津)."라는 시구가 있다.

140 『사고전서』: 청나라 건륭 37년(1771)에 조서를 받들어 『사고전서』를 편찬했다. 이때 기윤이 책임 편수를 맡았는데, 그는 책 한권을 진상할 때마다 유향(劉向)과 증공(曾鞏)의 예를 본받아 책머리에 제요(提要)를 달고, 『사고전서총목제요(四庫全書總目提要)』 200권을 만들었다.

위응물(韋應物)[141]의 시에 다음 구절이 있는데,[142] 바로 이와 같은 상황을 두고 한 말이다.

> 물의 속성은 원래 구름처럼 조용하고,
> 돌과 돌 사이에도 본디 소리가 없건만.
> 어째서 물과 돌이 서로 부딪치면,
> 우레를 쳐 빈산을 놀래키나.

냉정하게 말하면, 『주역』은 왕필(王弼)로부터 처음으로 이전 학설을 바꾸기 시작했는데,[143] 이는 훗날 송학(宋學)의 맹아가 되었다. 송대 유생들은 『효경(孝經)』은 공격하지 않았는데, 그 의미가 분명했기 때문이다. 송대 유생들 간의 논쟁은 『고문효경』과 『금문효경』[144]의 자구에만 국한되어 있었

---

141 위응물(韋應物): 원문은 '위소주(韋蘇州)'이다. 위응물(737~791)은 당나라 하남(河南) 사람으로, 정원(貞元: 785~804) 연간에 소주자사(蘇州刺史)를 지내면서 선정을 베풀었다. 당시 사람들이 그를 위소주라 불렀다.

142 위응물(韋應物)…있는데: 다음 시는 위응물의 「가릉강의 물소리를 듣고 심상인에게 부치다(聽嘉陵江水聲寄深上人)」에서 나오는 시구이다.

143 『주역』은…시작했는데: 가경본에는 "왕필시변구설(王弼始變舊說)"이라 되어 있으나, 도광본을 비롯한 기타 판본에는 "『역』자(『易』自)" 두 글자가 더 있다. 왕필은 자가 보사(輔嗣)이고, 삼국(三國) 시대 위(魏)나라 사람이다. 저서로는 『주역주(周易註)』 10권이 있다. 한나라의 역학(易學)은 주로 상수(象數)를 밝히는데 목적이 있었으나, 왕필에 와서야 상수(象數)를 몰아내고 의리(義理)를 이야기하기 시작했다.

144 『고문효경』과 『금문효경』: 원문은 '금고문(今古文)'이다. 『효경』은 정원(鄭元: 鄭玄)이 주를 단 『금문효경』과 공안국(公安國)이 주를 단 『고문효경』 두 개가 있었다. 『금문효경』은 한나라 하간왕(河間王)이 안지(顔芝)에게서 얻은 것이고, 『고문효경』은 공자의 옛 벽에서 나왔지만 잃어버려 전해지지 않았다. 수나라 개황(開皇) 14년(594)에 비서학생(秘書學生) 왕일(王逸)이 도성에서 진씨(陳氏)로부터 구입해 그것을 왕소(王劭)에게 바쳤다. 왕소가 이것을 하간왕 유현(劉炫)에게 보여준 이후 유현에 의해 전해졌다.

는데, 이는 주지와는 무관했기 때문에 잠시 옆으로 제쳐놓고 논하지 않았던 것이다. 『상서(尙書)』·『춘추삼전(春秋三傳)』·『삼례(三禮)』·『모시(毛詩)』·『이아(爾雅)』 등의 주석은 모두 고의(古義)를 근거로 하고 있는데, 이것은 결단코 송대 유생들이 할 수 있는 것이 아니다. 『논어』와 『맹자』의 경우는 송대 유생들이 일평생의 정력을 다해 글자를 따지고 구절을 해석한 것이어서, 결단코 한대 유생들이 따라갈 수 없다. 대개 한대 유생들은 스승의 가르침을 중요시하기 때문에 연원을 밝힘에 있어 모두 근거가 있다. 반면 송대 유생들은 심득(心得)을 제창하기 때문에 연구에 깊이가 있다. 한대 유생들은 간혹 옛 학설에 집착하거나 지나치게 스승의 가르침에 의존하는 반면, 송대 유생들은 다 주관적이고 억측이 있으며 경전의 문장을 고치는 일에 용감하다. 따라서 한대 유생과 송대 유생간의 공과득실을 따져보면, 그 차이가 거의 비슷하다. 다만 한대 유생들의 학문은 고대의 전적을 연구하고 살펴보지 않으면 한 마디도 할 수 없고, 송대 유생들의 학문은 누구나 뜬구름 잡는 소리를 할 수 있다. 그 가운데에 난초와 쑥이 같이 자라듯이 군자와 소인이 함께 섞여 있어 진실로 사람의 마음을 모두 흡족 시키지 못하는 경우가 있는데, 이로부터 비웃음을 당하게 되었다.

이 이야기 역시 꾸며낸 말에 불과하지만, 그렇다고 근거 없이 지어낸 것은 아니다.

朱子穎運使言. 守泰安日, 聞有士人至岱嶽深處, 忽人語出石壁中, 曰: "何處經香? 豈有轉世人來耶?" 剨然震響, 石壁中開, 貝闕瓊樓, 湧現峯頂. 有耆儒冠帶下迎. 士人駭愕, 問: "此何地?" 曰: "此經香閣也." 士人叩經香之義, 曰: "其說長矣, 請坐講之. 昔尼山刪定, 垂數萬年, 大義微言, 遞相授受. 漢代諸儒, 去古未遠, 訓詁箋註, 類能窺先聖之心. 又淳朴未漓, 無植黨爭名之習, 惟各傳師說, 篤溯淵源. 沿及有唐, 斯文未改. 迨乎北宋, 勒爲註疏十三部, 先聖嘉焉. 諸大儒慮新說日興, 漸成絶學, 建是閣以貯之. 中爲初本, 以五色玉爲函, 尊聖教也. 配以歷代官刊之本, 以白玉爲函, 昭帝王表章之功也, 皆南面. 左右則各家私刊之本. 每一部成, 必取初印精好者, 按次時代, 庋置斯閣. 以蒼玉爲函, 奬汲古之勤也, 皆東西面. 並以珊瑚爲簽, 黃金作鎖鑰. 東西兩廡, 以沉檀爲几, 錦繡爲茵. 諸大儒之神, 歲一來視, 相與列坐於斯閣. 後三楹則唐以前諸儒經義, 帙以纂組, 收爲一庫. 自是以外, 雖著述等身, 聲華蓋代, 總聽其自貯名山, 不得入此門一步焉, 先聖之志也. 諸書至子刻午刻, 一字一句, 皆發濃香, 故題曰經香. 蓋一元斡運, 二氣絪縕. 陰起午中, 陽生子半, 聖人之心, 與天地通. 諸大儒闡發聖人之理, 其精奧亦與天地通, 故相感也. 然必傳是學者始聞之, 他人則否. 世儒於此十三部, 或焚膏繼晷, 鑽仰終身. 或鍛煉苛求, 百端掊擊, 亦各因其性識之所根耳. 君四世前爲刻工, 曾手刊『周禮』半部. 故餘香尙在, 吾得以知君之來.” 因引使周覽閣廡, 款以茗果. 送別曰: “君善自愛. 此地不易至也.” 士人回顧, 惟萬峰插天, 杳無人跡. 案此事荒誕, 殆尊漢學者之寓言.

夫漢儒以訓詁專門, 宋儒以義理相尙. 似漢學粗而宋學精, 然不明訓詁, 義理何由而知? 概用詆誹, 視猶土苴, 未免旣成大輅, 追斥椎輪, 得濟迷川, 遽焚寶筏. 於是攻宋儒者又紛紛而起. 故余撰『四庫全書』「詩部總敘」有曰: “宋儒之攻漢儒, 非爲說經起見也, 特求勝於漢儒而已. 後人之攻宋儒, 亦非爲說經起見也, 特不平宋儒之詆漢儒而已.” 韋蘇州詩曰: “水性自雲靜, 石中亦無聲. 如何兩相激, 雷轉空山驚?” 此之謂矣. 平心而論, 『易』自王弼始變舊說, 爲宋學之萌芽. 宋儒不攻『孝經』, 詞義明顯. 宋儒所爭, 祗今文古文字句, 亦無關宏旨, 均姑置弗議. 至『尙書』·『三禮』·『三傳』·『毛詩』·『爾雅』諸注疏, 皆根據古義, 斷非宋儒所能.『論語』·『孟子』, 宋儒積一生精力, 字斟句酌, 亦斷非漢儒所及. 蓋漢儒重師傳, 淵源有自. 宋儒尙心悟, 硏索易深. 漢儒或執舊文, 過於信傳, 宋儒或憑臆斷, 勇於改經. 計其得失, 亦復相當. 惟漢儒之學, 非讀書稽古, 不能下一語, 宋儒之學, 則人人皆可以空談. 其間蘭艾同生, 誠有不盡饜人心者, 是嗤點之所自來. 此種虛搆之詞, 亦非無因而作也.

22.

귀신을 두려워하지 않는 남자

호부상서(戶部尙書)[145] 조죽허(曹竹虛)가 해준 이야기다.

그의 집안 형이 흡현(歙縣)[146]에서 양주(揚州)[147]로 가던 길에 한 친구 집을 지나가게 되었다고 한다. 때는 한여름이었다. 친구가 그를 데리고 서재로 들어가 앉았는데, 서재가 탁 트이고 몹시 시원했다. 그래서 저녁에 그곳에서 자겠다고 하자 친구가 말했다.

"여기는 귀신이 있어서 밤에는 머물 수가 없네."

조 아무개는 고집을 피우며 억지로 그곳에 머물렀다.

한밤중이 되자 어떤 물체가 문틈을 비집고 꿈틀꿈틀[148] 들어오는데, 종이처럼 아주 얇았다. 종이는 방 안으로 들어온 뒤 천천히 펼쳐지면서 사람 모습으로 변하는데, 다름 아닌 여자였다. 조 아무개가 전혀 두려워하지 않자 여자는 갑자기 머리를 풀어 헤치고 혀를 길게 빼물면서 목매달아 죽은 귀신 흉내를 냈다. [이 광경을 본] 조 아무개가 웃으면서 말했다.

---

145 호부상서(戶部尙書): 원문은 '사농(司農)'으로, 오늘날의 재정부장관에 해당한다.

146 흡현(歙縣): 원문은 '흡(歙)'으로, 안휘성(安徽省)에 있는 현 이름이다.

147 양주(揚州): 청대 강소성(江蘇省)에 위치한 부(府) 이름이다.

148 꿈틀꿈틀: 원문은 '연연(蠕蠕)'으로, 아주 작은 움직임을 말한다.

"머리카락이 조금 흐트러지고, 혀가 다른 사람보다 약간 길뿐인데, 무엇이 그리 두렵겠는가?"

귀신은 [그 소리를 듣자] 갑자기 머리를 떼어내 책상 위에 놓았다. 조 아무개가 또 웃으면서 말했다.

"머리가 있어도 두려울까 말까 한데 하물며 머리가 없음에야!"

귀신은 더 이상 부릴 재주가 없어지자 갑자기 사라졌다.

조 아무개는 돌아오는 길에 다시 그 방에 묵었는데, 밤이 되자 문틈 사이에서 또 무엇인가가 꿈틀댔다. 귀신이 막 얼굴을 들이는데 조 아무개가 침을 뱉으며 소리쳤다.

"오라! 또 그 재수 없는 놈이로구나!"

그러자 귀신은 감히 들어오지 못했다.

이 이야기는 혜중산(嵇中散)[149]이 귀신을 만난 일과 그 내용이 비슷하다. 무릇 호랑이는 술 취한 사람을 잡아먹지 않는다고 하던데, 그것은 술 취한 사람이 두려움을 모르기 때문이다. 대개 두려움이 있으면 마음이 어지러워지고, 마음이 어지러우면 정신이 흐려진다. 정신이 흐려지면 귀신이 이 틈을 타고 들어온다. 두려움이 없으면 마음이 안정되고, 마음이 안정되면 정신이 온전하며, 정신이 온전하면 나쁜 기운이 감히 침범할 수 없다. 그래서 혜중산의 이 이야기를 기록한 책에서 "정신이 밝고 깨끗하면 귀신이 부끄러워서 달아난다."고 말한 것이다.

149 혜중산(嵇中散): 『영귀기(靈鬼記)』에 보면, 중산(中散) 혜강(嵇康)이 거문고를 타고 있는데, 갑자기 한 사람이 나타났다고 한다. 그는 얼굴이 대단히 작았는데, 순식간에 크게 바뀌더니 홑옷을 입고 칡으로 만든 허리띠를 차고 있었다. 혜강은 익숙한 듯이 불을 끄고 "내가 귀신과 더불어 빛을 다투게 되다니 부끄럽구나."라고 말했다고 한다.

曹司農竹虛言. 其族兄自歙往揚州, 途經友人家. 時盛夏. 延坐書屋, 甚軒爽. 暮欲下榻其中, 友人曰: "是有魅, 夜不可居." 曹强居之. 夜半, 有物自門隙蠕蠕入, 薄如夾紙. 入室後, 漸開展作人形, 乃女子也. 曹殊不畏, 忽披髮吐舌, 作縊鬼狀. 曹笑曰: "猶是髮, 但稍亂, 猶是舌, 但稍長, 亦何足畏?" 忽自摘其首置案上. 曹又笑曰: "有首尙不足畏, 况無首耶!" 鬼技窮, 倏然滅. 及歸途再宿, 夜半門隙又蠕動. 甫露其首, 輒唾曰: "又此敗興物耶!" 竟不入. 此與嵇中散事相類. 夫虎不食醉人, 不知畏也. 大抵畏則心亂, 心亂則神渙. 神渙則鬼得乘之. 不畏則心定, 心定則神全, 神全則沴戾之氣不能干. 故記中散是事者, 稱: "神志湛然, 鬼慙而去".

23.

토신의 부인 사랑

동곡강 선생이 해준 이야기이다.

묵암(黙庵) 선생[150]이 조운(漕運)의 총책임[151]을 맡고 있었을 때의 일이라고 한다. 그의 관내에 토신(土神)과 마신(馬神)을 모셔둔 사당 두 개가 있었는데, 토신만이 부인이 있었다. 묵암 선생에게는 자신의 재주만을 믿고 교만하기 짝이 없는 어린 아들이 있었다. 그는 토신과 같은 털 복숭이[152] 영감은 아름다운 부인을 가질 자격이 없고, 젊은 마신이 아름다운 짝을 가져야 옳다고 생각해서 곧장 토신의 부인상을 마신의 사당으로 옮겨 두었다. 잠시 뒤에 그는 어지러움을 느끼며 넘어졌는데, 사람을 몰라보았다. 묵암 선생이 이야기를 듣고 직접 가서 기도하며 부인상을 제자리에 옮겨두고서야 아들이 깨어났다.

---

150 묵암(黙庵) 선생: 동눌(董訥)이다. 동눌(1639~1701)은 자가 자중(兹重)이고, 호는 묵암이며, 산동 평원 사람이다. 동눌은 동곡강의 조부이다.

151 조운(漕運)의 총책임: 원문은 '총조(總漕)'로, 청대 조운 총독을 말한다. 산동성·하남성·강소성·안휘성·강서성·절강성·호남성·호북성의 조정(漕政)을 관장했다.

152 털 복숭이: 원문은 '우사(于思)'로, 수염이 많은 모양을 말한다. 『좌전』「선공(宣公)」 2년에 보면, "수염이 많이 난 털북숭이가 갑옷을 벗어 던지고 도망쳐 오네(于思于思, 棄甲復來)."라는 구절이 있다.

또 하간(河間) 학관(學官)의 관저에 토신이 있었는데, 역시 부인상과 함께 놓여 있었다. 어떤 훈장[153]이 학교[154]에 부인상을 두어서는 안 된다며, 따로 작은 사당을 짓고 부인상을 그곳에 옮겨 두었다. 토신이 그의 어린 손자에게 빙의해 말했다.

"네가 주장하는 이치는 정당하지만, 네가 집을 넓히려는 사심 때문에 이렇게 한 것이니, 나는 승복할 수 없다."

선생은 당당하고 차분하게 옛 예의범절을 이야기하다가, 갑자기 토신이 그의 본심을 알아차리자 크게 놀랐다. 그리하여 임기가 끝나자 그는 더 이상 그곳에 머물러 있을 수가 없었다.

이 두 사건은 아주 흡사하다. 어떤 사람이 말했다.

"훈장이 부인상을 옮긴 것은 그래도 예법에 따라 행한 일이지만, 묵암 선생의 아들은 토신을 너무 얕잡아보고 한 일이기 때문에 더 큰 벌을 받았다."

나는 묵암 선생의 아들은 나이가 어려 호기로 한 짓에 불과하다고 생각한다. 그러나 그 훈장은 사심을 가지고 자신의 이익만을 위해 겉으로는 정당한 이유를 대며 다른 사람의 말문을 막았다. 만약에 토신이 그의 속내를 폭로하지 않았더라면, 사람들은 여전히 그가 사전(祀典)[155]을 바로 잡았다고

153 훈장: 원문은 '훈도(訓導)'로, 학교를 관리하는 선생을 말한다.

154 학교: 원문은 '횡(黌)'으로, 학궁(學宮)을 말한다.

155 사전(祀典): 제사를 기록해 놓은 전적을 말한다. 『예기』「제법(祭法)」에 보면, "이런 종류의 것이 아니면, 제사의 일을 기록하는 전적에 실리지 않는 것이다(非此族也, 不在祀典)."라는 구절이 있다.

생각할 것이다. 『춘추(春秋)』에서는 본심을 벌하는데,[156] 이에 따르면 훈장이 묵암 선생의 어린 아들보다 더 큰 벌을 받아야 한다.

董曲江言. 默庵先生爲總漕時. 署有土神·馬神二祠, 惟土神有配. 其少子恃才兀傲. 謂土神于思老翁, 不應擁艶婦, 馬神年少, 正爲嘉耦, 徑移女像於馬神祠. 俄眩仆不知人. 默庵先生聞其事, 親禱移還, 乃蘇.

又聞河間學署有土神, 亦配以女像. 有訓導謂黌宮不可塑婦人, 乃別建一小祠遷焉. 土神憑其幼孫語曰: "汝理雖正, 而心則私, 正欲廣汝宅耳, 吾不服也." 訓導方侃侃談古禮, 猝中其隱, 大駭. 乃終任不敢居. 是實二事相近. 或曰: "訓導遷廟猶以禮, 董瀆神甚矣, 譴當重." 余謂董少年放誕耳. 訓導內挾私心, 使己有利, 外假公義, 使人無詞. 微神發其陰謀, 人尙以爲能正祀典也. 『春秋』誅心, 訓導譴當重於董.

156 본심을 벌하는데: 원문은 '주심(誅心)'이다. 『후한서』「곽서전(霍諝傳)」에 보면, "본심을 바로잡는 데 있기 때문에 일은 용서해주고 그 마음을 벌한다(原情定過, 赦事誅意)."라는 구절이 있다.

24.

반운술(搬運術)

마술은 빠른 손놀림에 불과하다. 그러나 반운술 원주: 송나라 사람들의 책에는 '반운(搬運)'이 '반(般)'으로 되어 있다. 은 확실히 있다. 내 기억으로는 어린 시절 외조부 장설봉(張雪峰) 댁에 있었을 때, 한 술사(術士)가 술잔을 탁자 위에 놓고 손으로 한번 만지자, 술잔이 탁자 속으로 들어가 탁자와 높이가 같아졌다. 탁자 아래를 만져보았으나 잔 바닥은 만져지지 않았다. 잠시 뒤[157] 다시 잔을 꺼냈을 때도 탁자는 원래 그대로였는데, 이것은 눈속임인 것 같다.

또 술사가 큰 접시에 담겨 있는 생선회를 공중에 던지자, 생선회가 사라졌다. 회를 다시 내놓으라고 하자, 그는 이렇게 대답했다.

"안됩니다. 생선회는 지금 서재에 있는 그림 상자의 서랍[158]에 있으니, 공들께서 직접 가져오시지요."

이때 손님들은 너무 많고[159] 서재에는 옛날 물건들이 많아 문을 꼭꼭 채워둔[160] 상태였다. 또한 서랍은 높이가 2치에 불과해 3~4치나 되는 그릇이

---

157 잠시 뒤: 원문은 '소선(少選)'으로, 짧은 시간을 말한다.

158 서랍: 원문은 '체(屜)'이다.

159 많고: 원문은 '답(遝)'으로, 무리가 많은 모양을 말한다.

160 채워둔: 원문은 '경(扃)'으로, 바깥에서 채우는 빗장을 말한다.

결코 들어갈 수 없었기에 술사의 말이 터무니없다고 생각했다. 그리하여 열쇠를 가져와 문을 열고 보았더니, 그릇은 작은 탁자 위에 놓여 있고, 그릇 안에는 다섯 개의 불수감나무[161] 열매가 담겨져 있었다. 그것은 본래 불수감나무 열매가 담겨 있던 그릇인데, 생선회로 바뀐 채 서랍에 숨겨져 있으니, 이것이 반운술이 아니면 무엇이겠는가?

이론적으로 따지면 반운술이란 결코 있을 수 없지만, 실제로는 존재하니 바로 이와 같은 예이다. 그런데 사실, 이론에도 부합한다. 여우와 산귀신[162]이 사람의 물건을 훔쳐도 사람들은 괴이하게 생각하지 않고, 여우와 산귀신을 제압할 수 있는 사람도 이상하게 생각하지 않는다. 산귀신을 제압할 수 있다면 산귀신을 부릴 수 있고, 산귀신이 다른 사람의 물건을 훔칠 수 있다면, 다른 사람을 위해 대신 물건을 훔칠 수도 있으니, 여기에 또 무슨 기이함이 있겠는가?

戲術, 皆手法捷耳. 然亦實有般運術. 原注: 宋人書搬運皆作般. 憶小時在外祖雪峰先生家, 一術士置杯酒於案, 舉掌拍之, 杯陷入案中, 口與案平. 然捫案下, 不見杯底. 少選取出, 案如故, 此或障目法也.

又舉魚膾一巨椀, 抛擲空中不見. 令其取回, 則曰: "不能矣. 在書室畫廚夾屜中, 公等自取耳." 時以賓從雜遝, 書室多古器, 已嚴扃. 且夾屜高僅二寸, 椀高三四寸許, 斷不可入, 疑其妄. 姑呼鑰啓視, 則椀置案上, 換貯佛手五. 原貯佛手

161 불수감나무: 원문은 '불수(佛手)'이다. 불수감(佛手柑)이라고도 하고 복건과 광동지방에서 생산된다. 상단부분이 손가락 모양으로 갈라져 있는 데서 부쳐진 이름이다.

162 산귀신: 원문은 '산소(山魈)'로, 다리가 한쪽밖에 없는 귀신이다. 주로 밤에 나타나 사람을 해친다.

之盤, 乃換貯魚膾藏夾屜中, 是非般運術乎? 理所必無, 事所或有, 類如此. 然實亦理之所有. 狐怪山魈, 盜取人物不爲異, 能劾禁狐怪山魈者亦不爲異. 旣能劾禁, 卽可以役使, 旣能盜取人物, 卽可以代人盜取物, 夫又何異焉?

25.

장수(莊壽)의 목격담

옛날 하인 장수(莊壽)가 해준 이야기이다.

그는 예전에 아무개 관리를 모셨다고 한다. 하루는 새벽녘에 관리 한 명이 찾아오고, 잠시 뒤에 또 다른 관리가 따라 들어오는 것을 보았다. 그들은 모두 주인 나리의 가까운 친구였는데, 은밀히 소식을 전하러 온 것 같았다. 잠시 뒤 두 사람이 돌아가고 나서 주인 나리도 마차를 대령하라고 하더니 타고 나갔다가 저녁 무렵에 돌아왔는데, 사람도 말도 모두 지쳐 있었다.

잠시 뒤, 앞서 왔던 관리 두 명이 다시 와서 세 사람은 등불아래서 귀를 맞대는가 하면 고개를 끄덕이기도 하고 손을 내젓기도 했다. 또 눈썹을 찌푸리는가하면 박수를 치기도 했는데, 무슨 일에 대해 이야기하는지는 알 수 없었다. 이경(二更)을 알리는 북소리가 울리자, 별안간 저 멀리 북쪽 창문 밖에서 '허허' 하는 웃음소리가 들렸는데, 방안에서는 아무 것도 듣지 못한 것 같았다. 장수가 의혹에 사로잡혀 있을 때, 갑자기 누군가가 길게 탄식하는 소리가 들렸다.

"하필 그렇게 되다니!"

손님과 주인은 그제야 깜짝 놀라 일어나 창문을 열고 급히 밖을 내다보았다. 막 비가 내리고 난 뒤라, 지면은 손바닥처럼 평평해져 있고 인적이라곤 전혀 없었기에 모두들 장수가 잠꼬대를 한 것이라 생각했다. 그는 당시 주인 나리의 말씀을 엿듣지 말라는 분부가 있었기 때문에 남쪽 방 처마[163] 밑에 있는 꽃 선반 아래에 피해 있었다. 사실 그는 잠을 자지도, 어떤 말도 하지 않았다. 결국에는 어찌된 영문인지 알 수 없었다.

舊僕莊壽言. 昔事某官. 見一官侵晨至, 又一官續至. 皆契交也, 其狀若密遞消息者. 俄皆去, 主人亦命駕遽出, 至黃昏乃歸, 車殆馬煩, 不勝困憊. 俄前二官又至, 燈下或附耳, 或點首, 或搖手. 或蹙眉, 或拊掌, 不知所議何事. 漏下二鼓, 我遙聞北窗外吃吃有笑聲, 室中弗聞也. 方疑惑間, 忽又聞長嘆一聲曰: "何必如此!" 始賓主皆驚, 開窗急視. 新雨後泥平如掌, 絶無人踪, 共疑爲我囈語. 我時因戒勿竊聽, 避立南榮外花架下. 實未嘗睡, 亦未嘗言. 究不知其何故也.

163 처마: 원문은 '영(榮)'으로, 양쪽 끝이 들린 처마를 가리킨다. 『예기』「상대기(喪大記)」에 보면, "동쪽 처마로부터 올라……서북쪽 처마로부터 내려온다(升自東榮,…… 降自西北榮)."라는 구절이 있고, 또한 "영은 처마이다(榮, 屋翼也)."라고 주 달려 있다.

26.

촌뜨기의 시

영춘(永春)의 효렴(孝廉) 구이전(邱二田)이 어쩌다 구리호(九鯉湖)[164]의 길옆에서 쉬고 있었다. 한 동자가 소를 타고 급히 오다가 구이전 앞에 와서 잠시 멈춰 서더니, 맑은 목소리로 시를 읊었다.

> 올 때는 비바람 맞고 왔다가,
> 갈 때는 안개와 노을 밟고 가네.
> 태양이 만산 봉우리의 녹음을 비추고 있으니,
> 이곳이 바로 내가 산으로 돌아가는 길인가?

구이전은 촌아이가 어떻게 이런 시를 지었을까하고 이상하게 생각했다. 아이에게 물어보려 하는데, 아이가 쓴 삿갓이 삼나무와 회나무사이에서 보였다 안 보였다 이미 반 리(里)쯤 떠난 뒤였다. 신선이 내려와서 장난치고 간 것인지, 아니면 시골서당에 다니는 아이가 다른 사람이 읊는 시를

164 구리호(九鯉湖): 복건성 선유현(仙遊縣) 동북쪽에 있다. 옛날에 하씨(何氏) 형제 아홉 사람이 구리호 가에서 연단술(練丹術)을 행했다. 연단술을 완성하고 나서 각자 잉어를 타고 신선이 되어 떠나갔다. 구리호는 바로 여기서 생겨난 이름이다.

듣고 우연히 기억한 것인지 모르겠다.

永春邱孝廉二田, 偶憩息九鯉湖道中. 有童子騎牛來, 行甚駛, 至邱前小立, 朗吟曰: "來衝風雨來, 去踏煙霞去. 斜照萬峰青, 是我還山路?" 怪村豎那得作此語. 凝思欲問, 則笠影出沒杉檜間, 已距半里許矣. 不知神仙游戲, 抑鄉塾小兒聞人誦而偶記也.

27.

나양산인(羅洋山人)

포전(浦田)의 교유(敎諭)[165] 임패(林霈)는 대만에서 임기를 마치고 승진해[166] 북상하던 중이었다. 탁주(涿洲) 남쪽에 이르러 마차에서 내려 잠시 볼일을 보다가[167] 내려앉은 집 담밖에 깨진 자기로 쓴 시를 보았다.

노새 한 무리[168]가 구리방울 울리면서,
흰 새벽에 추위를 헤치고 역참을 지나가네.
내가 채찍 늘어뜨려 잔설을 가지고 놀 때,
나귀는 천천히 거닐면서 푸른 산을 어지럽히고 있네.

165 교유(敎諭): 관직 이름이다. 원명청 시대 현학(縣學)의 교관으로, 문묘(文廟)의 제사를 주관하며 생원들을 가르치는 일을 했다.

166 임기를 마치고 승진해: 원문은 '봉만(俸滿)'이다. 명청의 관원들이 일정한 임기를 채우면, 공과를 참작해 승진하는 것을 가리킨다.

167 볼일을 보다가: 원문은 '변선(便旋)'으로, 소변을 말한다. 『좌전』「정공(定公)」 3년에 "이사고가 소변을 보다(夷射姑旋焉)."라는 문장이 있고, "선(旋)은 오줌이다."라 주 달려 있다. 또한 한유의 「돌솥에 관해 이어가며 짓다(石鼎聯句詩序)」에 보면, "도사가 일어나서 문을 나서는데 마치 소변을 보시려는 것 같습니다(道士起出門, 若將便旋然)."라는 문구가 있다.

168 노새 한 무리: 원문은 '나강(騾綱)'으로, 노새들을 줄로 묶어 떼지어 가는 것을 말한다.

나양산인(羅洋山人)[169]이라 적혀 있었다. 임패는 시를 다 읽고 나서 자신도 모르게 말했다.

"약간 운치가 있네. 그런데 나양(羅洋)은 어디지?"

집안에서 누군가 이렇게 대답했다.

"말투를 보아하니 호광(湖廣) 사람이군요."

[깜짝 놀라] 집 안으로 들어가 보았더니, 먼지뭉치와 낙엽만이 뒹굴고 있을 뿐이었다. 임패는 자신이 귀신을 만났다는 것을 알고 두려워 마차를 타고 떠나갔다. 그 이후로 임패는 늘 마음이 편치 않더니, 얼마 뒤에 죽었다.

莆田林教諭霈, 以臺灣俸滿北上. 至涿州南, 下車便旋, 見破屋牆匡外, 有磁鋒劃一詩曰: "騾綱隊隊響銅鈴, 清曉衝寒過驛亭. 我自垂鞭玩殘雪, 驢蹄緩踏亂山青." 款曰羅洋山人. 讀訖, 自語曰: "詩小有致. 羅洋是何地耶?" 屋內應曰: "其語似是湖廣人." 入視之, 惟凝塵敗葉而已. 自知遇鬼, 惕然登車. 恆鬱鬱不適, 不久竟卒.

---

169 나양산인(羅洋山人): 『선정사략(先正事略)』에 보면, 곽준(郭焌)은 자가 곤보(昆甫)이고, 호남(湖南) 선화(善化) 사람이다. 건륭9년(1744)에 향시에 합격했고, 저서로는 『나양시문장(羅洋詩文章)』 시대와 본적, 별호가 부합하는 것으로 보아 이 사람인 것 같다. 이 있다라는 문장이 있다.

28.

이기각(李基塙)

경주(景州) 사람 노원(露園) 이기각(李基塙)은 강희 갑오년(1853)에 효렴이 되었는데, 바로 나의 처남[170]이다. 그는 박학하고 단정하며 시를 잘 지었다. 임용을 기다리던[171] 어느 날 꿈에서 시 두 구를 지었다.

혜강[172]은 난새의 깃털과 같았고,
굴원[173]은 달처럼 고아했네.

---

170 처남: 원문은 '요서(僚婿)'로, 누이의 남편을 말하는데, 속칭 동서(連襟)라고도 한다. 가경본에는 "요서(僚婿)"라 되어 있으나, 도광본에는 "서요(婿僚)"로 되어 있다.

171 임용을 기다리던: 원문은 '수차(需次)'이다. 옛날에 관리들은 관리임명을 받은 뒤 이력과 순서에 따라 임용되었는데, 이를 수차라 했다.

172 혜강: 원문은 '혜중산(嵇中山)'으로, 이름은 강(康)이고, 자는 숙야(叔夜)이며, 삼국시대 위나라 사람이다. 일찍이 중산대부(中山大夫)에 임명되었으나, 벼슬길에 나아가지 않았다. 훌륭한 인품을 가지고 있어 스스로 자신을 꾸미지 않았기에 사람들은 그가 봉황과 같은 위엄을 가지고 있고 천성이 그러하다고 생각했다. 뒷날 그는 사마소(司馬昭)에게 피살되었다. 안연지(顔延之)의 「영혜중산시(詠嵇中山詩)」에 보면, "난새의 깃촉에도 때때로 목 투구가 있구나(鸞翮有時鎩)."라는 시구가 있다.

173 굴원: 원문은 '굴좌도(屈左徒)'이다. 『사기』에 보면, 굴원은 이름은 평(屈平)이고, 초(楚)나라 사람이다. 회왕(懷王)의 좌도(左徒)가 되었는데, 회왕이 그를 아주 깊이 신임했다. 후에 참소를 당하자, 회왕은 그를 강남으로 좌천시켰다. 굴원은 머리를 풀어 헤치고 못가에서 노닐다가 스스로 멱라강(汨羅江)에 빠져 죽었다. 『이소(離騷)』에 보면, "뭇 여인들 나의 미모를

꿈에서 깨어난 뒤에도 스스로 그 시를 이해할 수 없었다. 뒷날 그는 호남(湖南)의 한 현령으로 있다가 임지에서 죽었는데, 호남은 바로 굴원이 노닐면서 시를 읊었던 곳이다.

景州李露園基塙, 康熙甲午孝廉, 余僚婿也. 博雅工詩. 需次日, 夢中作一聯曰: "鸞翮嵇中散, 蛾眉屈左徒." 醒而不能自解. 後得湖南一令, 卒於官, 正屈原行吟地也.

질투하여, 내가 음탕하다고 헐뜯고 비방하네(衆女妬余之蛾眉兮, 謠諑謂余以善淫)."라는 시구가 있다.

29.

바둑이

돌아가신 할머니 장태부인(張太夫人)[174]은 바둑이 한 마리를 키우셨다. 하녀들은 바둑이가 고기를 훔쳐 먹는 것을 싫어해 몰래 바둑이를 목 졸라 죽였다. 그 가운데 유의(柳意)라는 하녀가 있었는데, 늘 바둑이가 나타나 자신을 물어뜯는 꿈을 꾸었다. 그래서 잘 때마다 번번이 잠꼬대를 했다. 장태부인이 그 사실을 알고 말했다.

"너희들이 함께 바둑이를 죽였는데, 어째서 유독 유의에게만 원한을 품는단 말인가? 유의도 함께 고기를 훔쳐 먹었는데, 자기만 죽은 것이 억울한 것이 틀림없다."

유의를 불러 물어본 결과 정말 그랬다.

先祖母張太夫人, 畜一小花犬. 群婢患其盜肉, 陰搤殺之. 中一婢曰柳意, 夢中恆見此犬來囓. 睡輒囈語. 太夫人知之, 曰: "群婢共殺犬, 何獨銜冤於柳意? 此必柳意亦盜肉, 不足服其心也." 考問果然.

---

174 장태부인(張太夫人): 기윤의 부친인 기용서(紀容舒)의 둘째 부인이다. 기용서는 본래 안씨(安氏)에게 장가들어 기탁(紀晫)을 낳았다. 안씨가 죽자 기용서는 장씨(張氏)에게 장가들었으나, 그녀 역시 일찍 죽었다. 기용서는 다시 장씨의 여동생에게 장가들었는데, 그녀가 기윤을 낳았다.

30.

측백나무 고목

복건성 정주(汀州) 시험장의 당(堂) 앞에 측백나무 고목 두 그루가 있었는데, 모두 당나라 때 심은 것으로 귀신이 붙었다고들 했다. 내가 이곳에서 시험 감독할 때[175] 어떤 관원이 내게 나무에게 절을 올려야 한다고 말했다. 나는 나무의 정령은 해가 되지 않으니 그대로 놔두어도 되고, 사전(祀典)에 있는 예법도 아니니, 천자의 사자가 절을 하는 것은 옳지 않다고 말했다. 나무는 잎이 무성하게 우거지고 위로 솟아 있어서 몇 집 건너서도 보였다.

어느 날 저녁 달빛을 밟으며 섬돌로 올라가 고개를 들었더니, 나무 위에 붉은 옷을 입은 노인 두 명이 나를 향해 허리를 굽혀[176] 인사한 후, 천천히 사라졌다. 나는 막료들을 불러 보게 했는데, 여전히 그 모습이 보였다. 이튿날 나는 측백나무 두 그루 앞으로 가서 답례인사를 하고, 사당문 옆에 시 두 구를 새겨 넣었다.

---

175 시험 감독할 때: 원문은 '임일(臨日)'이다. 과거를 볼 때 학정(學政)이 주둔하는 곳 이외에, 나머지 각 부(府)와 직례성의 각 주(州)에 고사장을 설치하고 학정이 순서에 따라 돌아다니며 고시를 주관했다.

176 허리를 굽혀: 원문은 '경절(磬折)'로, 몸을 경쇠처럼 굽히는 것을 말한다. 『예기』「곡례(曲禮)」(하)에 보면 "서 있을 때는 경쇠처럼 몸을 굽히어 패옥(佩玉)을 드리운다(立則磬折, 垂佩)."라는 문장이 있다.

하늘을 향한 측백나무의 녹음은 언제나 이와 같으니,

머리를 끄덕이던 붉은 옷 입은 노인[177]이 혹 그대가 아닌가 싶네.

이 일은 아주 기이하다. 원자재(袁子才: 袁枚)도 예전에 이 일을 『신제해(新齊諧)』[178]에서 기록한 적이 있는데, 줄거리가 약간 다르다. 아마도 전해지면서 착오가 생긴 듯하다.

福建汀州試院, 堂前二古柏, 唐物也, 云有神. 余按臨日, 吏白當詣樹拜. 余謂木魅不爲害, 聽之可也, 非祀典所有, 使者不當拜. 樹柯葉森聳, 隔屋數重可見. 是夕月明, 余步堦上, 仰見樹杪兩紅衣人, 向余磬折拱揖, 冉冉漸沒. 呼幕友出視, 尙見之. 余次日詣樹, 各答以揖, 爲鐫一聯於祠門曰: "參天黛色常如此, 點首朱衣或是君." 此事亦頗異. 袁子才嘗載此事於『新齊諧』, 所記稍異. 蓋傳聞之誤也.

177 머리를 끄덕이던 붉은 옷 입은 노인: 원문은 '점수주의(点首朱衣)'이다. 『후정록(侯鯖錄)』에 보면, 구양공(歐陽公)이 지공거(知貢擧)로 있던 시절 매번 시험 답안지를 채점할 때마다 등 뒤에 붉은 옷 입은 사람이 서 있는 것을 느꼈다고 한다. 붉은 옷 입은 사람이 머리를 끄덕이면 그 문장은 규칙에 맞게 잘 쓰여 있었다. 이를 이상하게 생각해 고개를 돌려보면 아무도 없었다. 그 일을 동료들에게 말하자 모두 감탄했다고 한다.

178 『신제해(新齊諧)』: 책 이름으로, 『자불어(子不語)』라고도 하며 청나라 원매(袁枚)가 지었다. 원매(1716~1798)는 자가 자재(子才)이고 호는 간재(簡齋)이며, 절강성(浙江省) 전당(錢塘) 사람이다. 세상에서 그를 수원(隨園) 선생이라 불렀다.

31.

여도사(呂道士)

덕주 사람 송청원(宋淸遠) 선생이 해준 이야기이다.

여도사(呂道士)는 어디 사람인지는 알 수 없으나, 환술(幻術)을 잘 했으며, 일찍이 호부상서 전산강(田山畺)의 집에 객으로 있었다고 한다. 주등화(朱藤花)가 흐드러지게 피었을 때, 전산강은 손님들과 함께 꽃을 감상하고 있었다.

한 속된 선비가 자리를 같이했는데, 말이 비루하기 짝이 없었고, 계속해서 주절대는 통에 다른 사람의 흥취까지 깨버렸다.

또 다른 젊은이는 천성적으로 경박하고 다른 사람을 심하게 무시했다. 그에게 말을 많이 하지 말라고 질책하면서 두 사람은 소매를 걷어붙이고 싸울 태세였다.

한 나이든 선비가 그들을 화해시키려 했으나, 두 사람 모두 말을 듣지 않았다. 그러자 이 선비까지 노기를 드러내면서 그 자리에 있던 사람들은 모두 이들 때문에 흥이 나지 않았다.

여도사는 어린 아이에게 귀엣말로 종이와 붓을 가져 오라고 하더니, 부적 세 장을 그리고는 불에 태웠다. 그러자 세 사람이 갑자기 일어나서 정원으로 가서 몇 바퀴 돌기 시작했다. 속된 선비는 종종걸음으로 동남쪽 구석에 가서 앉더니, 혼자 중얼대기 시작했다. 귀 기울여 그의 말을 들어보았더니 처첩과 함께 집안일을 이야기하고 있었다. 잠시 뒤에 그는 좌우를 돌아보면서 화해하는 것 같았다. 그 뒤 밝은 얼굴로 자신을 변호하는 듯하더니, 별안간 자신의 잘못을 인정했다. 그러다 갑자기 한쪽 무릎을 꿇고, 이어서 양쪽 무릎을 꿇더니, 고개를 숙이며 계속 사과했다.

젊은이를 보았더니, 그는 서남쪽 구석 난간에 앉아 추파를 던지며 부드러운 말로 다정하게 이야기하면서 한편으로는 웃으며 겸손하게 사과했다. 그는 잠시 뒤 낮은 목소리로 「완사기(浣紗記)」[179]를 중얼중얼 읊으며 손으로 박자를 치고 온갖 요염한 태도를 취했다.

나이든 선비는 돌계단 위에 단정하게 앉아서 『맹자』 가운데 「제나라 환공과 진나라 문공(齊桓·晉文之事)」 장을 이야기했다. 자구를 분석하면서 이리저리 둘러보는데, 네댓 사람과 대화를 나누는 듯 했다. 그러더니 갑자기 고개를 가로저으며 "아니오!"라고 하다가, 갑자기 눈을 크게 뜨고 "아직도 이해가 안 되시오?"라고 말하면서 '어흠[180]!' 하고 연신 헛기침을 해댔다.

이 광경을 본 사람들이 놀라서 웃자 도사는 손을 내저으며 웃지 말라고 했다. 술자리가 파할 무렵 도사가 다시 부적 세 개를 태우자, 세 사람은 멍

---

179 「완사기(浣紗記)」: 곤곡(崑曲) 이름이다. 『소주부지(蘇州府志)』에 따르면, 곤산(崑山)의 양진어(梁辰魚)는 자가 백룡(伯龍)이고 예공(例貢: 청대 국자감의 공생貢生 중 하나로, 정상적인 방법으로 시험을 치르지 않고 돈을 내고 국자감에 들어왔기 때문에 이렇게 불렀음) 출신의 태학생(太學生)이었다고 한다. 목숨보다 의리를 중히 여겨 다른 사람을 잘 도와주었고, 작곡에 뛰어났으며, 구성지게 노래를 불렀는데, 그 소리가 마치 악기를 연주하는 것 같았다고 한다. 곤산의 위량보(魏良輔)는 곡률(曲律)을 만들었는데, 세상에 전하는 바에 따르면 곤산강(崑山腔)은 위량보에게서 시작되었다고 한다. 그러나 백용은 혼자서 그 악보를 구하여 곤강에 맞추어 『완사기』 전기(傳奇)를 지었고, 이원자제(梨園子弟)들이 이것을 잘 불렀다고 한다.

180 어흠: 원문은 '각각(咯咯)'으로, 기침하는 소리이다.

하니 앉아 있다가 잠시 뒤[181] 비로소 제 정신이 돌아왔는지 술에 취해 자기도 모르게 잠들었다며 결례를 범했다고 사과했다. 사람들은 웃음을 참으면서 흩어졌다. 여도사가 말했다.

“이것은 작은 재주에 불과해 말할 것도 없습니다. 섭법선(葉法善)이 당나라 현종(玄宗)을 월궁(月宮)으로 인도할 때[182] 이런 부적을 사용했습니다. 당시 사람들 중에는 그를 진짜 신선이라고 오해하는 이도 있었고, 또 어리석은 유생들은 엉터리라고 생각했는데, 이는 모두가 우물 안 개구리처럼 식견이 좁은 탓이지요.[183]”

후에 여도사는 여관에서 부적을 이용해 길 가던 귀인(貴人)의 첩의 혼을 잡아왔다. 첩은 제정신이 들자 마차를 타고 [자신이 잡혀갔던] 집을 기억해내고는 귀인에게 급히 그를 잡아오라고 했지만, 도사가 이미 달아난 뒤였다.

바로 이 때문에 『주례』에 정신 이상자[184]의 궁중출입을 금지한다는 규정

---

181 잠시 뒤: 원문은 ‘소선(少選)’으로, 수유지간(須臾之間) 즉, 아주 짧은 시간을 말한다.

182 섭법선이…인도할 때: 『집이기(集異記)』에 따르면, 명황(明皇: 玄宗)은 8월 보름날 밤에 섭법선과 함께 월궁으로 가 노닐었다고 한다. 명황은 달빛아래서 천상의 음악을 듣다가 곡명을 묻자, 섭법선이 “「자운곡(紫雲曲)」입니다.”라고 대답했다. 명황은 평소 음률에 밝아, 그 소리를 마음속에 기억해 두었다. 돌아오는 길에 노주(潞州) 성을 지나다 섭법선이 명황에게 옥피리로 「자운곡」을 연주해줄 것을 청하면서, 자신은 성에 돈을 뿌린 뒤 돌아왔다. 얼마 뒤에 노주에서 8월 보름날 밤에 천상의 음악이 성안에 울려 퍼졌으며, 이때 얻은 돈까지 진상한다고 상주가 올라왔다고 한다.

183 우물 안 개구리…탓이지요: 원문은 ‘정저지와(井底之蛙)’로, 식견이 좁은 것을 비유한 것이다. 『후한서』「마원전(馬援傳)」에 보면, “자양(子陽)은 우물 안 개구리이면서도 망령되이 스스로를 높이네(子陽井底之蛙耳, 而妄自尊大).”라는 문장이 있다.

184 정신 이상자: 원문은 ‘괴민(怪民)’이다. 『주례』「천관(天官)·혼인(閽人)」에 보면, “기이한 옷차림을 했거나 정신 이상자는 궁에 들이지 않았다(奇服怪民不入宮).”라는 문장이 있다.

이 있게 된 것이 아닐까!

德州宋清遠先生言. 呂道士, 不知何許人, 善幻術, 嘗客田山疆司農家. 値朱藤盛開, 賓客會賞. 一俗士言詞猥鄙, 喋喋不休, 殊敗人意. 一少年性輕脫, 厭薄尤甚. 斥勿多言, 二人幾攘臂. 一老儒和解之, 俱不聽. 亦慍形於色, 滿坐爲之不樂. 道士耳語小童, 取紙筆, 畵三符焚之. 三人忽皆起, 在院中旋折數四.

俗客趨東南隅坐, 喃喃自語. 聽之, 乃與妻妾談家事. 俄左右回顧若和解. 俄怡色自辯, 俄作引罪狀. 俄屈一膝, 俄兩膝並屈, 俄叩首不已.

視少年, 則坐西南隅花欄上, 流目送盼, 妮妮軟語, 俄嬉笑, 俄謙謝. 俄低唱「浣紗記」, 呦呦不已, 手自按拍, 備諸冶蕩之態.

老儒則端坐石磴上, 講『孟子』「齊桓·晋文之事」一章. 字剖句析, 指揮顧盼, 如與四五人對語. 忽搖首曰"不是!", 忽瞋目曰"尙不解耶?", 咯咯癆嗽, 仍不止. 衆駭笑, 道士搖手止之. 比酒闌, 道士又焚三符, 三人乃惘惘凝坐, 少選始醒, 自稱不覺醉眠, 謝無禮. 衆匿笑散. 道士曰: "此小術, 不足道. 葉法善引唐明皇入月宮, 卽用此符. 當時誤以爲眞仙, 迂儒又以爲妄語, 皆井底蛙耳." 後在旅館, 符攝一過往貴人妾魂. 妾蘇後, 登車識其路徑門戶, 語貴人急捕之, 已遁去. 此『周禮』所以禁怪民歟!

32.

마부의 말로

교하현의 노유(老儒) 급윤초(及潤礎)는 옹정(雍正) 13년(1735) 을묘년에 향시를 보러 갔다가 저녁에 석문교(石門橋)에 이르렀다. 마침 객사는 모두 만원이고 방 하나만 남아 있었는데, 방의 창문이 마구간 쪽으로 나 있어 아무도 머물려고 하지 않았기에 급윤초는 잠시 그곳에 여장을 풀었다. 그러나 말들이 펄쩍 뛰는[185] 바람에 밤에 잠을 잘 수가 없었다.

인적이 조용해지자 돌연 말들의 이야기소리가 들렸다. 급윤초는 평소 잡서(雜書)를 즐겨 보았던 터라 [말이 이야기하는 소리를 듣자], 먼저 송(宋)나라 사람의 설부(說部) 가운데 소가 방죽 아래서 이야기했던 사건[堰下牛語事]을 떠올리며 [지금 이 일이] 귀신의 소동 때문이 아님을 알고 숨죽인 채 들었다.

한 말이 말했다.

"오늘에서야 비로소 굶주림을 참는 고통을 알겠구나. 생전에 내가 속여서 감추어둔 꼴 먹이 돈은 지금 어디에 있단 말인가?"

그러자 다른 말이 말했다.

---

185 뛰는: 원문은 '량(踉)'이다.

"우리는 대부분 마부에서 말로 태어났소. 죽어서야 겨우 알게 되고 살아서는 깨닫지 못했으니, 정말이지 한숨이 나옵니다."

그 말에 말들이 모두 흐느껴 울었다. 그러자 또 다른 말이 말했다.

"저승 판관도 그다지 공평하다고는 할 수 없소. 왕오(王五)는 어째서 개로 태어나게 했단 말이오?"

그러자 한 말이 말했다.

"저승사자의 말에 따르면, 왕오의 처와 두 딸이 모두 음란해서 그의 돈을 훔쳐 죄다 정부(情夫)[186]에게 주는 바람에 그의 죄가 반으로 줄어들게 되었다고 했소."

그러자 또 다른 말이 대답했다.

"정말 그러하네. 죄에도 경중이 있네. 강칠(姜七)은 돼지로 태어나 도살되는 고통을 받았으니, 신세가 우리보다 더 말이 아니네."

급윤초가 갑자기 기침을 가볍게 하자 말소리가 조용해졌다. 급윤초는 항상 이 일을 예로 들어 마부들을 타일렀다.

交河老儒及潤礎, 雍正乙卯鄉試, 晚至石門橋. 客舍皆滿, 惟一小屋窓臨馬櫪, 無肯居者, 姑解裝焉. 群馬跳踉, 夜不得寐.

人靜後, 忽聞馬語. 及愛觀雜書, 先記宋人說部中有堰下牛語事, 知非鬼魅, 屏息聽之. 一馬曰: "今日方知忍飢之苦. 生前所欺隱草豆錢, 竟在何處?" 一馬曰: "我輩多由圉人轉生. 死者方知, 生者不悟, 可爲太息." 衆馬皆嗚咽. 一馬曰:

186 정부(情夫): 원문은 '소환(所歡)'이다. 고악부(古樂府)에 보면, "바람 불어 주렴 흔들리니, 혹 님이 오신 것이 아닌가(風吹窓簾動, 疑是所歡來)!"라는 시구가 있다.

"冥判亦不甚公. 王五何以得爲犬?" 一馬曰: "冥卒曾言之, 渠一妻二女並淫濫, 盡盜其錢與所歡, 當罪之半矣." 一馬曰: "信然. 罪有輕重. 姜七墮豕身, 受屠割, 更我輩不苦也." 及忽輕嗽, 語遂寂. 及恒擧以戒圉人.

33.

욕쟁이의 최후

내게 시첩 한 명이 있었는데, 그녀는 평생 욕이라곤 하지 않았다. 그녀가 말했다.

“제가 직접 본 일인데, 저희 조모께서는 평소 욕을 잘하셨습니다. 후에 아무 병도 앓지 않으셨는데, 갑자기 혀가 썩기 시작하더니 목까지 썩어 들어가 먹지도 말하지도 못하게 되었습니다. 조모께서는 며칠을 그러시다가 돌아가셨습니다.”

余一侍姬, 平生未嘗出詈語. 自云: “親見其祖母善詈. 後了無疾病, 忽舌爛至喉, 飮食語言皆不能. 宛轉數日而死.”

34.

숨겨진 악행

어떤 사람이 집에서 잠을 자다가 어쩌다 늦게 일어나 처첩을 불렀으나, 아무도 오지 않았다. 하녀에게 물어보니 어떤 젊은 사내를 따라 남쪽으로 갔다고 했다. 칼을 들고 뒤쫓아 가 세 사람을 나란히 목 베어 죽이려는 순간, 젊은 사내가 돌연 사라졌다. 한 손에는 탁발을, 다른 한 손에는 석장(錫杖)[187]을 든, 붉은 가사(袈裟)[188]를 걸친 노승이 칼을 가로막으며 말했다.

"아직도 잠에서 깨지 않은 것이오? 당신은 이기심도 지나치고, 질투심도 많으며, 다른 사람들이 알아채지 못할 정도로 아주 간교하오. 귀신들은 드러나지 않은 악[隱惡]을 싫어해서 당신의 처와 첩에게 이런 행동을 시켜 당신에게 알리려고 했을 뿐, 그들에게 무슨 죄가 있겠소?"

---

187 석장(錫杖): 『대지론(大智論)』[『合大智度論』의 줄인 말]에 보면, 보살은 석장을 많이 사용했다고 한다. 생각건대, 석장은 주석으로 만든 것이다. 석장의 윗부분에 고리가 달려 있는데, 차가워진 연후에 소리가 난다. 『석씨요람(釋氏要覽)』에 따르면, 비구니들이 이를 가지고 다녔는데, 25종이나 되었다고 한다. 실내에서는 바닥에 두면 안 되고, 반드시 벽에 걸어 두어야 한다. 그런 까닭에 행각승은 비장(飛錫)을 만들어 들고 다니고, 한 곳에 머물러 있는 스님은 괘장(掛錫)을 만들어 들고 다녔다고 한다.

188 가사(袈裟): 승복으로, 원래 이름은 '가라사예(迦羅沙曳)'이다. 그 가운데 '라예(羅曳)'를 줄여 '가사(迦沙)'라 불렀다. 갈홍(葛洪)이 『자원(字苑)』을 지을 때 '의(衣)'자를 더해 '가사(袈裟)' 혹은 '모(毛)'의 뜻을 더해 '가사(毠毟)'라고 했다.

노승 역시 말을 다 하고는 사라졌다. 이 사람은 묵묵히 처와 첩을 데리고 [집으로] 돌아왔다. 그러자 두 여자가 말했다.

"젊은 사내는 애당초 일면식도 없고, 그렇다고 서로 사랑하는 사이도 아니었어요. 그런데 갑자기 꿈을 꾸듯 멍하니 그를 따라가고 있었어요."

이웃 사람들도 그렇게 말했다.

"두 부인께서는 음탕한 사람도 아니고 평소 그 사내를 알지도 못하는데, 어찌 기꺼이 그 사람을 따라 나섰겠어요? 또한 음탕한 사람이라면 반드시 사람들을 피해 달아나야 하는데, 어찌 벌건 대낮에 공공연하게 걸어가면서 마치 누가 쫓아오기를 기다리는 사람처럼 느릿느릿 걷겠습니까? 신의 꾸지람이라고 하면 믿겠습니다!"

그러나 끝내 그 사람의 죄악을 밝힐[189] 수 없었는데, 정말 숨겨진 악이 있나보다!

有某生在家, 偶晏起, 呼妻妾不至. 問小婢, 云並隨一少年南去矣. 露刃追及, 將駢斬之, 少年忽不見. 有老僧衣紅架裟, 一手托鉢, 一手振錫杖, 格其刀曰: "汝尙不寤耶? 汝利心太重, 忮忌心太重, 機巧心太重, 而能使人終不覺. 鬼神忌隱惡, 故判是二婦, 使作此以報汝, 彼何罪焉?" 言訖亦隱. 生默然引歸.

二婦云: "少年初不相識, 亦未相悅. 忽惘然如夢, 隨之去." 隣里亦曰: "二婦非淫奔者, 又素不相得, 豈肯隨一人? 且淫奔必避人, 豈有白晝公行, 緩步待追者耶? 其爲神譴, 信矣!" 然終不能明其惡, 眞隱惡哉!

---

189 밝힐: 원문은 '명(明)'이다. 가경본에는 '명(名)'으로 되어 있고, 기타 판본에는 '명(明)'으로 되어 있는데, 내용상 '명(明)'이 맞다.

35.

시참(詩讖)

만사가 모두 정해져 있다고 하니, 어찌 믿지 않을 수 있겠는가! 무자년(戊子年) 봄에 나는 어떤 사람을 위해 「번기사렵도(蕃騎射獵圖)」에 다음과 같이 제시(題詩)했다.

백초(白草)[190]는 하늘까지 자라 있고, 들짐승은 살쪄있네.
나는 듯한 말 위에서 활시위 당기기를 좋아했네.
언제 빨리 황양(黃羊)[191]의 피를 마실 수 있을까?
한번 천산(天山)[192]에 올라 눈 속에서 사냥이나 해야지.

---

190 백초(白草): 『한서』「서역전(西域傳)」에 보면, "선선국(鄯善國)에서 옥이 나고, 갈대, 위성류(檉柳), 호동(胡桐), 백초가 많았다."라는 문장이 있다. 주에 따르면 백초는 강아지풀과 같이 가늘고, 싹이 없으며, 말라 익을 때면, 흰색이 되는데, 소나 말이 즐겨먹는다고 한다.

191 황양(黃羊): 면양을 말한다. 『신당서(新唐書)』「회골전(回鶻傳)」에 따르면, "힐알사(黠戛斯)는 고대의 견곤국(堅昆國)으로, 그 나라에서는 야생마·골돌(骨咄)·황양이 난다."라는 문장이 있다. 힐알사는 고대 돌궐 민족으로, 예니세이강(Yenisey River) 일대에 거주하는데, 바로 키르기즈(Kirghiz)의 음역이다.

192 천산(天山): 신강 중부에 위치해 있는데, 위구르족들은 '텡그리 타그(Tengri Tagh, 騰格里山)'라고 불렀다. 생각건대 위구르어로 하늘을 '텡그리(騰格里)'라고 하는 것 같다.

그해 8월 결국 [나는] 서역으로 수자리 살러 갔다.[193]

또한 동문각(董文恪)[194] 공이 일찍이 나를 위해 「추림멱구도(秋林覓句圖)」를 그려주었다. 내가 우루무치(Ürümqii)[195]에 가서 보았더니 성 서쪽에 삼림이 우거져 있고, 고목은 구름을 향해 뻗어 있는데, 수십 리에 걸쳐 이어져 있었다. 전임 장군 오미태(伍彌泰)가 숲 속에 정자를 세우고, '수야(秀野)'라 이름 부쳤다. 그 사이를 천천히 거닐다보니, 앞서 본 「추림멱구도」 속의 정경과 꼭 같았다. 건륭 36년(1771) 신묘년에 북경으로 돌아와 절구 한 수를 지었다.

> 서리 맞은 나뭇잎은 노랗게 물들었는데, 돌은 푸릇푸릇,
> 홀로 시 읊조리며 의지할 데 없는 외로운 신세 스스로 탓하네.
> 일찍이 서역에 갈 징조[196]의 시참(詩讖)이 될 줄 누가 알았겠는가?
> 고목, 찬 구름, 수야정이 그곳에 있었네.

---

193 그해 8월…수자리 살러 갔다: 청나라 건륭(乾隆: 1736~1796) 연간에 기윤은 시독학사(侍讀學士)였다. 당시 양회(兩淮) 염운사(鹽運使)였던 아우(雅雨) 노견증(盧見曾)이 국고를 훼손하여 멸문지화를 당할 위기에 놓여 있었다. 기윤은 노견증과 사돈지간이었기 때문에 그 소식을 듣자 바로 노견증에게 알려 주었다. 그러나 이 일이 화신(和珅)에게 알려졌고, 그 결과 기윤은 기밀 누설죄로 우루무치로 유배되었다. 신강은 한나라 때의 서역 땅이었기 때문에 서역이라 불렸다.

194 동문각(董文恪): 동문각(1696~1769)은 이름이 방달(邦達)이고, 자는 부존(孚存)이다. 청나라 절강성 부양(富陽) 사람으로, 예부상서(禮部尙書)를 지냈다.

195 우루무치(Ürümqii): 원문은 '오노목제(烏魯木齊)'로, 신강의 적화현(迪化縣)이다. 위구르어로 우룸치라고 부르는데, 좋은 사냥터의 뜻으로 번역되기도 하고 투쟁의 뜻도 있다고 한다. 옛날 몽고족과 회족이 이곳에서 자주 전쟁을 일으켰다고 해서 부쳐진 이름이다.

196 징조: 원문은 '참(讖)'이다.

事皆前定, 豈不信然! 戊子春, 余爲人題「蕃騎射獵圖」曰: “白草粘天野獸肥, 彎弧愛爾馬如飛. 何當快飲黃羊血? 一上天山雪打圍.” 是年八月, 竟從軍於西域.

又董文恪公嘗爲余作「秋林覓句圖」. 余至烏魯木齊, 城西有深林, 老木參雲, 彌亙數十里. 前將軍伍公彌泰建一亭於中, 題曰: ‘秀野.’ 散步其間, 宛然前畵之景. 辛卯還京, 因自題一絶句曰: “霜葉微黃石骨青, 孤吟自怪太零丁. 誰知早作西行讖? 老木寒雲秀野亭.”

36.

외과 의원의 악행

남피(南皮)에 외과 의원[197] 아무개가 있었는데, 의술이 매우 뛰어났다. 그러나 그는 암암리에 독약을 즐겨 사용하면서 많은 돈을 요구했으며, 자기 마음에 들지 않으면 환자가 죽어나가곤 했다. 그러나 그 방법이 비밀스러워 다른 의원들도 알 수 없었다. 그러던 어느 날 그 아들이 벼락을 맞고 죽은 일이 일어났다. 의원은 지금도 살아있지만, 아무도 그를 청해 병을 고치려 하지 않았다. 누군가는 그가 죽인 사람이 너무 많은데, 어찌하여 하늘은 그를 죽이지 않고 그 아들을 죽였는가? 하늘이 벌을 내림에 형평성을 잃었다[198]고 말했다. 무릇 죄가 극에 달하지 않으면 형벌이 처와 자식에 미치지 않고, 악이 극에 달하지 않으면 재앙이 다음 대에 미치지 않는다. 자식을 죽인 것은 화가 후대에까지 미친다는 것을 드러내기 위해서이다.

---

197 외과 의원: 원문은 '양의(瘍醫)'로, 민간에서는 외과(外科)라고 한다.

198 벌을 내림에 형평성을 잃었다: 원문은 '일벌(佚罰)'이다. 『서경』에 보면, "오직 나 한 사람만이 형벌을 잘못 사용했기 때문이오(惟予一人有佚罰)."라는 문장이 있고, 『전(傳)』에 따르면, "일벌(佚罰)"이란 그 죗값에 맞는 타당한 벌을 내리지 않는 것을 말한다. 즉 벌을 내림에 형평성을 잃었음을 말한다.

南皮瘍醫某, 藝頗精. 然好陰用毒藥, 勒索重貲, 不饜所欲, 則必死. 蓋其術詭秘, 他醫不能解也. 一日, 其子雷震死. 今其人尙在, 亦無敢延之者矣.

或謂某殺人至多, 天何不殛其身而殛其子? 有佚罰焉. 夫罪不至極, 刑不及孥, 惡不至極, 殃不及世. 殛其子, 所以明禍延後嗣也.

37.

2인의 술사

안중관(安中寬)이 해준 이야기이다.

옛날에 오삼계(吳三桂)[199]가 [삼번(三藩)의] 난을 일으켰을 때, 육임술(六壬術)에 정통한 어떤 술사(術士)가 오삼계에게 투항하러 가던 길에 한 사람을 만났다고 한다. 그 사람도 오삼계에게 투항하러 가는 길이라고 해서 두 사람은 함께 묵게 되었다. 그 사람이 서쪽 담벼락 아래서 자려 하자, 술사가 말했다.

"그곳에서 자지 마시오. 밤 11시가 되면 담이 무너질 것이요."

그 사람이 말했다.

"당신은 아직 술법에 정통하지 않군요. 담은 바깥쪽으로 무너지지, 안쪽으로 무너지지 않소."

밤 11시에 과연 담은 바깥쪽으로 무너졌다.

---

199 오삼계(吳三桂): 명나라 고우(高郵) 사람으로, 자는 장백(長白)이다. 숭정제(崇禎帝) 때의 총병(總兵)으로 산해관(山海關)을 지켰다. 이자성(李自成)이 북경을 함락시키자, 숭정제는 매산(煤山)에서 자살했다. 이에 오삼계는 청나라에 투항하고, 청병을 이끌고 입관했으며, 후에 평서왕(平西王)에 임명되어 운남을 지켰다. 강희 12년(1673) 스스로 철번(撤藩)하고 기의했다. 오삼계는 반란을 일으키고 주(周)를 세운 뒤 스스로 황제라 불렀다.

나는 이 이야기가 억지로 꿰맞춘 것이라 생각한다. 이 사람은 담이 어느 쪽으로 무너질지 알았다면서, 오삼계가 필패할 것이라는 것은 몰랐단 말인가!

安中寬言. 昔吳三桂之叛, 有術士精'六壬', 將往投之, 遇一人. 言亦欲投三桂, 因共宿. 其人眠西墻下, 術士曰: "君勿眠此. 此墻亥刻當圮." 其人曰: "君術未深. 墻向外圮, 非向內圮也." 至夜果然.

余謂此附會之談也. 是人能知墻之內外圮, 不知三桂之必敗乎!

38.

한순간의 실수

한 스님이 교하현의 이부(吏部) 소차공(蘇次公)의 집에 놀러왔다. 그는 환술에 뛰어나 끝없이 기이한 재주를 보여주면서, 여도사와 같은 스승 아래에서 배웠다고 했다.

한번은 스님이 진흙으로 돼지를 빚고 주문을 외자 돼지가 점점 꿈틀거리기[200] 시작했다. 다시 주문을 외자 갑자기 꿀꿀 소리를 내더니, 또다시 주문을 외자 돼지가 벌떡 일어나 뛰어다녔다. 요리사를 불러 돼지를 잡아 손님들에게 대접했는데, 맛이 그다지 좋지 않았다. 다 먹고 난 뒤에 손님들이 모두 게워냈는데, 죄다 진흙이었다.

비를 만난 한 선비가 소차공의 집에 묵게 되었는데, 몰래 스님에게 인사한 뒤 말했다.

"『태평광기(太平廣記)』[201]에 보면, '한 술사가 기와조각에 주문을 걸어 사람들에게 주었는데, 그 기와조각으로 담을 긋자 담이 바로 갈라졌고, 다른 사람의 규방에도 몰래 들어갈 수 있다.'라고 되어 있소. 선사(仙士)의 술법

---

200 꿈틀거리기: 원문은 '연동(蠕動)'으로, 조금씩 꿈틀대는 모양을 말한다.

201 『태평광기(太平廣記)』: 책이름. 송나라 이방(李昉) 등이 칙명을 받들어 감수한 것으로, 모두 500권으로 이루어져 있다.

으로도 그렇게 할 수 있소?"

그러자 스님이 말했다.

"그야 어렵지 않소."

스님은 기와를 주워 한참동안 주문을 왼 뒤 선비에게 주면서 말했다.

"이것을 가지고 원하는 데로 가는 것은 좋으나, 말을 해서는 안 되오. 입을 여는 순간 효험이 없어질 것이요!"

선비가 시험 삼아 기와로 벽을 그어 보았더니 정말로 벽이 갈라졌다. 이에 그는 흠모하던 여자가 있는 곳으로 갔는데, 마침 여자가 화장을 지우고 잠자리에 들었다. 선비는 스님의 가르침에 따라 아무 말 없이 곧장 문을 잠그고, 침상으로 올라가 여자와 함께 잤는데, 여자도 아주 좋아했다. 선비는 피곤해 곯아 떨어졌다가 갑자기 눈을 뜨고 보니, 아내의 침상에서 자고 있었다. 부부가 깜짝 놀라 의아해하며 서로 물어보려하자, 스님이 문을 열고 들어와 선비를 꾸짖으며 말했다.

"여도사가 잠깐 생각을 잘못해서 이미 벼락 맞고 죽었는데, 그대가 다시 나를 끌어들이다니? 별것 아닌 술수로 그대를 골탕 먹이긴 했지만, 다행히 덕을 해치지는 않았소. 이후로는 더 이상 이런 생각을 하지 마시오."

잠시 뒤 스님은 긴 한숨을 쉬며 말했다.

"이 한 번의 생각은 이미 명부에 기록되었소. 비록 지금은 큰 처벌은 받지 않았지만, 그대의 앞날에 영향을 미칠까 두렵소!"

훗날 선비는 과연 뜻을 잃고[202] 만년에 겨우 훈장 자리를 맡게 되었으며,

---

202 뜻을 잃고: 원문은 '층등(蹭蹬)'이다.

끝내는 가난하고 처량하게[203] 살다가 죽었다.

有僧遊交河蘇吏部次公家. 善幻術, 出奇不窮, 云與呂道士同師. 嘗摶泥爲豕, 咒之, 漸蠕動. 再咒之, 忽作聲, 再咒之, 躍而起矣. 因付庖屠以供客, 味不甚美. 食訖, 客皆作嘔逆, 所吐皆泥也.

有一士因雨留同宿, 密叩僧曰: "『太平廣記』載術士咒片瓦授人, 劃壁立開, 可潛至人閨閣中. 師術能及此否?" 曰: "此不難." 拾片瓦咒良久, 曰: "持此可往, 但勿語. 語則術敗矣!" 士試之, 壁果開. 至一處, 見所慕, 方卸粧就寢. 守僧戒, 不敢語, 徑掩扉, 登榻狎昵, 婦亦歡洽. 倦而酣睡, 忽開目, 則眠妻榻上也. 方互相疑詰, 僧登門數之曰: "呂道士一念之差, 已受雷誅, 君更累我耶? 小術戲君, 幸不傷盛德. 後更無萌此念." 旣而太息曰: "此一念, 司命已錄之. 雖無大譴, 恐於祿籍有妨耳!" 士果蹭蹬, 晚得一訓導, 竟終於寒氈.

203 가난하고 처량하게: 원문은 '한전(寒氈)'이다. 『구당서』「정건전(鄭虔傳)」에 따르면, 정건은 광문관(廣文館) 박사(博士)였다. 당시 사람들은 그를 정광문(鄭廣文)이라 불렀는데, 관직에 있을 때 아주 가난하고 검소하게 지냈다. 일찍이 두보가 그에게 "재명을 떨친 지 40년이 넘었건만, 손님들이 추위에 떨고 있는데도 내놓을 양탄자 없네(才名四十年, 坐客寒無氈)."라는 시를 보냈다.

39.

호유화(胡維華)

강희연간(1662~1723)에 헌현의 호유화가 향을 사르고 사람들을 규합하여 반란을 도모했다. 그들의 근거지는 대성현(大城縣)과 문안현(文安縣)[204]을 경유해서 가면 도성에서 300리밖에 되지 않고, 청현(靑縣)과 정해현(靜海縣)[205]을 경유해서 가면 천진(天津)에서 200리밖에 되지 않는 곳에 있었다. 호유화는 군대를 둘로 나누고서 이렇게 모의했다. 두 부대 중 하나는 상대의 허를 찌르기 위해 밤낮을 달려 도성에 도착하고, 다른 부대는 천진을 점거하고 해선을 노략질하다가 유리하면 천진의 병사까지 북쪽으로 전진하고, 불리하면 천진으로 달아나 배를 타고 바다로 나가기로 했다. 이렇게 계획을 세우고 위관(僞官)을 임명했을 때 그만 일이 누설되고 말았다. 관군이 그들을 포위하고 화공을 사용하는 바람에 어린아이[206]들까지도 죽음을 면치 못했다.

본래 호유화의 부친은 돈이 많아 가난한 사람을 잘 돌봐주었으며, 일찍

---

204 대성현(大城縣)과 문안현(文安縣): 옛날에 모두 순천부(順天府)에 속했다.

205 청현(靑縣)과 정해현(靜海縣): 옛날에 모두 천진부(天津府)에 속했다.

206 어린아이: 원문은 '초츤(髫齔)'이다. 『한서』「변양전(邊讓傳)」에 보면, "뒤로 늘어뜨린 머리를 잘라 상투를 만들었다. 츤은 배냇니가 빠지는 것을 말한다."라는 주가 달려 있다.

이 큰 죄를 지은 적도 없었다. 그의 이웃에 사는 장월평(張月坪)이란 노유(老儒)에게 아름다운 딸이 있었는데, 가히 경국지색인지라 호유화의 부친은 보자마자 넋이 나갔다. 그러나 품성이 곧고 고지식한 장월평이 딸을 다른 사람의 첩으로 줄 리 없었다. 이에 호유화의 부친은 장월평을 가정교사로 모셔왔다. 장월평은 부모의 관을 요동(遼東)[207]에 묻어둔 채 고향 땅으로 모셔오지 못해 늘 마음이 편치 않았다. 그러다가 우연히 장월평이 호유화의 부친에게 이런 사실을 말했더니, 호유화의 부친은 흔쾌히 돈을 내주면서 사람을 보내 관을 가져오게 하고 장지까지 마련해 주었다.

장월평의 밭두렁에 시체 한 구가 뒹굴고 있었는데, 장월평과 원수지간이던 사람의 시체였다. 관에서 장월평을 모살 죄로 조사하자 호유화의 부친은 다시 그를 위해 백방으로 변호하여 풀려나게 해주었다. 하루는 장월평의 처가 딸을 데리고 친정 나들이를 가는데, 아들 셋이 모두 어렸기 때문에 장월평은 돌아가 집을 지키고 아내는 며칠 뒤에 돌아오겠다고 약속을 했다. 이에 호유화의 부친은 몰래 패거리들을 시켜 밤에 장월평의 집을 잠그고 불을 지르게 해, 장월평 부자 넷이 모두 불에 타죽고 말았다. 호유화의 부친은 짐짓 놀란 척하면서 애도를 표하고 네 사람의 장례를 대신 치러주었다. 또한 때때로 두 모녀를 돌봐주었기에, 결국 모녀는 그에게 의지하게 되었다. 딸에게 장가들고 싶어 하는 자가 나타나면 장월평의 처는 반드시 호유화의 부친과 상의했는데, 호유화의 부친은 그때마다 몰래 훼방을 놓아 혼사를 무산시켰다. 한참 시간이 흐른 뒤에 그는 점점 그 딸을 첩으로 삼고자 하는 뜻을 내비치기 시작했다. 장월평의 처는 호유화 부친의 은혜

---

207 요동(遼東): 봉천(奉天)의 동남쪽, 요하(遼河)의 동쪽에 위치한 땅이다.

에 감격하여 이를 허락하려 했다. 장월평의 딸은 처음에는 그럴 뜻이 없었는데, 꿈속에서 부친이 나타나 말했다.

“만약에 네가 그에게 시집가지 않으면 나의 뜻은 영영 이룰 수 없을 것이다.”

장월평의 딸은 결국 부친의 명을 받고 호유화의 부친에게 시집가서 1년 뒤에 호유화를 낳고 곧바로 병사했다. 호유화는 결국 집안을 망하게 했다.

康熙中, 獻縣胡維華以燒香聚衆謀不軌. 所居由大城·文安一路行, 去京師三百餘里, 由青縣·静海一路行, 去天津二百餘里. 維華謀分兵爲二. 其一出不意, 併程抵京師, 其一據天津, 掠海舟, 利則天津之兵亦北趨, 不利則遁往天津, 登舟泛海去. 方部署僞官, 事已洩. 官軍擒捕, 圍而火攻之, 髫齔不遺.

初維華之父雄於貲, 喜周窮乏, 亦未爲大惡. 鄰村老儒張月坪, 有女艷麗, 殆稱國色, 見而心醉. 然月坪端方迂執, 無與人爲妾理. 乃延之教讀. 月坪父母柩在遼東, 不得返, 恒戚戚. 偶言及, 卽捐金使扶歸, 且贈以葬地. 月坪田內有橫屍, 其讐也. 官以謀殺勘, 又爲百計申辯, 得釋. 一日, 月坪妻攜女歸寧, 三子並幼, 月坪歸家守門戶, 約數日返. 乃陰使其黨, 夜鍵戶而焚其廬, 父子四人並燼. 陽爲驚悼, 代營喪葬. 且時周其妻女, 竟依以爲命. 或有欲聘女者, 妻必與謀, 輒陰沮使不就. 久之, 漸露求女爲妾意. 妻感其惠, 欲許之. 女初不願, 夜夢其父曰: “汝不往, 吾終不暢吾志也.” 女乃受命, 歲餘, 生維華, 女旋病卒. 維華竟覆其宗.

40.

딸의 복수

헌현 우리 집에서 30~40리 떨어진 곳에 하인 부부를 학대하고 능멸하여 죽인 뒤, 그 딸을 취한 사람이 있었다. 딸은 원래부터 지혜롭고 영리해, 남편이 먹고 입는 것까지 관리하며 매사에 그를 만족시켰다. 또한 남편의 환심을 살 수 있다면 갖은 방법으로 온갖 요사를 떨었기에, 사람들은 모두 [부모를 죽인] 원수를 잊었다고 수군거렸다.

그럴수록 남편은 딸에게 빠져 그녀의 말만 따랐다. 그녀는 그가 사치스럽고 방탕한 생활을 하도록 유도해 재산의 7~8할을 써 버리게 했다. 또 사악한 말로 그들 형제간을 이간질시켜 원수지간이 되게 했다. 계속해서 그녀는 때때로 남편에게 『수호전』의 송강(宋江)과 시진(柴進) 등이 벌인 일을 이야기하며 그들을 영웅이라 추켜세우고, 도적들과 사귈 것을 부추겼다. 그리하여 결국 남편은 사람을 죽여 법의 처결을 받게 되었다.

법의 처벌을 받던 날, 그녀는 남편을 위해 울지 않고 남몰래 술잔을 들고 부모님의 묘로 가서 술잔을 올리며 말했다.

"부모님께서 늘 꿈에 나타나 저를 가위에 눌리게 하시며, 저를 때릴 듯 원통해 하셨는데, 이제 제 마음을 아시겠어요?"

사람들은 비로소 그녀가 복수심을 불태우고 있었다는 사실을 알게 되자, 이렇게 말했다.

"이 딸의 행동은 사람이 짐작할 수 없을 뿐만 아니라, 귀신도 예측하기 어려울 정도로 계교가 깊구나!"

그런데 그녀의 계략은 음험함으로 논해서는 안 된다. 『춘추』에서 사람의 본심을 논하듯이, 부모의 원수는 같은 하늘을 이고 지낼 수 없기[208] 때문이다.

又, 去余家三四十里, 有凌虐其僕夫婦死而納其女者. 女故慧黠, 經營其飮食服用, 事事當意. 又凡可博其歡者, 冶蕩狎媟, 無所不至, 皆竊議其忘讐. 蠱惑旣深, 惟其言是聽. 女始則導之奢華, 破其産十之七八. 又讒間其骨肉, 使門以內如寇讐. 繼內時說『水滸傳』宋江·柴進等事, 稱爲英雄, 慫慂之交通盜賊. 卒以殺人抵法. 抵法之日, 女不哭其夫, 而陰攜巵酒, 酬其父母墓曰: "父母恒夢中魘我, 意恨恨似欲擊我, 今知之否耶?" 人始知其蓄志報復, 曰: "此女所爲, 非惟人不測, 鬼亦不測也, 機深哉!" 然而不以陰險論. 『春秋』原心, 本不共戴天者也.

208 부모의 원수…지낼 수 없기: 원문은 '대천(戴天)'이다. 『예기』에 보면, 부친의 원수는 같은 하늘을 이고 살지 말라고 했는데, 이 말은 원수를 죽이고 나서야 끝난다는 것을 의미한다.

41.

귀신의 통행증

내가 우루무치에 있을 때의 일이다. 관할 지역의 군리(軍吏)[209]가 문서 수십 장을 가져와 먹과 붓을 바치며 내게 판결을 요청했다.

"모두 이 땅에서 객사한 사람들로, 그들의 관을 본적으로 돌려보낼 때는 관례에 따라 문서도 함께 보내주어야 합니다. 그렇지 않으면 그들의 혼이 관내로 들어갈 수 없습니다. 또한 저승에 가지고 가야하기 때문에 붉은 색으로 판결을 내리면 안 되고, 도장도 검은 색으로 찍어야 합니다."

내가 문서를 대충 살펴보았더니, 너무 조잡하고 황당하기 짝이 없었다.

원주: 다음과 같이 적혀 있다. 증서를 발급합니다. 아무 곳의 누구누구는 나이가 몇 살인데, 모년 모월 모일에 이곳에서 병사했습니다. 오늘 친척들이 관을 본적으로 가져가려 함에 특별히 통행증을 발급합니다. 중요 길목을 지키고 있는 귀신은 이 패를 보면 바로 혼을 확인하고 통과시켜 주시오. 구실을 대며 지체하거나 일을 어렵게 해서는 안 됩니다.[210]

내가 이렇게 말했다.

---

209 군리(軍吏): 오늘날의 군 보좌관에 해당한다.

210 원주…안 됩니다: 가경본에서는 이 부분을 원주로 처리하고 있지만, 도광본에서는 이를 본문으로 처리하고 있는데, 여기서는 가경본에 따라 원주로 처리한다.

"이것은 하급관리가 돈을 뜯어내기 위해 만들어 낸 구실에 불과하네."

나는 장군들에게 알리고 이 관례를 없앴다.

열흘 뒤 누군가 내게 성 서쪽에 있는 황폐한 묘지에서 귀신이 울며, 통행증이 없어서 고향으로 돌아갈 수 없다고 알려왔다. 나는 허무맹랑한 보고를 듣고 꾸짖었다. 다시 열흘 뒤에 누군가 귀신의 곡소리가 이미 성 가까이에서 난다고 알려왔기에, 역시 이전과 마찬가지로 꾸짖었다. 다시 열흘이 지나자 내가 있는 거처의 담 밖에서 '흑! 흑' 원주: 『설문(說文)』에는 '유(䰰)'는 '귀신의 울음소리'로, 음은 '유(獳)'라고 되어 있다. 하는 귀신 울음소리가 들렸다. 나는 여전히 서리가 꾸며낸 짓이라 생각했다. 다시 며칠이 지나자 이번에는 창문 밖에서 소리가 났다. 때마침 달빛이 대낮처럼 밝은지라 혼자 밖으로 나와서 사방을 돌며 찾아보았으나, 인적이라곤 없었다.

동료이자 어사(御史)인 관성(觀成)이 말했다.

"공께서 주장하는 이론은 올바르고, 장군이라 해도 부인할 수 없소. 그렇지만 우리 모두가 귀신의 울음소리를 들은 것은 사실[211]이오. 통행증을 발급받지 못한 사람은 실제로도 공을 원망할 것이오. 공께서는 어찌하여 통행증을 발급하여 잠시 음모를 꾸미는 자들의 입을 막지 않으시오? 그래도 귀신이 이전처럼 계속 울어댄다면, 공께서도 말하기 좋지 않소?"

이에 하는 수 없이 그의 말에 따라 통행증을 발급했더니, 그날 밤으로 바로 조용해졌다.

또 군리 송길록(宋吉祿)은 인방(印房)[212]에 있다가 갑자기 어지럼증을 느

---

211 사실: 원문은 '식(寔)'이다. 같은 뜻이기는 하나, 가경본에는 '식(寔)'으로 되어 있고, 건륭본(乾隆本)에는 '실(實)'로 되어 있다.

212 인방(印房): 정부기관의 각종 인장(印章)을 관리하던 기구를 말한다.

끼고 쓰러졌다. 잠시 뒤에 깨어나서는 꿈에서 어머니가 오시는 것을 보았다고 했다. 잠시 후 관군[213]이 공문서를 보내왔기에 펼쳐보았더니 하미(Hami)[214]에서 송길록의 모친이 아들[215]을 보러 오던 도중 길에서 죽었다는 소식이었다.

천하에 없는 일이 뭐가 있겠는가? 그래서 유생들은 늘 있는 일이라며 논할 따름이다! 내가 일찍이 『우루무치잡시』 160수를 지었는데, 그 가운데 다음 시가 있다.

> 쏴쏴[216] 바람 불자 백초 몸소 찬 구름 맞이하는데,
> 관산(關山)의 경계는 누가 나눈 것인가?
> 귀신들은 관의 문서에 따라 움직인다고 하는데,
> 「원귀(原鬼)」를 쓴 한유(韓愈)[217]도 이런 일은 들어본 적 없을 터.

이 시는 바로 이상의 두 일에 대해 쓴 것이다.

---

213 관군: 원문은 '대군(臺軍)'이다.

214 하미(Hami): 원문은 '합밀(哈密)'로, 신강성의 현 이름이다. 위구르어로 하(哈)는 높은 곳에 올라 멀리 바라보는 것을 말하고, 미(密)은 망루이다. 그 땅에 요대(瞭臺)가 있는 데서 부쳐진 이름이다.

215 아들: 원문은 '자(子)'이다. 가경본에는 '자(子)'로 되어 있고, 도광본에서는 '지(之)'로 되어 있다.

216 쏴쏴: 원문은 '수수(颼颼)'로, 바람 소리이다.

217 한유(韓愈): 한유(768~824)는 자가 퇴지(退之)이고 등주(鄧州) 남양(南陽) 사람이다. 그는 자신이 쓴 문장에서 자칭 창려(昌黎)라 했는데, 창려 출신이기 때문이다. 농서(隴西) 사람 이박(李博)과 청하(淸河) 사람 최군(崔群)과 같은 경우이다. 또 송나라 원풍(元豊: 1078~1085) 연간에 창려백(昌黎伯)에 봉해졌기 때문에, 세상에서 그를 한창려(韓昌黎)라 부르게 되었다.

余在烏魯木齊. 軍吏具文牒數十紙, 捧墨筆請判, 曰: “凡客死於此者, 其棺歸籍, 例給牒. 否則魂不得入關. 以行於冥司, 故不用朱判, 其印亦以墨.” 視其文, 鄙誕殊甚. 原註曰: “爲給照事: 照得某處某人, 年若干歲, 以某年某月某日在本處病故. 今親屬搬柩歸籍, 合行給照. 爲此牌仰沿路把守關隘鬼卒, 卽將該魂驗實放行. 毋得勒索留滯, 致干未便.” 余曰: “此胥役托詞取錢耳.” 啓將軍除其例.

旬日後, 或告城西墟墓中鬼哭, 無牒不能歸故也. 余斥其妄. 又旬日, 或告鬼哭已近城. 斥之如故. 越旬日, 余所居牆外䰡䰡有聲. 原註: 『說文』曰: “䰡, 鬼聲, 音孺.” 余尙以爲胥役所僞. 越數日, 聲至窗外. 時月明如晝, 自起尋視, 實無一人. 同事觀御史成曰: “公所持理正, 雖將軍不能奪也. 然鬼哭寔共聞. 不得照者, 寔亦怨公. 盍試一給之, 姑間執讒慝之口? 倘鬼哭如故, 則公益有詞矣?” 勉從其議, 是夜寂然.

又軍史宋吉祿在印房, 忽眩仆. 久而蘇, 云見其母至. 俄臺軍以官牒呈, 啓視, 則哈密報吉祿之母來視子, 卒於途也.

天下事何所不有? 儒生論其常耳! 余嘗作『烏魯木齊雜詩』一百六十首, 中一首云: “白草颼颼接冷雲, 關山疆界是誰分? 幽魂來往隨官牒, 「原鬼」昌黎竟未聞.” 卽此二事也.

42.

또 다른 낙빈왕

범형주(范衡洲)가 해준 이야기이다.

옛날에 그가 전당강(錢塘江)[218]을 건널 때 한 스님이 배를 탔는데, 스님은 곧장 부들방석을 돛대 아래에 놓고 기대어 앉더니, 아무하고도 이야기하지 않았다고 한다. 그에게 말을 걸어도 입으로는 '응! 응' 하면서 눈은 딴 곳을 쳐다보는데, 기상이 남달라 보였다. 범형주는 그 오만함을 탓하며 더 이상 말을 하지 않았다. 그때 서풍이 급하게 지나가기에 범형주는 시 두 구를 읊었다.

> 하얀 포말이 뱃머리[219] 흔드니,[220]
> 행인들은 석우풍(石尤風)[221]일까 두려워하네.

---

218 전당강(錢塘江): 절강(浙江)을 말한다.

219 뱃머리: 원문은 '강두(舡頭)'이다. 가경본에는 '강두(舡頭)'라 되어 있고, 도광본에는 '선두(船頭)'라 되어 있다.

220 흔드니: 원문은 '파(簸)'로, 쌀을 흔들어 쌀겨를 벗겨내는 것을 말한다. 속칭 배가 풍랑에 흔들리는 것을 '전파(顚簸)'라고 한다.

221 석우풍(石尤風): 거세게 부는 역풍을 말한다. 『강호기문(江湖紀聞)』에 따르면, 석씨의 딸이 시집가 우랑(尤郞)의 부인이 되었는데, 두 사람의 정이 매우 애틋했다고 한다. 하루는 우랑

하련이 떠오르지 않아 상련만을 서너 번 읊조리고 있는데, 스님이 갑자기 눈을 감고 낮은 소리로 시구를 읊었다.

> 어찌하여 붉은 소매 달린 옷 입은 아가씨는,
> 아직도 높은 누각에 기대고 있는가?

범형주가 그 의미를 몰라 스님에게 물었으나, 스님은 여전히 대꾸하지 않았다.

[배가 기슭에 도착하여] 뱃사공이 닻줄을 묶을 때, 붉은 옷을 걸친 한 젊은 아가씨가 난간에 기대어 있는 것을 보고 깜짝 놀라 스님에게 재삼 물어보았더니, 이렇게 대답했다.

"우연히 보았을 따름이오."

그러나 수면 위는 안개로 아득했고,[222] 초막이 앞을 가로 막고 있어 실제로 보일 리가 없었다. 이에 범형주는 스님이 미래를 내다보는 능력이 있는 것 아닌가 생각하여 예를 갖추어 볼 까 했지만, 스님은 이미 석장(錫杖)을 흔들며 저만치 가고 있었다. 범형주는 스님에 대해 알 길이 없어 망연자실해하며 말했다.

"이 사람 또한 낙빈왕(駱賓王)[223]이구나!"

이 집을 나가서 돌아오지 않자, 처는 임종 때가 되어 이렇게 탄식했다. "그가 나갈 때 막지 못한 것이 한스럽다. 오늘날 무릇 멀리 나가는 장사꾼이 있으면, 내가 큰바람이 되어 천하의 부인들을 위해 그들의 여행을 막겠다." 이때부터 상인들이 배를 띄워 출발하면 역풍을 만났는데, 부인이 남편의 성을 따서 이를 석우풍이라 이름 지었다고 한다.

222 아득했고: 원문은 '묘망(淼茫)'이다. 묘(淼)는 큰물이 지는 것을 말한다.

223 낙빈왕(駱賓王): 당나라 의오(義烏) 사람이다. 서경업(徐敬業)이 칙천무후(則天武后)를 칠 때

范衡洲言. 昔渡錢塘江, 有一僧附舟, 徑置坐具, 倚檣竿, 不相問訊. 與之語, 口漫應, 目視他處, 神意殊不屬. 衡洲怪其傲, 亦不再言. 時西風過急, 衡洲偶得二句, 曰: "白浪簸船頭, 行人怯石尤." 下聯未屬, 吟哦數四, 僧忽閉目微吟曰: "如何紅袖女, 尙倚最高樓?" 衡洲不省所云, 再與語, 仍不答. 比繫纜, 恰一少女立樓上, 正著紅袖, 乃大驚, 再三致詰, 曰: "偶望見耳." 然煙水淼茫, 廬舍遮映, 實無望見理. 疑其前知, 欲作禮, 則已振錫去. 衡洲悃然莫測, 曰: "此又一駱賓王矣!"

그를 위해 격문을 썼으나, 서경업이 실패하자 어디론가 사라졌다. 송지문(宋之問)이 영은사(靈隱寺)에 머물면서 밤에 시를 읊다가 한 노승을 보았다. 노승은 송지문에게 왜 잠을 자지 않느냐고 물었다. 송지문이 시를 한 수 짓다가 아직 완성하지 못했다고 했다. 노승은 상련이 어떻게 되냐고 묻더니 곧장 이렇게 말했다. "어째서 '운루(雲樓)에서 창해를 바라보니, 문이 절강(浙江)의 물결을 마주하고 있네.'라고 짓지 않는가?" 송지문은 깜짝 놀랐다. 스님들은 그가 누구인지 알고 있었다는 듯 송지문에게 낙빈왕이라 말해주었다. 이 이야기는 『본사시(本事詩)』에 보인다.

43.

뽕나무 고목

청원현(淸苑縣)의 장월(張鉞)이 일찍이 하남성(河南省) 정주(鄭州)에서 벼슬살이 할 때 관아에 오래된 뽕나무가 있었는데, 두 사람이 양팔로 껴안아도 남을 정도로 컸다. 사람들이 뽕나무에 신이 살고 있다고 하자, 장월은 이를 꺼림칙하게 여겨 뽕나무를 베어버렸다. 그날 밤에 장월의 딸은 어떤 사람이 등불아래에 서 있는 것을 보았다. 이 사람은 얼굴뿐만 아니라 손, 발 그리고 의복까지 모두 짙은 녹색 빛을 띠고 있었다. 그가 장월의 딸에게 소리쳤다.

"네 아비가 함부로 권력을 휘둘렀으니, 내 잠시 너를 통해 경고하겠다!"

딸이 깜짝 놀라 고함을 지르자 하인들이 달려왔으나, 이미 정신을 잃은 뒤였다. 후에 그 딸은 태복(太僕) 과선주(戈仙舟)에게 시집갔으나, 얼마 지나지 않아 죽었다. 귀신을 몰아내고 음사(淫祠)[224]를 부수는 것은 적량공(狄梁公)[225]이

224 음사(淫祠): 예법에 맞지 않게 지은 사당을 말한다.

225 적량공(狄梁公): 당나라 때 사람으로, 이름은 인걸(仁傑)이고, 자는 회영(懷英)이며, 태원군(太原郡) 사람이다. 예종(睿宗) 때 양국공(梁國公)에 봉해졌다. 강남순무(江南巡撫)로 있을 때 하나라 우(禹)임금, 오(吳)나라 태백(泰伯), 계찰(季札), 오원(伍員) 4곳의 사당만 남겨두고 나머지 1700여 개의 사당을 없앴다. 이 일은 『구당서』에 보인다.

나 범문정공(范文正公)[226] 같은 사람의 일이거늘! 진실로 덕이 부족하면서 요괴를 이기려 한다면 거의 실패한다.

清苑張公鉞, 官河南鄭州時, 署有老桑樹, 合抱不交. 云棲神物, 惡而伐之. 是夕, 其女燈下睹一人. 面目手足及衣冠, 色皆濃綠. 厲聲曰: "爾父太橫, 姑示警於爾!" 驚呼媼婢至, 神已癡矣. 後歸戈太僕仙舟, 不久下世. 驅厲鬼, 毁淫祠, 正狄梁公·范文正公輩事! 德苟不足以勝之, 鮮不取敗.

---

226 범문정공(范文正公): 송나라 때 사람으로, 이름은 중엄(仲淹)이고 자는 희문(希文)이며, 소주(蘇州) 오현(吳縣) 사람이다. 송나라 천성(天聖: 1023~1032) 연간에 병충해와 가뭄이 들자 인종(仁宗)이 그에게 강회(江淮) 지역을 다스릴 것을 명령했더니, 그곳에서 창고를 열어 백성을 구휼하고 또한 음사(淫祠)를 금지했다. 『송사(宋史)』 본전(本傳)에 보인다.

44.

흉가

전문민(錢文敏)[227] 공이 말했다.

"하늘의 화복은 군왕이 내리는 상벌과 다른 것입니까? 귀신의 감찰은 관리가 심의하여 내린 결론과 다른 것입니까? 지금 여기 탄원서[228]가 있다고 합시다. '아무개는 입신함에 흠결도 없고, 관리로서의 공적도 있습니다. 그러나 집의 방향이 나쁘고 불길한 날에 집을 지었으니, 마땅히 유배시켜야 합니다.'

담당 관리가 이를 받아들여야 합니까? 아니면 반박해야 합니까?

또 추천서가 있다고 합시다.

'아무개는 입신함에 흠결이 많고, 관리로서의 공적도 없습니다. 그러나 집의 방향이 좋고, 길일에 집을 지었으니, 마땅히 승진시켜야 합니다.'

담당 관리가 이를 받아들여야 합니까? 아니면 반박해야 합니까? 관리들이 반박한 것을 귀신이 받아들일 것이라 생각하십니까? 따라서 저는 양

---

227 전문민(錢文敏): 이름은 유성(維城)이고 자는 유안(幼安)이며 강소성 무진(武進) 사람이다. 형부시랑(刑部侍郎)을 지냈다.

228 탄원서: 원문은 '탄장(彈章)'이다. 관에서 죄를 얽어매는 것을 탄핵이라고 하고, 그 죄상을 아뢰는 것을 탄원한다고 했다.

택설(陽宅說)은 근본적으로 옳지 않다고 생각합니다."

[전선생의] 비유는 아주 명확해서 풍수가[229]들에게 물어도 반박할 수 없을 것이다.

그러나 내가 본 바에 따르면 흉가는 확실히 있다. 도성의 급고사(給孤寺) 맞은편 길가 남쪽에 집 한 채가 있는데, 나는 그 집에 다섯 차례 조문을 갔다. 분방(粉坊) 유리가(琉璃街) 최북단 길가 서쪽에 집 한 채가 있는데, 역시 일곱 차례나 조문을 갔다. 예전에 급고사의 그 집에 종인부(宗人府)의 종승(宗丞)으로 있던 조학민(曹學閩)이 살았는데, 막 이사 들어가 하루 밤에 하인 두 명이 갑자기 죽어나갔기에, 조학민은 두려운 나머지 급히 다른 곳으로 옮겨 갔다. 또 예전에 분방 유리가의 그 집에 교수(教授) 소대생(邵大生)이 살았는데, 대낮에 종종 변고가 일어났다. 소대생은 본래 담이 큰 사람이라 두려워하지 않았지만, 결국 그도 그곳에서 죽었다. 여기에는 또 어떤 이치가 있는가?

유문정(劉文正)[230] 공이 말했다.

"주공이 일찍이 점을 쳐서 도읍을 정했다는 기록이 『서경(書經)』에 보이고,[231]

---

229 풍수가: 원문은 '형가(形家)'이다. 묏자리를 보고 집 방향을 점치는 것을 형가 혹은 감여가(堪輿家)라고 한다.

230 유문정(劉文正): 유통훈(劉統勛)이다. 유통훈(1700~1773)은 자가 연청(延清)이며 산동성 제성(諸城) 사람으로, 동각대학사(東閣大學士)를 지냈다.

231 주공이…보이고: 『서경』「낙고(洛誥)」에 보면, "나는 황하 북쪽의 여수를 점치고, 또 간수의 동쪽과 전수의 서쪽을 점쳐 보았으나, 오직 낙 땅만이 길괘가 나왔습니다. 또 전수의 동쪽을 점쳐 보았으나, 역시 낙 땅만이 길괘가 나왔습니다(我卜河朔黎水, 我乃卜澗水東, 瀍水西, 惟洛食. 我又卜瀍水東, 亦惟洛食)."라는 문장이 있는데, 바로 다음 내용을 말한다. 주공이 점을 쳐서 수도를 동도(東都: 落陽)로 정했다. 주공은 이 일이 있기 전에 미리 사람을 시켜 하북(河北) 여수(黎水)가에서 점치게 했는데, 불길하다는 점괘가 나왔다. 이에 다시 [왕실 터를 잡기 위해] 간수(澗水)의 동쪽과 전수(瀍水)의 서쪽 중간에서 점을 쳐보았더니, 남쪽 근거리

점을 쳐서 길일을 택해 출행했다는 기록이 『예기(禮記)』에 보인다.[232] 진실로 길흉이 없다면 성인들은 왜 점을 보았겠는가? 다만 [성인들이 사용한 점복술은] 오늘날의 술사들이 알 수 있는 바가 아니다."

이것이야말로 진실로 공평한 지론이다.

錢文敏公曰: "天之禍福, 不猶君之賞罰乎? 鬼神之鑒察, 不猶官吏之詳議乎? 今使有一彈章曰: '某立身無玷, 居官有績. 然門徑向凶方, 營建犯凶日, 罪當謫罰.' 所司允乎? 駁乎? 又使有一薦牘曰: '某立身多瑕, 居官無狀. 然門徑得吉方, 營建値吉日, 功當遷擢.' 所司又允乎? 駁乎? 官吏所必駁, 而謂鬼神允之乎? 故陽宅之說, 余終不謂然." 此譬至明. 以詰形家, 亦無可置辯.

然所見實有凶宅. 京師斜對給孤寺道南一宅, 余行弔者五. 粉坊琉璃街極北道西一宅, 余行弔者七. 給孤寺宅, 曹宗丞學閩嘗居之, 甫移入, 二僕一夕並暴亡, 懼而遷去. 粉坊琉璃街宅, 邵教授大生嘗居之, 白晝往往見變異. 毅然不畏, 竟歿其中. 此又何理歟?

劉文正公曰: "卜地見『書』, 卜日見『禮』. 苟無吉凶, 聖人何卜? 但恐非今術士所知耳." 斯持平之論矣.

에 있는 낙수가 길하다고 나왔다. 또한 [백성이 거주할 도시를 찾기 위해 점을 쳤는데] 전수의 동쪽에 있는 낙수가 길하다는 점괘가 나왔다.

232 점을 쳐서…보인다: 『예기』「곡례」(상)에 보면, "날을 가려서 일을 행하면 반드시 좋다는 것이다(日而行事, 則必踐之)."라는 문장이 있고, "날을 점쳐 길일을 가린다."라는 주석이 달려 있다.

45.

살구나무 고목

창주(滄州) 사람 반반(潘班)은 서화에 뛰어나며 자칭 황엽도인(黃葉道人)이라 불렀다. 하루는 반반이 친구 집 서재에서 자고 있는데, 벽 사이로 낮은 목소리가 들렸다.

"당신이 오늘 저녁에 다른 사람과 함께 자지 않으면 제가 나가 당신을 모실게요."

반반이 깜짝 놀라 서재를 뛰쳐나오자, 친구가 말했다.

"이 서재에는 오래 전부터 예쁜 여자 요물이 살고 있는데, 해를 끼친 적은 없네."

후에 친구가 가까운 사람에게 개인적으로 이야기했다.

"반반 그 친구는 어쩌면 수재[233]로 곤궁하게 살다 죽을 지도 모르겠네! 이 요물이 귀신인지 여우인지 도대체 어떤 물건인지는 모르겠지만, 저속한 사람이 오면 나오지 않고, 부귀한 사람이 와도 나오지 않는다네. 그 요

233 수재: 원문은 '청금(青衿)'이다. 『시경』「정풍(鄭風)·자금(子衿)」에 보면, "임의 파란 옷깃이여(青青子衿)"에 청금은 파란 옷깃[青領]이라 되어 있는데, 여기서는 학생이 입는 옷을 가리킨다. 뒷날에는 수재가 입는 옷을 일러 청금이라 불렀다.

물은 회재불우한 선비가 와야만, 비로소 나와 잠자리를 청하네.[234]"

훗날 과연 반반은 뜻을 이루지 못한 채[235] 죽었다.

십년이 지난 어느 날 밤, 갑자기 서재 안에서 울음소리[236]가 들리더니, 이튿날 광풍이 불어 살구나무 고목을 쓰러뜨렸다. 이로부터 그 요물은 더 이상 나타나지 않았다.

외조부 장설봉(張雪峰) 선생께서 일찍이 이렇게 농담하셨다.

"그 요물은 아름다웠을 뿐만 아니라 견식도 일반 아낙네보다는 뛰어났을 게야."

滄州潘班, 善書畫, 自稱黃葉道人. 嘗夜宿友人齋中, 聞壁間小語曰: "君今夕無留人共寢, 當出就君." 班大駭, 移出, 友人曰: "室舊有此怪, 一婉孌女子, 不爲害也." 後友人私語所親曰: "潘君其終困青衿乎! 怪非鬼非狐, 不審何物, 遇粗俗人不出, 遇富貴人亦不出. 惟遇才士之淪落者, 始一出薦枕耳." 後潘果坎壈以終.

越十餘年, 忽夜聞齋中啜泣聲, 次日, 大風折一老杏樹, 其怪乃絕. 外祖張雪峰先生嘗戲曰: "此怪大佳, 其意識在綺羅人上."

---

234 잠자리를 청하네: 원문은 '천침(薦枕)'이다. 송옥의 「고당부」에 보면, "그대가 고당에 왔다는 소문을 듣고, 함께 잠자리하기를 바랐습니다(聞君遊高唐, 願薦枕席)."라는 시구가 있다. 여기서 천(薦)은 들다(進)의 의미로 사용되었다.

235 뜻을 이루지 못한 채: 원문은 '감람(坎壈)'이다. 『초사』에 보면, "뜻을 이루지 못한 가난한 선비는 직분을 잃고 그 마음이 편치 않네(坎壈兮貧士失職而志不平)."라는 문장이 있다.

236 울음소리: 원문은 '철(啜)'로, 우는 모습이다. 『시경』「왕풍(王風)·중곡유퇴(中谷有蓷)」에 보면, "흐느껴 우네(啜其泣矣)."라는 구가 있다.

46.

백년 묵은 여자귀신

광록대부(光祿大夫) 진풍애(陳楓崖)가 해준 이야기이다.

강희연간(1662~1723)에 풍경진(楓涇鎭)에 한 태학생이 있었는데, 한번은 별장[237]에서 글을 읽고 있었다고 한다. 하루는 잡초더미에서 부식되고 깨진 돌비석[238] 하나를 발견했는데, 수십 글자 정도 남아 있었다. 간혹 한두 부분이 문장이 되었는데, 요절한 여자의 무덤 같았다. 원래부터 호사가였던 태학생은 무덤이 틀림없이 근처에 있을 꺼라 생각하고는 매번 비석에 음식을 차려놓고 장난스럽게 명복을 빌었다.

1년 남짓 뒤에 아름다운 여자가 혼자 텃밭 사이를 거닐고 있는데, 들꽃을 손에 든 채로 태학생을 향해 한번 웃어보였다. 태학생은 그 옆으로 급히

237 별장: 원문은 '별업(別業)'으로, 화원을 말한다. 『남사(南史)』「사령운전(謝靈運傳)」에 보면, "회계산(會稽山)으로 옮기고 나서 별장을 수리했다(移籍會稽, 修營別業)."라는 구절이 있다.

238 돌비석: 원문은 '갈(碣)'이다. 빗돌의 머리쪽이 모난 것은 비(碑)이고, 둥근 것은 갈(碣)이며, 이사(李斯)가 만든 것이다.

달려가 눈웃음치더니[239] 여자를 데리고 울타리 뒤에 있는 잡풀더미[240] 사이로 들어갔다. [그 순간] 여자가 우두커니 서서 똑바로 쳐다보며 무엇인가를 생각하는 것 같더니 갑자기 자기 뺨을 때리면서 말했다.

"100여 년 동안 마른 우물[241]처럼 메말랐던 마음이 하루아침에 난봉꾼에게 흔들리다니!"

그녀는 발을 몇 번 동동 구르더니 돌연 사라졌다. 태학생도 비로소 그 여자가 무덤 속 귀신이라는 것을 알게 되었다.

한림원(翰林院) 수찬(修贊) 채계실(蔡季實)이 말했다.

"'옛 사람들이 말하는 개관논정(蓋棺論定)[242]으로 이 일을 보니, 관 뚜껑을 덮고도 도리어 그 사람을 평가하기 힘든 것임을 알겠다. 그 여자는 본래 정절을 아는 귀신이었으나, 순간의 생각 차이로 옛날의 정절도 잃을 뻔했구나![243]"

---

239 눈웃음치더니: 원문은 "미어(眉語)"이다. 마음이 눈썹 사이에서 움직이면서 마치 말을 전하는 것과 같다. 유효감(劉孝感)의 「약현에서 우연히 베 짜는 여인들을 보고 급히 아내에게 부치는 시(鄀縣遇見人織率爾寄婦)」에 보면, "창문을 열고 눈웃음치네(窓疏眉語度)."라는 시구가 있다.

240 잡풀더미: 원문은 '관망(灌莽)'으로, 초목이 무더기로 생겨나 있는 모양을 말한다.

241 마른 우물: 원문은 '고정(古井)'이다. 맹교(孟郊)의 「열녀조(烈女操)」에 보면, "물결은 맹세코 일어나지 않으리니, 첩의 마음은 우물 속의 물이랍니다(波瀾誓不起, 妾心古井水)."라는 시구가 있다.

242 개관논정(蓋棺論定): 사람의 공과 선악은 죽고 나서야 정해진다. 사람의 평가는 죽은 후에야 결정된다는 뜻이다. 『진서(晉書)』「유의전(劉毅傳)」에 보면, "대장부는 관 뚜껑을 덮어봐야, 공과 선악이 비로소 정해진다(丈夫蓋棺事方定)."라는 구절이 있다.

243 옛날의 정절도 잃을 뻔했구나: 원문은 '고보(故步)'이다. 『한서』「반고전(班固傳)」에 보면, 수릉여자(壽陵餘子) 가운데 한단(邯鄲)에서 걸음걸이를 배우고자 하는 사람이 있었으나, 그 비슷하게도 배우지 못하고, 결국에는 원래의 걸음걸이[故步]도 잃어버려 기어서 돌아갔다고 한다. 여기서는 정절의 의미로 사용되었다.

회암(晦庵)[244] 선생의 시에 "세상에 사람의 욕심만큼 위험한 것이 없거늘, 대개의 사람들은 이 때문에 평생을 그르친다."라고 하더니, 진실로 그러하구나!

陳楓崖光祿言. 康熙中, 楓涇一太學生, 嘗讀書別業. 見草間有片石, 已斷裂剝蝕, 僅存數十字. 偶有一二成句, 似是夭逝女子之碣也. 生故好事, 意其墓必在左右, 每陳茗果於石上, 而祝以狎詞. 越一載餘, 見麗女獨步菜畦間, 手執野花, 顧生一笑. 生趨近其側, 目挑眉語, 方相引入籬後灌莽間. 女凝立直視, 若有所思, 忽自批其頰曰: "一百餘年, 心如古井, 一旦乃爲蕩子所動乎!" 頓足數四, 奄然而滅. 方知卽墓中鬼也.

蔡修撰季實曰: "古稱蓋棺論定, 觀於此事, 知蓋棺猶難論定矣. 是本貞魂, 猶以一念之差, 幾失故步!" 晦庵先生詩曰: "世上無如人欲險, 幾人到此誤平生." 諒哉!

---

244 회암(晦庵): 송나라의 주희가 당(堂)에 '회암(晦庵)'이라는 이름을 붙여 세상에서는 그를 주회암이라 불렀다. 가경본에는 '암(菴)'이라 되어 있으나, 도광본에는 '암(庵)'으로 되어 있다.

47.

벙어리 귀신

효렴(孝廉) 왕금영(王金英)이 해준 이야기이다.

강녕(江甯)의 한 서생이 고택의 황폐한 정원에 묵게 되었다고 한다. 달 밝은 밤에 한 아름다운 여자가 창문을 훔쳐보고 있다는 사실을 알아차리고, 속으로 귀신이 아니면 여우라고 생각했다. 여자의 아름다운 용모에 이끌려 두려움도 잊고 여자를 방안으로 불러들였더니, 여자도 자연스럽게 따라왔다. 그러나 여자는 처음부터 끝까지 말 한 마디도 하지 않고, 서생이 물어봐도 대답 없이 그저 미소를 머금고 추파만 던졌다. 한 달 남짓 이렇게 지냈지만, 그 이유를 알 수 없었다. 하루는 여자를 붙잡고 한사코 묻자, 여자가 붓을 가져오게 하더니 이렇게 적었다.

"저는 본래 명나라 때의 아무 한림(翰林)의 시첩이었으나, 불행하게도 요절했습니다. 생전에 사람들을 이간질시키고 부추겨서 결국 한 집안의 사람들을 물과 불처럼 원수지간으로 만들었습니다. 저승 관리께서는 저를 꾸짖으시고 그 벌로 벙어리 귀신이 되게 했는데, 이미 200여 년이란 시간이 흘렀습니다. 나리께서 저를 위해 『금강경(金剛經)』[245] 10부를 초록해주시

245 『금강경(金剛經)』: 원래 이름은 『금강반야바라밀다경(金剛般若波羅密多經)』이다. 금강(金剛)

어 부처의 힘으로 고해의 바다에서 벗어날 수 있게 도와주신다면, 대대로 나리의 큰 은혜에 감사드리겠습니다."

그래서 서생은 그 바람대로 해 주었다. 『금강경』을 다 필사하던 날, 그녀는 서생에게 두 번 절을 한 뒤 다시 붓을 들고 이렇게 적었다.

"『금강경』에 힘입어 참회하고, 이미 귀신의 세계에서 벗어났습니다. 업에 따라 왕생할 수 있게 되었으나, 전생에 지은 죄가 너무나 커 내세 삼대 동안 벙어리로 살고 난 후에야 비로소 말을 할 수 있습니다."

王孝廉金英言. 江甯一書生, 宿故家廢園中. 月夜有艶女窺窗, 心知非鬼卽狐. 愛其姣麗, 亦不畏怖, 招使入室, 卽宛轉相就. 然始終無一語, 問亦不答, 惟含笑流盼而已. 如是月餘, 莫喩其故. 一日, 執而固問之, 乃取筆作字曰: "妾前明某翰侍姬, 不幸夭逝. 因平生巧於讒搆, 使一門骨肉如水火. 冥司見譴, 罰爲瘖鬼, 已沉淪二百餘年. 君能爲書『金剛經』十部, 得仗佛力, 超拔苦海, 則世世銜感矣." 書生如其所乞. 寫竣之日, 詣書生再拜, 乃取筆作字曰: "藉『金經』懺悔, 已脫鬼趣. 然前生罪重, 僅能帶業往生, 尙須三世作啞婦, 方能語也."

이라는 것은 말이 금처럼 단단하다는 것이고, 반야(般若)는 범어로 지혜의 뜻이다. 이를 합하면 유서(儒書)에서 말하는 지혜와 용기이다. 바라밀다는 법을 닦는 도리를 말한다.

난양소하록

灤陽消夏錄

2

관혁도인(觀奕道人) 찬(撰)

1.

미스터리한 팔자

동문각(董文恪)[1] 선생이 소사공(少司空)[2]으로 있을 때 해준 이야기이다.

그가 옛날에 부양촌(富陽村)[3]에서 살 때, 한 이웃집 노인이 그의 글 읽는 소리를 듣고 '귀인이로세!' 하면서 만나기를 청했다고 한다. 노인은 그를 유심히 관찰한 후, 생년월일시[4]를 묻고 나서 한참동안 생각하더니 말했다.

"'당신의 명과 관상으로 보아 모두 일품 벼슬은 할 것이오. 아무 해에는 지현(知縣)이 되고, 아무 해에는 대현(大縣)이 되고, 또 아무 해에는 실수(實授)가 되고, 또 아무 해에는 통판(通判)이 되고, 아무 해에는 지부(知府)로 옮

---

1 동문각(董文恪): 동문각(1696~1769)은 이름이 방달(邦達)이고, 자는 부존(孚存)이다. 청나라 절강성(浙江省) 부양 사람으로, 예부상서를 지냈다.

2 소사공(少司空): 공부시랑(工部侍郎)의 별칭이다.

3 부양촌(富陽村): 절강성의 현(縣) 이름이다.

4 생년월일시: 원문은 '팔자간지(八字干支)'이다. 점치는 방법은 당나라 이허중(李虛中)에게서 시작되었다. 사람의 태어난 연월일시가 만나는 일진(日辰)과 간지(干支)에 근거해 사람이 나고 자라고 노쇠하고 죽고 득의하고 강성하고 하는 것을 점친다. 사람이 장수할지 아닐지, 귀하게 될 지 아닐지, 잘 나갈지 아닐 지를 미루어 짐작하는데 백발백중이다. 후세 사주팔자로 점치는 사람들의 시조가 되었다. 그러나 이허중은 연월일을 사용했을 뿐 시는 사용하지 않았는데, 시는 송나라 서자평(徐子平)에 와서 함께 사용하기 시작했다. 이로부터 팔자(八字)라는 명칭이 생겨나게 되었다.

겨갈 것이고, 아무 해에는 지부에서 포정사(布政使)로 발탁될 것이오. 아무 해에는 순무(巡撫)가 되고 아무 해에는 총독(總督)까지 지낼 것이니, 부디 자중자애 하십시오. 다른 날 내 말이 틀리지 않았다는 것을 알게 될 것이오."

동문각 선생은 그 이후로 다시 이 노인을 만나지 못했고, 노인의 예언도 맞지 않았다.

그러나 동문각 선생의 삶을 자세히 살펴보면, 지현은 동문각 선생이 관리등용시험[5]을 통해 호부(戶部)의 칠품 관리가 된 것에 해당된다. 이른바 다른 사람 대신 대현으로 옮겨간[6] 것은 한림원 서길사(庶吉士)에 해당된다. 또한 실수는 바로 편수직(編修職)에 해당된다. 또 통판의 자리는 중윤(中允)에 해당된다. 지부는 시독학사(侍讀學士)에 해당하고, 포정사는 내각학사(內閣學士)와 동일하며, 순무는 공부시랑(工部侍郎)에 해당된다. 품계가 모두 맞아떨어지고, 연도도 정확히 일치하며 단지 내직과 외직의 차이만 있을 뿐이다. 그 노인의 말은 효험이 있으면서도 없고, 효험이 없으면서도 있다. 총독자리는 아직 잘 모르겠다. 훗날 동문각 선생은 그 해에 예부상서(禮部尙書)가 되었는데, 품계가 총독과 같다.

생각해보면, 사람의 생년월일시로 운명을 알아맞히는 경우 기이하게 맞아떨어지는 경우도 있지만, 전혀 맞지 않는 경우도 있고, 반은 맞고, 반은 맞지 않는 경우도 있다. 내가 예전에 보고 들었던 것들을 바탕으로 깊이

---

5 관리등용시험: 원문은 '발공(拔貢)'이다. 청대의 제도로 일종의 관리 등용 시험을 말한다. 12년마다 각 성에서 우수한 학생을 선발하여 서울로 보내면, 거기서 정시(廷試)를 치른 후에 성적이 우수한 사람은 도성의 하급관리나 지현 등의 관직에 임명되었다.

6 다른 사람 대신 대현으로 옮겨간: 원문은 '조서대현(調署大縣)'이다. 공석 중인 부서로 자리를 옮겨 그 업무를 대신 처리하는 것을 말한다.

생각해보면 사람의 팔자로 빈부귀천을 따지는 것이 가장 정확하다. 가감의 차이만 있을 뿐, 대충 그럭저럭 비슷하다.

무석(無錫) 사람 추소산(鄒小山)[7] 선생의 부인과 안주(安州) 사람 진밀산(陳密山)[8] 선생의 부인은 생년월일시가 모두 같다. 추소산 선생은 예부시랑을 지냈고, 진밀산 선생은 귀주(貴州) 포정사를 지냈는데, 모두 이품이다. 관직으로 따지면 포정사가 예부시랑을 따라갈 수 없지만, 녹봉으로 따지면 예부시랑이 포정사를 따라갈 수 없으니, 서로 거기서거기다. 또 두 부인의 명으로 따지면 진밀산 선생의 부인이 약간 일찍 죽었지만, 만년이 되도록 건강하고 편안하게 살았다. 반면 추소산 선생의 부인은 백발이 되도록 서로를 공경하며[9] 살았지만, 만년에 아들을 잃었고[10] 가세도 기울었으니, 역시 거기서거기다. 이것은 아마도 남북 지역의 차이로 인할 것일 뿐, 시(時)는 애초에 정해져 있었다.

나의 여섯째 조카와 노복의 아들 유운붕(劉雲鵬)은 담하나 사이로 창을 마주한 채 동시에 울음을 터뜨리며 태어났다. 이들은 시 뿐만 아니라 분도 같고 심지어 초도 같다. 조카는 16세 때 죽었으나, 유운붕은 지금도 살

---

7 추소산(鄒小山): 이름은 일계(一桂)이고, 자는 원포(原褒)이며, 옹정(雍正) 때의 진사로, 예부시랑을 지냈다.

8 진밀산(陳密山): 이름은 덕영(德榮)이고 자는 정언(廷彥)이며, 강희 때의 진사로 귀주포정사를 지냈다.

9 서로를 공경하며: 원문은 '제미(齊眉)'이다. 『후한서(後漢書)』「양홍전(梁鴻傳)」에 보면, 양홍이 오(吳)로 가서 방아를 찧어서 품삯을 받았다고 한다. 매번 집에 돌아오면 아내가 그를 위해 밥상을 차렸는데, 양홍 앞에서는 그를 올려다보지 않고, 밥상을 눈높이까지 받쳐 들고 들어왔다고 한다.

10 아들을 잃었고: 원문은 '상명(喪明)'으로, 『예기(禮記)』「단궁(檀弓)」(상)에 보면, "자하는 아들이 잃자 두 눈을 실명했다(子夏喪其子而喪其明)."라는 문장이 있다. 이로부터 사람들은 자식의 죽음을 일러 상명이라 했다.

아 있다. 어찌 타고난 복에 운수의 차이만 있는 것이 아니겠는가? 조카는 부귀하게 자라면서 타고난 복을 먼저 다 소진했고, 유운붕은 빈천하게 자라면서 많이 쓰지 않아서 복이 아직 다 소진되지 않았단 말인가! 차면 이지러지고 늘어나면 줄어드는(盈虛消息) 이치가 진실로 이와 같구나. 천명을 아는 사람이 나와 더욱 상세하게 설명해주길 바란다.

董文恪公爲少司空時. 云昔在富陽村居, 有村叟坐鄰家, 聞讀書聲, 曰: "貴人也!" 請相見. 諦觀再四, 又問八字干支, 沉思良久, 曰: "君命相皆一品. 當某年得知縣, 某年署大縣, 某年實授, 某年遷通判, 某年遷知府, 某年由知府遷布政. 某年遷巡撫, 某年遷總督, 善自愛. 他日知吾言不謬也." 後不再見此叟, 其言亦不驗.

然細較生平, 則所謂知縣, 乃由拔貢得戶部七品官也. 所謂調署大縣, 乃庶吉士也. 所謂實授, 乃編修也. 所謂通判, 乃中允也. 所謂知府, 乃侍讀學士也, 所謂布政使, 乃內閣學士也, 所謂巡撫, 乃工部侍郎也. 品秩皆符, 其年亦皆符, 特內外異途耳. 是其言驗而不驗, 不驗而驗. 惟未知總督如何. 後公以其年拜禮部尙書, 品秩仍符. 按推算干支, 或奇驗, 或全不驗, 或半驗半不驗.

余嘗以聞見最確者, 反復深思, 八字貴賤貧富, 特大略如是. 其間乘除盈縮, 略有異同. 無錫鄒小山先生夫人, 與安州陳密山先生夫人, 八字干支並同. 小山先生官禮部侍郎, 密山先生官貴州布政使, 均二品也. 論爵, 布政不及侍郎之尊, 論祿, 則侍郎不及布政之厚, 互相補矣. 二夫人並壽考, 陳夫人早寡, 然晩歲康强安樂. 鄒夫人白首齊眉, 然晩歲喪明, 家計亦薄, 又相補矣. 此或疑地有南北, 時有初正也.

余第六姪與奴子劉雲鵬, 生時祗隔一牆, 兩窗相對, 兩兒並落蓐啼. 非惟時同刻同, 乃至分杪亦同. 姪至十六歲而夭, 奴子今尙在. 豈非此命所賦之祿, 祗有此數? 姪生長富貴, 消耗先盡, 奴子生長貧賤, 消耗無多, 祿尙未盡耶! 盈虛消息, 理固如斯. 俟知命者更詳之.

2.

뒤바뀐 운명

강희(康熙)[11] 초에 큰 증조할아버지 광길(光吉) 공이 진번현(鎭番縣)[12]에서 수비(守備)[13]로 있을 때의 일이다. 태학생 이(李) 아무개의 부인은 늘 첩을 학대했다고 한다. 그녀는 화가 날 때마다 첩의 하의를 벗기고 볼기를 때렸는데, 하루도 그냥 넘어가는 법이 없었다. 마을에 저승을 드나들 수 있는 할멈이 있었는데, 이른바 주무상(走無常)[14]라는 위인이다. 할멈은 태학의 부인에게 이렇게 타일렀다.

"마님께서는 저 첩에게 전생에 원한이 있긴 합니다만 매 200대면 충분합니다. 그런데 마님은 지금 타오르는 질투심 때문에 그보다 10배가 넘는 매질을 하셔서 되레 저쪽에게 빚을 지셨습니다. 양가집 아녀자들이 벌

11 강희(康熙): 청나라 제4대 황제 애신각라현엽(愛新覺羅玄燁)의 연호(1661~1722)이다.

12 진번현(鎭番縣): 지금의 감숙성(甘肅省) 민근현(民勤縣)이다.

13 수비(守備): 옛날의 무관명(武官名)이다.

14 주무상(走無常): 축윤명(祝允明)의 『어괴(語怪)』에 보면, 풍도(酆都)의 주무상에 대한 사건이 적혀 있다. 어떤 주무상은 길을 가다가 갑자기 혼절한 뒤 몇 시간 혹은 하루 심지어는 밤을 보내고 난 뒤에 깨어난다고 한다. 깨어나서 하는 말을 들어보면 모두 저승에 관련된 것들이다. 저승에 귀신이 모자라 바쁠 때는 살아 있는 사람의 도움을 받아 일을 처리한다고 한다. 그래서 그 사람을 주무상이라 부르게 되었다고 한다.

을 받는다 해도 하의를 벗기는 것은 국법에서도 금하고 있습니다. 그런데 마님께서는 번번이 옷을 벗겨 모욕하고 계시니, 마님께서는 통쾌하셨을지 모르겠으나 귀신의 금기를 범하고 말았습니다. 마님께서 제게 잘 대해주셔서 몰래 저승 명부를 보았기에 감히 알려드리지 않을 수 없었습니다!"

그러자 태학의 부인은 실소를 터뜨리며 말했다.

"이 망할 할망구가 쓸데없는 소리로 액막이 제사[15]를 올리게 해서, 돈을 뜯어내려고 별 소리를 다하는구나!"

때마침 경략사(經略使) 모락(莫洛)[16]이 왕보신(王輔臣)에게 변을 당하자 반란군이 벌떼처럼 일어났다. 이태학은 병란으로 죽고 그의 첩은 부장(副將) 한(韓) 장군의 차지가 되었다. 한장군은 총명하고 지혜로운 첩이 마음에 들어 모든 총애를 쏟아 부었다. 게다가 한장군은 정실부인도 없었던 터라 집안의 모든 권한을 첩에게 주었다. 반면에 이태학의 부인은 반란군의 수중에 떨어졌다가 반란군이 패하는 바람에 다시 포로 신세가 되었다. 포로들은 [전공을 세운] 장군과 병사들에게 상으로 주어졌는데, 공교롭게도 이태학의 부인은 한장군에게 돌아갔다. 첩은 부인을 노비로 거두어들이고 뜰 앞에 무릎을 꿇린 뒤 이렇게 말했다.

"너는 내 지시에 따라 매일 새벽에 일어나 먼저 화장대 앞에 무릎을 꿇

---

15 액막이 제사: 원문은 '양(禳)'으로 제사 이름이다. 제사를 지내 상서롭지 못한 것을 없앤다는 뜻이다.

16 모락(莫洛): 모락(?~1674)은 모락(謨絡)이라고도 한다. 성이 이이근각라씨(伊爾根覺羅氏)이고, 만주정홍기인(滿洲正紅旗人)이다. 강희 12년(1673) 오삼계(吳三桂)가 난을 일으켜, 4개월 사이에 운남(雲南), 귀주(貴州), 호남(湖南), 사천(四川), 광서(廣西), 복건(福建)을 함락시켰다. 그때 경략사 모락이 섬서성의 군대를 총지휘하고 있었다. 그는 섬서에서 촉(蜀)을 공격했으나, 제독 왕보신의 배신으로 그에게 죽임을 당했다.

고, 스스로 하의를 벗은 뒤 땅에 엎드려 매 다섯 대를 맞고 나서 일을 보도록 해라. 그렇게 하면 너의 목숨을 살려주겠다. 만약 그렇게 하지 않으면 역적의 처로 간주하여 고통스럽게 죽인 뒤 마디마디 살점을 잘라 개나 돼지의 먹이로 주겠다!"

이태학의 부인은 죽음이 두려워 지조고 뭐고 돌보지 않고 머리를 조아리며 분부대로 따르겠다고 했다. 그러나 첩은 부인이 갑자기 죽어버리는 것을 원치 않았기 때문에 그다지 독하게 매질하지 않으면서 다만 고통이 어떠한 것인지만 알게 했다. 1년 남짓 뒤에 이태학의 부인은 다른 병으로 죽었다. 그간 맞은 매의 수를 셈해 보니, 자신이 첩에게 때렸던 매의 수와 딱 들어맞았다. 이태학의 부인은 진실로 우둔하고 수치심을 모르는 사람이다. 그녀는 귀신도 꺼리는 사람이라 귀신이 암암리에 그녀의 혼백을 빼앗아 간 것이다.[17]

한공(韓公: 韓將軍) 스스로도 이 일을 숨기지 않았고, 또한 이 일을 들어 인과응보를 증명했기에 사람들이 그 일을 상세하게 알게 되었다.

한공이 또 해준 이야기로, 이 역시 확실하게 위치가 뒤바뀐 이야기이다. 그가 명나라 말년에 양양(襄陽)과 남양(南陽)[18] 사이를 유람할 때 술사 장원호(張鴛湖)와 같은 집에 묵게 되었다고 한다. 장원호는 여관 주인[19]의 본

---

17 귀신이 암암리에 그녀의 혼백을 빼앗아 간 것이다: 『좌전(左傳)』「선공(宣公)」 15년에 보면, "원숙[趙同]은 틀림없이 큰 재앙을 만날 것이고, 하늘이 그의 혼백을 빼앗아 갈 것이다(原叔必有大咎, 天奪之魄矣)."라는 문장이 있다.

18 양양(襄陽)과 남양(南陽): 원문은 '양등(襄鄧)'이다. 청대의 호북(湖北) 양양부(襄陽府)와 하남(河南)의 남양부(南陽府)는 옛날 양등(襄鄧)의 땅이었다.

19 여관 주인: 원문은 '거정 주인(居停主人)'이다. 『송사(宋史)』「정위전(丁謂傳)」에 따르면, 정위가 구준(寇準)을 멀리 유배 보내려 하자, 같은 반열에 있는 사람들은 감히 뭐라고 말하

처가 첩을 심하게 학대하는 것을 익히 알고 있었던 터라 불만이 쌓여 내게 말했다.

"도가에 차형법(借形法)이란 것이 있습니다. 차형법은 수련을 완성하지 못하고, 기와 혈이 쇠해 신선이 되지[20] 못하게 되었을 때 건강한 사람의 신체를 빌리는 것으로, 건강한 사람이 잠든 사이에 서로의 몸을 바꾸는 것입니다. 예전에 차형법을 배운 적이 있는데, 시범삼아 한번 보여드리겠습니다."

이튿날 이집 사람들은 첩의 방에서 본처의 말소리가 나고 본처의 방에서 첩의 말소리가 나는 것을 들었다. 나란히 문을 열고 나오는데 보니 본처의 목소리를 낸 사람은 첩이고, 첩의 목소리를 낸 사람은 본처였다. 첩은 본처의 모습을 하고 있었지만 묵묵히 앉아 있는 반면 첩의 몸에 들어가 있는 본처는 억울한 마음에 시끄럽게 욕을 해대기 시작했다. 가족들은 이와 같은 상황을 판단할 길이 없어 관가에 그 사실을 고했다. 그러나 관가에서는 요망한 집안이라며 화를 내더니 그 남편을 때린 뒤 쫓아내는 바람에 모두 어찌해야 할 바를 몰랐다. 겉모습으로만 따지자면 본처가 첩이었지만, 본처의 자리에 있어보지 않아 위엄을 내보일 수 없었다. 그래서 결국 집을 나누어 따로 사는 것으로 끝을 맺었다. 이 일은 더욱 기이하다.

지 못했다고 한다. 왕증(王曾)만이 임금의 말을 핑계 삼아 묻자 정위가 돌아보면서 말했다. "집주인은 더 이상 말하지 말게." 여기서는 왕증이 구준에게 집을 빌려준 것을 가리킨다.

20 신선이 되지: 원문은 '환단(還丹)'이다. 원래는 도가에서 말하는 구전단(九轉丹)과 주사(朱砂)를 섞어 거듭 제련해서 만든 선단(仙丹)인데, 여기서는 이 선단을 만들어 먹고 신선이 되는 것을 의미한다.

曾伯祖光吉公, 康熙初官鎭番守備. 云有李太學妻, 恆虐其妾. 怒輒褫下衣鞭之, 殆無虛日. 里有老媼, 能入冥, 所謂走無常者是也. 規其妻曰: "娘子與是妾有夙冤, 然應償二百鞭耳. 今妒心熾盛, 鞭之殆過十餘倍, 又負彼債矣. 且良婦受刑, 雖官法不褫衣. 娘子必使裸露以示辱, 事太快意, 則干鬼神之忌. 娘子與我厚, 竊見冥籍, 不敢不相聞!" 妻哂曰: "死媼謾語, 欲我禳解取錢耶!"

會經略莫洛遘王輔臣之變, 亂黨蜂起. 李歿於兵, 妾爲副將韓公所得. 喜其明慧, 寵專房. 韓公無正室, 家政遂操於妾. 妻爲賊所掠, 賊破被俘. 分賞將士, 恰歸韓公. 妾蓄以爲婢, 使跪於堂而語之曰: "爾能受我指揮, 每日晨起, 先跪妝臺前, 自褫下衣, 伏地受五鞭. 然後供役, 則貸爾命. 否則爾爲賊黨妻, 殺之無禁, 當寸寸臠爾, 飼犬豕." 妻懼死失志, 叩首願遵敎. 然妾不欲其遽死, 鞭不甚毒, 俾知痛楚而已. 年餘, 乃以他疾死. 計其鞭數, 適相當. 此婦眞頑鈍無恥哉. 亦鬼神所忌, 陰奪其魄也. 此事韓公不自諱, 且擧以明果報, 故人知其詳.

韓公又言, 此猶顯易其位也. 明季嘗遊襄·鄧間, 與術士張鴛湖同舍. 鴛湖稔知居停主人妻虐妾太盛, 積不平, 私語曰: "道家有借形法. 凡修煉未成·氣血已衰·不能還丹者, 則借一壯盛之軀, 乘其睡, 與之互易. 吾嘗受此法, 姑試之." 次日, 其家忽聞妻在妾房語, 妾在妻房語. 比出戶, 則作妻語者妾, 作妾語者妻也. 妾得妻身, 但默坐, 妻得妾身, 殊不甘, 紛紜爭執. 親族不能判, 鳴之官. 官怒爲妖妄, 笞其夫, 逐出, 皆無可如何. 然據形而論, 妻實是妾, 不在其位, 威不能行. 竟分宅各居而終. 此事尤奇也.

3.

무지한 유생

전하는 바에 따르면 한 훈장이 여름날 달 밝은 밤에 문하생들을 데리고 바람을 쐬러 나왔다가 하간헌왕(河間獻王)[21] 유덕(劉德)의 사당 밖 논두렁에 앉게 되었다고 한다. 훈장은 함께 『시삼백편』을 강하고 문제를 내는데,[22] 북이 울리고 종이 울리듯 그 목소리가 낭랑했다. 또 문하생들에게 『효경』을 외게 하고는 다시 『효경』을 강하기 시작했다. 문득 고개를 드는데 보니 사당문 앞에 있는 두 그루의 박달나무 고목 아래로 사람 그림자가 어른거리는 것 같았다. 슬쩍 가까이 가보니 모습이 남다른 것이 귀신이라는 것을 알아차렸다. 그러나 훈장은 이곳이 하간헌왕의 사당 앞으로 요괴가 있을 리 없다는 생각이 들자, 앞으로 나아가 이름을 물었다. 그러자 이렇게 말했다.

---

21 하간헌왕(河間獻王): 한나라 경제(景帝)의 아들로, 이름은 덕(德)이다. 학문을 닦음에 옛것을 좋아해 옛날 글이나 선진시대의 서적을 많이 읽고 보았다. 유술(儒術)에 빠져 다급할 때도 반드시 유술에 따랐으며 하간(河間)에 봉해졌다. 사후 헌(獻)이라는 시호가 내려졌다. 지금의 하북성(河北省) 헌현(獻縣)은 바로 한나라 하간헌왕의 봉지였다.

22 문제를 내는데: 원문은 '의제(擬題)'이다. 『일지록(日知錄)』에 보면, 과거 시험 때 부자 집 자제들은 유명한 사람을 초빙해 경서가운데서 문제를 뽑게 해서, 각각 문장을 만들어 미리 암기하고 시험을 준비하게 했는데, 이를 의제라 했다.

"우리는 모장(毛萇),[23] 관장경(貫長卿),[24] 안지(顔芝)[25]로 하간헌왕을 뵙고자 이곳에 왔습니다."

그 말에 훈장은 크게 기뻐하며, 재배하고 경문의 뜻을 알려달라고 청했다. 그러자 모장과 관장경이 이구동성으로 말했다.

"선생께서 강하시는 것을 들었는데, 우리로서는 모두 이해할 수 없는 것이라 뭐라 해드릴 말이 없습니다."

훈장이 다시 절하며 물었다.

"『시경』은 뜻이 심오하고 미묘해 저희 같은 어리석은 이들에게 그 내용을 전하기 어려울 것입니다. 그럼 안지 선생님께서 『효경』을 한번 강해 주시지 않겠습니까?"

이 말을 들은 안지가 고개를 돌리며 말했다.

"당신의 문하생들이 염송한 『효경』은 앞뒤가 맞지 않고 내용이 빠져 있어, 제가 전한 『금문경』과는 완전히 다릅니다. 저 역시 드릴 말씀이 없습니다."

별안간 하간헌왕의 전교가 들렸다.

"주정꾼이 문밖에서 떠든 지 꽤 된 것 같은데, 얼른 쫓아내렷다!"

나는 지금 이 이야기와 애당(愛堂) 선생이 해준 노학구가 저승사자를 만난 이야기[26]가 모두 박식하고 고귀한 선비들이 무지한 유생들을 꾸짖기 위

---

23 모장(毛萇): 한대 조(趙) 땅 사람으로, 하간헌왕의 박사이다. 모형(毛亨)에게서 『시경』을 전수 받았는데, 당시 사람들은 모형을 대모공(大毛公), 모장을 소모공(小毛公)이라 불렀다.

24 관장경(貫長卿): 한대 조 땅 사람으로, 모공을 좇아 『모시』를 전수했다.

25 안지(顔芝): 하간 사람이다. 진나라의 분서갱유(焚書坑儒)때 『효경』을 숨겼다. 한나라 초에 그의 아들 안정(顔貞)이 세상에 공개했는데, 이것이 바로 『금문경효경(今文經孝經)』이다.

26 애당(愛堂) 선생이 해준 노학구가 저승사자를 만난 이야기: 『난양소하록』(1)에 보인다.

해 만들어낸 우스개 이야기라 생각한다. 그런 즉 "텅 빈 굴에 바람이 불고, 오동나무 열매에 새가 날아들어 둥지를 트는[27]" 격이네!

相傳有塾師, 夏夜月明, 率門人納涼河間獻王祠外田塍上. 因共講『三百篇』擬題, 音瑯瑯如鍾鼓. 又令小兒誦『孝經』, 誦已復講. 忽擧首見祠門雙古柏下, 隱隱有人. 試近之, 形狀頗異, 知爲神鬼. 然私念此獻王祠前, 決無妖魅, 前問姓名. 曰: "毛萇·貫長卿·顔芝, 因謁王至此." 塾師大喜, 再拜請授經義. 毛·貫並曰: "君所講適已聞, 都非我輩所解, 無從奉答." 塾師又拜曰: "『詩』義深微, 難授下愚. 請顔先生一講『孝經』, 可乎?" 顔回面向內曰: "君小兒所誦, 漏落顚倒, 全非我所傳本. 我亦無可著語處." 俄聞傳王敎曰: "門外似有人醉語, 聒耳已久, 可驅之去!" 余謂此與愛堂先生所言學究遇冥吏事, 皆博雅之士, 造戲語以詬俗儒也. 然亦"空穴來風, 桐乳來巢"乎!

27 텅 빈 굴에…둥지를 트는: 『장자(莊子)』「제물론(齊物論)」에 나오는데, 사마표(司馬彪)의 주석에 따르면, 오동나무 열매가 유방처럼 둥글게 생겼는데, 거기서 잎이 나고 자라면 마치 키처럼 모양이 둥글고 넙적해져 새들이 즐겨 그곳에 둥지를 틀었다고 되어 있다. 즉 그 틈을 타 다른 사람에게 전수하는 것을 비유한 것이다.

4.

인과응보

돌아가신 아버지 요안공(姚安公)[28]은 성품이 엄하셔서 문하에 행동이 단정치 않은 빈객[29]이 없었다. 하루는 그가 다 떨어진 옷을 입은[30] 한 사람과 말씀을 나누시다가 우리 형제들을 불러 그 사람에게 예를 갖추게 하고는 말씀하셨다.

"이 분은 송만수(宋曼殊) 선생의 증손이시다. 오랫동안 소식을 듣지 못했는데, 오늘에야 이렇게 뵙게 되었다. 명나라 말년 전란이 났던 그 해에, 너희 증조부께서는 11세의 나이로 전쟁 통에 이리 저리 떠돌다가 다행히 송만수 선생을 만나 목숨을 보존하게 되셨다."

아버지께서는 꼼꼼하고 세심하게 그를 돌보시며 그의 생계를 도모해

---

28 요안공(姚安公): 기윤의 부친인 기용서(紀容舒)로, 운남(雲南) 요안부(姚安府) 지부(知府)를 지냈다.

29 행동이 단정치 않는 빈객: 원문은 '잡빈(雜賓)'이다. 『세설신어(世說新語)』에 따르면, 사혜(謝譓)는 사람을 함부로 사귀지 않았기에 그의 문하에는 행동이 단정치 않은 빈객이 없었다고 한다.

30 다 떨어진 옷을 입은: 원문은 '남루(襤縷)'이다. 양자(揚子: 揚雄)의 『방언(方言)』에 보면, 남쪽 초(楚) 땅 사람들은 가난해 거칠고 헤어진 옷을 입었다고 한다. 이를 일러 누렬(褸裂)이라고도 하고, 남루(襤褸)라고도 했다. 루(縷)는 루(褸)와 통한다.

주셨고, 이 일로 늘 우리 형제에게 이렇게 가르치셨다.

"도의상 마땅히 갚아야 할 은혜는 인과응보를 따질 필요도 없는데, 인과응보는 틀림없기 때문이다. 옛날에 아무개 공이 다른 사람의 은혜를 받아 새 삶을 살게 되었다. 그는 부귀해진 뒤, 가세가 기운 은인의 자손을 보고는 길 가다 만난 사람처럼 모른 척했다. 나중에 그가 병을 얻어 약을 먹으려는 순간에 홀연히 은인이 나타나 그에게 편지 두 통을 주었는데, 편지 봉투가 붙어 있지 않았다. 편지를 꺼내 보니, 그 해 자기를 구해준 사람이 보낸 서신이었다. 그는 약사발을 땅에 떨어뜨리며 '내가 너무 오래 살았구나!'라고 했다는 구나. 그 부자는 그 날 밤에 죽었단다."

先姚安公性嚴峻, 門無雜賓. 一日, 與一襤褸人對語, 呼余兄弟與爲禮, 曰: "此宋曼殊曾孫. 不相聞久矣, 今乃見之. 明季兵亂, 汝曾祖年十一, 流離戈馬間, 賴宋曼殊得存也." 乃爲委曲謀生計, 因戒余兄弟曰: "義所當報, 不必談因果, 然因果實亦不爽. 昔某公受人再生恩. 富貴後, 視其子孫零替, 漠如陌路. 後病困, 方服藥, 恍惚見其人手授二札, 皆未封. 視之, 則當年乞救書也. 覆杯於地曰: '吾死晚矣!' 是夕卒."

5.

점괘를 거부한 남자

안찰사(按察使) 송몽천(宋蒙泉)이 해준 이야기이다.

아무개 공이 명(明)나라의 간관(諫官)으로 있을 때 한번은 자신의 명을 알아보고자 부계점[31]을 쳤는데, 신이 내려 "당신은 모년 모월 모일에 죽을 팔자요."라고 했다고 한다. 아무개 공은 날짜를 계산하면서 죽을 날이 멀지 않았음을 알고 늘 마음이 편치 않았다. 그런데 점괘에서 나온 날짜가 되었는데도 그는 아무 탈이 없었다. 그리고 본조[清朝]에 들어와서도 구경(九卿)[32]까지 지냈다. 그가 동료 관리 집에 갔다가 그곳에서 부계점을 쳤는데, 이전의 그 신이 내려왔다. 아무개 공이 머리를 조아리고 점괘가 효험이 없었다고 하자, 다시 이런 점괘가 나왔다.

---

31 부계점: 원문은 '부계(扶乩)'로, 『설문(說文)』에 보면, "의심이 나면 점을 쳐서 해결했다."라는 문장이 있다. 부계(扶乩)는 부기(扶箕), 부란(扶鸞)이라고도 한다. 점을 칠 때 계반에 모래를 깔고, 받침대에 추(錐)를 걸었다. 두 사람에게 그것을 받쳐 들게 하고, 부적을 태워 신(神)을 불렀다. 신이 내리면 추가 절로 움직여 모래 위에 글자를 쓴다.

32 구경(九卿): 원문은 '구렬(九列)'로, 『한서(漢書)』「위현성전(韋玄成傳)」에 보면, "나를 긍휼히 여겨 구경의 반열에 두셨다(恤我九列)."라는 문장이 있다. 청나라 때는 종인부(宗人府)·대리시(大理寺)·태상시(太常寺)·순천부(順天府)·광록시(光祿寺)·태복시(太僕寺)·국자감(國子監)·홍려시(鴻臚寺)·통정사(通政司)를 구경아문(九卿衙門)이라 불렀다. 또한 육부상서(六部尚書)의 시랑(侍郞)은 대구경(大九卿)이라 불렀다.

“그대가 죽지 않았으니, 난들 어떻게 하겠소!”

아무개공은 그 말을 듣고 멍하니 있다가 한참동안 생각한 후, 갑자기 마차를 준비하라고 하더니 돌아갔다.

알고 보니 지난 번 점괘에 나온 날은 바로 청나라 순치(順治) 원년(1644) 갑신년 3월 19일 명나라 숭정제(崇禎帝)가 매산(煤山)에서 자살한 날이었다.

宋按察蒙泉言. 某公在明爲諫官, 嘗扶乩問壽數, 仙判某年某月某日當死. 計期不遠, 恆悒悒. 屆期乃無恙. 後入本朝, 至九列. 適同僚家扶乩, 前仙又降. 某公叩以所判無驗, 又判曰: “君不死, 我奈何!” 某公俯仰沉思, 忽命駕去. 蓋所判正甲申三月十九日也.

6.

동방미명지연(東方未明之硯)

심초원(沈椒園)[33] 선생이 오봉(鰲峰)[34] 서원의 훈장[35]으로 있을 때, 어떤 사람이 그에게 고읍(高邑) 사람 조충의(趙忠毅)[36] 공의 오래된 벼루 하나를 보여주었다. 벼루에는 "동방미명지연(東方未明之硯)" 여섯 글자가 있었고 뒷면에는 다음이 새겨져 있었다.

"새벽달은 희미하게 빛나고, 금성[37]은 찬란하게 빛나네.[38] 닭이 세 번 울

---

33 심초원(沈椒園): 이름은 정방(廷芳)이고, 청나라 절강성 인화(仁和) 사람이며, 안찰사(按察使)를 지냈다.

34 오봉(鰲峰): 오봉은 복건성(福建省) 민후현(閩侯縣)에 있다.

35 훈장: 원문은 '산장(山長)'으로, 옛날의 서당 훈장을 말한다. 『원사(元史)』에 보면, 서원에 산장을 두었다는 기록이 있는데, 바로 이것을 두고 이른 것이다. 청나라 건륭(乾隆: 1736~1796) 연간에 원장(院長)으로 바꾸었다. 그러나 유래가 오래되어 결국 청나라 때도 사람들은 원장을 산장이라 불렀다.

36 조충의(趙忠毅): 명대의 조남성(趙南星)이다. 조남성(1550~1628)은 자가 몽백(夢白)이고 고읍(高邑) 사람으로, 희종(熹宗) 때 이부상서(吏部尙書)를 지냈다. 위충현이 정권을 잡았을 때 조남성이 그를 대단히 싫어했는데, 결국에는 대주(代州)에 유배되어 그곳에서 일생을 마쳤다. 사후 숭정연간 초에 충의(忠毅)라는 시호를 받았다.

37 금성: 원문은 '태백(太白)'이다.

38 찬란하게 빛나네: 원문은 '섬섬(睒睒)'이다.

어 오경을 알릴 때 환관[39]을 탄핵하는 상소를 작성했다. 성공하면 너의 공을 쓰고, 실패하면 너와 함께 유배되리라."

아마도 위충현(魏忠賢)[40]을 탄핵할 때 이 벼루를 사용해 상소문을 쓴 것 같다. 끝에 작은 글씨로 '문인 왕탁[41] 쓰다(文人王鐸書)'라고 한 줄 적혀 있었다. 이 줄은 그대로 두고 새기지 않았지만, 묵 흔적이 벼루에 깊이 배어 있어 말라있을 때는 보이지 않다가, 물을 뿌리면 다섯 글자가 선명하게 드러났다.

전해오는 바에 따르면 조충의 공이 처음에는 왕탁에게 명문을 벼루에 새기라고 했지만, 새길 겨를도 없이 난이 일어났다. 후에 조충의 공이 유배지에서 글자를 새겨 넣었는데, 장인에게 이 다섯 글자는 새기지 말라고 당부했다. 그러나 100여 년이 지나 벼루를 씻어내도 다섯 글자는 없어지지 않았으니, 자못 기이한 일이다. 누군가 조충의 공은 악을 아주 단호하게 싫어했다고 한다. 어양산인(漁洋山人)[42]의 필기에 보면, 왕탁은 인품이 날로 나빠지고 서법도 날로 형편없어졌다. 그런 즉 조충의 공은 선견지명이 있어

39 환관: 원문은 '대엄(大奄)'으로, 엄인(奄人)이라고도 한다.

40 위충현(魏忠賢): 명나라의 환관으로, 숙녕(肅寗) 사람이다. 위충현(1568~1627)은 희종(熙宗) 때 조정을 휘어잡고 발호했는데, 그 폐해가 천하에 널리 퍼졌다. 그는 일시에 올바른 선비들을 죽이고, 즉위하려고 생각했다. 위충현은 뒷날 봉양(鳳陽)에 유배되어 죄 값을 치르게 되자 자살했는데, 황제는 그 시체를 찢어 죽이라고 명했다.

41 왕탁(王鐸): 왕탁(1592~1652)은 자가 각사(覺斯)이고 하남성(河南省) 맹진(孟津) 사람이다. 명나라 천계(天啓: 1621~1627) 연간에 한림(翰林)이 되었다가 홍광(弘光: 南明 福王 朱由崧의 年號) 때 부름을 받고 내각(內閣)으로 들어갔으며, 뒷날 청나라에 투항했다. 관직은 상서(尙書)까지 지냈고 글씨와 그림을 잘 쓰고 그렸다.

42 어양산인(漁洋山人): 청대의 왕사정(王士禎)을 말한다. 왕사정(1634~1711)은 자가 이상(貽上)이고, 호는 완정(阮亭)이며, 별호가 어양산인이다.

벼루에서 그의 이름을 지워버림으로써 그를 내쳤다. 또한 글자를 씻어도 없어지지 않는 것은 그가 일찍이 조충의 공에게 내쳐졌음을 드러내기 위해서이다. 천지의 귀신은 늘 어떤 사건을 통해 그 교묘함을 드러내어 세상 사람에게 알려 경계하고자 했는데, 이 일 역시 그런 것 같다!

沈椒園先生爲鼇峰書院山長時, 見示高邑趙忠毅公舊硯. 額有“東方未明之硯”六字, 背有銘曰: “殘月熒熒, 太白睒睒. 雞三號, 更五點, 此時拜疏擊大奄. 事成策汝功, 不成同汝貶.” 蓋劾魏忠賢時, 用此硯草疏也. 末有小字一行, 題“門人王鐸書”. 此行遺未鐫, 而黑痕深入石骨, 乾則不見, 取水濯之, 則五字炳然.

相傳初令鐸書此銘, 未及鐫而難作. 後在戍所, 乃鐫之, 語工勿鐫此一行. 然閱一百餘年, 滌之不去, 其事頗奇. 或曰: “忠毅嫉惡嚴”. 漁洋山人筆記稱鐸人品日下, 書品亦日下. 然則忠毅先有所見矣, 削其名, 擯之也. 滌之不去, 欲著其嘗爲忠毅所擯也. 天地鬼神, 恆於一事偶露其巧, 使人知警, 是或然歟!

7.

이격(二格)

건륭(乾隆) 15년(1750) 경오년에 관가의 창고에서 옥그릇이 사라져 여러 원호(苑戶)들을 심문하기에 이르렀다.

상명(常明)이라는 원호(苑戶)가 심문을 받을 때[43] 갑자기 어린아이의 목소리로 말했다.

"상명은 옥그릇은 훔치지 않았지만, 사람을 살해했습니다. 제가 바로 그 혼백입니다."

심문하던 관리가 이 말을 듣고 크게 놀라 그를 형부로 이감시켰다. 당시 강소사(江蘇司)[44] 낭중(郎中)으로 있던 아버지 요안공이 여문의(余文儀) 선생 등과 함께 상명을 취조했는데, 혼백이 이렇게 말했다.

"제 이름은 이격(二格)으로, 열네 살입니다. 집은 해정(海淀)[45]이고, 아버

---

43 심문을 받을 때: 원문은 '대부(對簿)'이다. 『사기(史記)』「이장군열전(李將軍列傳)」에 보면, "대장군이 장사(長史)를 시켜 급히 이광(李廣)의 막부로 가서 문서에 의해 사실을 심문하고 엄히 질책했다(大將軍使長史急責廣之幕府對簿)."라는 문장이 있는데, 여기서 '부(簿)'는 문서를 말한다. 따라서 대부는 문서에 근거해 사실에 부합하는지 아닌지를 심문하는 것을 말한다.

44 강소사(江蘇司): 청대 제도에 따르면, 형부(刑部)에 18청리사(清吏司)를 두었는데, 강소사도 그 가운데 하나이다.

45 해정(海淀): 지명으로, 북경의 서북쪽 이화원(頤和園)이 있는 곳이다.

지는 이성망(李星望)입니다. 작년 대보름날[46] 상명이 저를 데리고 연등구경을 갔다가 돌아오는 길에 밤은 깊고 인적이 없는 틈을 타 저를 욕보이려 했습니다. 저는 온 힘을 다해 거부하며, 집에 돌아가면 아버지께 고해바치겠다고 했습니다. 그러자 상명은 결국 허리띠로 저를 목졸라 죽이고 시체를 강둑 아래에 묻었습니다. 아버지께서는 상명이 저를 숨겼다고 의심해 순성어사(巡城御史)[47]에게 고발해 상명을 형부로 넘겼지만, 형부에서는 증거[48] 부족을 이유로 따로 진범을 찾기로 했습니다. 저의 혼백은 늘 4~5자의 거리를 유지하면서 상명을 쫓아다녔습니다. [처음에는] 그가 타오르는 불처럼 느껴져 다가가지 못했지만, 훗날 열기가 조금씩 줄어들어 점점 2~3자까지 접근 가능했고, 다시 줄어들어 1자 남짓까지 근접하게 되었으며, 어제는 전혀 뜨겁지 않았기에, 비로소 그에게 빙의했던 것입니다."

이격의 혼백은 또 처음 심문을 받을 때부터 그를 쫓아 형부까지 따라갔다며 그 문을 가리키는데, 바로 광서사(廣西司)[49]였다. 이격이 말한 날짜를 근거로 해서 사건의 원본을 찾아낼 수 있었다. 또 시체가 있는 곳을 묻자, 그는 이렇게 대답했다.

"하천 제방의 몇 번째 버드나무 옆에 있습니다."

---

46 대보름날: 원문은 '상원(上元)'이다. 『백첩(白帖)』에 따르면, 정월 15일을 말한다.

47 순성어사(巡城御史): 청대 제도에 따르면, 북경의 사방으로 오성찰원(五城察院)을 두었다. 성마다 급사중(給事中)을 파견하거나 감찰어사 두 사람을 보내 순시하게 했는데, 주로 도적을 체포하거나 악당 심문의 일을 맡아보았다.

48 증거: 원문은 '좌증(左證)'이다. 『한서』「양운전(楊惲傳)」에 보면, "증거가 명백했다(左驗明白)."라는 문장이 있고, "좌는 증좌로, 당시에 좌우에서 이 일을 목격한 사람이 있음을 의미한다(左, 證左也. 言當時在其左右見此事者也)."라는 안사고(顏師古)의 주가 달려 있다.

49 광서사(廣西司): 청대 제도에 따르면, 형부(刑部)에 18청리사(淸吏司)를 두었는데, 광서사도 그 가운데의 하나이다.

혼백의 말에 따라 파 보았더니, 과연 그곳에서 채 썩지 않은 이격의 시체를 찾아낼 수 있었다. 그 아버지를 불러 시체를 확인하게 했더니, 대성통곡하면서 말했다.

"얘야!"

이 사건은 실체가 없는 허황된 사건처럼 보이지만, 검증을 한 결과 모두 사실이었다.

심문할 때 상명의 이름을 부르자 그는 꿈에서 깨어난 듯 자신의 목소리로 대답했다. 또 이격의 이름을 부르자 다시 취한 듯 이격의 목소리로 대답했다. 이렇게 몇 차례의 심문을 거치자 상명은 비로소 죄를 인정했다.[50] 또한 두 부자가 집안일에 대해 쉬지 않고 이야기했는데,[51] 하나같이 분명했다.

모든 의문이 다 풀리자, 곧 바로 사실을 갖춰 황제께 알렸다. "법에 따르라."라는 황제의 하명이 있던 날 이격의 혼백은 몹시 기뻐했다.

생전에 떡을 팔아 생계를 이어갔던 이격은 [판결이 있던 날] 갑자기 큰 소리로 "떡 사세요!"라고 외쳤다. 아버지가 울면서 말했다.

"오랫동안 네 목소리를 듣지 못했는데, 생시 때랑 꼭 같구나!"

아버지가 또 이격에게 어디로 가냐고 묻자, 이격의 혼백이 말했다.

"저 역시 알 수는 없지만, 이제는 가야 합니다."

그때부터 다시 상명에게 묻자, 그는 더 이상 이격의 목소리로 말하지 않았다.

---

50 죄를 인정했다: 원문은 '관복(款伏)'이다. 『조야첨재(朝野僉載)』에 보면, "주흥은 황공하여 머리를 조아리면서 즉시 모든 죄를 자백했다(興惶恐叩頭, 咸卽款伏)."라는 구절이 있다.

51 쉬지 않고 이야기했는데: 원문은 '서어(絮語)'로, 『난양소하록』(1)에 보인다.

乾隆庚午, 官庫失玉器, 勘諸苑戶. 苑戶常明對簿時, 忽作童子聲曰: "玉器非所竊, 人則眞所殺. 我卽所殺之魂也." 問官大駭, 移送刑部. 姚安公時爲江蘇司郎中, 與余公文儀等同鞫之, 魂曰: "我名二格, 年十四. 家在海淀, 父曰李星望. 前歲上元, 常明引我觀燈歸, 夜深人寂, 常明戲調我. 我力拒, 且言歸當訴諸父. 常明遂以衣帶勒我死, 埋河岸下. 父疑常明匿我, 控諸巡城, 送刑部, 以事無左證, 議別緝眞凶. 我魂恆隨常明行, 但相去四五尺. 卽覺熾如烈燄, 不得近, 後熱稍減, 漸近至二三尺, 又漸近至尺許, 昨乃都不覺熱, 始得附之."

又言初訊時, 魂亦隨至刑部, 指其門乃廣西司. 按所言月日, 果檢得舊案. 問其屍, 云: "在河岸第幾柳樹旁." 掘之亦得, 尙未壞. 呼其父使辨識, 長慟曰: "吾兒也!" 以事雖幻杳, 而證驗皆眞. 且訊問時, 呼常明名, 則忽似夢醒, 作常明語. 呼二格名, 則忽似昏醉, 作二格語. 互辯數四, 始款伏. 又父子絮語家事, 一一分明. 獄無可疑, 乃以實狀上聞. 論如律, 命下之日, 魂喜甚. 本賣糕爲活, 忽高唱"賣糕!"一聲. 父泣曰: "久不聞此, 宛然生時聲也!" 問: "兒當何往?" 曰: "吾亦不知, 且去耳." 自是再問常明, 不復作二格語矣.

8.

사건 심리의 두려움

남피(南皮) 사람 부사(副使) 장수장(張受長)이 하남(河南) 개귀도(開歸道)[52]의 관리로 있을 때의 일이다. 어느 날 밤에 소송 판결[53]문서를 읽다가 혼자서 낮은 목소리로 이렇게 중얼거렸다.

"스스로 목을 찌르고 죽은 경우 칼은 묵직하게 들어갔다가 가볍게 나오는데, 지금 여기에는 '찌를 때 칼이 가볍고, 나올 때는 묵직하네(入刀輕, 出刀重)'라고 쓰여 있으니 어찌된 일인가?"

그때 갑자기 등 뒤에서 탄식하는 소리가 들렸다.

"공은 사건을 잘 이해하고 계시는군요."

장수장은 뒤를 돌아보았지만, 아무도 없었다. 그리하여 이렇게 탄식했다.

"사건을 심리한다는 것은 참으로 두려운 일이구나. 다행히 지금까지는 잘못 처리한 사건이 없지만, 다른 날 실수하지 않을 것이라 어떻게 장담할

---

52 개귀도(開歸道): 청대 지방정부의 관원으로, 정4품 벼슬이다. 개귀도는 하남성(河南城) 동부에 위치하며, 개봉부(開封府), 귀덕부(歸德府), 하남부 및 뒷날의 진주(陳州), 허주(許州) 등의 지역을 다스렸다.

53 판결: 원문은 '언(讞)'으로, 죄의 경중을 공평하게 처리하는 것을 말한다.

수 있겠는가?"

결국 장수장은 병을 핑계로 사직하고 고향으로 돌아갔다.

南皮張副使受長, 官河南開歸道時. 夜閱一讞牘, 沉吟自語曰: "自剄死者, 刀痕當入重而出輕, 今入輕出重, 何也?" 忽聞背後太息曰: "公尙解事." 回顧無一人. 喟然曰: "甚哉, 治獄可畏也! 此幸不誤, 安保他日之不誤耶?" 遂移疾而歸.

9.

요물 열전

돌아가신 숙모 고의인(高宜人)의 부친 고영지(高榮祉)는 산서(山西) 능천(陵川) 현령을 지냈다. 집안에 낡은 옥마(玉馬)가 있었는데, 옥의 질과 무늬결이 그다지 깨끗하지 않고, 피도 얼룩져 있었다. 자단목을 잘라 의자를 만들고 그 위에 말을 올려놓은 뒤 늘 안석 위에 두었다.

말의 앞다리는 둘 다 구부린 채 일어나려는 자세를 취하고 있었는데, 어느 날 왼쪽 다리가 의자 밖으로 뻗어 나와 있었다. 고영지 선생은 깜짝 놀라 관아에 전해 보게 하면서 이렇게 말했다.

"이 현상은 정이·정호형제나 주희라 해도 알 수 없을 것이오!"

관의 한 빈객이 말했다.

"대개 물건은 오래 되면 요물이 되고, 사람의 정기를 많이 받아도 요물로 변할 수 있습니다. 이런 이치는 간단히 밝힐 수 있으니 이상할 것도 없습니다."

사람들은 말을 깨버려야 한다고 했지만, 고영지 선생은 혹시나 하면서 결정을 내리지 못하고 있었다.[54]

---

54 혹시나 하면서 결정을 내리지 못하고 있었다: 원문은 '유예(猶豫)'이다. 불결(不決)을 '유예

이튿날 말의 다리가 본래의 모습대로 구부리고 있는 것을 본 선생이 말했다.

"이 말은 정말 지각이 있구나!"

그리고는 말을 화로 속으로 던졌는데, 어슴푸레 말울음소리가 나는 것 같더니 더 이상 다른 일은 없었다. 그러나 고씨 집안은 이때부터 점점 쇠하기[55] 시작했다. 숙모 고의인이 말했다.

"그 말은 삼 일을 태운 뒤에야 두 동강이 났는데, 여전히 몸통의 절반은 볼 수 있었단다."

또 무청현(武淸縣) 왕경타(王慶坨)[56]의 조씨(曹氏) 집 대청 기둥에서 갑자기 목단 두 송이가 피었는데, 하나는 자색이고 하나는 녹색이었다. 꽃잎의 관다발은 금실 같이 생겼고, 꽃잎은 무성하게 자랐는데,[57] 7~8일 뒤에 떨어졌다. 목단의 뿌리가 나무 기둥을 뚫고 나와 나무기둥의 무늬조직과 2치 정도 서로 붙었다. 나무 기둥은 고목 상태였지만 목단의 뿌리가 퍼지면서 점점 푸르게 변했다. 돌아가신 어머니는 조씨의 외손녀로 어렸을 때 직접 이 목단 꽃을 보았는데, 모두들 길조라고 했다. 외조부 장설봉(張雪峰) 선생

(猶豫)'라고도 한다. 『이아(爾雅)』「석수(釋獸)」에 보면, '유(猶)'는 호랑이처럼 생겼는데, 나무를 잘 타고 산에서 살았다. 사람 소리가 들리면 미리 나무에 올라갔다가 사람이 없으면 내려오는데, '유여(猶與)'라고도 한다. 『예기』「곡례소(曲禮疏)」에 보면, 유(猶)와 여(與) 두 짐승은 모두 나아가고 물러갈 때 의심이 많다. 의심 많은 사람들의 행동이 이와 같았기 때문에 이를 '유여'라고 한다.

55 쇠하기: 원문은 '식미(式微)'이다. 『시경』「패풍(邶風)」에 보면, "쇠미하고 쇠미하거늘 어찌 돌아가지 않는고(式微式微, 胡不歸)?"라는 시구가 있는데, 여기서 식(式)은 발어사이다.

56 왕경타(王慶坨): 진(鎭) 이름으로, 천진(天津) 무청현 서남쪽에 위치한다. 이전에는 왕가타(王家陀)라 불렸으나, 명나라 때 왕경타로 이름이 바뀌었다.

57 무성하게 자랐는데: 원문은 '위유(葳蕤)'로, 무성한 모양을 말한다.

이 말했다.

"비정상적인 사물은 요물일 뿐인데, 여기에 무슨 좋은 조짐이 있겠는가?"

조씨 집안 역시 몰락했다.

先叔母高宜人之父, 諱榮祉, 官山西陵川令. 有一舊玉馬, 質理不甚白潔, 而血浸斑斑. 斲紫檀爲座承之, 恆置几上. 其前足本爲雙跪欲起之形, 一日, 左足忽伸出於座外. 高公大駭, 閤署傳視, 曰: "此物程·朱不能格也!" 一館賓曰: "凡物歲久則爲妖, 得人精氣多, 亦能爲妖. 此理易明, 無足怪也." 衆議碎之, 猶豫未決. 次日, 仍屈還故形, 高公曰: "是眞有知矣!" 投熾鑪中, 似微有呦呦聲, 後無他異. 然高氏自此漸式微. 高宜人云: "此馬鍛三日, 裂爲二段, 尙及見其半身."

又武淸王慶垞曹氏廳柱, 忽生牡丹二朵, 一紫一碧. 瓣中脈絡如金絲, 花葉葳蕤, 越七八日乃萎落. 其根從柱而出, 紋理相連, 近柱二寸許. 尙是枯木, 以上乃漸靑. 先太夫人, 曹氏甥也, 小時親見之, 咸曰瑞也. 外祖雪峰先生曰: "物之反常者爲妖, 何瑞之有?" 後曹氏亦式微.

10.

백사로 변한 옥대

돌아가신 외조모께서 해주신 이야기이다.

조화순(曹化淳)[58]이 죽자 그의 가족들은 명대(明代)의 옥대를 함께 순장했는데, 그로부터 몇 년 뒤 무덤 앞에 늘 백사 한 마리가 보였다고 한다. 후에 묘가 물에 침식되고 관이 무너져 내렸다. 관을 이장하던 날 보았더니 다른 순장품은 모두 그대로 있었지만, 옥대는 보이지 않았다. 뱀은 마디마디 무늬가 그려져 있는 것이 옥대처럼 생겼다. 설마하니 조화순의 흉포한 혼백이 옥대에 깃들어 뱀이 되었단 말인가?

先外祖母言. 曹化淳死, 其家以前明玉帶殉, 越數年, 墓前恆見一白蛇. 後墓爲水齧, 棺壞朽. 改葬之日, 他珍物具在, 視玉帶則亡矣. 蛇身節節有紋, 尙似帶形. 豈其悍鷙之魄, 托玉而化歟?

---

58 조화순(曹化淳): 조화순(1589~1662)은 명나라 말년의 환관이다. 숭정 17년(1644)에 이자성이 북경에 도착하자, 조화순은 창의문(彰義門)을 열고 적병을 인솔했다. 북경이 함락되자, 숭정제는 매산에서 자살했고, 조화순은 청나라에 항복했다.

11.

거울에 비친 여우

외조부 장설봉 선생은 성정이 고결하다. 서재 안의 안석과 벼루는 아주 반듯하게 놓여 있고, 서적은 가지런하게 정렬되어 있으며, 방문은 늘 걸쇠로 잠겨 있어[59] 그가 직접 와야만 열 수 있었다. 정원은 나무와 꽃이 무성하고 이끼로 덮여 있었다. 하인들은 시중을 들라는 분부가 없으면 감히 한 발짝도 그곳에 들여놓지 않았다.

외삼촌 장건정(張健亭)이 열한두 살 때 외조부께서 외출한 틈을 타서 몰래 뜰 안 나무 아래로 가서 바람을 쐬고 있었다. 그때 서재에서 인기척이 들려 할아버지가 벌써 돌아오셨나 하면서 숨죽인 채 창문 틈으로 서재 안을 훔쳐보았더니, 마치 그린 듯 예쁘게 화장을[60] 한 여자가 대나무 의자에 앉아 있었다. 의자 맞은편에 5자 높이의 큰 거울이 있었는데, 거울에 비친 그림자는 여우 한 마리였다. 장건정은 두려운 나머지 꼼짝도 하지 못한 채 여자의 행동을 훔쳐봤다.

---

59 걸쇠로 잠겨 있어: 원문은 '휼(鐍)'로, 손잡이 혹은 걸쇠를 말한다.

60 예쁘게 화장을: 원문은 '정장(靚粧)'이다. 사마상여의 『상림부(上林賦)』에 보면, "예쁘게 화장하고 단정하게 머리를 빗다(靚粧刻飾)"라는 문장이 있는데, 정장(靚粧)은 흰 분을 바르고 눈썹을 검푸르게 칠하는 것으로, 즉 예쁘게 화장하는 것을 말한다.

여자는 갑자기 거울 속의 자신의 모습을 보고 급히 일어나 거울 주위를 네 바퀴 돌더니, 호-하고 입김을 불었다. 그러자 거울이 안개처럼 흐려졌다. 한참 뒤에 여자가 돌아와 대나무 의자에 앉자 거울의 입김도 점점 사라지는데, 다시 보니 아름다운 여자가 있었다. 장건정은 여자에게 발각될까 두려워 조용히 빠져나왔다. 후에 그는 아버지 요안공에게 그 사실을 털어놓았다.

예전에 아버지께서 손자들에게 『대학(大學)』「수신편(修身篇)」을 말씀하시면서 그 일을 예로 들어 설명하셨다.

"명경(明鏡)이란 본래 텅 비어 있어, 어떤 사물도 모습을 숨길 수 없다. 그러나 일단 요기(妖氣)가 씌이면 사물은 도리어 본모습을 잃어버린다. 하물며 사심이 생기면 더욱 편파적으로 보게 되는데, 이는 사전에 눈을 가리는 것이 있기 때문이다!"

아버지는 또 말씀하셨다.

"사심은 자신의 시야를 가릴 뿐만 아니라 공심도 가리게 된다. 소인이 기회를 잡는 것 때문에 군자가 격해지면, 고집이 무너지고 결국 시비를 전도하게 된다. 옛날 포효숙(包孝肅)[61]의 수하들은 공개적으로 권모술수를 사

61 포효숙(包孝肅): 효숙은 포증(包拯)의 시호로, 송나라 인종(仁宗)이 포공 사후에 내렸다. 포증(999~1062)은 자가 희인(希仁)이고, 송나라 여주(廬州) 합비(合肥) 사람이다. 개봉과 인근 지방을 다스릴 때 한 백성이 법을 어겨 장형을 받아야 했다. 포공의 수하가 뇌물을 받고 이렇게 약속했다. "오늘 나리를 뵙거든 반드시 내 책임으로 넘기되, 너는 변명만 늘어놓아라. 그러면 자연 내가 너와 함께 이 죄를 나누게 될 것이다." 그 후 포증은 죄수에게 죄를 묻고는 수하의 책임으로 생각했다. 죄수는 수하의 지시대로 변명만 늘어놓았다. 그러자 수하가 나와서 그에게 소리치며 이렇게 꾸짖었다. "몇 대만 때리고 쫓아내면 될 것을. 무슨 말이 그리 많으냐?" 포증은 그 수하가 권력을 남용했다고 생각하고 법정에서 그를 잡아 70대를 때리고, 죄인에게는 특별히 관용을 베풀었다. 이로서 수하의 세력은 눌렀으나,

용해 곤장을 쳐야 할 죄인을 되레 때리지 않았으니, 이 역시 요기가 거울을 가리고 있는 것과 같다. 그런 까닭에 마음을 바르게 하고 뜻을 정성스럽게 하려면 반드시 먼저 사물의 원리를 구하고 많은 지식을 얻어야한다."

外祖張雪峰先生, 性高潔. 書室中几硯精嚴, 圖史整肅, 恆鐍其戶, 必親至乃開. 院中花木翳如, 莓苔綠縟. 僮婢非奉使令, 亦不敢輕踏一步. 舅氏健亭公, 年十一二時, 乘外祖他出, 私往院中樹下納涼. 聞室內似有人行, 疑外祖已先歸, 屏息從窗隙窺之, 見竹椅上坐一女子, 靚粧如畫. 椅對面一大方鏡, 高可五尺, 鏡中之影, 乃是一狐. 懼弗敢動, 竊窺所爲. 女子忽自見其影, 急起繞鏡, 四圍呵之, 鏡昏如霧. 良久歸坐, 鏡上呵跡亦漸消, 再視其影, 則亦一好女子矣. 恐爲所見, 躡足而歸. 後私語先姚安公. 姚安公嘗爲諸孫講『大學』「修身」章, 擧是事曰: "明鏡空空, 故物無遁影. 然一爲妖氣所翳, 尙失眞形. 况私情偏倚, 先有所障者乎!" 又曰: "非惟私情爲障, 卽公心亦爲障. 正人君子, 爲小人乘其機而反激之, 其固執決裂, 有轉致顚倒是非者. 昔包孝肅之吏, 陽爲弄權之狀, 而應杖之囚, 反不予杖, 是亦妖氣之翳鏡也. 故正心誠意, 必先格物致知."

그 뒷거래는 몰랐다고 한다.

12.

여우를 사칭한 여자

꽃 파는 할멈이 해준 이야기이다.

도성의 한 집이 버려진 채소밭 근처에 있었는데, 그 채소밭에는 옛날부터 여우가 많이 살았다고 한다.

한 아름다운 여자가 밤에 낮은 담을 넘어 이웃집의 젊은이와 사통했다. 이 여자는 일이 들통날까 걱정되어 처음에는 이름을 속여 말하더니, 두 사람의 감정이 점점 깊어져 헤어지기 어렵겠다는 생각이 들자, 스스로 채소밭에 사는 여우라고 속여 말했다. 젊은이는 여자의 미색에 빠져 여자를 의심하거나 거부하지 않았다.

얼마 뒤 갑자기 여자가 옥상에서 기와를 던지며 욕하기 시작했다.

"내 채소밭에 산지 꽤 오래되었다. 나의 어린 딸들이 장난삼아 기와와 돌을 던져 마을 사람들을 놀라게 한 적은 더러 있지만, 사실 요사를 떨며 사람을 유혹한 일은 없다. 너는 어찌하여 나를 욕되게 하느냐?"

그리하여 일이 들통 났다.

기이하도다! 여우가 남자를 홀릴 때 다른 사람의 이름을 빌리는 일은 종종 있지만, 이 여자는 도리어 여우의 이름을 빌렸다. 사람들은 요사를 잘 떠는 사람을 여우에 비유하는데, 이 여우는 사람보다 더 올곧구나!

有賣花老婦言. 京師一宅近空圃, 圃故多狐. 有麗婦夜踰短垣, 與鄰家少年狎. 懼事洩, 初詭托姓名, 歡昵漸洽, 度不相棄, 乃自冒爲圃中狐女. 少年悅其色, 亦不疑拒. 久之, 忽婦家屋上擲瓦罵曰: "我居圃中久. 小兒女戲拋磚石, 驚動鄰里, 或有之, 實無冶蕩蠱惑事. 汝奈何汚我?" 事乃洩. 異哉! 狐媚恆託於于人, 此婦乃託於狐. 人善媚者比之狐, 此狐乃貞於人!

13.

첩의 재혼

글씨와 그림을 팔아 자급자족하는 한 떠돌이 선비가 있었다. 그는 도성에서 첩을 맞아들였는데, 그녀를 몹시 사랑했다. 어쩌다가 잔치 집에라도 가면 반드시 음식을 소매에 넣어 가지고 와서 그녀에게 주었고, 그녀도 그를 매우 마음에 들어했다. 얼마 지나지 않아 선비는 병세가 위독해지자[62] 첩에게 말했다.

"내가 집이 없어 자네가 갈 곳도 없고, 내게 친척이 없어 자네가 의지할 사람도 없네 그려. 내가 필묵으로 생계를 꾸려왔으니, 내가 죽으면 재가[63] 하는 것이 도리에 맞네. 자네에게 남긴 빚도 없고 방해할[64] 부모형제도 없

---

62 병세가 위독해지자: 원문은 '병혁(病革)'이다. 『예기』「단궁(檀弓)」(상)에 보면, "선생님의 병세가 위독하다(夫子之病革矣)"라는 문장이 있는데, 혁(革)은 '위독하다'라는 주가 달려 있다.

63 재가: 원문은 '비파별포(琵琶別抱)'로, 백거이(白居易)의 『비파행(琵琶行)』에서 그 의미를 가져왔다.

64 방해할: 원문은 '철주(掣肘)'로, 일을 할 때 다른 사람의 방해를 받는 것을 비유한 것이다. 『설원(說苑)』에 보면, 노(魯)나라에서 복자천(宓子賤)에게 선보령(單父令)을 맡겼다고 한다. 복자천은 노나라 군주의 측근인 문서 담당 서리 두 명을 군주에게 청해 데리고 가서 그들에게 문서를 쓰게 했다. 서리가 글을 쓰려고 하면 복자천이 옆에서 팔꿈치를 끌어당겼고, 글씨가 나쁘면 화를 냈다. 서리들이 사퇴하고 돌아가 군주에게 이 사실을 아뢰었다. "복자천이 내가 선정을 베풀지 못하게 해서 그런 것이다." 그리고 나서 자신이 아끼는 관리를 보내 5년에 한 번씩만 보고를 올릴 것을 명하고 복자천에게 알아서 정치를 하라고 했다.

으니, 자네의 뜻대로 하게나. 자네는 개가할 때 남자에게 예물을 조금[65]도 받지 말고 그저 세시 때 내 묘에 와서 제사만 올릴 수 있게 해달라고 하게나. 그렇게만 해 주면 나는 죽어도 여한이 없네."

첩은 울면서 그 뜻을 받아들였고, 그녀를 맞아들인 사람도 약속대로 해 주면서 또한 그녀를 매우 사랑했다. 그러나 첩은 지난날의 기억으로 늘 마음이 울적했다. 밤이면 꿈에서 옛 남편과 동침하고, 간혹 잠결에 응응거리며 끊임없이 이야기했다. 남편이 그 사실을 알고 몰래 술사를 불러들여 부록(符籙)으로 누르자, 잠꼬대는 멈췄지만 병이 점점 도지고 위독해졌다.[66] 임종 때가 되자 그녀는 베개에 머리를 묻고 말했다.

"전남편과의 정이 깊은 나머지 제가 그를 잊지 못한다는 것을 당신도 잘 알고 있기에, 저도 숨기지 않겠어요. 어제 밤 꿈에 나타나 이렇게 말하더군요.

'오랫동안 쫓겨 다니다 보니 오늘에야 겨우 자네를 보러 오게 되었네. 자네의 병이 이와 같으니, 어찌 같이 가지 않을 수 있겠는가?'

그래서 가겠다고 이미 허락했어요. 당신께서 특별히 은혜를 베풀어 저

이 이야기는 『설원』이 아니라 『여씨춘추(呂氏春秋)』「구비(具備)」에 보인다.

65 조금: 원문은 '치주(錙銖)'로, 옛날 무게의 단위이다. 치(錙)는 1냥의 4분의 1이고, 주(銖)는 1냥의 24분의 1로, 아주 작은 양을 비유한다.

66 위독해졌다: 원문은 '면철(綿惙)'이다. 『위서(魏書)』「헌문육왕전(獻文六王傳)」에 보면, 고조가 "광림(廣林) 왕숙(王叔)의 병이 위중한 지 1년이 넘었는데, 내게는 늘 큰 걱정거리이다(高祖曰: 廣林王叔沈痾綿惙, 遂有辰歲, 我每爲深憂)."라고 말하는 문장이 있다.

를 그와 합장해주신다면, 내세에 태어나 풀을 잡아 묶고[67] 옥을 물고 와서[68] 은혜를 갚겠습니다. 도리에 어긋나는 청인 줄 알지만 당신만이 해 주실 수 있습니다."

말을 다하고는 숨을 거두었다. 새 남편도 호방한 사람이라 이렇게 개탄했다.

"자네의 혼이 전남편을 따라간 이상 시신을 여기에 두어서 무엇 하겠는가! 양월공(楊越公)도 악창(樂昌) 공주와 서덕언(徐德言)의 깨진 인연을 다시 맺어주었는데,[69] 나라고 저승에 있는 두 사람을 못 맺어주겠는가?"

---

67 풀을 잡아 묶고: 원문은 '결초(結草)'이다. 『좌전』「선공」 15년에 따르면, 춘추전국시대 진(晉)나라의 위무자(魏武子)에게는 애첩이 있었는데, 그녀는 자식이 없었다고 한다. 위무자는 병이 들자 아들 위과(魏顆)에게 "반드시 재가시켜라."라고 했다. 그러나 후에 병세가 심해지자, "반드시 함께 순장해라."라는 말을 남기고 죽었다. 그러자 위과는 그녀를 개가시키면서 말했다. "병이 나 정신이 어지러워지셨기에 정신이 맑을 때의 분부를 따랐다." 진(秦)나라가 진(晉)나라를 침공하여 싸울 때 위과는 노인이 풀을 묶어 두회(杜回)에게 맞서는 것을 보고 두회를 잡았다. 그날 밤 꿈에 노인이 나타나서 "나는 자네가 시집보낸 서모의 부친일세. 선친의 명을 따라 내 딸을 시집보내줬기에 은혜를 갚을 뿐 이네."라고 말했다고 한다.

68 옥을 물고 와서: 원문은 '함환(銜環)'이다. 『속제해기(續齊諧記)』에 보면, 양보(楊寶)가 아홉 살 때 화음산(華陰山) 북쪽에 갔다가 올빼미에게 잡혀 있는 꾀꼬리를 보고 집으로 가져와 돌봐줬다고 한다. 100일이 지나자 꾀꼬리가 어디론가 날아갔다. 그날 밤 꿈에 황색 옷을 입은 동자가 나타나 양보에게 두 번 절하며, "저는 서왕모(西王母)의 사자인데, 그대의 자애를 입어 도움을 받게 되었습니다. 이에 백환(白環) 4매를 드릴 테니 자손들에게 잘 보존케 하십시오. 후에 삼사(三事: 三公)에까지 오를 것이며 마땅히 이 환(環)처럼 될 것입니다." 라고 말했다고 한다.

69 양월공(楊越公)도…맺어주었는데: 진(陳)나라 서덕언은 진나라의 정치가 쇠한 것을 보고 일찍이 악창공주에게 "나라가 망하면 공주는 반드시 권력가의 손에 떨어질 것이오. 만약 우리의 연분이 다하지 않았다면 다른 날 만날 수 있을 것이오."라고 말했다고 한다. 그리고는 거울을 깨어 각각 반쪽씩 나눠 가진 뒤 약속을 하고 두 사람은 헤어졌다. 진나라가 망하자 악창공주는 양월공의 차지가 되었다. 서덕언은 서울에 갔다가 상원절에 깨진 거울을 파는 노인을 보고는 자신의 거울을 꺼내 맞추어 보았더니 딱 맞았다. 이에 시를 적어 악창

그는 결국 그녀의 청대로 해주었다.

이 이야기는 옹정 12년에서 13년 사이에 일어난 일인데, 내 나이 그때 열한 두 살이었기에 그 이야기를 듣고도 이름을 까먹었다. 나는 재혼은 옛 남편에 대한 배신이고, 재혼한 뒤에 딴 생각을 하는 것은 새 남편에 대한 배신이라 생각했는데, 이 부인은 이 경우도 저 경우도 아니다.

하자산(何子山) 선생도 말했다.

"옛 남편을 그리워하다 죽을 거면 왜 따라 죽지 않았는가?"

하려암(何勵庵)[70] 선생은 도리어 이렇게 말했다.

"『춘추』에서는 늘 현자에게 엄격함을 요구했을 뿐[71] 사대부의 기준을 들어 아녀자를 재단하지 않았습니다. 이 여인이 처한 상황을 애달피 여기고 그녀의 뜻을 가엾게 생각하면 그뿐인 것을."

有游士以書畫自給. 在京師納一妾, 甚愛之. 或遇讌會, 必袖果餌以貽, 妾亦甚相得. 無何病革, 語妾曰: "吾無家, 汝無歸, 吾無親屬, 汝無依. 吾以筆墨爲活, 吾死, 汝無食, 琵琶別抱, 勢也, 亦理也. 吾無遺債累汝, 汝亦無父母兄弟掣肘, 得行己志. 可勿受錙銖聘金, 但與約, 歲時許汝祭我墓, 則吾無恨矣." 妾泣受教, 納之者亦如約, 又甚愛之. 然妾恆鬱鬱憶舊恩. 夜必夢故夫同枕席, 睡中或妮妮囈語. 夫覺之, 密延術士鎭以符籙, 夢語止, 而病漸作, 馴至綿惙. 臨歿, 以額叩枕

공주에게 받쳤더니 공주가 그 시를 받아보고는 눈물을 흘렸다. 그러자 양월공은 서덕언을 불러 악창공주를 돌려주었다고 한다.

70 하려암(何勵庵): 청나라의 하수(何琇)를 가리킨다.

71 『춘추』에서는…했을 뿐: 『구당서』「태종기찬(太宗紀贊)」에 보면, "『춘추』의 법은 늘 현자에게 엄격함을 요구했다(『春秋』之法, 常責備於賢者)."라는 기록이 있다.

曰: “故人情重, 實不能忘, 君所深知, 妾亦不諱. 昨夜又見夢曰: ‘久被驅遣, 今得再來. 汝病如是, 何不同歸?’ 已諾之矣. 能邀格外之惠, 還妾屍於彼墓, 當生生世世, 結草銜環. 不情之請, 惟君圖之.” 語訖奄然. 夫亦豪士, 慨然曰: “魂已往矣, 留此遺蛻何爲! 楊越公能合樂昌之鏡, 吾不能合之泉下乎?” 竟如所請.

此雍正甲寅·乙卯間事, 余時年十一二, 聞人述之, 而忘其姓名. 余謂再嫁, 負故夫也, 嫁而有貳心, 負後夫也, 此婦進退無據焉. 何子山先生亦曰: “憶而死, 何如殉而死乎?” 何勵庵先生則曰: “『春秋』責備賢者, 未可以士大夫之義律兒女子. 哀其遇可也, 憫其志可也.”

14.

귀신의 술사랑

백정 허방(許方)이 한번은 술 두 동이[72]를 메고 밤길을 가다가 피곤해서 큰 나무 아래서 쉬었다. 달빛은 대낮처럼 밝고, 멀리서 우우 하는 소리가 들렸다. 그때 귀신이 풀숲에서 나왔는데, 너무 무섭게 생겨 허방은 곧 바로 나무 뒤에 숨고 멜대로 자신을 보호했다. 귀신은 술동이 앞에서 너무 기쁜 나머지 껑충 껑충 뛰면서 급히 술동이를 열어 술을 마시기 시작했다. 귀신은 한 동이를 다 마시고 나서 다음 술동이를 열 태세였으나, 뚜껑을 반쯤 열었을 때 이미 취해 나자빠졌다. [이를 보고] 몹시 화가 난 허방은 귀신이 별다른 재주가 없는 것을 보고 갑자기 멜대를 들어 귀신을 때렸는데, 마치 허공에 대고 휘두르는 것 같았다. 허방이 계속해서 호되게 때리자 귀신은 점점 풀어져서 땅에 앉더니, 결국 짙은 연기 뭉치[73]로 변했다. 허방은 귀신

---

72 동이: 원문은 '앵(罌)'으로, 배가 크고 주둥이가 작은 오지병을 말한다.

73 뭉치: 원문은 '일취(一聚)'이다. 『춘추』「환공(桓公)」 7년에 보면 "7년 봄 기해(己亥)일에 함구에 불을 놓았다(焚咸丘)."라는 구절에, "밭에 불을 놓는다는 것은 풀숲을 태우고 짐승 떼를 몰아내는 것이다(火田者, 焚其一叢一聚)."라는 소(疏)가 달려 있다. 또 백거이(白居易)의 「소요영(逍遙吟)」에 보면, "이내 몸 어찌 미워하겠는가, 한 뭉치 허공의 티끌에 불과한 것을(此身何足厭, 一聚空虛塵)."라는 구가 있다. 함구(咸丘)는 노(魯) 나라 땅으로, 지금의 산동성 거야현(巨野縣) 남쪽에 위치해 있다.

이 조화를 부릴까 두려워 다시 멜대로 100대 넘게 귀신을 때렸다.[74] 그러자 연기는 땅으로 가라앉더니 점점 흩어지기 시작했는데, 마치 묵의 흔적 같기도 하고 얇은 비단 같기도 했다. 연기는 점차 흩어지며 엷어지더니 결국에는 사라져 보이지 않았는데, 소멸된 것 같았다.

나는 귀신이 사람의 남은 기운이라 생각한다. 기(氣)가 조금씩 사라지기 때문에 『좌전』에서도 새로운 귀신은 크고, 오래된 귀신은 작다고 했다.[75] 세상에 귀신을 본 사람은 많지만, 태호(太昊)나 황제(黃帝)[76] 이전 시대의 귀신을 본 사람은 들어본 적이 없는데, 그것은 [그들의 기운이] 이미 다 사라졌기 때문이다. 술은 기를 흩어지게 하는 것이다. 그런 까닭에 의원들이 혈을 돌게 하고 땀을 내거나, 울적함을 달래고 한기를 몰아낼 때 모두 약에 술을 같이 넣어 치료했다. 이 귀신은 남아 있던 기를 술 한 동이로 흩어지게 했는데, 넘치는 양기가 요동을 쳐서 미약한 음기를 증발시켰으니, 기가 다 사라지는 것도 당연하다. 이것은 술로 인한 소멸이지, 허방의 매질 때문에 소멸된 것이 아니다.

이 이야기를 들으면 술을 조심하는 사람은 이렇게 말했다.

---

74 때렸다: 원문은 '추(捶)'로, 몽둥이로 때리는 것을 말한다.

75 『좌전』에서도…했다: 『좌전』에 보면, "태묘에서 제사를 지낸 뒤에 희공(僖公)의 신주를 위로 올렸기 때문에 역사(逆祀)이다. 그래서 하보불기(夏父弗忌)가 종백이 되어 희종을 추숭하고, 또한 자신이 보았던 것을 말했다. '이제 막 죽은 귀신은 크고 오래된 귀신은 작은 것을 보았습니다(大事於太廟, 躋僖公, 逆祀也. 於是夏父弗忌爲宗伯. 尊僖公, 且明見曰吾見新鬼大, 故鬼小).'"라는 문장이 있다. 역사(逆祀)는 두예(杜預)의 주에 따르면, "희공은 민공의 형이기는 하지만 부자관계가 아니고, 일찍이 신하노릇을 했기 때문에 민공 아래에 신주가 놓여야 하는데 민공의 위에 놓았기 때문에 역사라 했다(僖是閔兄, 不得爲父子, 嘗爲臣, 位應在下, 令居閔上, 故曰逆祀)."고 한다. 하보불기(夏父弗忌)는 노나라 대부이다.

76 태호(太昊)나 황제(黃帝): 원문은 '희헌(羲軒)'이다. 희(羲)는 태호 복희씨(伏羲氏)이고, 헌(軒)은 황제 헌원씨(軒轅氏)이다.

"귀신은 조화를 잘 부리지만, 결국 술 때문에 쓰러져 매를 맞았구나. 귀신은 본래 사람들이 두려워하는 존재이거늘, 술 때문에 도리어 사람에게 곤욕을 치렀으니, 술독에 빠져 사는[77] 사람은 유념할 지어다!"

그러나 술에 빠져 사는 사람은 이렇게 말했다.

"귀신은 비록 형체는 없지만, 지각이 있기에 희로애락의 감정에서 벗어날 수 없네. 지금 멍하니 술에 취해 기절하고 소멸하여 무로 돌아갔지만, 되레 솔직하네! 이보다 더 깊은 술맛은 없을 것이야. 불가에서는 열반(涅槃)[78]을 극락의 세계라고 하는데, 이를 위해 바쁘게 왔다 갔다 하는 사람들이 어찌 이런 경지를 알겠는가!"

『장자(莊子)』에서 말한 "저것도 하나의 시비요, 이것도 하나의 시비이다"[79]라는 것이 바로 이러한 상황을 가리키는 것이 아닌가!

屠者許方, 嘗擔酒二罌夜行, 倦息大樹下. 月明如晝, 遠聞嗚嗚聲. 一鬼自叢薄中出, 形狀可怖, 乃避入樹後, 持擔以自衛. 鬼至罌前, 躍舞大喜, 遽開飮. 盡一罌, 尙欲開其第二罌, 緘甫半啓, 已頹然倒矣. 許恨甚, 且視之似無他技, 突擧擔擊之, 如中虛空. 因連與痛擊, 漸縱弛委地, 化濃煙一聚. 恐其變幻, 更捶百餘. 其煙平鋪地面, 漸散漸開, 痕如淡墨, 如輕縠. 漸愈散愈薄, 以至於無, 蓋已澌滅矣.

---

77 술독에 빠져 사는: 원문은 '침면(沉湎)'이다. 『서경』「태서(泰誓)」(상)에 보면, "술독에 빠지고 여색을 탐하면, 난폭한 행동을 한다(沉湎酒色, 敢行暴虐)."라는 구절이 있다.

78 열반(涅槃): 범어로, 입적하는 것을 말한다. 열반은 고취(苦趣)를 영원히 떠나 불생불멸의 문에 들어가는 것을 가리킨다. 부처나 보살이외의 사람들은 성인이나 일반 사람들이나 할 것 없이 모두 나이가 들면 죽기 마련이다. 사람들은 죽으면 본성(本性) 즉 불생불멸의 상태로 돌아가는데, 이것을 열반이라 한다.

79 저것도…이다: 「제물론」에 보인다.

余謂鬼, 人之餘氣也. 氣以漸而消, 故『左傳』稱新鬼大, 故鬼小. 世有見鬼者, 而不聞見羲軒以上鬼, 消已盡也. 酒, 散氣者也. 故醫家行血發汗, 開鬱驅寒之藥, 皆治以酒. 此鬼以僅存之氣, 而散以滿罌之酒, 盛陽鼓蕩, 蒸鑠微陰, 其消盡也固宜. 是澌滅於醉, 非澌滅於箠也. 聞是事時, 有戒酒者曰: "鬼善幻, 以酒之故, 至臥而受捶. 鬼本人所畏, 以酒之故, 反爲人所困, 沉湎者念哉!" 有耽酒者曰: "鬼雖無形而有知, 猶未免乎喜怒哀樂之心. 今冥然醉臥, 消歸烏有, 反其眞矣! 酒中之趣, 莫深於是. 佛氏以涅槃爲極樂, 營營者惡乎知之!"『莊子』所謂此亦一是非, 彼亦一是非歟!

15.

소가 낳은 기린

헌현(獻縣)의 한 농가에서 소가 기린을 낳았는데, 이를 본 농부가 놀란 나머지 기린을 때려 죽였다. 지현(知縣) 유징렴(劉徵廉)이 기린을 거두어 장사지내고, 비석에 '견린교(見麟郊)'라 새겨 넣었다. 유징렴은 훌륭한 관리이기는 하나, 이 행동은 얼마나 비루한가! 기린은 본래 어진 짐승으로, 소의 종자와는 전혀 다르다. 소가 낳은 기린의 머리에 뿔이 자라있는 것은 비바람이 칠 때 소가 교룡(蛟龍)과 감응했기 때문이다.

獻縣田家牛產麟, 駭而擊殺. 知縣劉徵廉收葬之, 刊碑曰: '見麟郊'. 劉固良吏, 此擧何陋也! 麟本仁獸, 實非牛種. 犢之麟而角, 雷雨時蛟龍所感耳.

16.

귀인을 두려워하는 귀신

동문각(董文恪) 공이 일찍이 급제하지 않았을 때 빈 저택에서 살았는데, 어떤 사람이 이 집에는 늘 괴이한 일이 일어난다고 말했다. 공은 그 말을 믿지 않고, 밤에 등롱[80]에 불을 밝혀놓고 기다리고 있었다. 삼경이 지나자 음산한 바람이 쏴쏴 불더니 정원 문이 절로 열렸다. 사람 같기도 하고 아니기도 한 사람 몇 명이 떼 지어[81] 몰려 들어오다가 공을 보고는 깜짝 놀라 말했다.

"이 집에 귀신이 있어. 귀신이!"

그리고는 모두 허겁지겁 달아났다. 공이 막대를 들고 그들을 쫓아가자 그들은 서로 "귀신이 쫓아오니 얼른 도망가세."라고 말하며 다투어 담을 넘어갔다. 공은 늘 이 사건을 이야기하면서 웃으며 말했다.

"무엇 때문에 나를 귀신이라 불렀는지 모르겠어."

당시 고성(故城) 사람 고한항(賈漢恒)이 공을 따라 다니며 경(經)을 배웠는데, 그는 『태평광기(太平廣記)』에 실려 있는 이야기를 예로 들면서 말했다.

---

80 등롱: 원문은 '구(篝)'이다.

81 떼 지어: 원문은 '답(遝)'으로, 많은 모양을 가리킨다.

"야차(野叉)[82]가 가서한(哥舒翰)의 첩의 시체를 먹으려 할 때, 가서한이 마침 옆에서 자고 있었답니다. 야차가 서로 말했습니다.

'귀인이 여기 있으니, 어떡하면 좋겠소?'

가서한은 야차가 자신을 귀인이라 부른 것을 유념하고, 그를 때려도 괜찮다고 생각해 결국 야차를 때리기 시작했고, 야차는 달아나 사라졌다고 합니다.[83] '귀(鬼)'와 '귀(貴)'는 발음이 비슷합니다. 어쩌면 귀신이 선생님을 귀인이라 불렀는데, 선생님께서 자세히 듣지 못했을 수도 있습니다."

그러자 동문각 공이 웃으면서 말했다.

"그럴 수도 있겠네."

董文恪公未第時, 館於空宅, 云常見怪異. 公不信, 夜篝燈以待. 三更後, 陰氣颯然, 庭戶自啓. 有似人非人數輩, 雜遝擁入, 見公大駭曰: "此屋有鬼!" 皆狼狽

82 야차(野叉): 범어 "야크샤(yaksa)"의 음역으로, 사람을 해치는 사나운 귀신을 야차(夜叉), 약차(藥叉)라고도 한다.

83 야차(野叉)가…사라졌다고 합니다: 『태평광기』에 인용된 『통유기(通幽記)』에 따르면, 가서한에게는 양육낭(襄六娘)이라 불리는 애첩이 있었는데, 절세가인이었다고 한다. 후에 가서한이 사정이 있어 도성 근교로 나갔다가 몇 개월 만에 겨우 집에 돌아와 보니, 양육낭이 병들어 죽은 뒤였다. 가서한은 첩의 죽음을 몹시 슬퍼해서 혼자 휘장아래에서 시신을 지켰다. 한밤중에 뒤뜰에 달이 밝게 빛나고 있었는데, 갑자기 문과 담 사이로 어떤 물체가 머리를 들이밀며 안을 살피더니, 주저주저하면서 뜰 안으로 들어오는데 바로 야차였다. 또한 세 명의 귀신이 잇달아 들어와서는 서로 말을 주고받았다. "침상에 있는 귀인은 어찌됐어?" 또 "잠들었어."라고 말하고는 곧 바로 관을 함께 들고 달빛 아래로 가더니, 관을 부수고 시체를 꺼내 함께 먹었다. 가서한은 무섭기도 하고, 가슴도 아팠다. 스스로 "아까 나더러 귀인이라 했으니 내가 지금 그들을 때린다고 해도 아무런 해가 없겠지."라고 생각하고는 몰래 장막 밖에 세워둔 대나무장대를 가져다가 어둠 속으로 달려가서 귀신을 두들겨 팼더니, 귀신들이 깜짝 놀라 달아났다고 한다. 이 작품은 『태평광기』 권346에 실려 있는데, 애첩의 이름이 '배육낭(裴六娘)'이라 되어 있다.

奔出. 公持梃逐之, 又相呼曰: “鬼追至, 可急走.” 爭踰牆去. 公恆言及, 自笑曰: “不識何以呼我爲鬼.” 故城賈漢恆, 時從公受經, 因擧『太平廣記』載: “野叉欲啖哥舒翰妾屍, 翰方眠側. 野叉相語曰: ‘貴人在此, 奈何?’ 翰自念呼我爲貴人, 擊之當無害, 遂起擊之, 野叉逃散. 鬼貴音近. 或鬼呼先生爲貴人, 先生聽未審也.” 公笑曰: “其然.”

17.

부계시

경오년(庚午年) 가을 『비아(埤雅)』[84] 한 권을 샀다. 책 속에 푸른 색 종이가 접혀 있었는데, 다음 시가 적혀 있었다.

쓸쓸한 안개 붉은 삽짝 문에 낮게 드리우고,[85]
스산한 바람 가벼이 미녀[86]의 창을 두드리네.
도깨비 불[87]은 은은하게 고벽(古壁)에서 흘러나오고,
녹[88]은 점점 번지더니 황금강(黃金釭)[89]을 잘라버렸네.

---

84 『비아(埤雅)』: 총 20권으로, 송나라 육전(陸佃)이 지은 것이다.

85 드리우고: 원문은 '멱(羃)'으로, 멱(冪)이라고도 하며 '덮다'의 뜻이다.

86 미녀: 원문은 '옥녀(玉女)'이다. 『여씨춘추』「귀직(貴直)」에 보면, "몸으로 미녀를 밝히다가(身好玉女)"라는 구가 있다.

87 도깨비 불: 원문은 '청린(靑磷)'으로, 청린(靑燐)이라고도 한다. 사람과 동물의 시체가 부식하면서 나오는 인화성의 수소물질로, 밤에 들녘에서 절로 인화되는데, 이때 푸른색 빛을 낸다. 옛날에는 '청린(靑燐)'이라고 했는데, 속칭 도깨비불을 가리킨다.

88 녹: 원문은 '토화(土花)'로, 흙이 금속에 닿아 녹이 쓴 것을 말한다.

89 황금강(黃金釭): 『한서』에 보면, "조소의(趙昭儀)가 소양전(昭陽殿)에 거처했는데, 벽에 드러난 횡목은 온통 황금으로 겉을 둘렀다(趙昭儀居昭陽, 其壁帶往往爲黃金釭)."라는 구절이 있고, 다음 주가 달려 있다. 벽대(壁帶)는 벽의 횡목(橫木) 가운데 밖으로 드러난 부분으로 그 모양이 띠처럼 생겼다. 벽대의 가운데를 금으로 둘렀는데, 마치 차강(車釭)처럼 생겼다. 조소

풀뿌리에 이슬 흘러내리니 가을벌레[90] 조급해지고,
밤이 깊어지자 달빛 조용히 연꽃 비추네.
젖은 반딧불 텅 빈 연못 스쳐 지나가고,
그윽한 달빛 지고 있는 꽃 비추이네.

끝에 "정운선자(靚雲仙子)가 내려와 시를 짓고, 장응(張凝)이 삼가 받아 적다."라고 제(題)되어 있는데, 아마도 부계점 친 사람이 쓴 것 같다. 내 생각에 이 시는 신선이 지은 시가 아니라 귀신이 지은 시이다.

庚午秋, 買得『埤雅』一部. 中摺疊綠箋一片, 上有詩曰: "愁煙低羃朱扉雙, 酸風微戛玉女窗. 青磷隱隱出古壁, 土花蝕斷黃金釭." "草根露下陰蟲急, 夜深悄映芙蓉立. 濕螢一點過空塘, 幽光照見殘紅泣." 末題"靚雲仙子降壇詩, 張凝敬錄." 蓋扶乩者所書. 余謂此鬼詩, 非仙詩也.

의는 한나라 성제(成帝)의 첩 조비연(趙飛燕)의 여동생으로, 평제가 즉위한 뒤 자살했다. 차강(車釭)은 수레바퀴의 중심에 있는 차축과 연결되는 바퀴통 쇠를 가리키는데, 여기서는 벽대 위를 감싸고 있는 황금 외피를 말한다.

90 가을벌레: 원문은 '음충(陰蟲)'이다. 이상은(李商隱)의 「월석(月夕)」에 보면, "풀 아래엔 가을벌레, 낙엽위엔 서리(草下陰蟲葉上霜)"라는 시구가 있다.

18.

불가사의한 일

창주(滄州)의 장현이(張鉉耳) 선생은 꿈속에서 절구 한 수를 지었다.

가을 조수 강가에 밀려드니,
고주(孤舟)는 밤부터 삼경까지 정박해있네.
붉은 십이루(十二樓)[91] 여기저기에 버들개지 드리워져 있는데,
어느 곳에서 밝은 달빛 벗 삼아 피리 부는가?[92]

그는 스스로 이렇게 발문(跋文)을 썼다.

"꿈에서 이런 생각을 하지 않았다면, 어떻게 이와 같은 시를 지을 수 있단 말인가? 꿈에서 이런 생각을 했다 해도 평생토록 강남에 가본 적이 없는데, 어떻게 생각이 여기까지 미쳤을까? 그 까닭을 알 수 없어 잠시 기록

---

91 십이루(十二樓): 『사기』에 보면, "황제(黃帝) 때 오성(五城) 십이루를 만들어 두고 세상을 다스리는 동안 신인(神人)을 기다렸다."라는 기록이 있다. 또 설봉(薛逢)의 「궁사(宮詞)」에 보면 "십이루에서는 모두 새벽단장을 마치고(十二樓中盡曉粧)."라는 시구가 있다.

92 피리 부는가: 두목(杜牧)의 「양주 사람 판관 한작에게 부치며(寄揚州韓綽判官)」에 보면, "이십사교의 달 밝은 밤, 그대는 어디에서 피리 불게 하는가(二十四橋明月夜, 玉人何處敎吹簫)!"라는 시구가 있다.

하여 보관한다.”

나는 애초에 동성(桐城) 사람 요별봉(姚別峰)을 몰랐다. 요별봉이 막 강남에서 왔을 때 이예전(李鋭巓)의 집에서 그를 알게 되었다. 그 역시 최근에 몇 작품을 지었다고 했는데, 그 안에 이 시가 있었다. 시를 지은 해와 달을 물어보았더니, 내가 꿈을 꾼 지 1년 뒤였다. 그리하여 상자를 열고 옛 원고를 꺼내 보여주었더니 모두 깜짝 놀라했다. 세상에는 정말 이해할 수 없는 일도 다 있구나! 송대 유생들은 모든 일마다 이치를 따지는데, 이와 같은 이치는 어디에서 찾을 수 있겠는가?”

또 해양(海陽) 사람 이수륙(李漱六)은 이름이 승방(承芳)이고, 나와는 정묘년(1747) 과거 급제 동기생이다. 내 청사(廳事)[93] 앞에 걸려 있는 「연명채국도(淵明採菊圖)」[94]는 바로 남전숙(藍田叔)[95]이 그린 것이다.

동곡강(董曲江)이 말했다.

“아무개 신선이 이수륙과 닮았네!”

이에 내가 자세히 살펴보았더니 정말 그러했다. 후에 이수륙이 회시(會

---

93 청사(廳事): 본래는 ‘청사(聽事)’로 적혀 있다. 옛날에 사무를 처리하는 관서를 ‘청사’라 불렀다. 후에 이를 줄여 ‘청(聽)’이라고 했다가 나중에 ‘엄(广)’자를 더하고 운(韻)을 더했다. 한나라와 진(晉)나라 때는 모두 청(聽)이라 했고, 육조(六朝) 이후 ‘엄(广)’자를 더하기 시작했다.

94 「연명채국도(淵明採菊圖)」: 진(晉)나라 도잠(陶潛)은 호가 연명(淵明)으로, 천성적으로 국화를 좋아했다. 그의 「음주(飮酒)」시에 보면, “동쪽 울타리 아래서 국화를 따며, 저 멀리 종남산을 바라보네(采菊東籬下, 悠然見南山).”라는 구가 있다. 후에 사람들이 그 시의 뜻을 취하여 “연명채국도”라 했다.

95 남전숙(藍田叔): 이름은 영(瑛)이고, 호는 첩수(蝶叟)이다. 남영(1585~1664)은 아주 유명한 화가로 절강성 전당(錢塘) 사람이다. 산수법(山水法)의 송(宋)·원(元) 화가들 가운데 만년에 일가를 이루었다. 평론가들은 그를 절파(浙派)의 후인 가운데 최고라고 말했다.

試)를 보러 북경에 왔다가[96] 이 그림을 보고 달라고 해서 주었더니 이렇게 말했다.

"일평생 그린 초상화도 모두 이보다 못합니다."

이 일 역시 이해할 수 없다.

滄州張鉉耳先生, 夢中作一絕句曰: "江上秋潮拍岸生, 孤舟夜泊近三更. 朱樓十二垂楊徧, 何處吹簫伴月明?" 自跋云: "夢如非想, 如何成詩? 夢如是想, 平生未到江南, 何以落想至此? 莫明其故, 姑錄存之." 桐城姚別峰, 初不相識. 新自江南來, 晤於李鋭巔家. 所刻近作, 乃有此詩. 問其年月, 則在余夢後歲餘. 開篋出舊稿示之, 共相駭異. 世間眞有不可解事! 宋儒事事言理, 此理從何處推求耶?"

又海陽李漱六, 名承芳, 余丁卯同年也. 余廳事掛「淵明採菊圖」, 是藍田叔畫. 董曲江曰: "一何神似李漱六!" 余審視, 信然. 後漱六公車入都, 乞此畫去, 云: "平生所作小照, 都不及此." 此事亦不可解.

96 회시(會試)를 보러 북경에 왔다가: 원문은 '공거(公車)'이다. 『한서』「정홍전(丁鴻傳)」에 보면, 조서를 내려 정홍을 불렀다고 한다. "정홍이 도착하자 어의(御衣)와 수(綬) 및 품식(禀食)과 공거(公車)를 내리셨다(賜御衣及綬, 禀食公車)."라는 문장이 있고, "공거(公車)는 관청 이름으로, 공거가 있는 곳이다. 여러 대조(待詔)들이 모두 이곳에 거하면서 명을 기다렸다."라고 주달려 있다. 후세에는 거인들이 회시를 보러 서울에 들어오는 것을 공거(公車)라 했다.

19.

한 번의 선행으로 삼대(三代)를 이어나가다

경성(景城)[97]의 서쪽 외곽에 황폐한 무덤 몇 개가 있었는데, 거의 무너져 평평해질 지경이었다. 나는 어렸을 때 노복 시상(施祥)과 함께 그곳을 지나간 일이 있는데, 그때 시상이 무덤을 가리키며 말했다.

"이곳은 주(周) 아무개 자손의 묘인데, 한 번의 선행으로 삼대가 복을 누린 경우입니다. 명나라 숭정(崇禎) 말년 땐가 하남(河南)과 산동(山東) 지방에 큰 가뭄이 들고 누리 떼가 날아들어 초근목피까지 모두 말랐습니다. 그래서 사람이 사람을 잡아먹는 지경에 이르렀지만, 관리들도 이를 막을 수는 없었지요. 부녀자와 어린아이들은 두 손을 뒤로 묶인 채 시장에서 팔려나갔는데, 당시 사람들은 이들을 '채인(菜人)'이라 불렀습니다. 백정들은 그들을 사가지고 가서 마치 양·돼지처럼 베어 죽였습니다.[98] 주씨(周氏)의 조상이 동창(東昌)[99]에서 장사를 하고 귀가하는 길에 주막에 들러 점심을 먹게 되었는데, 백정이 고기가 다 떨어졌다며 잠시 기다리라고 했습니다. 그

97 경성(景城): 수당의 옛 현(縣)으로, 직례성 헌현 동남쪽에 있다.

98 베어 죽였습니다: 원문은 '규(刲)'로, 자르다, 베어 죽이다의 뜻이다.

99 동창(東昌): 청산(淸山) 동쪽에 위치한 부(府) 이름이다.

러더니 잠시 후에 백정이 여자 두 명을 끌고 부엌으로 들어가면서 이렇게 말했습죠.

'손님께서 오래 기다리셨으니, 족발 하나 먼저 잘라야겠다!'

이를 본 주씨의 조상이 급히 나와서 말리려 했으나 외마디 비명 소리가 들리고 한 여자는 목숨이 붙어 있는 채로 오른쪽 팔이 잘려나가 땅 위에 뒹굴었고, 다른 여자는 사색이 되어 덜덜 떨고 있었습니다. 주씨를 본 두 여자는 구슬피 울면서 한 여자는 빨리 죽여 달라고 하고, 다른 여자는 살려달라고 했습니다. 주씨는 두 여자가 너무 가여워 돈을 내고 그녀들을 샀습니다. 그러나 팔이 잘린 여자는 살 가망이 없어 바로 가슴을 찔러 죽이고, 다른 여자는 집으로 데리고 왔습니다. 주씨는 마침 자식이 없었던 터라 그 여자를 첩으로 받아들였습니다. 후에 첩이 사내아이를 낳았는데, 오른쪽 팔에 붉은 선이 있었답니다. 그 붉은 선은 겨드랑이에서부터 어깨를 감아 돌고 있었는데, 그 모양이 팔이 잘려나가 죽은 여자와 비슷했답니다. 주씨 집안은 그로부터 삼대까지 이어졌다가 대가 끊겼습니다. 모두들 주씨는 아들이 없을 팔자였는데, 이 선한 행동으로 인해 삼대 동안 자손이 이어졌던 것이라고 말했습니다."

景城西偏, 有數荒塚, 將平矣. 小時過之, 老僕施祥指曰: "是卽周某子孫, 以一善延三世者也. 蓋前明崇禎末, 河南·山東大旱蝗, 草根木皮皆盡. 乃以人爲糧, 官吏弗能禁. 婦女幼孩, 反接鬻於市, 謂之菜人. 屠者買去, 如刲羊豕. 周氏之祖, 自東昌商販歸, 至肆午餐, 屠者曰: '肉盡, 請少待.' 俄見曳二女子入廚下, 呼曰: '客待久, 可先取一蹄來!' 急出止之, 聞長號一聲, 則一女已生斷右臂, 宛轉地上, 一女戰慄無人色. 見周, 並哀呼, 一求速死, 一求救. 周惻然心動, 並出貲贖之. 一無生理, 急刺其心死, 一攜歸. 因無子, 納爲妾. 竟生一男, 右臂有紅絲. 自腋下繞肩胛, 宛然斷臂女也. 後傳三世乃絶. 皆言周本無子, 此三世乃一善所延云."

20.

농부의 아내

청현(靑縣)에 사는 한 농부의 아내는 천성이 경박해 남편을 좇아다니면서 함께 일하고, 그림자처럼 늘 같이 붙어 다녔다. 두 사람은 서로 장난치고 웃으면서 다른 사람들의 이목을 피하거나 꺼리지도 않았으며, 여름날 밤이면 함께 수박 밭에서 잠을 자기도 했다. 사람들은 그녀가 천박하다고 생각했지만, 그녀는 다른 사람을 만나면 마치 한겨울의 쇠처럼 차갑게 대했다. 또 누가 몰래 집적대기라도 하면 매섭게 거절했다. 농부의 아내는 후에 도적을 만나 몸에 칼을 일곱 대나 맞으면서도 여전히 꾸짖고 욕을 했기에 몸을 더럽히지 않고 죽음을 맞이할 수 있었다. [이 사실을 안] 마을 사람들은 그녀의 정절에 깜짝 놀랐다. 노유(老儒) 유군탁(劉君琢)이 말했다.

"이것을 두고 바로 '자질은 훌륭하나 배우지 않았구나.'라고 하는 것이오. 부부의 정만을 중시했기 때문에 죽으면서도 다른 마음을 품지 않게 된 것이오. 또한 예법을 몰랐기 때문에 정욕의 감정이 얼굴에 드러났고, 부부의 다정한 모습이 행동으로 드러났던 것이오.[100]"

---

100 행동으로 드러났던 것이오: 원문은 '형어동정(形於動靜)'이다. 한나라의 광형(匡衡)이 올린 상소 「배필에 대한 가르침과 경학과 위의에 대한 권고(戒妃匹, 勸經學威儀之則)」에 보면, "정욕의 감정은 얼굴에 드러내지 말고, 부부간의 정은 행동에 드러내서는 안 된다."라는 구절

그러자 신동보(辛彤甫)선생이 말했다.

"정이(程頤)·정호(程顥) 선생께서 말씀하시기를, 대개 무언가를 꺼리는 자들은 마음속에 부족한 바가 있기 때문이라고 했소. 이 부인은 다른 마음이 없었기 때문에 스스로를 의심치 않고 담담히 행동하여 자신의 절개를 지킬 수 있었던 것이오. 이렇게 지조를 지키기를 좋아하는 사람을 나는 많이 보았소."

이를 들은 돌아가신 아버지 요안공께서 말씀하셨다.

"유군(劉君: 劉君琢)은 정론을 펼친 것이고, 신군(辛君: 辛彤甫)은 감정이 격해져서 한 말이다."

후에 그 남편이 밤에 콩밭을 지키느라 혼자 초막[101]에서 자고 있었는데, 돌연 아내가 오는 것이 보였다. 그녀는 생전 그대로의 모습으로 남편에게 다정하게 말했다.

"저승 관리께서 제 정절을 인정하시고 내세에 거인에 합격하여 현령 직책을 수행하게 하셨어요. 저는 당신이 그리워 가고 싶지 않았어요. 그래서 관직을 사양하는 대신 떠도는 혼이 되어 오랫동안 당신을 따라다니겠다고 했습니다. 저승 관리께서는 저를 애달피 여기시고 그렇게 하라고 했습니다."

남편은 감동하여 울면서 재혼하지 않겠다고 맹세했다. 이로부터 그녀는 낮에는 숨어 있다가 밤이 되면 찾아왔는데, 약 20년을 그렇게 보냈다. 가끔 그녀를 몰래 훔쳐본 아이도 있었는데, 이것은 강희 말년에 일어난 일

이 있다. 『한서』「광장공마전(匡張孔馬傳)」에도 보인다.

101 초막: 원문은 '단초(團焦)'이다. 『북제서(北齊書)』「신무제기(神武帝紀)」에 보면, "읍 사람 방창용이 초가집에 머물렀다(邑人龐蒼鷹止團草中)."라는 구절이 있다.

이다. 요안공께서 그 이름과 사는 곳을 말씀해주셨는데, 지금은 모두 잊어 버렸다.

青縣農家少婦, 性輕佻, 隨其夫操作, 形影不離. 恆相對嬉笑, 不避忌人, 或夏夜並宿瓜圃中. 皆薄其冶蕩, 然對他人, 則面如寒鐵. 或私挑之, 必峻拒. 後遇刦盜, 身受七刃, 猶詬詈, 卒不汚而死. 又皆驚其貞烈. 老儒劉君琢曰: "此所謂質美而未學也. 惟篤於夫婦, 故矢死不二. 惟不知禮法, 故情慾之感, 介於儀容, 燕昵之私, 形於動靜." 辛彤甫先生曰: "程子有言: '凡避嫌者, 皆中不足.' 此婦中無他腸, 故坦然徑行不自疑, 此其所以能守死也. 彼好立崖岸者, 吾見之矣." 先姚安公曰: "劉君正論, 辛君有激之言也."

後其夫夜守豆田, 獨宿團焦中, 忽見婦來. 燕婉如平日, 曰: "冥官以我貞烈, 判來生中乙榜, 官縣令. 我念君, 不欲往. 乞辭官祿爲遊魂, 長得隨君. 冥官哀我, 許之矣." 夫爲感泣, 誓不他偶. 自是晝隱夜來, 幾二十載. 兒童或亦竊見之, 此康熙末年事. 姚安公能舉其姓名居址, 今忘矣.

21.

한생

헌현의 노유 한생(韓生)은 성정이 강직하고 올바르며, 무슨 일이든 예법에 따라 행동했기 때문에, 마을에서는 그를 좨주(祭酒)[102]로 추천했다. 어느 날 그가 한질(寒疾)에 걸려 정신이 없었을 때 한 귀신이 앞에 서서 말했다.

"성황신(城隍神)이 부르십니다."

한생은 명이 다하면 죽기 마련이라는 것을 염두에 두고 있었기 때문에, 청을 거절한다고 해도 보탬이 되지 않는다는 생각에 그를 따라 나섰다. 관서에 도착하자 성황신이 명부를 살피더니 말했다.

"성(姓)만 같을 뿐인데 잘못 데려왔구나."

성황신은 귀신을 스무 대 때리고 나서 그를 돌려보내게 했다. 한생은 불편한 마음에 성황신에게 이렇게 주청했다.

"사람의 목숨이란 지극히 소중한 것이거늘, 성황신께서는 어찌하여 이

102 좨주(祭酒): 옛날 예법에 따르면, 음식을 먹을 때는 반드시 선조에게 제사지내야 하고, 술을 마실 때도 그러해야 하는데, 반드시 그 가운데 존자(尊者) 한 사람이 제사를 주관해야 한다. 나이나 덕행에서 존경받을 만한 사람이기 때문에 존자를 좨주라 불렀다. 예컨대 『사기』에 나오는 순경(荀卿)은 세 번이나 좨주를 지냈고, 한나라의 오왕(吳王) 비(濞: 유비劉濞로, 유방의 조카이자 유중劉仲의 아들이다)는 유씨(劉氏)를 위해 좨주를 지냈는데, 바로 그것이다. 이때부터 좨주는 관직명으로 사용되었다.

런 어리숙한 귀신을 보내 사람을 잘못 잡아오게 하셨습니까? 검토하지 않았더라면, 결국 억울하게 죽을 뻔 하지 않았습니까? 총명하고 정직하다[103]는 것은 무엇을 두고 하는 말입니까?"

그러자 성황신이 웃으면서 말했다.

"그대가 고집이 있다고 들었는데, 오늘 보니 정말 그러하구나. 하늘의 움직임에도 세차(歲差)[104]가 없을 수 없거늘, 하물며 귀신이야? 착오가 있을 때 바로 깨닫는 것을 총명이라 하고, 잘못을 깨닫고 감싸주지 않는 것, 이것을 정직이라고 하네. 그대가 어떻게 이런 도리를 알겠는가? 그대의 언행에 잘못이 없음을 생각하여 잠시 용서해주겠지만, 이후로는 이와 같은 경거망동한 행동은 하지 말게!"

한생은 화들짝 놀라 깨어났다.

이것은 한장미(韓章美)가 해준 이야기이다.

獻縣老儒韓生, 性剛正, 動必遵禮, 一鄕推祭酒. 一日, 得寒疾, 恍惚間一鬼立前曰: "城隍神喚." 韓念數盡當死, 拒亦無益, 乃隨去. 至一官署, 神檢籍曰: "以姓同誤矣." 杖其鬼二十, 使送還. 韓意不平, 上請曰: "人命至重, 神奈何遣憒憒

---

103 총명하고 정직하다: 원문은 '총명정직(聰明正直)'이다. 『좌전』에 보면, "신은 총명하고 정직함만을 힘쓰는 자이다(神聰明正直而壹者也)."라는 구절이 있다.

104 세차(歲差): 세차란 태양이 유지하는 항성(恒星)과의 거리를 말한다. 예를 들어 금년 동지에 태양이 아무 별자리에 오면, 이듬해 동지에는 다시 그 자리에 오지 못하고 일정한 거리를 유지하고 있는데, 이것을 세차라고 한다. 그러나 그 차이가 아주 미세해서 옛날 사람들은 처음에는 그것을 인식하지 못했다. 진(晉)나라 우희(虞喜)에 와서야 그것을 알고 세차법을 만들었다. 역대로 율법을 공부하는 사람들은 우희를 그 종주로 삼았지만, 정하는 방법도 여러 가지이고, 주장하는 근거도 달랐다. 청나라 때 70년에 1도가 차이나고, 매년 51초씩 차이가 난다고 정했는데, 고법(古法)에 비해 다소 정밀해졌다.

之鬼, 致有誤拘? 倘不檢出, 不竟枉死耶? 聰明正直之謂何?” 神笑曰: “謂汝倔强, 今果然. 夫天行不能無歲差, 况鬼神乎? 誤而卽覺, 是謂聰明, 覺而不回護, 是謂正直. 汝何足以知之? 念汝言行無玷, 故貸汝, 後勿如是躁妄也!” 霍然而蘇. 韓章美云.

22.

대월(大月)

돌아가신 할아버지에게 대월(大月)이라는 어린 하인이 있었는데, 열네댓 살 정도 되었다. 어느 날, 마을 사람들을 따라 강에 들어가 가리질을 하던 중, 2자 길이의 큰 물고기 한 마리를 잡았다고 한다. 그가 손을 들며 사람들에게 보여주려던 찰나, 물고기가 갑자기 퍼덕대며[105] 꼬리를 흔들어 그의 왼쪽 뺨을 치는 바람에 물에 넘어졌다. 사람들은 그가 일어나지 않는 것을 이상하게 여겨 그를 부축해 세우는데, 선혈이 수면에 떠올랐다. 칼날처럼 예리한[106] 깨진 사발이 모래 속에 박혀 있었는데, 거기에 태양혈이 찔려 죽어 있었다. 이 일이 있기 전에 그의 어머니는 꿈에서 아들이 사람들에게 잡혀 도마[107]에 묶여 있는 것을 봤는데, 사람들이 마치 한이라도 있는 듯 그를 양, 돼지처럼 도살했다. 꿈에서 깨어난 그의 어머니는 이를 꺼림칙하게 여겨 항상 대월에게 다른 사람과 다투지 말라고 주의 줬다. 그런데 뜻밖에도 물고기에게 맞아 죽다니! 불가의 설법대로 그가 전생에 물고기에게 목

105 퍼덕대며: 원문은 '발자(撥剌)'로, 물고기가 푸덕거리는 소리이다.

106 예리한: 원문은 '섬(銛)'이다.

107 도마: 원문은 '조(俎)'로, 요리사가 사용하는 기구이다. 『사기』에 보면 "사람들이 비로소 칼과 도마를 만들었다(人方爲刀俎)."라는 구절이 있는데, "도마"라고 주 달려 있다.

숨을 빚졌던 걸까!

先祖有小奴, 名大月, 年十三四. 嘗隨村人罩魚河中, 得一大魚, 長幾二尺. 方手擧以示衆, 魚忽撥剌掉尾, 擊中左頰, 仆水中. 衆怪其不起, 試扶之, 則血縷浮出. 有破椀在泥中, 鋒銛如刃, 刺其太陽穴, 死矣. 先是, 其母夢是奴爲人執縛俎上, 屠割如羊豕, 似尙有餘恨. 醒而惡之, 恆戒以毋與人鬪. 不虞乃爲魚所擊! 佛氏所謂夙生中負彼命耶!

23.

주장군의 복수

예부시랑(禮部侍郎)[108] 유청원(劉靑垣)이 해준 이야기이다.

원진(元眞)의 『회진기(會眞記)』[109]에 나오는 일을 벌인 외사촌 오누이가 있었는데, 여자가 임신을 하게 되었다. 그 사실이 어머니에게 발각되자, 여자는 밤이면 어떤 거인이 와서 자신의 몸을 누르는데, 너무 무겁고 피부가 까무잡잡하다고 말을 만들어냈다. 어머니는 "토우(土偶)가 요괴로 변한 것이 틀림없다."라고 하면서, 딸에게 오색실을 주고 거인이 올 때 몰래 다리에 묶어놓으라고 시켰다. 딸은 몰래 외사촌에게 실을 주고 관제사(關帝祠)

---

108 예부시랑(禮部侍郎): 원문은 '소종백(少宗伯)'이다.

109 원진(元稹)의 『회진기(會眞記)』: 원진(779~831)은 자는 미지(微之)이고, 당나라 하남(河南) 사람으로, 『회진기』를 지었다. 『회진기』는 장생과 최앵앵의 일을 기록하고 있다. 송(宋)나라의 왕질(王銍)은 "원미지가 지은 전기 작품을 읽어보았지만, 장생이 누구인지는 알 수 없었다. 생각건대, 미지 본인이 아니면 가당치 않은 일이다."라고 말했다. 청원(淸源) 사람 장계유(莊季裕)가 말했다. "친구 양부공(楊阜公)이 일찍이 원미지가 지은 이모 정씨(鄭氏)의 묘지를 읽었는데, '정씨가 이미 남편을 잃고, 패잔병을 만나는 처지에 놓이자, 미지가 그 집안을 보살피기 위해 왔다.'라고 적혀 있었다고 한다. 그런 즉 전기는 미지가 직접 쓴 것 같다. 단지 성명만을 숨겼을 따름이다. 또 미지가 지은 육씨제(陸氏娣)묘지명을 살펴보건대 '나의 외조부 정제(鄭濟)'라고 했고, 백낙천(白樂天)이 지은 미지의 어머니 정(鄭)부인의 묘지에도 역시 정제의 딸로 말하고 있는 것으로 보아, 앵앵은 최붕(崔鵬)의 딸이다. 따라서 미지가 중표(中表)라고 했다. 장생을 미지로 보는 것에는 의심의 여지가 없다.

의 주(周)장군[110]의 다리에 묶어놓게 했다. 어머니는 오색실을 따라 관제사의 주장군을 찾아내고는[111] 채찍으로 다리가 잘려나갈 정도로 때렸다. 그 뒤 둘이 다시 만나 사랑을 나눌 때 갑자기 주장군이 그들의 허리를 쳤는데, 둘 다 뻣뻣하게 굳은 채로 일어나지 못했다. 이에 사람들은 모두 신명을 모욕한[112] 결과라고 말했다.

무릇 자신의 이익만을 위해 다른 사람에게 화를 옮기면서 술수도 간교했다. 간교함은 조물주도 꺼리는 것으로, 온갖 간교한 속임수를 동원하면 도리어 자신에게 화가 미치는데 이것이 바로 하늘의 도리이다. 신명은 그들의 간악함을 미워한 것이지, 신명을 헐뜯은 것을 미워해서 그런 것은 아니다.

劉少宗伯青垣言. 有中表涉元稹『會眞』之嫌者, 女有孕. 爲母所覺, 飾言夜

---

110 관제사(關帝祠)의 주(周)장군: 원문은 '관제사주장군(關帝祠周將軍)'이다. 청나라 양장거(梁章鉅)의 『낭적속담(浪蹟續談)』과 『삼국지연의(三國志演義)』에 따르면, 관공(關公: 關羽)에게는 주창이라는 날랜 용사가 있다고 되어 있으나, 정사(正史)에는 없는 인물이다. 그러나 원나라 사람 노정(魯貞)이 지은 『한수정후비(漢壽亭侯碑)』에 보면 "적토마를 타고 주창을 따르네(乘赤兔兮從周倉)."라는 말이 있는 것으로 보아 명나라 이전에 이미 존재한 것으로 보인다. 지금의 『산서통지(山西通志)』에 따르면 "주장군은 이름이 창(昌)이고 평륙(平陸) 사람이다. 처음에는 황건족의 수령 장보(張寶)를 섬겼으나, 와우산(臥牛山)에서 관우를 만나 그를 섬겼다. 번성(樊城)에서 방덕(龐德)에게 생포되었으며, 후에 맥성(麥城)을 지키다가 죽었다. 이런 사실은 『순덕부지(順德府志)』에도 보이며, 또한 『순덕부지』에서는 참군(參軍) 왕보(王甫)와 함께 죽었다고 되어 있다. 지방지에는 사적이 명확하게 적혀 있는데, 정사에서는 그의 이름이 왜 빠져 있는지 잘 모르겠다.

111 찾아내고는: 원문은 '물색(物色)'으로, 인상착의에 근거해 사람을 찾는 것을 말한다. 『후한서』「엄광전(嚴光傳)」에 보면, "황제가 꿈속에서 본 모습으로 엄광을 찾아냈다."라는 구절이 있다.

112 모욕한: 원문은 '멸(衊)'로, 피로 더럽혀진 것을 말한다.

恆有巨人來, 壓體甚重, 而色黝黑. 母曰: “是必土偶爲妖也.” 授以彩絲, 於來時陰繫其足. 女竊付所歡, 繫關帝祠周將軍足上. 母物色得之, 撻其足幾斷. 後復密會, 忽見周將軍擊其腰, 男女並僵臥不能起. 皆曰汚廞神明之報也. 夫專其利而移禍於人, 其術巧矣. 巧者, 造物之所忌, 機械萬端, 反而自及, 天道也. 神惡其嶮巇, 非惡其汚廞也.

24.

귀신의 세계

양주(揚州)의 나양봉(羅兩峰)[113]은 귀신을 볼 수 있었다. 그가 말했다.

"무릇 사람이 있는 곳이라면 모두 귀신이 있기 마련이다. 횡사한 악귀 가운데 여러 해 동안 묻혀서 지내는 경우는 대개 어두운 빈방에서 지내기 때문에 다가갈 수 없고, 다가가면 해를 입는다. 마음을 정한 데 없이[114] 왔다 갔다 하는 귀신은 양기가 성한 오전에는 대개 담벼락 아래 어두운 곳에 있다가, 오후가 되어 음기가 성할 때면 사방으로 흩어져서 떠돌아다닌다. 또한 담벼락을 뚫고 지나갈 수 있기 때문에 문을 통해 가지 않는다. 사람을 만나면 길을 피해 가는데 양기를 두려워해서이다. 이러한 귀신은 도처에 있지만, 사람에게 해가 되지 않는다."

또 이렇게 말했다.

"귀신은 대개 사람들이 오밀조밀 모여 있는 곳에 모여든다. 따라서 외

---

113 나양봉(羅兩峰): 청나라의 이름난 화가이다. 이름은 빙(聘)이고, 자는 둔부(遯夫)이며, 호는 양봉(兩峰)으로, 안휘성(安徽省) 흡현(歙縣) 사람이다. 그림을 그릴 때 특이한 취향이 있는데, 특히 귀신 그리기를 좋아했다. 당시 사람들의 주목을 받은 「귀취도(鬼趣圖)」가 대표적이다.

114 마음을 정한 데 없이: 원문은 '동동(憧憧)'이다. 『주역』「함괘(咸卦)」에 보면, "마음을 정한 데 없이 왔다 갔다 하다(憧憧往來)."라는 구절이 있다.

딴 곳이나 너른 들판에서 귀신을 만나는 일은 아주 드물다. 귀신은 부엌을 좋아하는데, 곡기 가까이로 가고 싶어서 그런 것 같다. 또 뒷간에 들어가기를 좋아하는데, 그 이유는 알 수 없지만 인적이 드문 곳에 가고자 해서 그런 것 아니겠는가!"

나양봉이 그린 그림가운데 「귀취도(鬼趣圖)」가 있는데, 그가 일부로 그려놓은 것이 아닌가 싶다. 그림 속에 귀신이 있는데, 머리가 몸통에 비해 몇 십 배나 커서 더욱 요망스러워 보인다. 그러나 돌아가신 아버지 요안공의 말씀을 들어보면, 요경(瑤涇)의 진공(陳公)이 일찍이 여름날 밤에 창문을 열어놓고 누워 있었는데, 창문의 크기가 한 길이나 되었다고 한다. 그런데 갑자기 커다란 얼굴이 창문 안을 훔쳐보는데, 얼굴이 창문만 했으며 몸은 어디에 있는지 알 수 없었다. 진공이 급히 검을 들고 왼쪽 눈을 찌르자 사라졌다. 맞은편에 사는 노복도 귀신을 보았는데, 귀신이 창문아래 땅속에서 나왔다고 했다. 그리하여 땅을 1길 조금 넘어 파 보았지만 아무 것도 없었기에 그만두었다. 정말 이런 유의 귀신이 있다. 귀신의 세계란 모호하고 분명하지 않으니, 내가 어찌 이 사건을 증명할 수 있겠는가?

揚州羅兩峰, 目能視鬼. 曰: "凡有人處皆有鬼. 其橫亡厲鬼, 多年沉滯者, 率在幽房空宅中, 是不可近, 近則爲害. 其憧憧往來之鬼, 午前陽盛, 多在牆陰, 午後陰盛, 則四散遊行. 可穿壁而過, 不由門戶. 遇人則避路, 畏陽氣也. 是隨處有之, 不爲害." 又曰: "鬼所聚集, 恆在人煙密簇處. 僻地曠野, 所見殊稀. 喜圍繞廚竈, 似欲近食氣. 又喜入溷廁, 則莫明其故, 或取人跡罕到耶!" 所畫有「鬼趣圖」, 頗疑其以意造作. 中有一鬼, 首大於身幾十倍, 尤似幻妄. 然聞先姚安公言, 瑤涇陳公, 嘗夏夜掛窗臥, 窗廣一丈. 忽一巨面窺窗, 闊與窗等, 不知其身在何處. 急掣劍, 刺其左目, 應手而沒. 對窗一老僕亦見, 云從窗下地中湧出. 掘地丈餘, 無所睹而止. 是果有此種鬼矣. 茫茫昧昧, 吾烏乎質之?

25.

노복 유사(劉四)

노복 유사(劉四)는 건륭 17년(1752) 임진년 여름에 휴가를 내어 부모님을 뵈러 갔는데, 소달구지에 처를 태우고 직접 수레를 몰고 갔다. 부모님의 집에서 30~40리 떨어진 곳에 이르렀을 때쯤 한밤중이 되었는데, 소가 갑자기 움직이지 않았다. 이때 수레에 앉아 있던 아내가 깜짝 놀라 소리쳤다.

"머리가 항아리만큼 큰 귀신이 소 앞에 있어요."

유사가 자세히 살펴보았더니, 키가 작고 시커먼 한 여자가 부서진 닭장을 머리에 인 채 펄쩍 뛰면서 "덤벼! 덤벼 보라구!" 하고 소리쳤다. 유사가 두려운 나머지 수레를 돌리자 귀신은 다시 소 앞으로 뛰어와서 "덤벼! 어디 한번 덤벼 보라구!" 하고 소리쳤다. 귀신은 닭이 울어 날이 밝을 때까지 계속 그렇게 수레 주위를 돌더니, 갑자기 멈추어 서서 웃으며 말했다.

"밤은 차고 할 일이 없어 너희 부부가 쉬는 틈을 타서 한번 장난쳐 본 것뿐이니, 내가 가거들랑 부디 나를 욕하지 말게. 욕하면 다시 올 것이야. 닭장은 앞마을 아무개의 것이니, 자네가 좀 돌려주게."

귀신은 말을 다하고는 닭장을 수레 위에 던져 놓고 갔다. 날이 밝을 무렵 집에 도착했을 때, 유사의 부부는 술에 취한 듯 정신을 잃은 상태였다. 유사의 아내는 얼마 지나지 않아 병들어 죽었고, 유사 역시 얼이 빠진 사람처럼 사방을 떠돌아 다녔다. 아마도 귀신이 기가 쇠한 틈을 타서 장난친 것 같다.

奴子劉四, 壬辰夏乞假歸省, 自御牛車, 載其婦. 距家三四十里, 夜將半, 牛忽不行. 婦車中驚呼曰: "有一鬼, 首大如甕, 在牛前." 劉四諦視, 則一短黑婦人, 首戴一破雞籠, 舞且呼曰: "來! 來!" 懼而回車, 則又躍在牛前呼 "來! 來! ". 如是四面旋繞, 遂至雞鳴, 忽立而笑曰: "夜涼無事, 借汝夫婦消遣耳, 偶相戲, 我去後, 愼勿詈我. 詈則我復來. 雞籠是前村某家物, 附汝還之." 語訖, 以雞籠擲車上去. 天曙抵家, 夫婦並昏昏如醉. 婦不久病死, 劉四亦流落無人狀. 鬼蓋乘其衰氣也.

26.

진쌍(陳雙)

경성에 유무주(劉武周)[115]의 묘가 있는데, 『헌현지(獻縣志)』에도 나와 있다. 살펴보니 유무주는 산 뒤에 있는 마읍(馬邑)[116] 사람이니 그의 묘가 이곳에 있을 리 없고,[117] 아마도 수대(隋代) 유현(劉炫)[118]의 묘가 아닌가 싶다. 유현은 경성사람으로 『일통지(一統志)』에 따르면, 그의 묘는 헌현의 동쪽 80리에 위치해 있다. 경성은 헌현으로부터 87리 떨어져 있으니, 대략 맞는 것 같다.

옛날에 여우가 이곳에 살았는데, 가끔씩 술 취한 사람에게 장난을 걸었다[119]고 한다. 마을에 진쌍(陳雙)이라는 한 애주가가 있었는데, 그 소문을 듣

---

115 유무주(劉武周): 유무주는 당대의 하간 경성 사람이다. 부친 유광(劉匡)이 가솔들을 데리고 마읍으로 이사했다. 사람이 용맹하고 활쏘기에 뛰어났다. 수나라 대업(大業) 13년(617)에 군대를 일으켜 마읍을 점거하고 스스로 왕을 칭하며 여러 차례 당나라를 침략하다 진왕(秦王) 이세민(李世民)에게 패해 돌궐로 달아났다. 후에 마읍으로 돌아오려던 일이 누설되어 살해되었다.

116 마읍(馬邑): 지금의 산서성(山西省) 삭현(朔縣)이다.

117 그의 묘가 이곳에 있을 리 없고: 『신당서(新唐書)』와 『구당서』에서는 모두 유무주가 돌궐로 달아나다 피살되었다고 기록하고 있다.

118 유현(劉炫): 자는 광백(光伯)으로, 수나라 때의 하간 경성 사람이다.

119 장난을 걸었다: 원문은 '뇨(嬲)'이다.

고는 화를 내며 말했다.

"요망한 짐승이 감히!"

진쌍이 묘지에 가서 여우를 나무라고 욕하고 있을 때 들판 가득 김을 매던 사람들은 그의 부친이 화가 나서 묘 옆에 앉아 있는 것을 보았다. 진쌍이 이리저리 날뛰면서[120] 소리를 꽥꽥지르자, 사람들은 앞다투어 가서 그를 꾸짖으며 말했다.

"자네는 어디서 술에 취해 여기까지 와서 아버지께 욕을 하는 건가?"

진쌍이 자세히 보았더니 정말 자신의 아버지였다. 진쌍이 크게 놀라 머리를 조아리자, 아버지는 곧 바로 집으로 돌아가려 했다. 진쌍은 아버지를 따라가며 애걸하다가 마을 밖까지 좇아갔다. 진쌍이 땅에 엎드려 진상을 말하는데, 갑자기 아녀자들이 떼로 그 주위를 돌며 웃으면서 말했다.

"진쌍이 무슨 연유로 자기 처에게 무릎을 꿇고 절을 할꼬?"

진쌍이 고개를 들어보니 다름 아닌 자기 처였다. 그가 깜짝 놀라 멍청하니 서 있자, 처도 곧장 달아났다. 진쌍이 망연자실해 집으로 돌아와서 보았더니, 아버지와 처는 외출한 적이 없었다. 진쌍은 비로소 모두 여우가 조화를 부려 장난친 것임을 알고, 부끄러워 며칠 동안 집밖을 나서지 않았다. 이 이야기를 들은 사람들은 모두 배꼽을 잡고 웃었다.[121] 나는 생각했다. 진

---

120 이리저리 날뛰면서: 원문은 '도량(跳踉)'이다.

121 배꼽을 잡고 웃었다: 원문은 '절도(絶倒)'이다. 『소당사고(小堂肆考)』에 보면, 진(晉)나라 위개(衛玠)가 노장에 대해 이야기할 때 왕평자(王平子)는 세 번 듣고 세 번 다 앉은 자리에서 포복절도했다고 한다. 그래서 당시 사람들이 '위군이 도를 말하면 평자는 포복절도한다(衛君談道, 平子絶倒).'라고 했던 것이다. 왕평자는 왕징(王澄)으로, 자가 평자(平子)이다. 그의 형이 왕평자를 '아평(阿平)이라 불렀다. 왕징은 명성이 높았으며 젊어서부터 추천을 많이 받았다. 위개의 말을 들을 때 마다 그의 논리에 탄복했다.

쌍이 여우를 욕하지 않았다면, 어찌 여우에게 희롱을 당했겠는가! 이는 진쌍이 스스로 자초한 것이다. 여우가 사람을 희롱하지 않았다면, 어찌 진쌍에게 욕을 먹었겠는가! 여우 역시 스스로 자초한 것이다. 이야기는 서로 얽혀 있지만, 모두 한 순간의 헛된 생각에서 비롯된 것이다. 따라서 불가에서 모든 중생은 삼가 원인을 제공하지 말라고 경고했던 것이다.

景城有劉武周墓, 『獻縣志』亦載. 按武周, 山後馬邑人, 墓不應在是, 疑爲隋劉炫墓. 炫, 景城人, 『一統志』載其墓在獻縣東八十里. 景城距城八十七里, 約略當是也. 舊有狐居之, 時或戱嬲醉人. 里有陳雙, 酒徒也, 聞之憤曰: “妖獸敢爾!” 詣墓所, 且數且詈, 時耘者滿野, 皆見其父怒坐墓側. 雙跳踉叫號, 競前呵曰: “爾何醉至此, 乃詈爾父?” 雙凝視, 果父也. 大怖叩首, 父徑趨歸. 雙隨而哀乞, 追及於村外. 方伏地陳說, 忽婦媼環繞, 譁笑曰: “陳雙何故跪拜其妻?” 雙仰視, 又果妻也. 愕而痴立, 妻亦徑趨歸. 雙惘惘至家, 則父與妻實未嘗出. 方知皆狐幻化戱之也, 慚不出戶者數日. 聞者無不絶倒. 余謂雙不詈狐, 何至遭狐之戲! 雙有自取之道焉. 狐不嬲人, 何至遭雙之詈! 狐亦有自取之道焉. 顚倒糾纏, 皆緣一念之妄起. 故佛言一切衆生, 愼勿造因.

27.

방계(方桂)

방계(方桂)는 우루무치(Ürümqii)[122] 로 유배온 자의 아들로, 그가 해준 이야기이다.

한번은 그가 산중에서 방목하고 있었는데, 말 한 마리가 갑자기 달아났다고 한다. 말의 뒤를 밟아 가는데 고개를 사이에 두고 말의 울부짖는 소리가 들렸다. 소리를 좇아 어느 골짜기까지 갔다가 그곳에서 몇몇 괴물을 보았는데, 사람 같기도 하고 짐승 같기도 한 것이 전신에 비늘이 일어나[123] 고송처럼 얼룩얼룩했다. 머리는 깃털이 더부룩하게 나 있는 것처럼[124] 흐트러져 있고, 눈은 앞으로 튀어 나와 있으며 순백색에 마치 계란 두 개를 박아[125] 놓은 것 같았다. 이 괴물들은 함께 말을 누른 채 살점을 뜯어 먹고 있었다. 마소 치는 사람들은 대부분 호신용 총을 가지고 다녔는데, 방계 역시 원래

---

122 우루무치(Ürümqii): 원문은 '오노목제(烏魯木齊)'로, 신강의 적화현(迪化縣)이다. 위구르어로 우룸치라고 부르는데, 좋은 사냥터 혹은 투쟁의 뜻으로 번역된다. 옛날 몽고족과 회족이 이곳에서 자주 전쟁을 일으켰다고 해서 부쳐진 이름이다.

123 일어나: 원문은 '준(皴)'이다.

124 깃털이 더부룩하게 나 있는 것처럼: 원문은 '우보(羽葆)'이다. 『의례』의 우보(羽葆) 주에 따르면, 보(葆)는 몸이 깃털로 덮여 있는 상태를 말하는데, 의장으로 사용되었다.

125 박아: 원문은 '감(嵌)'으로, 물건에 뭔가를 박아 넣은 것을 말한다.

고집스럽고 비열한 사람이라 나무에 올라가 총을 쏘았다. 괴물들은 깊은 숲 속으로 달아났지만, 말은 이미 반쯤 먹힌 상태였다. 그 이후로 더 이상 보지 못했으며, 지금까지도 그것이 어떤 괴물인지 모른다.

方桂, 烏魯木齊流人子也. 言嘗牧馬山中, 一馬忽逸去. 躡蹤往覓, 隔嶺聞嘶聲甚厲. 尋聲至一幽谷, 見數物, 似人似獸, 周身鱗皴斑駁如古松. 髮蓬蓬如羽葆, 目睛突出, 色純白, 如嵌二雞卵. 共按馬生嚙其肉. 牧人多攜銃自防, 桂故頑劣, 因升樹放銃. 物悉入深林去, 馬已半軀被啖矣. 後不再見, 迄不知爲何物也.

28.

불탄 누각

서자(庶子)[126] 예철애(芮鐵崖)[127]는 집의 한 누각에 여우가 살고 있어서 늘 자물쇠로 채워 놓았다.[128] 여우는 가끔 밤에 부엌에서 음식을 장만하고 서재로 손님을 청했는데, 집안사람들은 늘 보던 광경이라 놀라지도 않았다. 또한 도적이 들거나 불이 나면 여우가 주인을 대신해 집안을 잘 돌봐주었기 때문에, 쌍방은 오랫동안 편히 잘 지냈다.

후에 예철애는 학사(學士) 이렴의(李廉衣)에게 이 집을 팔았다. 이렴의는 평소 요망한 것을 믿지 않는 사람이라 직접 가서 문을 열고 자세히 살펴보았다. 세 개의 기둥만이 있는데 가는 먼지 하나 없이 깨끗했고, 중앙에는 자리만한 크기에 침대처럼 잘 정리된 목판이 깔려 있을 뿐 다른 눈에 띄는 물건은 없었다. 때마침 이렴의는 건물을 수리하는 김에 누각도 함께 헐어 버려 여우가 살 수 없게 만들었지만, 누각을 헐 때도 별다른 이상은 없었

126 서자(庶子): 주대 사마(司馬)의 속관으로, 제후나 경대부의 서자를 가르치는 일을 했다. 진나라 때는 중서자(中庶子)·서자원(庶子員)을 두었고, 한대 이후로는 태자의 속관이었다. 수당대 이후로 좌서자, 우서자(左右庶子)라 불렀으며, 청나라 말에 폐지되었다.

127 예철애(芮鐵崖): 기윤(紀昀)의 동학이다.

128 자물쇠로 채워 놓았다: 원문은 '휼(鐍)'이다.

다. 건물이 완성되어 공사를 끝내려는[129] 순간 갑자기 맹렬한 불꽃이 사방에서 일어나 순식간에 서까래조차 남기지 않고 모두 불태워버렸다. 그런데 이웃집의 띠풀로 만든 지붕[130]은 풀 한 포기도 타지 않았기 때문에 사람들은 모두 여우의 소행이라 말했다. 그러자 예부시랑 유청원이 말했다.

"이 집은 그날 불에 탈 운명이었소. 불탈 운명이 아니었다면 여우가 어찌 감히 불을 놓았겠소!"

나는 여우가 일일이 계율을 지킬 수 있다면, 하늘에서 벼락을 쳐서 죽이는 일은 없을 것이라 생각한다. 왕법(王法)에서 살인을 금지하고 있기 때문에 대다수의 사람들이 감히 살인을 하지 않지만, 때때로 살인을 저지르고 그에 상응하는 벌을 받는 사람도 있다. 이 일은 진실로 까닭을 알 수 없는 일이다.

芮庶子鐵崖宅中一樓, 有狐居其上, 恆鐍之. 狐或夜於廚下治饌, 齋中宴客, 家人習見, 亦不訝. 凡盜賊火燭, 皆能代主人呵護, 相安已久. 後鬻宅於李學士廉衣. 廉衣素不信妖妄, 自往啓視. 則樓上三楹, 潔無纖塵, 中央一片如席大, 藉以木板, 整齊如几榻, 餘無所睹. 時方修築, 因併毀其樓, 使無可據, 亦無他異. 迨甫落成, 突烈焰四起, 頃刻無寸椽. 而鄰屋苫草無一莖被爇, 皆曰狐所爲. 劉少宗伯青坦曰: "此宅自當是日焚耳. 如數不當焚, 狐安敢縱火!" 余謂妖魅能一一守科律, 則天無雷霆之誅矣. 王法禁殺人, 不敢殺者多, 殺人抵罪者亦時有. 是固未可知也.

---

129 건물이 완성되어 공사를 끝내려는: 원문은 '낙성(落成)'이다. 『이아(爾雅)』에 보면, 궁궐이 완성되면 제사를 올리는데 이를 낙(落)이라 한다.

130 띠풀로 만든 지붕: 원문은 '점(苫)'이다. 『이아주(爾雅註)』에 따르면, 솔새 띠로 엮은 지붕을 점(苫)이라 한다.

29.

몽오당(夢午塘)

형부시랑(刑部侍郎)[131] 왕란천(王蘭泉)[132]이 해준 이야기이다.

몽오당(夢午塘)이 강남제학(江南提學)으로 있을 때 관사 뒤에 높은 언덕이 있었는데, 밤마다 이상한 불빛이 나곤 했다. 사람들의 말에 따르면 그 언덕에 꿩 한 마리와 뱀 한 마리가 사는데, 모두 오랜 세월에 요물로 변했을 수 있다고 했다. 몽오당은 젊고 기(氣)가 왕성했기 때문에 사람들을 불러 모아 호미와 삼태기[133]를 가져오게 해서 언덕을 평평하게 다지려 했지만, 사람들이 주저주저하면서 감히 손을 대지 않으려 했다. 몽오당이 화를 내며 재촉하자, 갑자기 바람에 날려 온 거적이 그의 머리를 덮었다. 급히 그것을 걷어내자 또 다른 거적이 날아와 그의 머리를 덮었는데, 모두 관사에서 사용했던 여름용 차일이었다. 몽오당은 이를 괴이하게 여겨 사람들에게 그만두라고 했다. 지금도 여전히 이 언덕은 홀로 우뚝 솟아 있다.[134]

131 형부시랑(刑部侍郎): 원문은 '소사구(少司寇)'이다.

132 왕란천(王蘭泉): 이름은 창(昶)이고, 자는 덕보(德甫)이며, 청강(淸江) 소청포(蘇靑浦) 사람이다. 학자들은 그를 '난천(蘭泉) 선생'이라 불렀다.

133 호미와 삼태기: 원문은 '삽분(鍤畚)'이다.

134 홀로 우뚝 솟아 있다: 원문은 '귀연(巋然)'이다.

王少司寇蘭泉言. 夢午塘提學江南時, 署後有高阜, 恆夜見光怪. 云有一雉一蛇居其上, 皆歲久, 能爲魅. 午塘少年盛氣, 集鍤畚平之, 衆猶豫不擧手. 午塘方怒督, 忽風飄片席, 蒙其首. 急撤去, 又一片蒙之, 皆署中涼篷上物也. 午塘覺其異, 乃輟役. 今尙巋然存.

30.

기상천외한 은혜

노복 위철(魏哲)이 그 아비에게서 들은 이야기이다.

순치(順治)[135] 초에 아무개가 우리 집에서 80~90리 떨어진 곳에 살았는데, 이름은 잊어버렸다고 한다. 그와 그의 아내가 차례로 죽고, 삼사 년 뒤에 그 첩도 죽었다. 때마침 그 집 머슴이 밤길을 가다가 비를 피하느라 동악사(東嶽祠)의 처마 아래에서 묵게 되었다. 비몽사몽중에 아무개가 칼을 쓴 채[136] 뜰 앞에 서 있고, 아내와 첩이 그 뒤를 따르는 광경을 보았다. 성황신과 같은 의관을 차린 한 신(神)이 허리를 굽히고[137] 동악신(東嶽神)에게 말했다.

"아무개는 두 사람을 더럽혔으니 유죄입니다. 그러나 두 사람의 목숨을 살려주었으니 그 또한 공이 있다 할 수 있습니다. 죄와 공을 합치면 서로 상쇄됩니다."

동악신이 발끈해서 말했다.

"이 두 사람은 죽음이 두려워 수치스러움을 참고 견뎠으니 그래도 용

135 순치(順治): 청나라 제3대 황제 세조 애신각라복림(爱新觉羅福臨)의 연호(1644~1661)이다.

136 칼을 쓴 채: 원문은 '하교(荷校)'다. 『주역』에 보면, "하교멸이(何校滅耳)"라는 구절이 있는데, 여기서 하(何)는 하(荷)와 같고, '지다[負]'의 뜻이다. 즉 칼을 쓰고 형을 받는 것을 말한다.

137 허리를 굽히고: 원문은 '경절(磬折)'로, 몸을 경쇠처럼 굽혀 예를 다해 서 있는 것을 말한다.

서할 만하다. 그러나 아무개가 두 사람을 살린 것은 두 사람을 욕보이기 위해 한 일이니, 의당 죄로 다스려야 마땅할 터. 그대는 어찌하여 그 공과 죄가 서로 상쇄된다고 말하는가?"

그리고는 손을 내저으며 나가라고 했다. 그러자 아무개와 그의 아내, 첩도 따라 나갔다. 머슴은 가슴이 두근거려 감히 뭐라 말하지 못하고 있다가 날이 밝자 집으로 돌아와 집안사람들에게 그 일을 말했지만, 아무도 무슨 일인지 알 수 없었다. 그때에 아무개 생을 오래도록 모셨던 노복이 울면서 말했다.

"기이한 일이로다! 결국 그 일 때문에 잡혀가다니! 이 일은 오직 우리 부자만 아는데, 아무개의 두터운 은혜를 입은지라 감히 말하지 않겠다고 맹세했었지. 이미 두 조대가 지났으니 이제는 말해도 되겠지. 두 마님께서는 사실 여인네가 아닐세. 지난날 명나라 천계(天啓)[138] 연간에 위충현은 유비(裕妃)[139]를 죽이고, 그녀의 궁녀와 내감은 비밀리에 체포되어 동창(東廠)[140]으로 보내져 비참하게 죽음을 당했네. 그때 복래(福來)와 쌍계(雙桂)라는 두 내감만이 달아나 숨었네. 두 내감은 일찍부터 주인어르신과 알고 지내는 사이였는데, 때마침 주인어르신이 도성에서 장사를 하고 계시던 때라, 두

---

138 천계(天啓): 명나라 제15대 황제 희종(熹宗) 주유교(朱由校)의 연호(1621~1627)이다.

139 유비(裕妃): 명나라 희종에게 객씨(客氏)라 불리는 유모가 있었는데, 그녀는 봉성부인(奉聖夫人)에 봉해졌을 뿐만 아니라 환관 위충현과 정분이 난 사이였다. 두 사람은 모두 희종에게 총애를 받고 있던 터라 함부로 사람들의 목숨을 다루었다. 또한 유비 장씨(張氏)를 싫어해 별궁에 유폐시키고 음식을 주지 않았다. 비 오는 날 유비는 기어서 처마 끝에서 떨어지는 빗물을 받아먹다가 죽었다. 이 일은 『명사(明史)』에 잘 나와 있다.

140 동창(東廠): 관청 이름이다. 명나라 영락(永樂) 18년(1420)에 설치되었는데, 반역자나 간신 등을 체포하는 일을 했으며, 주로 환관이 맡아보았다. 환관들은 혹형으로 안팎의 사람들을 잡아두었는데, 역대에 없었던 일이다.

사람은 밤에 주인어르신을 찾아왔네. 주인어르신이 두 사람을 데리고 밀실로 들어가기에 내가 몰래 문틈으로 그 안을 들여다보았는데, 어르신께서 두 사람에게 이렇게 말씀하셨네.

'자네들은 음성이며 모습이 남자와 여자의 중간으로 남들과 좀 다르기 때문에 밖으로 나갔다가는 분명 붙잡힐 것일세. 그러나 여장을 한다면 외관상으로는 찾아내기 힘들 것이네. 다만 지아비도 없는 두 여자가 남의 집에서 먹고 자고 한다면 이 또한 행적이 수상쩍어 틀림없이 실패하게 될 것이네. 둘 다 몸이 아녀자들처럼 깨끗하니, 기꺼이 나의 처첩으로 지내고자 한다면 만에 하나도 실수할 리 없네.'

두 사람은 마땅한 계책이 없었던지라 이러지도 저러지도 못하고 한참 동안 곰곰이 생각하더니, 둘 다 주인어르신의 뜻을 따르기로 했네. 주인어르신께서는 마침내 그들을 위해 여인네의 옷을 준비해 주시고 귀까지 뚫어 주자 점차 귀걸이를 할 수 있게 되었네. 또한 뼈가 물러지는 약을 사다주고 몰래 전족까지 시키자, 몇 개월 뒤에 두 사람은 영락없는 여인네가 되었지. 어르신께서는 둘을 수레에 태워 집으로 돌아와서는 도성에서 장가들었다고 꾸며 말했네. 두 사람은 오랫동안 궁궐에서 생활한데다가 피부까지 하얗고 고아해 사내의 모습이라고는 찾아볼 수 없었네. 게다가 이는 기상천외한 일이라 그 사실을 알아채는 사람은 결국 아무도 없었네. 다만 바느질을 하지 않는 것을 의아하게 생각했지만, 모두들 주인어르신의 총애를 믿고 게으름을 피운다고만 여겼네. 두 사람은 주인어르신이 다시 살려주신 은혜에 감격하여 [위충현이 죽고] 사건이 마무리된 뒤에도 기꺼이 그와 함께 해로[141]하

141 해로(偕老): 『시경』에 보면, "그대와 함께 해로하리(與子偕老)."라는 문장이 있다.

겠다고 마음먹었네. 그러나 실은 교묘한 말로 그들을 유혹하고 협박한 것이지, 그들의 곤궁함을 애달피 여겨 도와준 것은 아니었으니, 사명신(司命神)의 견책을 받는 것도 당연하네. 사람은 속일 수 있지만 귀신은 속일 수 없다고 하더니 진실로 그러하구나!"

老僕魏哲聞其父言. 順治初, 有某生者, 距余家八九十里, 忘其姓名. 與妻先後卒, 越三四年, 其妾亦卒. 適其家傭工人夜行避雨, 宿東嶽祠廊下. 若夢非夢, 見某生荷校立庭前, 妻妾隨焉. 有神衣冠類城隍, 磬折對嶽神語曰: "某生汚二人, 有罪. 活二命, 亦有功. 合相抵." 嶽神咈然曰: "二人畏死忍恥, 尙可貸. 某生活二人, 正爲欲汚二人, 但宜科罪. 何云功罪相抵也?" 揮之出. 某生及妻妾亦隨出. 悸不敢語, 天曙歸告家人, 皆不能解. 有舊僕泣曰: "異哉! 竟以此事被錄乎! 此事惟吾父子知之, 緣受恩深重, 誓不敢言. 今已隔兩朝, 始敢追述. 兩主母皆實非婦人也. 前明天啓中, 魏忠賢殺裕妃, 其位下宮女內監, 皆密捕送東廠, 死甚慘. 有二內監, 一曰福來, 一曰雙桂, 亡命逃匿. 緣與主人曾相識, 主人方商於京師, 夜投焉. 主人引入密室, 吾穴隙私窺, 主人語二人曰: '君等聲音笑貌, 在男女之間, 與常人稍異, 一出必見獲. 若改女裝, 則物色不及. 然兩無夫之婦, 寄宿人家, 形迹可疑, 亦必敗. 二君身已淨, 本無異婦人, 肯屈意爲我妻妾, 則萬無一失矣.' 二人進退無計, 沉思良久, 並曲從. 遂爲辦女飾, 鉗其耳, 漸可受珥. 倂市軟骨藥, 陰爲纏足, 越數月, 居然兩好婦矣. 乃車載還家, 詭言在京所娶. 二人久在宮禁, 並白皙溫雅, 無一毫男子狀. 又其事迥出意想外, 竟無覺者. 但訝其不事女紅, 爲恃寵驕惰耳. 二人感主人再生恩, 故事定後亦甘心偕老. 然實巧言誘脅, 非哀其窮, 宜司命見譴也. 信乎, 人可欺, 鬼神不可欺哉!"

31.

과거급제의 운

건륭 24년(1759) 기묘년에 내가 산서성 향시(鄕試)를 주관할 때, 두 답지만이 형식에 부합했다. 한 명은 48번인데 합격자 방을 쓸 때 동고관(同考官)[142]인 만천(萬泉) 사람 여령임(呂令瀶)이 잘못하여 답지 하나를 옷상자에 넣고는 결국 찾지 못했다. 다른 한 명은 53번으로 합격자 방을 쓸 때 삭풍이 불어와 서너 차례 불을 꺼버리더니 다른 답지로 바꾸자 바람이 그쳤다. 방을 게시한 후 답지에 붙여놓은 번호를 떼고[143] 나서야 비로소 잃어버린 답지의 주인이 범학부(範學敷)이고, 촛불을 꺼버린 답지의 주인이 이등교(李騰蛟)임을 알게 되었는데, 두 사람은 저승의 견책을 받아 그런 일을 당한 것이라고 의심했다. 그러나 경진년 향시에서 두 사람은 모두 합격했는데, 범학부는 여전히 48번이었고 이등교는 신축년에 진사가 되었다. 이를 통해 볼 때 과시의 운도 정해져 있어 1년 먼저 당기는 것도 불가함을 알게

---

142 동고관(同考官): 과거 시험을 보던 시대에 향시(鄕試)와 회시(會試)를 치를 때 과갑(科甲: 科試) 출신의 사람을 파견하고 주고관(主考官)을 도와 시험지를 나누어주는 사람을 동고관 혹은 방관(房官)이라 불렀다.

143 답지에 붙여놓은 번호를 떼고: 원문은 '미봉(彌封)'이다. 시험지에 이름을 가리고 따로 번호표를 주어 순서를 매기고, 시험지 끝에 풀로 붙이는 것을 미봉이라 했다.

되었다. 그러니 바쁘게 뛰어다니면서 구한다 한들 무슨 소용이 있겠는가! 구하자마자 뜻을 이루게 된다면 그 역시 명에 있기 때문이니, 구하지 않는다 해도 뜻을 이룰 것이다.

乾隆己卯, 余典山西鄕試, 有二卷皆中式矣. 一定四十八名, 塡草榜時, 同考官萬泉呂令瀶, 誤收其卷於衣箱, 竟覓不可得. 一定五十三名, 塡草榜時, 陰風滅燭者三四, 易他卷乃已. 揭榜後, 拆視彌封, 失卷者范學敷, 滅燭者李騰蛟也, 頗疑二生有陰譴. 然庚辰鄕試, 二生皆中式, 范仍四十八名, 李於辛丑成進士. 乃知科名有命, 先一年亦不可得. 彼營營者何爲耶! 卽求而得之, 亦必其命所應有, 雖不求亦得也.

32.

찢어진 답지

돌아가신 아버지 요안공께서 해주신 이야기이다.

아버지 요안공은 옹정 경술년 회시(會試) 때 웅현(雄縣)의 탕효렴(湯孝廉)과 같은 호사(號舍)[144]를 썼다고 한다. 탕효렴은 한밤중에 갑자기 산발한 여자귀신을 보았는데, 귀신이 주렴을 걷고 자신의 답지를 찢은 뒤 나비처럼 어지러이 날려버렸다. 탕효렴은 평소 강직한 사람이라 두려워하지 않고 앉아서 물어보았다.

"나는 전생은 잘 모르겠지만, 현생에서도 다른 사람에게 해를 끼친 적 없거늘, 너는 어찌하여 나를 찾아왔는가?"

그러자 귀신이 깜짝 놀란 듯[145] 뒤로 물러나며 말했다.

"당신은 47번이 아니오?"

"나는 49번이오."

아마도 앞에 있던 두 개의 빈방을 귀신이 빠뜨리고 세지 않은 것 같았

---

144 호사(號舍): 호방(號房)이라고도 한다. 『명사』「선거지(選擧志)」에 보면, 수험생이 있는 곳을 공원(貢院)이라고 하고, 수험생이 쉬는 곳을 호방이라고 했다.

145 깜짝 놀란 듯: 원문은 '악치(愕眙)'이다. 반고(班固)의 「서도부(西都賦)」에 보면, "도리어 깜짝 놀라 보면서 섬돌을 오르지 못하네(猶愕眙而不能階)."라는 구가 있다.

다. 귀신은 한참동안 자세히 살펴보더니 예의를 갖추어 사죄하고는 물러갔다. 잠시 뒤 47번 호사에서 아무개 갑이 귀신이 들렸다며 떠들썩했다.

이 귀신이 유달리 어리석어 탕군(湯君: 湯孝廉)이 까닭 없이 해를 당할[146] 뻔했다고 할 수 있다. 다행히 마음에 부끄러운 일을 한 적이 없었기 때문에 순식간에 귀신에게 따지며 말해 답지만 찢겼을 뿐이다. 그렇지 않았다면 그 역시 위험에 빠졌을 것이다!

先姚安公言. 雍正庚戌會試, 與雄縣湯孝廉同號舍. 湯夜半忽見披髮女鬼, 搴簾手裂其卷, 如蛺蝶亂飛. 湯素剛正, 亦不恐怖, 坐而問之曰: "前生吾不知, 今生則實無害人事, 汝胡爲來者?" 鬼愕眙却立曰: "君非四十七號耶?" 曰: "吾四十九號." 蓋前有二空舍, 鬼除之未數也. 諦視良久, 作禮謝罪而去. 斯須間, 四十七號喧呼某甲中惡矣. 此鬼殊憒憒, 湯君可謂無妄之災. 幸其心無愧作, 故倉卒間敢與詰辯, 僅裂一卷耳. 否亦殆哉!

---

146 까닭 없이 해를 당할: 원문은 '무망지재(無妄之災)'이다. 『주역』에 보면, "육삼은 뜻밖의 재앙(無妄六三爻)"이라는 말이 있는데, 까닭 없이 해를 당하는 것을 말한다.

33.

저승의 판결원칙

원외랑(員外郎) 고덕무(顧德懋)가 자칭 동악(東嶽)의 저승 관리라고 했지만, 나는 그 말을 그다지 믿지 않았다. 그러나 그의 말에도 일리는 있다. 지난번 구문달(裘文達)[147]공 집에서 내게 이렇게 말했다.

"저승 관리가 절부(節婦)를 중시하지만, 여기에도 차등이 있소. 어떤 이는 자식에 대한 사랑 때문에, 어떤 이는 많은 전답 때문에 연연하여 떠나지 못하는 경우가 있는데, 이는 최하위에 속하오. 정욕이 싹트더라도 예의로서 극복할 수 있는 경우는 그 다음에 해당되오. 마음이 마른 우물물과 같아 물결이 일지 않는 것,[148] 부귀를 살피지 않는 것, 추위와 굶주림을 모르는 것, 이해관계를 따지지 않는 경우는 모두 최상위에 속하오. 이와 같은 사람은 천백에 한 명도 만나기 어렵고, 한 사람이라도 만나면 귀신도 일어나서 그에게 경의를 표한다오. 어느 날 절개가 굳은 부인이 왔다는 소문이 떠들썩하게 들려왔는데, [부인이 오자] 염라대왕은 낯빛을 바꾸고 저승 관리들

147 구문달(裘文達): 이름은 수(修)이고, 자는 숙도(叔度)이며, 청강(淸江) 서신건(西新建) 사람으로, 공부상서랑(工部尙書郎)을 지냈으며, 시호는 문달(文達)이다.

148 마음이…않는 것: 맹교(孟郊)의 「열녀조(烈女操)」에 보면, "물결은 맹세코 일어나지 않으리니, 첩의 마음은 우물 속의 물이랍니다(波瀾誓不起, 妾心古井水)."라는 시구가 있다.

도 모두 옷을 떨치고 일어나 그녀를 맞이했소. 한 병든[149] 노부인이 걸어오는데 보니, 마치 계단을 오르듯 그렇게 한 걸음 한 걸음 발을 떼었소. 다 와서 대전 꼭대기로 올라오더니 어디로 가야할지를 몰라 했소. 이에 저승 관리가 망연자실해 말했소.

'이 부인은 이미 승천했지만, 우리 귀적(鬼籍)에는 들어있지 않구나.'"

또 말했다.

"어진 신하에도 세 등급이 있는데, 법령과 제도를 두려워하는 자는 최하위에 속하며, 명예와 절조를 아끼는 자는 그 다음이고, 왕실에 마음을 두면서도 국가의 민생만을 염두에 두고, 자신의 화복이나 비방과 칭찬에 연연하지 않는 자는 자는 최상위에 속하오."

또 말했다.

"저승에서는 권세다툼을 싫어하는데, 그것은 모든 죄악이 바로 여기에서 비롯되어, 대개는 엎어지고[150] 얻는 것보다 잃는 것이 많다고 생각하기 때문이오. 사람의 마음이 간교해질수록 귀신의 속임수도 더욱 교묘해진다오. 그러나 저승에서는 은둔자를 그다지 중시하지 않는데, 천지에서 인재를 낼 때는 본래 인간 세상에 보탬이 되기를 바랐기 때문이오. 세상 사람들이 모두 소보(巢父)와 허유(許由)[151] 같다면 지금쯤 천지사방에는 물이 넘쳐

149 병든: 원문은 '내연(儽然)'이다.

150 엎어지고: 원문은 '질(礩)'이다.

151 소보(巢父)와 허유(許由): 원문은 '소허(巢許)'로, 상고시대 당(唐) 나라 요(堯) 임금 때의 은자이다.

흐르고,[152] 표주박을 걸어둘 나무[153]나 소에게 물을 먹일[154] 땅조차 없을 것이오."

또 말했다.

"저승의 법률은 『춘추』에서와 마찬가지로 현자에게만 엄격함을 요구할 뿐, 다른 사람에게는 선을 베푸오.[155] 그러기에 군자가 우겨서 일을 그르친다면 이 역시 허물로 기록될 것이오. 그러나 소인이 한 가지 일로 다른 사람을 이롭게 한다면, 틀림없이 작은 선으로서 보답할 것이오. 세상 사람들은 이러한 이치를 모르기 때문에 인과응보가 간혹 명쾌하지 않다고 의심합니다."

顧員外德懋, 自言爲東嶽冥官, 余弗深信也. 然其言則有理. 曩在裘文達公家, 嘗謂余曰: "冥司重貞婦, 而亦有差等. 或以兒女之愛, 或以田宅之豐, 有所繫

---

152 물이 넘쳐흐르고: 원문은 '홍수횡류(洪水橫流)'로, 『서경』에 보인다.

153 표주박을 걸어둘 나무: 원문은 '괘표(掛瓢)'이다. 『일사전(逸士傳)』에 보면, 허유가 손으로 물을 떠먹는 것을 보고 어떤 사람이 그에게 표주박을 하나 주었다고 한다. 허유는 표주박으로 물을 떠먹고 난 뒤에 그것을 나무에 걸어 두었는데, 바람이 불자 표주박에서 소리가 났다. 이에 허유는 귀찮아질 것을 생각해 표주박을 버렸다고 한다.

154 소에게 물을 먹일: 『고사전(高士傳)』에 보면, 요임금이 허유를 불러 구주(九州)의 수장으로 삼으려 했으나, 허유는 그 말을 듣고 싶지 않아 영수 가에서 귀를 씻었다고 한다. 그때 그의 친구 소보가 송아지를 끌고 와 물을 먹이려다 말고 허유가 귀를 씻고 있는 것을 보고 그 까닭을 물었다. "요 임금이 나를 불러 구주의 수장으로 삼으려 한다기에 그 소리를 듣고 싫어 귀를 씻고 있네."라고 대답하자, 소보가 "그것은 자네가 진실로 인간 세상에서 살면서 명예를 구했기 때문일세. 내 송아지의 입만 더럽혔네."라고 말했다. 그리고는 송아지를 끌고 상류로 가서 물을 먹였다고 한다.

155 다른 사람에게는 선을 베푸오: 원문은 '여인위선(與人爲善)'으로, 『맹자』에 보인다. 본래는 다른 사람과 함께 선을 행하다의 뜻이나, 오늘날에는 선의로 다른 사람을 돕다는 의미로 많이 사용된다.

戀而弗去者, 下也. 不免情欲之萌, 而能以禮義自克者, 次也. 心如古井, 波瀾不生, 富貴亦不睹, 饑寒亦不知, 利害亦不計者, 斯爲上矣. 如是者千百不得一, 得一則鬼神爲起敬. 一日, 喧傳節婦至, 冥王改容, 冥官皆振衣竚迓. 見一老婦傫然來, 其行步步漸高, 如躡階級. 比到, 則竟從殿脊上過, 莫知所適. 冥王憮然曰: '此已升天, 不在吾鬼籙中矣.'" 又曰: "賢臣亦三等, 畏法度者爲下, 愛名節者爲次, 乃心王室, 但知國計民生, 不知禍福毁譽者爲上." 又曰: "冥司惡躁競, 謂種種惡業, 從此而生, 故多困躓之, 使得不償失. 人心愈巧, 則鬼神之機亦愈巧. 然不甚重隱逸, 謂天地生才, 原期於世事有補. 人人爲巢許, 則至今洪水橫流, 併掛瓢飮犢之地, 亦不可得矣." 又曰: "陰律如『春秋』責備賢者, 而與人爲善. 君子偏執害事, 亦錄以爲過. 小人有一事利人, 亦必予以小善報. 世人未明此義, 故多疑因果或爽耳."

34.

약방문

내각학사(內閣學士) 영공(永公)은 이름이 영(甯)이다. 병에 걸려 고생하다가 의원을 불러 진찰을 받았으나 바로 낫지 않았다. 그리하여 다른 의원을 불렀더니, 앞서 온 의원의 약방문을 보여 달라고 했다. 약방문을 찾을 수 없자 영공은 계집종이 약방문을 다른 곳에 잘못 두었다고 생각하고, 계집종에게 약방문을 찾아내라고 꾸짖으면서 찾지 못하면 매질을 하겠다고 말했다. 정신없이 베개에 기대어 쉬고 있는데 어떤 사람이 등불 앞에서 무릎을 꿇고 말하는 것이 보였다.

"공께서는 계집종을 때리지 마십시오. 그 약방문은 소인이 숨겼습니다. 소인은 바로 공께서 얼사(臬司: 按察使)로 계실 때 누명을 벗겨주시어[156] 새 삶을 살게 된 죄수입니다."

영공이 "약방문을 숨긴 무슨 뜻이라도 있소?" 하고 묻자 이렇게 대답했다.

"의원들은 같은 의원들끼리 시기하기 마련이라 지난번 의원의 처방을 바꾸어서 자신의 장점을 드러내려고 애씁니다. 공께서 복용하신 약이 잘

---

156 누명을 벗겨주시어: 원문은 '평반(平反)'이다. 옥사를 다스려 억울함을 풀어주는 것을 말한다.

못된 것이 아니라 이제 겨우 한 제만 드셨기 때문에 아직 효력이 나타나지 않았을 뿐입니다. 만약 나중에 온 의원이 앞선 약방문을 보았다면, 틀림없이 그 반대되는 약을 사용해서 자신의 빼어남을 내세우려 했을 터인데, 그리되면 공께서 위험해지십니다. 그래서 소인이 약방문을 몰래 감추었습니다."

영공은 정신이 없는 상태라 그가 귀신이라는 생각도 미처 하지 못했다. 잠시 뒤에 깨어나서야 비로소 [그가 귀신이었다는 사실을] 깨닫고는 두려움에 식은땀을 흘렸다. 영공은 나중에 온 의원에게 앞선 약방문을 잃어버렸고 기억할 수 없으니 달리 약방문을 써달라고 청했다. 그러고 나서 보았더니 그 의원이 쓴 약은 앞서 왔던 의원의 약방문과 같았다. 연이어 그 약을 몇 제 복용했더니 병이 씻은 듯 나았다. 영공이 우루무치를 다스리실 적에 내게 직접 말씀해 주시면서 이렇게 말했다.

"이 귀신은 세상물정을 잘 안다고 할 수 있네."

內閣學士永公, 諱甯. 嬰疾, 頗委頓, 延醫診視, 未遽愈. 改延一醫, 索前醫所用藥帖. 弗得, 公以爲小婢誤置他處, 責使搜索, 云不得且笞汝. 方倚枕憩息, 恍惚有人跪燈下曰: "公勿笞婢. 此藥帖小人所藏. 小人卽公爲臬司時平反得生之囚也." 問: "藏藥帖何意?" 曰: "醫家同類皆相忌, 務改前醫之方, 以見所長. 公所服藥不誤, 特初試一劑, 力尚未至耳. 使後醫見方, 必相反以立異, 則公殆矣. 所以小人陰竊之." 公方昏悶, 亦未思及其爲鬼. 稍頃始悟, 悚然汗下. 乃稱前方已失, 不復記憶, 請後醫別疏方. 視所用藥, 則仍前醫方也. 因連進數劑, 病霍然如失. 公鎭烏魯木齊日, 親爲余言之, 曰: "此鬼可謂諳悉世情矣."

35.

훈장의 위선

집안 아저씨 목암(檾菴)이 해준 이야기다.

숙녕(肅甯)에 정주이학(程朱理學)을 강하는 훈장이 있었다고 한다. 하루는 한 행각승이 서당 밖에서 걸식하고 있었는데, 목어 소리가 진시(辰時)에서 오시(午時)까지 낭랑하게 울려 퍼지면서 전혀 그칠 기미가 보이지 않았다. 그 소리가 듣기 싫었던 훈장은 직접 밖으로 나와 그를 꾸짖어 쫓아 보내면서 말했다.

"너희 불가(佛家)는 본디 이단이야. 어리석은 백성들이나 너희 같은 것들에게 미혹되거늘, 이곳에는 모두 성현의 제자들뿐인데, 하필 여기서 그런 망상을 꿈꾸는고?"

행각승이 예를 올리며 말했다.

"불제자들이 시주를 청하는 것은 유가들이 부귀를 구하는 것과 같습니다. 본래의 종지를 잃어버린 것은 마찬가지인데, 선생께서는 무엇 때문에 굳이 저를 괴롭히십니까?"

훈장은 화가 나서 직접 회초리[157]를 들고 그를 때렸다. 그러자 행각승은

---

157 회초리: 원문은 '하초(夏楚)'로, 모두 나무 이름이다. 『예기』「학기(學記)」에 보면, "개오동 나

옷을 떨치며 일어나 말했다.

"정말 못되게도 구는군!"

그리고는 자루를 땅에 그냥 놔둔 채 가버렸다. 훈장은 그가 틀림없이 다시 올 것이라 생각했지만 저녁이 지나도록 오지 않았다. 훈장이 자루를 만져보니, 안에 든 것은 모두 푼돈이었다. 제자들이 자루를 뒤져 돈을 가져가려 하자, 훈장이 말했다.

"한참 기다려도 오지 않으면, 그때 가서 다시 생각해보자. 그러나 돈이 얼마가 들었는지 정확하게 세어두어야만, 분쟁이 없을 것이야."

자루를 여는 순간, 벌떼가 밖으로 쏟아져 나와[158] 훈장과 제자들의 얼굴을 쏘는[159] 바람에 모두 얼굴이 온통 퉁퉁 부어올랐다. 벌들을 잡아 좀 살려달라고 소리치자 인근에서 듣고 깜짝 놀라 무슨 일이냐고 물었다. 그때 행각승이 갑자기 문을 열고 들어와 말했다.

"성현들이 다른 사람의 재물을 숨기려 하다니!"

행각승은 자루를 메고 바로 나갔다. 행각승은 나가면서 훈장에게 합장하며 "이단이 어쩌다가 성현의 뜻을 거스르게 되었으니 부디 용서하십시오."라고 말했다.

주위에서 구경하던 사람들은 빙그레 웃었다. 어떤 사람이 말했다.

"훈장이 지나치게 불교를 배척해서 스님만 봤다 하면 욕을 하니까, 행

뭇가지와 모형 나뭇가지로 매질해, 위엄을 취했다(夏楚二物, 收其威也)."라는 문장이 있고, "하(夏)는 개오동나무[榎]이고, 초(楚)는 모형나무[荊]인데, 모두 매질할 때 사용했기 때문에 이로부터 하초(夏楚)라는 이름을 얻게 되었다."라고 주 달려 있다.

158 쏟아져 나와: 원문은 '분용(坌涌)'이다. 『운회(韻會)』에 보면, 분(坌)은 '모여들다'의 뜻이다. 『후한서』「미형전(彌衡傳)」에 보면, "기가 넘쳐흐른다(溢氣坌涌)."라는 구가 있다.

159 쏘는: 원문은 '석(螫)'으로, 벌레가 침을 쏘는 것을 말한다.

각승이 일부러 자루에 벌을 담아 와서 장난친 게야."

목암이 말했다.

"이 일은 내가 직접 목격한 것일세. 자루에 미리 벌을 담아왔다면 자루 바깥으로 꿈틀거리는[160] 모습이 보였을 텐데, 당시 아무 것도 보지 못했네. 환술(幻術)이라고 보는 것이 그래도 맞을 거야."

族叔棨菴言. 肅甯有塾師, 講程朱之學. 一日, 有游僧乞食於塾外, 木魚琅琅, 自辰逮午不肯息. 塾師厭之, 自出叱使去, 且曰: "爾本異端. 愚民或受爾惑耳, 此地皆聖賢之徒, 爾何必作妄想?" 僧作禮曰: "佛之流而募衣食, 猶儒之流而求富貴也. 同一失其本來, 先生何必定相苦?" 塾師怒, 自擊以夏楚. 僧振衣起曰: "太惡作劇!" 遺布囊於地而去. 意必復來, 暮竟不至. 捫之, 所貯皆散錢. 諸弟子欲探取, 塾師曰: "俟其久而不來, 再爲計. 然須數明, 庶不爭." 甫啓囊, 則群蜂坌涌, 螫師弟面目盡腫. 號呼撲救, 鄰里咸驚問. 僧忽排闥入曰: "聖賢乃謀匿人財耶!" 提囊徑行. 臨出, 合掌向塾師曰: "異端偶觸忤聖賢, 幸見恕." 觀者粲然. 或曰: "塾師好闢佛, 見僧輒詆, 僧故置蜂於囊以戲之." 棨菴曰: "此事余目擊. 如先置多蜂於囊, 必有蠕動之狀見於囊外, 爾時殊未睹也. 云幻術者爲差近."

160 꿈틀거리는: 원문은 '연동(蠕動)'이다.

36.

주청뢰(朱青雷)의 우언

주청뢰(朱青雷)가 해준 이야기이다.

원수를 피해 심산으로 달아나 숨어 지내는 사람이 있었다고 한다. 바람이 맑고 달빛이 밝은 어느 날 밤에 귀신이 백양나무 아래에서 배회하는[161] 것을 보고는 땅에 엎드린 채 감히 일어나지 못했다. 귀신이 갑자기 그를 보고 말했다.

"당신은 어째서 나오지 못하고 있소?"

그 사람은 들들 떨면서 대답했다.

"나는 당신이 두렵소."

그러자 귀신이 말했다.

"사람보다 두려운 것이 없거늘, 귀신이 뭐가 두렵다고 그러시오. 당신을 자빠뜨려서 이곳으로 보낸 이가 사람이오? 귀신이요?"

귀신은 빙그레 웃으면서 사라졌다.

나는 이 이야기가 주청뢰가 느낀 바가 있어 지어낸 우언이라고 생각한다.

---

161 배회하는: 원문은 '도의(徒倚)'이다. 사마상여(司馬相如)의 「장문부(長門賦)」에 보면, "한가로이 동편결채에서 배회하는구나(閒徒倚於東廂兮)."라는 문장이 있다.

朱青雷言. 有避讎竄匿深山者. 時月白風淸, 見一鬼徙倚白楊下, 伏不敢起. 鬼忽見之, 曰: "君何不出?" 慄而答曰: "吾畏君." 鬼曰: "至可畏者莫若人, 鬼何畏焉. 使君顚沛至此者, 人耶? 鬼耶?" 一笑而隱. 余謂此青雷有激之寓言也.

37.

이무기

도찰원(都察院)[162] 곳간에 커다란 이무기 한 마리가 살고 있었는데, 종종 밤이면 밖으로 나왔다. 내가 좌도어사(左道御史)[163]로 있을 때 두 번 본 적이 있는데, 이무기가 똬리를 틀었던 흔적이 먼지에 뚜렷하게 남아 있었다. 먼지가 2치 남짓 되는 것으로 보아 몸은 5치정도로 추정된다. 벽에는 갈라진 틈[164]이 없었고 문에도 틈이 없었으며 창살[165] 너비는 2치도 채 되지 않는데, 어떻게 들고나는지 알 수 없었다. 대개 미물이란 시간이 오래되면 형체를 변화시킬 수 있다고 하던데, 여우는 창문 틈 사이로 왕래할 수 있지만, 본래의 모습으로는 창문 틈으로 들어올 수 없다. 도찰원에서 일하는 하급관리가 말했다.

"그 이무기는 길흉에 따라서 출몰하기는 했지만, 별다른 효험은 없었습니다."

---

162 도찰원(都察院): 관청 이름으로, 어사(御史)가 거처하는 곳이다.

163 좌도어사(左道御史): 원문은 '총헌(總憲)'이다. 이전에는 도찰원의 장관(長官) 좌도어사를 총헌이라 불렀다.

164 갈라진 틈: 원문은 '하(罅)'이다.

165 창살: 원문은 '령(櫺)'이다.

이 이야기는 신비롭게 꾸며낸 것에 불과하다.

都察院庫中有巨蟒, 時或夜出. 余官總憲時, 凡兩見, 其蟠迹著塵處. 約廣二寸餘, 計其身, 當橫徑五寸. 壁無罅, 門亦無罅, 窗櫺潤不及二寸, 不識何以出入. 大抵物久則能化形, 狐魅能自窗隙往來, 其本形亦非窗隙所容也. 堂吏云: "其出應休咎, 殊無驗." 神其說耳.

38.

성황신의 매질

저승과 이승은 길이 다르다. 사람이 처리할 수 있는 일은 귀신이 굳이 다시 처리하지 않는데, 이는 사람을 업신여기지 않음을 드러내기 위해서이다. 저승과 이승은 이치가 같다. 사람이 처리할 수 없을 경우 간혹 귀신이 대신 처리해주기도 하는데, 이는 예측할 수 없음을 드러내기 위해서이다.

태복(太僕) 과선주(戈仙舟)가 해준 이야기이다.

그 집의 한 하인이 한번은 술에 취해 성황신(城隍神)의 책상에서 잠이 들었었다고 한다. 신이 그를 잡아다가 매 스무 대를 때렸는데, 양쪽 허벅지에 멍 자국이 시퍼렇게 남아 있었다. 태복이 직접 이것을 보았다.

幽明異路. 人所能治者, 鬼神不必更治之, 示不瀆也. 幽明一理. 人所不及治者, 鬼神或亦代治之, 示不測也. 戈太僕仙舟言. 有奴子嘗醉寢城隍神案上. 神拘去笞二十, 兩股青痕斑斑. 太僕目見之.

39.

토지신의 가호

두생촌(杜生村)은 우리 집에서 18리 떨어진 곳에 있다. 그 마을에 부잣집의 재물을 탐내 민며느리를 첩으로 팔려는 사람이 있었다. 민며느리는 비록 성혼은 하지 않았지만, 남편과 몇 년을 함께 살아온 만큼 도리상 재가할 수 없었다. 그러나 그 일을 막을 수 없음을 알고 남편과 함께 달아나기로 몰래 약속했다. 시부모가 그 사실을 알고 뒤쫓아 왔다. 두 사람은 밤에 우리 마을의 토지신 사당[166]에 도착했지만, 머무를 곳이 없자 서로 껴안고 울었다. 그때 갑자기 사당 안에서 이런 말이 들렸다.

"추격자들이 곧 도착할 것이니, 신상의 책상아래 숨는 것이 좋겠다."

잠시 후 묘축(廟祝)이 비틀거리며[167] 술에 취해 돌아와서는 사당문 밖에 널브러졌다. 시부모가 급히 쫓아와 행적을 묻자, 묘축은 이렇게 잠꼬대했다.

"어린 남녀 두 사람 말입니까? 나이는 얼마쯤 되고, 차림새는 어쨌는데, 아무 길로 갔습니다."

---

166 토지신 사당: 원문은 '사(祠)'이다. 『공양전(公羊傳)』에 보면, 사(祠)는 토지신이다. 민간에서는 사(社)를 토지신(土地神)이라고도 하는데, 여기서는 이를 따랐다.

167 비틀거리며: 원문은 '양창(踉蹌)'으로, 걸음걸이가 바르지 않은 모양을 가리킨다.

시부모는 급히 묘축이 가리키는 곳으로 쫓아갔고, 두 사람은 시부모의 추적에서 벗어날 수 있었다. 두 사람은 걸식하면서 며느리의 부모가 살고 있는 집으로 갔고, 그 부모가 관에 고발하여 첩으로 팔려가지 않게 되었다. 그 시각, 사당 안에는 아무도 없었다. 묘축은 이렇게 말했다.

"저는 애초에 그런 일이 있는 줄도 몰랐고 그런 말을 했는지조차 기억하지 못합니다."

아마도 토지신이 신통력을 발휘한 것 같다.

杜生村, 距余家十八里. 有貪富室之賄, 鬻其養媳爲妾者. 其媳雖未成婚, 然與夫聚已數年, 義不再適. 度事不可止, 乃密約同逃. 翁姑覺而追之. 二人夜抵余村土神祠, 無可棲止, 相抱泣. 忽祠內語曰: "追者且至, 可匿神案下." 俄廟祝踉蹌醉歸, 橫臥門外. 翁姑追至, 問蹤跡, 廟祝囈語應曰: "是小男女二人耶? 年約若干, 衣履若何, 向某路去矣." 翁姑急循所指路往, 二人因得免. 乞食至媳之父母家, 父母欲訟官, 乃得不鬻. 爾時祠中無一人. 廟祝曰: "吾初不知是事, 亦不記作是語." 蓋皆土神之靈也.

40.

효심은 천심

건륭 45년(1780) 경자년 북경의 양매죽사가(楊梅竹斜街)에 불이 났는데, 타버린 집만 해도 100여 가옥이나 되었다. 단지 쓰러져 가는 한 집만이 홀로 타지 않고 우뚝 솟아 있을 뿐, 사방 주위의 담벼락은 마치 금을 그어 놓은 것처럼 가지런하게 내려앉아 있었다. 알고 보았더니 그 집에는 병든 시어머니를 돌보며 곁을 떠나지 않은 한 과부가 살고 있었다. 바로 이것을 두고 "지극한 효성은 천지신명에게 통한다.[168]"라고 하는 것이다.

乾隆庚子, 京師楊梅竹斜街火, 所毁殆百楹. 有破屋巋然獨存, 四面頹垣, 齊如界畫. 乃寡媳守病姑不去也. 此所謂"孝弟之至, 通於神明."

---

168 지극한…통한다: 『효경(孝經)』에 보인다.

41.

숙녕현 우씨

우씨(于氏)는 숙녕현(肅甯縣)[169]의 권문세가이다. 위충현은 권력을 잡았을 때 왕후장상은 쓰레기[170]같이 보았지만, 숙녕현에서 자라면서 우씨 집안이 권문세가라는 말을 귀에 못이 박히도록 들은 탓에, 우씨 집안을 마치 육조시대의 명문귀족인 왕씨(王氏)와 사씨(謝氏)[171]처럼 보았다. 그래서 조카의 혼처를 구할 때도 우씨 집안의 딸이 아니면 안 된다고 했던 것이다. 때마침 우씨의 아들 우생이 향시를 보러오자, 술상을 차려 억지로 그를 집으로 초대해 대접하면서 그 자리에서 혼사를 논의했다. 우생은 마음속으로 "허락하면 훗날 화가 닥칠 것이고, 거절하면 화가 눈앞에 있으니, 급히 결정할 일이 아니다."라고 생각하면서, 부친께서 살아 계시니 혼자서 독단적으로 결정하기 어렵다고 핑계를 댔다. 그러자 위충현이 말했다.

---

169 숙녕현(肅甯縣): 직례성(直隸省) 관할 현이다.

170 쓰레기: 원문은 '토저(土苴)'이다. 『장자』에 보면, "쓰레기로 천하를 다스리다(其土苴以治天下)."라는 문장이 있고, "토저(土苴)는 쓰레기(糞草)이다."라는 주가 달려 있다.

171 왕씨(王氏)와 사씨(謝氏): 원문은 '왕사(王謝)'이다. 두 성씨는 육조(六朝) 시대의 명문귀족이다. 『남사(南史)』「후경전(侯景傳)」에 보면, 후경이 왕씨와 사씨 집안에 장가들 것을 청했다고 한다. 그러자 임금이 "왕씨와 사씨 가문은 높으니, 주씨와 장씨 이하의 가문에서 찾아보는 것이 좋겠소."라고 말했다고 한다.

"그건 아주 쉬운 일이네. 자네가 빨리 편지를 써 주면 내가 바로 부친께 전해주겠네."

그날 밤 우공은 꿈속에서 돌아가신 부친을 뵈었는데, 평소와 다름없이 학업에 힘쓰라고 하시면서 문제 두 개를 내셨다. 하나는 "공자께서 좋구나 하셨다(孔子曰諾)"[172]였고, 다른 하나는 "몸을 깨끗이 하여 돌아오면 그뿐이다(歸潔其身而已矣)."[173]였다.

무슨 말인지 골똘하게 생각하던 중에 문 두드리는 소리에 깜짝 놀라 깨어나 아들의 편지를 받고 깨달은 바가 있어, 혼인을 허락한다는 답신을 보내고, 병세가 깊으니 아들에게 속히 돌아오라는 말을 덧붙여 적었다. 숙녕현은 도성에서 400여 리나 떨어진 곳이었지만, 답신이 왔을 무렵 막 동이 트고 아직 연극이 끝나지 않은 상태였다. 우생이 급히 여장을 꾸리고 출발하는데, 전송 나온 관리들은 벌써 선물을 주며 잘 봐달라고 부탁했다. 집에 돌아온 후 부자는 모두 병이 났다며 대문 밖을 나가지 않았다. 그 해가 바로 천계 4년(1624) 갑자년이었는데, 3년 뒤에 위충현이 죽고 나서야 그 고충에서 벗어날 수 있었다. 일이 마무리된 뒤에 우공은 작은 수레를 타고 교외를 돌아다니면서 말했다.

"내가 3년 동안 두문불출[174]한 것은 그저 오늘날 이렇게 꽃을 보고 술을 마시기 위해서였습니다. 정말 위험했습니다!"

---

172 공자께서 좋구나 하셨다(孔子曰諾): 『논어』「양화(陽貨)」에 나오는 말이다.

173 몸을 깨끗이 하여 돌아오면 그뿐이다(歸潔其身而已矣): 『맹자』「만장장구(萬章章句)」(상)에 나오는 말이다.

174 두문불출: 원문은 '두문(杜門)'이다. 『사기』「상군전(商君傳)」에 보면, "공자 건(虔)이 두문불출했다(公子杜門不出)."라는 문장이 있는데, 여기서 두(杜)는 닫다(塞)의 뜻이다.

우생이 출발할 때 위충현이 그에게 초상화를 주면서 말했다.

"신부에게 먼저 내 얼굴을 익혀 놓도록 하게."

우씨는 우리 집과는 외종사촌지간이었기 때문에 나는 어려서 이 두루마리를 본적이 있다. 위충현은 키가 크고 말랐으며, 얼굴은 희고 약간 불그스레했으며, 양쪽 광대뼈가 약간 돌출되어 있고, 뺨이 좁은 편이다. 눈빛은 술 취한 듯 보였고, 주름진 눈가[175]는 불그스레하고[176] 약간 부어있었다. 붉은 비단 옷을 입고 안석에 앉아 있는데, 아홉 개의 금색 도장[177]이 나란히 놓여 있었다.

于氏, 肅甯舊族也. 魏忠賢竊柄時, 視王侯將相如土苴, 顧以生長肅甯, 耳濡目染, 望于氏如王謝. 爲姪求婚, 非得于氏女不可. 適于氏少子赴鄉試, 乃置酒强邀至家, 面與議. 于生念許之則禍在後日, 不許則禍在目前, 猝不能決, 託言父在, 難自專. 忠賢曰: "此易耳. 君速作札, 我能卽致太翁也." 是夕, 于翁夢其亡父, 督課如平日, 命以二題. 一爲孔子曰諾, 一爲歸潔其身而已矣. 方構思, 忽叩門驚醒, 得子書, 恍然頓悟, 因覆書許姻, 而附言病頗棘, 促子速歸. 肅甯去京四百餘里, 比信返, 天甫微明, 演劇猶未散. 于生匆匆束裝, 途中官吏迎候者, 已供帳相屬. 抵家後, 父子俱稱疾不出. 是歲爲天啓甲子, 越三載而忠賢敗, 竟免於難. 事定後, 于翁坐小車徧遊郊外, 曰: "吾三載杜門, 僅博得此日看花飲酒. 岌乎

175 주름진 눈가: 원문은 '와잠(臥蠶)'이다. 관상가들은 눈가에 주름이 있는 것을 와잠(臥蠶)이라 불렀다.

176 불그스레하고: 원문은 '자석(赭石)'이다. 자석은 색깔이 아주 붉어서 안료로 사용할 수 있고, 약제로도 사용된다. 여기서는 자석의 색깔을 따라서 붉다라는 의미로 해석한다.

177 금색 도장: 원문은 '금인(金印)'이다. 옛날 제왕이나 고급관리들이 사용했던 금으로 만든 도장을 말한다.

危哉!” 于生瀕行時, 忠賢授以小像曰: “先使新婦識我面.” 于氏於余家爲表戚, 余兒時尚見此軸. 貌修偉而瘦削, 面白色隱赤, 兩顴微露, 頰微狹. 目光如醉, 臥蠶以上, 赭石薄暈如微腫. 衣緋紅, 座旁几上, 露列金印九.

42.

토지신의 조언

두림진(杜林鎭) 토지신 사당의 도사는 꿈에서 토지신이 말하는 것을 보았다.

"이곳의 사무가 번잡한 관계로 내가 두루 살피지 못해, 역신이 효자와 열녀의 집으로 잘못 들어가 아이들에게 상해를 입혔다. 이 때문에 오늘 강등되어 이곳을 떠나게 되었다. 새로 오시는 토지신은 성정이 엄하시니 잘 모시거라. 아마 나처럼 지나친 관용은 베풀지 않을 것이다."

도사는 근거 없는 춘몽이라 생각하고 그다지 개의치 않았다. 며칠 뒤 그는 술에 취해 토지신 옆에서 잠을 자다가 감기가 걸렸는데, 하마터면 죽을 뻔했다.

杜林鎭土神祠道士, 夢土神語曰: "此地繁劇, 吾失於呵護, 致疫鬼誤入孝子節婦家, 損傷童稚. 今鐫秩去矣. 新神性嚴重, 汝善事之. 恐不似我姑容也." 謂春夢無憑, 殊不介意. 越數日, 醉臥神座旁, 得寒疾, 幾殆.

43.

달밤의 여자

경주태수(景州太守) 과동원(戈桐園)이 삭평(朔平)[178]에서 벼슬살이 할 때의 일이다. 한 막료가 밤에 잠을 자다가 깨어나 보니, 밝은 달빛이 창문에 가득한데 한 여자가 안석 곁에 비스듬히 앉아 있는 것이었다. 그가 깜짝 놀라 하인들을 부르려고 하자, 여자가 손을 내저으며 말했다.

"내가 이곳에 산지 오래되었는데, 그대가 보지 못했을 따름이오. 그래서 오늘 그대를 만났음에도 피하지 않았거늘, 어찌 그리 놀라시오?"

막료가 더욱 급히 소리치자, 여자가 웃으면서 말했다.

"내가 그대에게 화를 입히려 한다면 하인인들 어찌 그대를 구할 수 있겠소?"

옷을 털고 급히 일어서는데 미풍이 창호지를 흔들 듯 격자창을 뚫고 나갔다.

景州戈太守桐園, 官朔平時. 有幕客夜中睡醒, 明月滿窗, 見一女子在几側坐. 大怖, 呼家奴, 女子搖手曰: "吾居此久矣, 君不見耳. 今偶避不及, 何驚駭乃

178 삭평(朔平): 청대 산서성(山西省)의 부(府)이름이다.

爾?” 幕客呼益急, 女子哂曰: “果欲禍君, 奴豈能救?” 拂衣遽起, 如微風之振窗紙, 穿欞而逝.

44.

토우 판관

영주(潁州)의 공생(貢生)[179] 오약명(吳躍鳴)이 해준 이야기이다.

마을에 품행이 단정한 늙은 유생 임생(林生)이라는 자가 있었다. 임생이 예전에 신을 모셔둔 사당에서 글을 읽은 적이 있었는데, 사당이 꽤 넓어 세를 내어[180] 거주하는 사람이 많았다. 임생은 성정이 괴팍하여 다른 사람의 말을 듣거나 말을 걸지도 않았다. 하루는 밤늦도록 잠이 오지 않아 달빛아래서 산책하고 있는데, 한 객이 다가와 안부를 물었다. 임생은 마침 적적했던 터라 그를 데리고 방안으로 들어가 함께 이야기를 나누는데, 아주 조리가 있었다. 우연히 인과응보의 일을 이야기하게 되자, 임생이 말했다.

"성현이 선한 일을 하는 것은 모두 그 어떤 보상도 바라지 않고 하는 것입니다. 무엇을 바라고 선한 일을 하면 설령 하늘의 이치에 부합한다 하더라도, 그 마음은 이미 욕망에 사로잡힌 것입니다. 그런 까닭에 군자는 불교의 복전설(福田說)[181]에 대해서는 말하지 않습니다."

179 공생(貢生): 원문은 '명경(明經)'으로, 명청대에 공생에 대한 존칭으로 사용되었다.

180 세를 내어: 원문은 '추(僦)'이다.

181 복전설(福田說): 『법원주림(法苑珠林)』에 보면, 불가에서는 세상에 세 종류의 복전인 보은전(報恩田), 공덕전(功德田), 빈궁전(貧窮田)이 있다고 한다.

그러자 객이 말했다.

"선생의 말씀은 순전히 유가의 입장에서 말씀하시는 것입니다. 이것으로 스스로를 단속하는 것은 가능하나, 다른 사람을 단속하는 것은 불가능합니다. 또 군자를 단속하는 것은 그래도 가능하나, 천하의 사람을 단속하는 것은 절대로 불가능합니다. 성인이 교화에 뜻을 두는 것은 사람을 선하게 만들기 위해서입니다. 선을 베풀 수 없는 사람은 그들을 도와서 선을 행하게 해야 하고, 선을 베풀려고 하지 않는 사람은 매질을 해서라도 다그쳐야 합니다. 그래서 상벌이 생겨나게 된 것입니다. 상을 바라고 선을 행할 수 있으면, 성인은 그저 그 선과 함께하면 될 뿐, 상을 바라고 그렇게 했다고 굳이 꾸짖을 필요는 없습니다. 형벌이 두려워 선을 행한다 해도, 성인은 역시 그 선을 함께 나누면 될 뿐, 형벌을 피하려 그렇게 했다고 굳이 꾸짖을 필요는 없습니다. 진실로 형벌과 상으로 천리를 따르게 한다고 해서 상을 바라거나 형벌을 두려워하는 것을 인욕(人欲)이라 꾸짖는다면, 이는 형벌과 상을 격려하는 것이 아니니 이를 일러 '옳지 않다(不善)'고 하는 것입니다. 형벌과 상으로 격려하는 것, 이 역시 '옳지 않다'고 할 수 있지만, 그렇게 되면 사람들이 손발을 둘 곳이 없게 됩니다. 게다가 상을 바라고 형벌을 피하려는 것을 또한 인욕이라 말하면서 상과 벌로써 사람들을 격려한다면, 사람들은 성인이 인욕으로서 백성들을 인도한다고 생각하게 되니, 여기에 무슨 이치가 있습니까? 무릇 천하에 성인이 적고 백성이 많기 때문에 성인의 형벌과 상은 중인 이하의 사람들을 교화하기 위해 만든 것입니다. 불교의 인과응보 역시 중인 이하의 사람들을 위해 만들어 놓은 설법입니다. 유가와 불가는 그 종지는 다르지만, 사람을 선으로 인도하고자하는 뜻은 하나로 귀결됩니다. 선생께서 동중서(董仲舒)[182]의 공명을 염두에 두고 사욕을 도모하는 설법[183]으로 불가의 인과응보를 반박한다면, 이는 장차 성인의 상벌로 불가의 인과응보를 반박하는 것이 아닙니까? 선생께서는 그저 승려[184]들이 사람들을 꾀어 보시하게 하면서 '좋은 일을 하셨으니', '복을 받으실 것입니다'라고 하고, 또 승려들이 어리석은 백성들을 목욕재계하고 향을 사르게 하면서 '좋은 일을 하셨으니', '복을 받으실 것 입니다'라고 하며, 이렇게 하지 않는 사람을 보면 '착한 일을 하지 않으면, 반드시 벌을 받을 것입니다'라고 말하는 것만 보시고, 불가의 인과응보가 백성들을 어리석게 만드는데 이용된다고 말씀하고 계십니다. 선생께서는 어째서 불가에서 말하는 선악과 유가에서 말하는 선악이 다를 바 없고, 선악의 업보 또한 유가와 다를 바 없다는 것을 모르십니까?"

임생은 그렇지 않다고 생각하고 자신의 뜻을 말하려고 고개를 드는데, 이미 날이 밝아오고 있었다. 객이 일어나서 떠나려 했기에 임생이 한사코 그를 붙잡았지만, 그 순간 갑자기 그가 몸을 똑바로 세우고 움직이지 않았다. 그는 바로 사당 안에 있는 진흙으로 만든 판관이었다.

潁州吳明經躍鳴言. 其鄉老儒林生, 端人也. 嘗讀書神廟中, 廟故宏濶, 僦居者多. 林生性孤峭, 率不相聞問. 一日, 夜半不寐, 散步月下, 忽一客來敘寒溫. 林

182 동중서(董仲舒): 원문은 '동자(董子)'이다.

183 공명을 염두에 두고 사욕을 도모하는 설법: 원문은 '모리계공지설(謀利計功之說)'이다. 『한서』「동중서전(董仲舒傳)」에 보면, "무릇 어진 사람[仁者]은 정의를 바로잡되 사욕을 도모해서는 안 되고, 도를 밝히되 공을 염두에 두지 않아야 한다."라는 문장이 있다.

184 승려: 원문은 '치류(緇流)'로, 승려들의 옷 색깔이 검은 데서 치류라 불렀다.

生方寂寞, 因邀入室共談, 甚有理致. 偶及因果之事, 林生曰: “聖賢之爲善, 皆無所爲而爲者也. 有所爲而爲, 其事雖合天理, 其心已純乎人欲矣. 故佛氏福田之說, 君子弗道也.” 客曰: “先生之言, 粹然儒者之言也. 然用以律己則可, 用以律人則不可. 用以律君子猶可, 用以律天下之人則斷不可. 聖人之立教, 欲人爲善而已. 其不能爲者, 則誘掖以成之, 不肯爲者, 則驅策以迫之. 於是乎刑賞生焉. 能因慕賞而爲善, 聖人但與其善, 必不責其爲求賞而然也. 能因畏刑而爲善, 聖人亦與其善, 必不責其爲避刑而然也. 苟以刑賞使之循天理, 而又責慕賞畏刑之爲人欲, 是不激勸於刑賞, 謂之不善. 激勸於刑賞, 又謂之不善, 人且無所措手足矣. 况慕賞避刑, 旣謂之人欲, 而又激勸以刑賞, 人且謂聖人實以人欲導民矣, 有是理歟? 蓋天下上智少而凡民多, 故聖人之刑賞, 爲中人以下設教. 佛氏之因果, 亦爲中人以下說法. 儒釋之宗旨雖殊, 至其教人爲善, 則意歸一轍. 先生執董子謀利計功之說, 以駁佛氏之因果, 將以聖人之刑賞而駁之乎? 先生徒見緇流誘人布施, 謂之行善, 謂之得福, 見愚民持齋燒香, 謂之行善, 謂可得福, 不如是者, 謂之不行善, 謂必獲罪, 遂謂佛氏因果, 適以惑衆. 而不知佛氏所謂善惡, 與儒無異, 所謂善惡之報, 亦與儒無異也?” 林生意不謂然, 尙欲更申己意, 俯仰之頃, 天已將曙. 客起欲去, 固挽留之, 忽挺然不動. 乃廟中一泥塑判官.

45.

운명

집안 아저씨 뇌양공(雷陽公)이 해준 이야기이다.

옛날에 한 사람이 저승 관리를 만나 이렇게 말했다고 한다.

"운명이란 모두 정해져 있다고 하던데, 정말 그렇습니까?"

그러자 저승 관리가 말했다.

"그렇습니다. 그렇지만 가난·형통·장수·요절의 수(數)는 당대소설[『전정록(前定錄)』]에서 말하는 어떤 음식을 먹을지 알아맞히는 것[185]과 같은 것으

185 당대소설…알아맞히는 것: 종로(鍾輅)의 『전정록』에 보면, 진공(晉公) 한황(韓滉)이 중서랑(中書郎)으로 있을 때 한번은 한 관리를 불렀다고 한다. 그런데 그 관리가 불시에 왔기에 화가 나서 그를 때리려 했다. 그러자 관리가 말했다. "제가 매인 몸이라 올 수 없었으니 부디 용서해주십시오." 소속이 어디냐고 묻자 "저승에서 일합니다."라고 하기에 공은 그 말을 믿지 못하고 말했다. "저승에서 일한다면 무엇을 주관하느냐?" 그러자 관리가 말했다. "저는 3품 이상의 관리들의 음식을 주관하고 있습니다." 이에 공이 말했다. "그렇다면 내가 내일 아침에 어떤 음식을 먹을 것 같은가?" 그러자 관리가 대답했다. "그것은 작은 일이 아니기 때문에 드러내놓고 말할 수 없습니다. 청컨대 종이에 적게 해주십시오. 내일 제 말이 맞으면 용서해주시고 아니면 벌주십시오." 다음 날 아침 조서를 받고 들어가 황제를 만나고 있을 때 한 대관(大官)이 떡과 죽 한 그릇을 들고 들어왔다. 황제가 그 반을 한황에게 주기에 먹어보았는데, 아주 맛이 있어서 맛이 좋다고 했더니 더 내려 주셨다. 퇴청해서 배가 아팠기에 의사를 불러 진찰한 뒤 귤 차를 마시고 저녁에 멀건 미음을 먹었다. 이튿날 아침 그 관리가 올린 글을 보았더니, 모두 그가 말한 대로였다고 한다.

로, 술사의 사복법(射覆法)[186]에 해당합니다. 모든 사람의 이와 같은 일을 자질구레하게 기록한다면, 대지를 책꽂이로 사용해도 관련 서적을 다 올려둘 수[187] 없습니다."

그래서 이렇게 물었다.

"정해진 운명을 바꿀 수도 있습니까?"

"가능합니다. 크게 선을 행하면 바뀌고, 크게 악을 행해도 바뀝니다."

"누가 그것을 정하고 바꿉니까?"

"그것은 본인이 스스로 정하고 바꾸는 것입니다. 귀신에게는 그런 권한이 없습니다."

"인과응보 가운데 어떤 것은 효험이 있고, 어떤 것은 효험이 없습니까?"

"인간세상에서는 선악과 화복(禍福)으로 일생을 논하지만, 저승 관리는 선악과 함께 전생을 논하고, 화복과 함께 후생을 논합니다. 그래서 간혹 어긋나기도 합니다."

"인과응보는 어째서 다릅니까?"

"그것은 모두 각자 타고난 운명에 따라 다른데, 인생사로서 비유해 보겠습니다. 함께 승진할 경우, 상서는 1계급 승진하면 재상이 되지만, 전사(典史)는 1계급 승진하면 주부(主簿)에 불과합니다. 같이 강등될[188] 경우 승진과 비교해보면 더 이상 승진할 자리가 없으면 결국 강등되는 것입니다. 그

---

186 사복법(射覆法): 『한서』「동방삭전(東方朔傳)」에 보면, "황제가 한번은 술사에게 덮개로 물건을 가리고 알아맞히게 했다(上嘗使數家射覆)."라는 문장이 있다. 안사고는 이에 대해 "수가(數家)는 술수가이다. 황제가 덮개로 물건을 덮어놓고 그 아래에 있는 물건이 무엇인지를 알아맞히게 한데서 연유하여 이를 '사복(射覆)'이라 불렀다."라고 주를 달고 있다.

187 다 올려둘 수: 원문은 '기(庋)'로, 소장하다, 올려두다의 뜻이다.

188 강등될: 원문은 '전(鐫)'으로, 내치다의 뜻이다.

런 까닭에 같은 일을 해도 때로는 그 결과가 다르게 나타나는 법입니다."

"그럼 어째서 사람에게 미리 알려주지 않습니까?"

"일의 정황상 그것은 불가합니다. 미리 알게 된다면 사람들은 아무 일도 하지 않을 것입니다. 그러면 제갈무후(諸葛武侯)는 더 많은 일을 하고, 당(唐)나라 말 여섯 신하[189]는 자신의 운명을 알았을 것입니다."

"그렇다면 어째서 사람에게 우연히 알게 하십니까?"

"우연이라도 보여 주지 않으면 사람들은 귀신이 없다고 믿고 마음이 방자해져, 애매모호하고 알기 어려운 일도 다 하게 될 것입니다."

아버지 요안공께서 일찍이 이 일을 언급하시면서 말씀하셨다.

"이 이야기는 저승 관리의 입만 빌렸을 뿐, 다 뇌양공의 생각인 것 같다. 그런데 세상의 이치에 따라 생각해보면, 진실로 이와 같다."

族祖雷陽公言. 昔有遇冥吏者, 問: "命皆前定, 然乎?" 曰: "然. 然特窮通壽夭之數, 若唐小說所稱預知食料, 乃術士射覆法耳. 如人人瑣記此等事, 雖大地爲架, 不能庋此簿籍矣." 問: "定數可移乎?" 曰: "可. 大善則移, 大惡則移." 問: "孰定之? 孰移之?" 曰: "其人自定自移. 鬼神無權也." 問: "果報何有驗有不驗?" 曰: "人世善惡論一生, 禍福亦論一生, 冥司則善惡兼前生, 禍福兼後生. 故

189 여섯 신하: 『신오대사(新五代史)』「당육신전(唐六臣傳)」에 보면, 당나라 천우(天佑) 4년(904)에 애제(哀帝)는 양(梁)나라에 제위를 넘겨주었다고 한다. 이에 장문울(張文蔚)·소순(蘇循)을 책례사(冊禮使)로, 양섭(楊涉)·장책(張策)을 압전국보사(押傳國寶使)로, 설이구(薛貽矩)·조광봉(趙光逢)을 압금보사(押金寶使)로 삼자, 장문울 등은 상원역(上源驛)에서 책보(冊寶)를 받들고 수레를 타고 금상전(金祥殿)에 계시는 양나라 임금을 향해 갔다. 양왕 곤면(袞冕)은 남면(南面)하고 장문울 등이 차례로 금상전 안으로 들어가자 모든 문무백관들이 북면(北面)해 춤을 추면서 축하의 절을 올렸다고 한다.

若或爽也.” 問: “果報何以不同?” 曰: “此皆各因其本命, 以人事譬之. 同一遷官, 尙書遷一級則宰相, 典史遷一級不過主簿耳. 同一鐫秩, 有加級者抵, 無加級則竟鐫矣. 故事同而報或異也.” 問: “何不使人先知?” 曰: “勢不可也. 先知之, 則人事息. 諸葛武侯爲多事, 唐六臣爲知命矣.” 問: “何以又使人偶知?” 曰: “不偶示之, 則恃無鬼神而人心肆, 暧昧難知之處, 將無不爲矣.” 先姚安公嘗述之曰: “此或雷陽所論, 託諸冥吏也. 然揆之以理, 諒亦不過如斯.”

46.

경계심

돌아가신 아버지 요안공의 하인 중에 겉으로는 조심스럽고 후덕해 보였지만, 실제로는 꿍꿍이속이 있는 사람이 있었다. 하루는 주인이 급한 틈을 타서, 이리저리 말을 둘러대며 억지로 수십 금을 받아냈다. 그의 처 역시 그에게 해서는 안 될 일을 했다며 근엄한 얼굴로 노발대발했지만, 그녀에게도 정부가 있었다. 그녀는 오래 전부터 정부와 함께 달아날 계획을 세우고 있었으나, 여비[190]가 없어 고민하던 중에 이 돈이 들어오자 바로 훔쳐서 정부와 함께 달아났다. 10일 남짓 뒤에 두 사람은 잡혀 왔고, 결국 부부의 간교함이 모두 드러났다. 우리 형제들이 통쾌하다고 하자 요안공께서 말씀하셨다.

"일이 교묘하게 연결되어 이렇게 되었구나! 아마도 귀신이 그 사이에서 장난을 친 것 같다. 설마하니 귀신이 사람에게 즐거움을 주려 이런 장난을 쳤겠느냐? 다 훈계하려고 그런 것이다. 그런 까닭에 이런 이야기를 들으면 경계심을 가져야지 즐거워해서 안 된다.

갑과 을은 친구사이로, 갑은 하구(下口)에, 을은 박진(泊鎭)에 살았으며, 두 마을은 서로 30리 떨어져 있었다. 어느 날 을의 처가 일 때문에 갑의 집

190 여비: 원문은 '자부(資斧)'로, 여행경비를 말한다.

을 찾아갔는데, 갑은 그녀에게 술을 먹여 취하게 한 뒤 억지로 자고 가게 했다. 을은 그 사실을 알고 있었지만, 뭐라 말할 수 없어 도리어 을에게 고맙다고 했다. [그런데 그 뒤] 갑의 처가 강을 건너던 중 배가 뒤집히는 바람에 급류에 휩쓸려 을의 집 앞까지 떠내려와서 사람들에게 구조되었다. 그때 을이 갑의 처를 알아보고 그녀를 부축해 집으로 데려와서 역시 술을 먹여 취하게 한 뒤 재워 보냈다. 갑은 그 사실을 알고 있었지만, 뭐라 말하지 못하고 역시 고맙다고 인사할 뿐이었다. 이웃에 사는 한 노부인이 그 사실을 알고 합장하면서 말했다.

'이런 일이 있다니! 이런 사실을 안다는 것이 두렵구나.'

그때 마침 그의 아들이 다른 사람을 도와 죄상을 날조하자, 노부인은 급히 가서 아들을 데리고 돌아왔다. 너희들도 이 노부인처럼 행동해야 하느니라."

先姚安公有僕, 貌謹厚而最有心計. 一日, 乘主人急需, 飾詞邀勒, 得贏數十金. 其婦亦悻悻自好, 若不可犯, 而陰有外遇. 久欲與所歡逃, 苦無資斧, 旣得此金, 卽盜之同遁. 越十餘日捕獲, 夫婦之姦乃並敗. 余兄弟甚快之, 姚安公曰: "此事何巧相牽引, 一至於斯! 殆有鬼神顚倒其間也. 夫鬼神之顚倒, 豈徒博人一快哉? 凡以示戒云爾. 故遇此種事, 當生警惕心, 不可生歡喜心.

甲與乙爲友, 甲居下口, 乙居泊鎭, 相距三十里. 乙妻以事過甲家, 甲醉以酒而留之宿. 乙心知之, 不能言也, 反致謝焉. 甲妻渡河覆舟, 隨急流至乙門前, 爲人所拯. 乙識而扶歸, 亦醉以酒而留之宿. 甲心知之, 不能言也, 亦反致謝焉. 其鄰媼陰知之, 合掌誦佛曰: '有是哉! 吾知懼矣.' 其子方佐人誣訟, 急自往呼之歸. 汝曹如此媼可也."

47.

숙부의 부탁

사천(四川)의 모진훤(毛振翧)[191]이 하간부(河間府)의 동지(同知)로 있을 때 해준 이야기이다.

그의 고향 마을에 어떤 사람이 해질 무렵 산을 가다가 비를 피하러 무너진 사당에 들어갔다고 한다. 이미 앞서 온 사람이 처마아래에 앉아 있었는데, 자세히 살펴보니 바로 그의 죽은 숙부였다. 깜짝 놀라 자리를 피하려 하자, 숙부가 급히 그를 잡으며 말했다.

"너에게 알려줄 일이 있어 여기서 너를 기다렸다. 네게 해를 끼치지 않을 테니, 두려워 말거라. 내가 죽은 후에 네 숙모가 할머니의 환심을 잃고, 아무런 이유도 없이 매를 맞고 있다. 네 숙모는 거스르지 않고 순순히 매를 맞고 있지만, 마음속으로는 원한을 품고 있어 아무도 없는 곳에서는 할머니를 욕하고 저주하고 있다. 내 지금 저승에서 아전[192]으로 있는데, 토지신

---

191 모진훤(毛振翧): 훤(翧)은 음이 훤(喧)이다.

192 아전: 원문은 '오백(伍伯)'이다. 『고금주(古今注)』에 따르면, 오백은 한 대오의 우두머리인데, 다섯 사람을 '오(伍)'라고 하고, 다섯 사람의 우두머리를 '백(伯)'이라고 해서 "오백(伍伯)"이라 부르게 되었다. 『위지(魏志)』 장제(蔣濟) 주(註)에 보면, 장제의 부인이 꿈에 죽은 아이가 나타나 눈물을 뚝뚝 흘리며 말하는 것을 보았는데, "저는 재상의 자손으로 태어났지만, 지금은 지하에서 태산(泰山)의 오백(伍伯)으로 있으면서 말로 표현할 수 없는 곤욕을 치르고

이 와서 보고하는 것을 몇 차례나 보았다. 부탁하건대 회개하라고 전해다오. 회개하지 않으면 지옥[193]에 떨어지는 것을 면하기 어려울 것이다."

숙부는 말을 다하고는 사라졌다. 마을 사람은 집으로 돌아와 숙모에게 그 사실을 알려 주었다. 숙모는 뭐라 말은 하지 않았지만, 두려워하는 기색을 보이며 받아들이지 못하는 것 같았다. 이에 그는 귀신의 말이 거짓이 아님을 알게 되었다.

四川毛公振翧, 任河間同知時. 言其鄉人有薄暮山行者, 避雨入一廢祠. 已先有一人坐簷下, 諦視, 乃其亡叔也. 驚駭欲避, 其叔急止之曰: "因有事告汝, 故此相待. 不禍汝, 汝勿怖也. 我歿之後, 汝叔母失汝祖母歡, 恆非理見箠撻. 汝叔母雖順受不辭, 然心懷怨毒, 於無人處竊詛詈. 吾在陰曹爲伍伯, 見土神牒報者數矣. 憑汝寄語, 戒其悛改. 如不知悔, 恐不免魂墮泥犂也." 語訖而滅. 鄉人歸, 告其叔母. 雖堅諱無有, 然悚然變色, 如不自容. 知鬼語非誣矣.

있습니다."라고 했다고 한다.

193 지옥: 원문은 '이리(泥犂)'이다. 『번역석명집(飜譯釋名集)』에 따르면, 지옥을 범어로 이리라고 한다.

48.

저승의 죄수

모공이 또 해준 이야기이다.

어떤 사람이 밤에 길을 가다가 한 사람을 만났는데, 차림새가 마을의 하급관리 같았다고 한다. 또 한 죄수가 쇠사슬에 묶인 채 나무 아래에 앉아 있었는데, 하급관리는 죄수 옆에 앉아 함께 쉬고 있었다. 죄수가 계속해서 울어대자,[194] 하급관리가 채찍으로 그를 때렸다. 이에 이 사람이 참을 수 없어 옆에서 그만하라고 뜯어말리자, 하급관리가 말했다.

"이 교활한 귀신이 평생 가지고 논 사람만 해도 수백이 넘소. 저승에서 7대 동안 돼지로 살게 하라고 판결해서 지금 내가 잡아가서 환생케 하려는 중인데, 그대는 어찌하여 저 이를 불쌍하게 생각하시오?"

이 사람이 두려워하며 일어나자, 두 귀신도 순식간에 사라졌다.

毛公又言. 有人夜行, 遇一人, 狀似里胥. 鎖縶一囚坐樹下, 因並坐暫息. 囚啜泣不已, 里胥鞭之. 此人意不忍, 從旁勸止, 里胥曰: "此桀黠之魁, 生平所播弄傾

194 울어대자: 원문은 '철읍(啜泣)'이다. 『시경』「왕풍(王風)·중곡유퇴(中谷有蓷)」에 보면, "흐느껴 우네(啜其泣矣)."라는 문장이 있다.

軋者, 不啻數百. 冥司判七世受豕身, 吾押之往生也, 君何憫焉?” 此人悚然而起, 二鬼亦一時滅跡.

난양소하록

灤陽消夏錄

3

관혁도인(觀奕道人) 찬(撰)

1.

사막의 수궁

제독(提督) 유금별(兪金鱉)이 한번은 밤에 피잔[1]의 과벽(戈壁)[2] 원주: 과벽은 모래와 깨진 돌로 이루어진, 물이 흐르지 않고 풀이 자라지 않는 땅으로, 곧 사막을 말한다. 을 지나가게 되었다고 한다. 저 멀리로 물체 하나가 보이는데, 사람 같기도 하고 아니기도 한 것이 키가 10길 정도 되어 보였다. 급히 뒤를 좇아가 활시위를 당겨 심장을 맞추었다. 넘어졌던[3] 괴물이 다시 일어나기에 재차 활을 쏘자 그제야 넘어졌다. 가까이 가서 보니, 다름 아닌 커다란 수궁[4]이었다. 수궁이 사람처럼 서서 걸어갈 수 있다니, 괴이한 일이로다!

兪提督金鱉言, 嘗夜行闢展戈壁中. 原註曰: 戈壁者, 碎沙亂石不生水草之地, 卽瀚海也. 遙見一物, 似人非人, 其高幾一丈. 追之甚急, 彎弧中其胸. 踣而復起, 再射之始仆. 就視, 乃一大蝎虎. 竟能人立而行, 異哉!

---

1 피잔: 원문은 '벽전(闢展)'으로, 신강성(新疆省) 선선현(鄯善縣)에 해당한다.

2 과벽(戈壁): 몽고인들은 사막을 고비(Gobi)라고 불렀다.

3 넘어졌던: 원문은 '복(踣)'이다.

4 수궁: 원문은 '갈호(蝎虎)'로, 속칭 벽호(壁虎)라고도 한다. 『본초(本草)』에 따르면, 수궁이 전갈을 잡아먹기 때문에 갈호라고 부른다.

2.

검은 연기뭉치

창길(昌吉)에서 변란이 일어났을 때[5] 역당(逆黨)을 사로잡아 모두 적화성(迪化城) 원주: 적화는 우루무치로, 지금은 주가 들어섰다. 몇 십리에 걸쳐 수목이 무성하게 우거져 있어 민간에서는 수와(樹窩)라고 부른다. 의 서쪽 수풀에서 처형했는데, 이때가 건륭 33년(1786) 무자년 8월이었다. 훗날 수풀 사이로 검은 연기뭉치 몇 개가 느닷없이 왔다 갔다 했는데, 밤길을 가던 사람이 검은 연기를 만나면 번번이 길을 잃곤 했다. 나는 이렇게 생각했다.

"뱀이 죽어도 그 독이 초목에 스며있는 것처럼 흉포한 원혼들이 모여 요망한 기운을 만들어 낸 것이니, 이상할 것 없다. 모름지기 요사스러운 음기는 강한 양기(陽氣)를 만나면 사라지기 마련이다."

달밤에 군사 몇몇을 보내 매복시켜 총을 쏘게 했더니, 총알이 날아가는 곳마다 검은 연기가 흩어져 사라졌다.

---

5 창길(昌吉)에서 변란이 일어났을 때: 창길은 신강(新疆)의 현이다. 청나라 고종(高宗) 때 중가르부를 평정하고, 이곳에다 둔전(屯田)을 설치했다. 건륭 32년(1767) 중추절날 밤에 둔관(屯官)이 유인(流人)들에게 음식을 나눠주고, 산등성이에 술자리를 마련했다. 둔관이 술에 취해 유인들의 처에게 농을 걸자, 순식간에 상황이 돌변해 유인들은 둔관을 죽이고 그들의 무기를 빼앗은 뒤 성을 점거하고 난을 일으켰다. 도통(都統) 온복(溫福)과 수비(守備) 유덕(劉德)이 그들을 물리치고 난을 평정했다.

昌吉叛亂之時, 捕獲逆黨, 皆戮於迪化城西樹林中, 原註曰: 迪化, 卽烏魯木齊, 今建爲州. 樹林綿亙數十里, 俗爲之樹窩. 時戊子八月也. 後林中有黑氣數團, 往來倏忽, 夜行者遇之輒迷. 余謂: "此凶悖之魄, 聚爲妖厲, 猶蛇虺雖死, 餘毒尙染於草木, 不足怪也. 凡陰邪之氣, 遇陽剛之氣則消." 遣數軍於月夜, 伏銃擊之, 應手散滅.

3.

우루무치 관제사의 말

우루무치(Ürümqii)[6]의 관제사(關帝祠)에 말 한 필이 있었는데, 저자거리의 장사치들이 사서 신께 바친 제물이었다. 이 말은 본디 산 속에서 풀을 뜯어먹고 살았기 때문에 마구간[7]에서 살 수 없었다. 말은 매달 15일에 신께 제사지낼 때면 동틀 무렵 반드시 사당 문밖에 먼저 와서 진흙 인형처럼 우뚝 서 있었는데, 서 있는 자리가 한 자 한 치도 틀리지 않았다. 29일인 달[8]에도 말은 시간을 어기지 않고 제때 맞춰 왔다. 제사가 끝나면 말은 어디론가 사라졌다. 나는 도사가 말을 먼저 사당 밖에다 끌어다 놓고 꾸며낸 이야기라고 생각했다. 건륭 35년(1788) 경인년 2월 초하루에 내가 사당에 조금 일찍 도착했다가 말이 눈 내린 사막을 지나 천천히 걸어와 귀를 늘어뜨린

---

6 우루무치(Ürümqii): 원문은 '오노목제(烏魯木齊)'로, 신강의 적화현(迪化縣)이다. 위구르어로 우룸치라고 부르는데, 좋은 사냥터 혹은 투쟁의 뜻으로 번역된다. 옛날 몽고족과 회족이 이곳에서 자주 전쟁을 일으켰다고 해서 부쳐진 이름이다.

7 마구간: 원문은 '조력(皂櫪)'이다. 『방언(方言)』에 보면, "양(梁)·송(宋)·제(齊)·초(楚)·북연(北燕) 때는 마구간(櫪)을 조(皂)라고 했다."고 되어 있다.

8 29일인 달: 원문은 '소건(小建)'이다. 음력에서는 매달 십이진(十二辰)을 월건(月建)이라 한다. 예컨대, 정월은 건인(建寅), 2월은 건묘(建卯)이다. 30일인 달은 대건(大建)이라 부르고, 29일인 달은 소건이라 부른다.

채 사당 문밖에 서 있는 것을 실제로 목격했다. 눈 위에는 사람 발자국이라곤 전혀 없었으니, 이 역시 기이한 일이다.

烏魯木齊關帝祠有馬, 市賈所施以供神者也. 嘗自囓草山林中, 不歸皂櫪. 每至朔望祭神, 必昧爽先立祠門外, 屹如泥塑, 所立之地, 不失尺寸. 遇月小建, 其來亦不失朝. 祭畢, 仍莫知所往. 余謂道士先引至祠外, 神其說耳. 庚寅二月朔, 余到祠稍早, 實見其由雪磧緩步而來, 弭耳竟立祠門外. 雪中絶無人跡, 是亦奇矣.

4.

늙은 유생의 간계

회진(淮鎭)은 헌현(獻縣)에서 동쪽으로 55리 떨어진 곳에 위치하는데, 바로 『금사(金史)』에서 말하는 괴가진(槐家鎭)[9]이다. 한 마씨(馬氏) 집에서 갑자기 변고가 일어났다. 밤이 되면 누군가가 기와와 돌을 던지는가 하면, 귀신 울음소리가 나기도 하고, 인적이 없는 곳에서 갑자기 불이 나기도 했다. 이와 같은 소동[10]은 1년이 넘도록 계속되었다. 제사를 지내도[11] 효험이 없어 결국 집을 사서 거처를 옮겼다. 다른 사람이 세 들어 살았지만 소동이 여전했기에 그 사람도 얼마 지나지 않아 다른 곳으로 이사를 갔다. 이 때문에 더 이상 그 집에 대해 묻는 사람이 없었다. 한 늙은 유생은 그 말을 믿지 않고 헐값으로 그 집을 사들였다. 유생이 길일을 택해 이사 갔는데, 집안은 조용할 뿐 다른 일은 일어나지 않았기에 사람들은 그의 덕이 요괴를 이길 수 있었다고 생각했다. 얼마 후 한 교활한 도적이 찾아와 그와 싸우며 욕을 퍼부었다. 사람들은 비로소 그 집에서 일어났던 변고가 모두 늙은 유생이

---

9 괴가진(槐家鎭): 『금사』「지리지(地理志)」에 보인다.

10 소동: 원문은 '뇨(鬧)'이다.

11 제사를 지내도: 원문은 '양(禳)'이다. 제사를 지내 불길한 조짐을 몰아내는 것으로, 푸닥거리에 해당한다.

도적에게 뇌물을 주어 밤에 벌인 짓으로, 진짜 귀신의 짓이 아니었음을 알게 되었다.

돌아가신 아버지 요안공(姚安公)께서 말씀하셨다.

"귀신도 조화에 불과할 따름이다. 늙은 유생의 이와 같은 조화는 진짜 귀신이라 해도 되겠다."

淮鎭在獻縣東五十五里, 卽『金史』所謂槐家鎭也. 有馬氏者, 家忽見變異. 夜中或抛擲瓦石, 或鬼聲嗚嗚, 或無人處突火出. 嬲歲餘不止. 禱禳亦無驗, 乃買宅遷居. 有賃居者嬲如故, 不久也他徒. 以是無人敢再問. 有老儒不信其事, 以賤賈得之. 卜日遷居, 竟寂然無他, 頗謂其德能勝妖. 旣而有猾盜登門與詬爭. 始知宅之變異, 皆老儒賄盜夜爲之, 非眞魅也. 先姚安公曰: "魅亦不過變幻耳. 老儒之變幻如是, 卽謂之眞魅可矣."

5.

사대부의 호기심

건륭 24년(1759) 기묘년 7월에 요안공은 원가구(苑家口)에서 한 스님을 만났다. 스님은 합장을 하고 예를 갖추며 말했다.

"공과 이별한지 73년이나 되었습니다. 공께서는 그간 한 번도 재를 올리지 않으셨습니까?"

때마침 여관에서 팔고 있는 음식이 모두 소찬이라 함께 식사하게 되었다. 나이를 묻자 스님이 자루를 풀고 도첩(度牒)[12]을 꺼내는데 보니, 도첩은 명나라 성화(成化)[13] 2년(1466)에 발급된 것이었다. 요안공이 "법사의 도첩은 오늘까지 몇 대에 걸쳐 전해진 것입니까?"라고 묻자, 스님은 도첩을 자루에 넣으면서 말했다.

"공께서 저를 의심하시니 더 이상 말할 필요가 없습니다."

그리고도 밥도 다 먹지 않고 떠나갔기에 결국 그 진위를 알 수 없었다. 아버지께서 예전에 이 일을 예로 들어 나에게 가르침을 주셨다.

"사대부들은 호기심 때문에 종종 이런 사람들에게 속아 넘어가기도 한

---

12 도첩(度牒): 스님이 머리를 깎고 출가하면 관청에서 발급하는 증명서를 도첩이라고 말한다.

13 성화(成化): 명나라 제8대 황제 헌종(憲宗) 주견심(朱見深)의 연호(1447~1487)이다.

다. 그러기에 진짜 신선이나 진짜 부처라 하더라도 나는 차라리 그냥 스쳐 지나가고[14] 싶다."

己卯七月, 姚安公在苑家口, 遇一僧. 合掌作禮曰: "相別七十三年矣. 相見不一齋乎?" 適旅舍所賣皆素食, 因與共飯. 問其年, 解囊出一度牒, 乃前明成化二年所給. 問師傳此幾代矣, 遽收之囊中, 曰: "公疑我, 不必再言." 食未畢而去, 竟莫測其眞僞. 嘗舉以戒昀曰: "士大夫好奇, 往往爲此輩所累. 卽眞仙眞佛, 吾甯交臂失之."

---

14 스쳐 지나가고: 원문은 '교비실지(交臂失之)'이다. 『장자(莊子)』「전자방(田子方)」에 보면, "제 평생토록 그대와 한 팔을 끼고 지낸다 하더라도 결국은 서로를 잃게 될 것이니, 어찌 슬프지 않을 수 있겠느냐(我終身與汝交一臂而失之, 可不哀與)?"라는 문장이 있다.

6.

가산(假山)의 여우

우리 집의 가산(假山)에 작은 누각이 있는데, 여우가 이곳에 산지 50여 년이나 되었다. 사람이 올라가지 않자 여우도 내려오지 않았다. 바람 없는 날이면 창문이 저절로 열리고 닫히는 것만 볼 수 있을 따름이다. 누각의 북쪽에 있는 '녹의헌(綠意軒)'은 나무가 무성하게 자라 여름이면 그곳에서 바람을 쐬었다. 건륭 13년(1748) 무진년 7월 어느 날 밤에 갑자기 거문고 소리와 바둑 두는 소리가 들렸다. 하인이 급하게 달려와 요안공에게 그 사실을 알렸다. 요안공은 여우의 짓이라는 것을 알고 있었기 때문에 전혀 개의치 않고, 단지 하인들을 보며 말했다.

"술 마시고 도박하는 너희들보다 낫구나."

이튿날 내[15]게 말씀하셨다.

"해객(海客)이 갈매기를 잡을 마음이 없어서, 갈매기와 함께 놀 수 있었던 것이다.[16] [나와 여우는] 피차간에 조용하게 지낸 지 오래되었으니, 그저

---

15 내: 원문은 '윤(昀)'으로, 작자 기윤을 말한다. 여기서는 부친 요안공이 기윤에게 말하는 것이므로, 내 혹은 나로 번역함을 밝힌다.

16 해객(海客)이…있었던 것이다: 『열자(列子)』에 보면, 바닷가에 갈매기를 좋아하는 사람이 있었다고 한다. 그는 매일 바닷가에서 갈매기를 좇아 놀았고, 갈매기도 수백 번이나 날아

보지도 듣지도 않으면서, 그대로 두는 것이 맞다."

지금에 이르기까지도 다른 기이함은 전혀 없다.

余家假山上有小樓, 狐居之, 五十餘年矣. 人不上, 狐亦不下. 但時見窗扉, 無風自啓閉耳. 樓之北曰綠意軒, 老樹陰森, 是夏日納涼處. 茂辰七月, 忽夜中聞琴聲棋聲. 奴子奔告姚安公. 公知狐所爲, 了不介意, 但顧奴子曰: "固勝於汝輩飮博." 次日, 告昀曰: "海客無心, 則白鷗可狎. 相安已久, 惟宜以不聞不見處之." 至今亦絶無他異.

들었다. 그의 부친이 말하기를, "내가 듣자하니, 갈매기가 모두 너를 좇아 논다고 하던데, 너는 어찌하여 그것을 잡아와 놀지 않느냐?"라고 했다. 다음날 바닷가에 나갔는데, 갈매기는 하늘 높이 떠서 날기만 할 뿐 더 이상 내려오지 않았다고 한다.

7.

고상한 여우

건륭 32년(1791) 정해년 봄, 나는 가솔들을 데리고 북경으로 왔다. 호방교(虎坊橋)의 옛 저택을 미처 구입하지 못해 잠시 전향수(錢香樹)[17] 선생의 빈집에서 살았다. 전향수 선생이 누각 위에 여우가 살고 있어서 잡동사니를 쌓아두고 자물쇠로 채워둔 채, 사람들도 함부로 그곳에 올라가지 않는다고 했다. 그래서 내가 장난삼아 벽에다 시 한 수를 써 붙여 놓았다.

> 허둥지둥 이사 와서 우연히 그대를 만나게 되었으니,
> 한 건물에서 그대는 위층, 나는 아래층에서 공평하게 지내세.
> 시에 탐닉하는 것은 서생들의 벽(癖)[18]이니,
> 밤새도록 시를 읊조리더라도 밉게 듣지 말게나."

---

17 전향수(錢香樹): 전진군(錢陳羣)이다. 전진군(1686~1774)은 자가 주경(主敬)이고, 호는 향수, 집재(集齋), 자남거사(柘南居士)이며, 청나라 절강성 가흥(嘉興) 사람이다. 시를 잘 지어 건륭제에게 특별히 상을 받았으며, 장주(長州) 사람 심덕잠(沈德潛)과 함께 '절강이로(浙江二老)'로 불렸다.

18 벽(癖): 『진서(晉書)』「두예전(杜預傳)」에 보면, "신에게는 『좌전』벽이 있습니다(臣有『左傳』癖)."라는 문장이 있다. 진나라 두예(222~284)는 『춘추좌전』에 빠져 정신을 차리지 못했다고 하는데, 벽은 어떤 한 분야에 빠져 있는 것을 말한다. 책을 좋아하고 시 읊는 것을 좋아하는 이들은 자칭 서음(書淫), 전벽(傳癖), 시마(詩魔)라고 했다.

하루는 시녀가 자물쇠를 열고 물건을 가져오면서 괴이한 일이 벌어졌다고 급하게 소리쳤다. 내가 달려가서 보았더니, 먼지 쌓인 마루에 연꽃이 가득 그려져 있었는데, 줄기와 잎이 높이 솟아 있는[19] 것이 매우 운치 있어 보였다. 그리하여 종이와 붓을 탁자 위에 놓고, 다시 벽에 시 한 수를 써 붙여 놓았다.

> 선인은 정말로 누각에 거하기를 좋아한다더니,[20]
> 이내 몸 문채와 풍류로도 그대를 따라갈 수 없네.
> 근자에 오(吳) 땅 종이 30장을 손에 넣었는데,
> 한 장 한 장 연꽃[21]을 그려주실 수 있겠소?

며칠 뒤에 문을 열고 들어가 보았더니 붓을 든 흔적이라곤 없었다. 내가 구문달(裘文達)[22] 공에게 이 이야기를 해주었더니, 구문달공이 웃으면서 말했다.

"전향수 집에 사는 여우는 정말로 고상한가 보네."

丁亥春, 余攜家至京師. 因虎坊橋舊宅未贖, 權往錢香樹先生空宅中. 云樓上

---

19 높이 솟아 있는: 원문은 '소정(苕亭)'이다.

20 선인은…좋아한다더니: 『사기(史記)』「봉선서(封禪書)」에 보면, 공손경(公孫卿)이 "선인은 누각에 거하기를 좋아한다(仙人好樓居)."라고 했다고 한다.

21 연꽃: 원문은 '부거(芙蕖)'이다. 『시경(詩經)』「정풍(鄭風)·산유부소(山有扶蘇)」에 보면, "개펄에 연꽃 피었네(隰有荷華)"가 있고, 전(箋)에 "채 꽃이 피지 않은 연꽃을 함담(菡萏)이라 하고, 꽃이 활짝 핀 연꽃을 부거(芙蕖)라고 한다."라는 문장이 있다.

22 구문달(裘文達): 이름은 수(修)이고, 자는 숙도(叔度)로, 공부상서랑(工部尙書郞)을 지냈으며, 시호는 문달(文達)이다.

亦有狐居, 但扃鎖雜物, 人不輕上. 余戲粘一詩於壁, 曰: "草草移家偶遇君, 一樓上下且平分. 耽詩自是書生癖, 徹夜吟哦厭莫聞." 一日, 姬人啓鎖取物, 急呼怪事. 余走視之, 則地板塵上, 滿畫荷花, 莖葉苕亭, 具有筆致. 因以紙筆置几上, 又粘一詩於壁, 曰: "仙人果是好樓居, 文采風流我不如. 新得吳箋三十幅, 可能一一畫芙蕖?" 越數日啓視, 竟不擧筆. 以告裘文達公, 公笑曰: "錢香樹家狐, 固應稍雅."

8.

여선사의 가르침

하간(河間) 사람 풍수남(馮樹枏)은 글은 조금 알았지만, 실의한 채로 북경에서 산지 10여 년이나 되었다. 기회가 있을 때마다 번번이 뜻을 이루지 못했다. 다른 사람을 찾아가 도움을 청했지만, 모두들 입으로만 은혜를 베풀고 실제로는 도와주지 않았다.[23] 그는 곤궁하고 억울한 마음에 여선사(呂仙祠)[24]에 가서 꿈에서라도 화복을 알려달라고 기도했다. 밤에 꿈속에 어떤 사람이 나타나 말했다.

"자네는 인심이 야박하다고 원망하지 말게. 이것은 모두 자네가 자초한 일이라네. 전생에 자네는 빈말로 어진 양반들로부터 좋은 말을 듣기를 좋아했네. 좋은 일을 할 때도 속으로는 불가능한 일임을 알면서 사람들에게 여러 번 타이르며[25] 자네의 도움에 감격하게 만들었지. 어쩌다 악인을 만나도 속으로는 용서할 수 없다는 것을 알면서도 재삼 억울함을 씻게 하

23 입으로만…않았다: 『예기(禮記)』「표기(表記)」에 보면, "입으로만 은혜를 베풀고 실제로 행하지 않으면, 원망으로 인한 재앙이 몸에 미친다(口惠而實不至, 怨菑及其身)."라는 문장이 있다.

24 여선사(呂仙祠): 여선(呂仙)은 세상에 전하는 바에 따르면, 팔선(八仙) 중 하나이다. 이름은 암(岩)이고, 자는 동빈(洞賓)이며, 호는 순양자(純陽子)이다. 또 회도인(回道人)이라고도 불렸다.

25 타이르며: 원문은 '종용(慫慂)'이다.

며 자네의 도움에 감격하게 만들었네. [이러한 방법은] 다른 사람에게는 이익도 손해도 되지 않았지만, 은혜는 모두 자네에게 돌아가고 원망은 다른 사람에게 돌아가기 마련이니, 꿍꿍이가 도를 넘었네. 또한 자네가 도와준 일은 모두 자네의 능력 밖이라, 그 이해관계는 다른 사람이 떠맡게 되었지. 약간이라도 자네와 관계있으면, 자네는 뒤로 물러나서 피하고 오로지 자신에게 영향이 있을까를 걱정하면서, 다른 사람의 곤란한 처지를 외면하고, 손 한번 드는 수고도 꺼리고 귀찮아하며 하지 않았다네. 이런 마음으로 살았으면서 신에게 화복을 묻고 싶은가? 이로부터 생각해보면, 사람들이 자네에게 겉으로는 친한 척하지만 속으로는 멀리하고, 겉으로는 관심이 있는 척 하지만 속으로는 무관심하게 대하는 것이 마땅한가? 아닌가? 귀신이 사람을 꾸짖을 때 한두 가지 실수는 그래도 선행으로 상쇄해줄 수 있네. 그러나 심술로 인한 죄는 저승에서도 용납하지 않는다네. 현생의 업은 다했으니, 열심히 수행하면 다음 세상에서는 괜찮을 걸세."

뒷날, 그는 추위와 굶주림으로 생을 마쳤다.

河間馮樹柟, 粗通筆札, 落拓京師數餘年. 每遇機緣, 輒無成就. 干祈於人, 率口惠而實不至. 窮愁抑郁, 因祈夢於呂仙祠. 夜夢一人語之曰: "爾無恨人情薄. 此因緣爾所自造也. 爾過去生中, 喜以虛詞博長者名. 遇有善事, 必知必不能舉也, 必再三慫慂, 使人感爾之贊成. 遇有惡人, 必知必不可貸也, 必再三申雪, 使人感爾之拯救. 雖於人無所損益, 然恩皆歸爾, 怨必歸人, 機巧已爲太甚. 且爾所贊成拯救, 皆爾身在局外, 他人任其利害者也. 其事稍稍涉於爾, 則退避惟恐不速, 坐視人之焚溺, 雖一舉手之力, 亦憚煩不爲. 此心尙可問乎? 由是思維, 人於爾貌合而情疏, 外關切而心漠視. 宜乎不宜? 鬼神之責人, 一二行事之失, 猶可以善抵. 至罪在心術, 則爲陰律所不容. 今生已矣, 勉修未來可也. 後果寒餓以終.

9.

하인의 항변

사송도(史松濤) 선생은 휘는 무(茂)이고, 화주(華州) 사람으로 태상시경(太常寺卿)까지 지냈으며, 돌아가신 아버지 요안공과는 절친한 사이였다. 내가 열네댓 살 때 그분께서 아버지께 해준 이야기로 기억한다.

아무개 공이 예전에 아주 수완 좋은 하인을 때려 죽였다고 한다. 그 하인은 후에 어리석은 한 하녀의 몸에 붙어 아무개공과 담판을 했다.

"저의 불법행위는 죽어 마땅하다고 생각합니다. 그러나 나리께서 소인을 죽이신 것만은 유감입니다. 나리께서는 높은 자리에 계시면서 후한 녹봉을 받고 계시는데, 이는 제가 누린 혜택보다 훨씬 많지 않으십니까? 나리께서는 또한 매관매직해서 거금을 모으셨는데, 이 또한 제가 받은 뇌물보다 훨씬 많지 않으십니까? 모 사건 모 사건은 시비가 전도되었고, 다른 사람의 생사에 대해서도 저보다 훨씬 더 많은 농단을 저지르지 않으셨습니까? 나리께서도 나라를 저버리셨으면서, 제가 나리를 저버린 것만 탓하십니까? 그런 나리께서 소인을 죽이셨는데, 소인 정말이지 유감입니다."

아무개 공이 화가 나서 하인을 때려 넘어뜨렸으나, 하인은 여전히 투덜거렸다. 후에 아무개 공도 천수를 누리지 못하고 죽었다. 사송도 선생은 탄식하며 말했다.

"우리는 결코 이 지경까지 가서는 안 되오. 우리도 시류에 따라[26] 가만히 앉아서 녹봉을 받으면서 하인들에게는 매번 하는 일마다 잘못되었다고 꾸짖고 있으니, 그들도 속으로는 우리들을 꾸짖지 않겠소![27]"

史松濤先生諱茂, 華州人, 官至太常寺卿, 與先姚安公爲契友. 余年十四五時, 憶其與先姚安公談一事, 曰: 某公嘗箠殺一干僕. 後附一痴婢, 與某公辯曰: "奴舞弊當死. 然主人殺奴, 奴實不甘. 主人高爵厚祿, 不過於奴之受恩乎? 賣官鬻爵, 積金至鉅萬, 不過於奴之受賂乎? 某事某事, 顚倒是非, 出入生死, 不過於奴之竊弄權柄乎? 主人可負國, 奈何責奴負主人? 主人殺奴, 奴實不甘." 某公怒而擊之僕, 猶嗚嗚不已. 後某公亦不令終. 因嘆曰: "吾曹斷斷不至是. 然旅進旅退, 坐食俸錢, 而每責僮婢不事事, 毋乃亦腹誹矣乎!"

---

26 시류에 따라: 원문은 '여진여퇴(旅進旅退)'이다. 여기서 '려(旅)'는 모두(俱)의 뜻이다. 『국어(國語)』「월어(越語)」(상)에 보면, "저는 한 사내의 용기를 바라는 것이 아니라, 함께 나아가고 함께 물러나기를 바랍니다. 나아갈 때는 상을 생각하고, 물러날 때는 형벌을 생각합니다(吾不欲匹夫之勇也, 欲其旅進旅退. 進則思賞, 退則思刑)."라는 문장이 있다.

27 속으로는 우리들을 꾸짖지 않겠소: 원문은 '복비(腹誹)'이다. 『사기』「평준서(平準書)」에 보면, "장탕은 안이가 구경의 자리에 있으면서 황제의 영이 부당함을 보고도 말하지 않고 속으로 비방했으니 죽음으로 다스려야 한다고 상주했는데, 이로부터 복비법이 생겼습니다(張蕩奏顔異當九卿見令不便, 不入言, 而腹誹, 論死, 自是之後, 有腹誹之法)."라는 구절이 있다.

10.

나부(羅敷)에게도 남편이 있거늘

속성(束城)에 사는 이 아무개는 대추를 팔러 이웃 현을 오가다가, 여관집 주인의 젊은 부인을 몰래 유혹해 데리고 돌아왔다. 그가 집에 도착했을 즈음 그의 처는 이미 다른 남자와 달아나고 없었다. 이에 그는 깜짝 놀라 말했다.

"이 여자를 데리고 왔으니 망정이지, 아니었으면 홀아비가 될 뻔했네."

사람들이 이 아무개의 처가 재물을 옮긴 시간을 계산해 보니, 바로 이 젊은 부인이 담을 넘어[28] 달아난 다음날이었다. 이 아무개에 대한 보응은 적절하게 이루어졌으나, 그는 그 사실을 깨닫지 못했다.

얼마 뒤에 이 젊은 부인은 농촌 생활을 달갑게 여기지 않아 다시 다른 젊은 사내를 따라 도망쳤는데, 이 아무개는 그제야 망연자실했다. 후에 젊은 부인의 남편이 속성으로 찾아와 이 아무개를 고발하려 했다. 이 아무개는 젊은 여자가 다른 곳으로 가고 없고, 물증도 없고 해서 한사코 사실을

28 담을 넘어: 원문은 '승원(乘垣)'이다. 『시경』「위풍(衛風)·맹(氓)」에 보면, "수레를 가지고 데리러 오세요. 짐을 꾸려 당신을 따르겠어요(以爾車來, 以我賄遷)."와 "무너진 담에 올라 아득히 복관(復關)만 바라보았지(乘彼垝垣, 以望復關)."라는 시구가 있는데, 담을 뛰어넘어 달아나서 미래를 함께 하기를 희망하는 것을 말한다.

인정하지 않았다. 두 사람이 옥신각신하며 다투고 있을 때, 마을에 부계점을 치는 사람이 들어왔다는 소문이 들렸다. 그러자 사람들이 말했다.

"어찌하여 선인(仙人)에게 물어보지 않는가?"

선인은 시 한수로 판결을 내렸다.

원앙은 둘 만의 즐거움을 꿈꾸지만,
나부(羅敷)[29]에게도 남편이 있음을 기억하지 못하는가?
지금 서로 만났으니 한번 웃고 말지어다.
네 부인 역시 당신을 따라 한 것[30]이 분명하네.

---

29 나부(羅敷): 『고금주(古今注)』에 따르면, 한단(邯鄲) 사람 진씨(秦氏)에게는 나부라는 딸이 있었는데, 후에 같은 읍 사람 천승(千乘) 왕인(王仁)의 처가 되었다고 한다. 나부가 나와 길가(陌上)에서 뽕을 따고 있는데, 조왕(趙王)이 나부를 보고 기뻐하며 그녀를 빼앗으려고 했다. 그러자 나부는 쟁(箏)을 뜯으며 「맥상상(陌上桑)」이라는 노래를 지어 "사군(使君)에게도 아내가 있거늘(有使君, 自有婦)."라고 노래하며 자신에게도 남편이 있음을 밝혔다.

30 당신을 따라 한 것: 원문은 '의양화호로(依樣畵葫蘆)'이다. 『속향산시화(續香山詩話)』에 따르면, 도곡이 한림원[禁林]을 그만 두기를 청했다고 한다. 그러자 태조가 "전인들의 문장을 참고해 [글자 몇 개 바꾸고 베껴] 짓고 또 지으면서."라고 말하면서, 도곡의 한림원 사직을 받아들이지도 않고 더 이상 중용하지도 않았다. 이에 도곡이 다음 시를 지었다. "한림원의 도씨 학사를 보고 웃나니, 해마다 같은 조롱박만 그리고 있네(陶穀乞罷禁林, 太祖曰: '依樣葫蘆, 且作且作.' 不許罷, 復不進用. 穀因題王堂云: '堪笑翰林陶學士, 年年依樣畵葫蘆)." 이 이야기는 송나라 위태(魏泰)의 『동헌필록(東軒筆錄)』에 나온다. 북송 초의 도곡은 송나라 태조 조광윤(趙匡胤)의 곁에서 각종 문서 작성의 초안을 맡고 있었다. 도곡은 시간이 흐르자 나름 공을 세웠다고 생각하고 조광윤에게 높은 관직을 기대했다. 이에 조광윤이 말했다. "내 듣건대 한림학사는 문장을 쓸 때 전인들의 문장을 참고해 글자 몇 개만 바꾼다고 하는데 이것은 민간에서 말하는 진짜 조롱박을 보고 표주박을 그리는 것과 같은 것이 아닌가? 여기에 무슨 힘든 일이 있느냐?"라고 했다. 도곡은 크게 실망해 앞의 시를 지었다. 이 이후로 '의양화호로'는 관용어로 사용되어 아무런 창의성 없이 그대로 모방한다는 의미로 사용하게 되었다.

젊은 여자의 남편은 말없이 돌아갔다. 두 마을의 접경지대에 살면서 그 일에 대해 잘 아는 사람이 있었는데, 그의 말에 따르면 그 젊은 부인도 애초에 그 남편이 꾀어서 데려왔다고 한다.

東城李某, 以販棗往來於隣縣, 私誘居停主人少婦歸. 比至家, 其妻先已偕人逃. 自詫曰: "幸攜此婦來, 不然鰥矣." 人計其妻遷賄之期, 正當此婦乘垣後日. 適相報, 尙不悟耶.

旣而此婦不樂居田家, 復隨一少年遁, 始茫然自失. 後其夫踪跡至東城, 欲訟李. 李以婦已他去, 無佐證, 堅不承. 紛糾間, 聞里有扶乩者. 衆曰: "盍質於仙?" 仙判一詩曰: "鴛鴦夢好兩歡娛, 記否羅敷自有夫? 今日相逢須一笑, 分明依様畵葫蘆." 其夫默然徑返. 兩邑接壤有知其事者, 曰此婦初亦其夫誘來者也.

11.

여저(荔姐)

만씨(滿氏) 할멈은 내 동생의 유모다. 할멈에게는 여저(荔姐)라는 딸이 있었는데, 근처에 사는 촌사람에게 시집갔다. 여저는 어느 날 어머니가 아프다는 소리를 듣고 남편을 기다렸다가 함께 갈 여유조차 없이 허겁지겁[31] 어머니에게로 달려왔다. 이미 해는 저물어 날은 어두컴컴하고, 희미한 초승달만이 빛나고 있었다. 그때 누군가 급하게 자신을 좇아오고 있는 것을 보고 여저는 강도일 거라 생각했다. 그러나 황량한 벌판에서 소리쳐 보아도 구하러 올 사람이 없다는 생각이 들자, 곧장 오래된 무덤가의 백양나무 아래에 몸을 숨겼다. 그리고는 비녀와 귀고리를 품속에 넣고, 허리띠[32]를 풀러 목에 맨 다음 머리를 풀어 헤치고 혀를 밖으로 빼문 채 눈을 부릅뜨

31 허겁지겁: 원문은 '낭패(狼狽)'이다. 『박물전휘(博物典彙)』에 따르면, 낭(狼: 짐승)은 앞 두 다리가 길고, 뒤의 두 다리가 짧으며, 패(狽: 전설상의 짐승)는 앞 두 다리가 짧고, 뒤의 두 다리가 길었는데, 낭은 패가 없으면 똑바로 서지 못하고, 패는 낭이 없으면 길을 갈 수 없었다. 두 짐승이 항상 같이 붙어 다닌 데서 낭패라는 말이 나왔다. 또 서로 떨어져서 길을 가게 되면 땅 바닥에 곤두박질 쳤는데, 바로 여기에서 일이 잘못되어 급히 달아나는 상황을 뜻하는 '낭패'라는 의미가 유래했다.

32 허리띠: 원문은 '소(繸)'이다.

고서[33] 그를 기다렸다. 그 사람이 다가오자 여저는 도리어 그더러 이리 와서 앉으라고 했다. 그 사람은 가까이 다가갔다가 여저를 목매달아 죽은 귀신으로 알고 놀라 거꾸러져 일어나지 못했다. 그리하여 여저는 미친 듯이 달려 그곳을 벗어날 수 있었다. 여저가 문에 들어서자 집안사람들은 모두 깜짝 놀라서 어찌된 일이냐고 천천히 물어 자초지종을 알고 나서는, 화를 내다가 웃다가 하면서 그 마을을 찾아가 물어보자고 상의했다.

다음 날 [마을에는] 아무개 집 젊은이가 귀신을 만나 악귀가 씌었는데, 지금도 귀신이 그의 몸에 붙어 발광하고 헛소리를 해댄다며 떠들썩했다. 후에 약도 먹어보고 부적[34]도 써봤으나 모두 효험을 보지 못하고 결국에는 지랄병에 걸려 죽었다.

이는 어쩌면 그가 공포에 질려 있는 나머지 사악한 귀신이 그 틈을 타고 들어온 것인지도 모르겠다. 또 어쩌면 이 모든 환상이 그의 마음에서 스스로 만들어낸 것인지도 모른다. 아니면 밝으신 신령께서 악행을 벌하기 위해 몰래 그 혼백을 빼어 간 것인지도 모르겠다. 어떠한 이유에서든 모두 행실이 좋지 않은 자제들이 경계 삼을 만하다.[35]

---

33 부릅뜨고서: 원문은 '징(瞪)'이다.

34 부적: 원문은 '부록(符籙)'이다. 『북사(北史)』「위헌문제기(魏獻文帝紀)」에 따르면, 헌문제가 도량에 행차하여 친히 부록을 받고 특별히 도성 백성들의 세금을 감면해주었다고 한다. 생각건대, 부록은 도가의 비문으로, 부(符)는 전서(篆書)나 주문(籀文), 성문(星文)이나 뇌문(雷文)처럼 글자가 구불구불하다. 록(籙)은 소서(素書)로, 천조(天曹: 道家에서 말하는 天上의 관청)의 하급관리가 기록한데서 생겨난 명칭이다. 대개 도교를 신봉하는 사람들이 부록을 많이 찼다.

35 모두…경계 삼을 만하다: 『시경』「정풍·산유부소」에 보면 "만나기 전에는 미남이라더니 만나보니 미친놈일세(不見子都, 乃見狂且)."라는 시구가 있다. 차(且)는 조사이다. 자도(子都)에서 '자'는 남자라는 뜻이고 '도'자는 아름답다는 뜻으로, 미남을 가리킨다.

滿媼, 余弟乳母也. 有女曰荔姐, 嫁爲近村民家妻. 一日, 聞母病, 不及待壻同行, 遽狼狽而來. 時已入夜, 缺月微明. 顧見一人追之急, 度是强暴. 而曠野無可呼救, 乃映身古冢白楊下. 納簪珥懷中, 解緌繫頸, 披髮吐舌, 瞪目直視以待. 其人將近, 反招之坐. 及逼視, 知爲縊鬼, 驚仆不起. 荔姐竟狂奔得免. 比入門, 擧家大駭, 徐問得實, 且怒且笑, 方議向鄰里追問. 次日喧傳某家少年, 遇鬼中惡, 其鬼今尙隨之, 已發狂譫語. 後醫藥符籙皆無驗, 竟顚癎終身.

此或由恐怖之餘, 邪魅乘機而中之, 未可知也. 或一切幻象, 由心而造, 未可知也. 或明神殛惡, 陰奪其魄, 亦未可知也. 然均可爲狂且戒.

12.

사라진 귀신

제부(制府: 總督) 당집옥(唐集玉)은 예전에 한 살인사건을 조사한[36] 적이 있었는데, 사건이 이미 종결된 상태였다. 어느 날 밤 촛불을 밝혀놓고 혼자 앉아 있을 때, 갑자기 어디선가 울음소리가 약하게 들리더니, 그 소리가 점점 창문쪽으로 다가오는 것 같았다. 계집종에게 나가 살펴보라고 했더니, 계집종은 나가자마자 외마디 비명을 지르고 쓰러졌다. 이에 공(公: 唐集玉)이 직접 주렴을 걷고 나가 보았더니, 귀신이 피를 뒤집어 쓴 채[37] 계단아래에서 무릎을 꿇고 앉아 있는 것이 아닌가. 공이 매섭게 귀신을 꾸짖자, 귀신은 땅에 머리를 조아리며 말했다.

"저를 죽인 사람은 아무개입니다. 나리께서 다른 사람을 잘못 잡아넣어셨습니다. 그 바람에 저는 원수도 갚지 못하고 죽어서도 눈을 감을 수 없

36 조사한: 원문은 '감(勘)'이다.

37 피를 뒤집어쓴 채: 원문은 '욕혈(浴血)'이다. 『유양잡조(酉陽雜俎)』「어자(語資)」에 보면, 서경업(徐敬業)이 열 살 남짓 되었을 때 영공(英公)이 탄식하며 말했다고 한다. "이 아이는 관상이 좋지 않다. 장차 우리 집안을 망칠 놈이다." 어느 날 영공은 사냥을 하면서 서경업에게 혼자 계곡 끝까지 사냥감을 쫓아가게 하고는 불을 놓아 그를 죽이려고 했다. 서경업은 불길이 자신을 향해 다가오자 곧장 타고 있던 말을 죽이고 배를 갈라 그 안으로 들어가 불길을 피했다. 불길이 지나간 뒤에 서경업은 피를 뒤집어쓴 채 나왔다고 한다.

습니다."

공이 "알았도다."라고 대답하자, 귀신은 곧 바로 사라졌다.

이튿날 공이 친히 사건을 조사하자, 사람들이 죽은 사람의 옷과 신발을 보여 주는데, 전날 밤에 본 것과 같았다. 이에 공은 더욱 확신을 가지고, 마침내 귀신의 말대로 아무개를 잡아들였다. 그러나 취조관이 이 사건에 대해 백방으로 해명하면서 남산(南山)은 옮길 수 있지만, 이 사건은 절대 번복할 수 없다고 했다.[38]

공의 비장 가운데 한 사람이 [공이 재조사한데는] 다른 이유가 있을 거라고 생각하고 공에게 몰래 물어보았다. 그리하여 공이 간밤에 있었던 일의 자초지종을 말해주었지만, 비장도 어떻게 할 방법이 없었다. 어느 저녁에 비장이 찾아와 뵙기를 청하면서 말했다.

"귀신이 어디에서 왔습니까?"

"계단아래서 왔네."

"귀신은 어디로 사라졌습니까?"

"홀연히[39] 담 너머로 사라졌네."

그러자 비장이 말했다.

---

38 남산(南山)은 … 했다: 『구당서(舊唐書)』「이원굉전(李元紘傳)」에 다르면, 이원굉이 옹주사마(雍州司馬)로 있을 때 태평공주(太平公主)가 어떤 절과 방앗간을 놓고 싸웠다고 한다. 그때는 태평공주가 한창 성은을 입고 권세를 부릴 때라 관리들은 모두 그의 뜻대로 하길 바랐다. 그러나 이원굉은 그 방앗간을 절에 돌려주라는 판결을 내렸다. 옹주장사(雍州長史)로 있던 두회정(竇懷貞)은 이 사실을 알고 크게 두려워하며 이원굉에게 판결을 바꾸라고 했다. 이에 이원굉은 판결문 뒤에 "혹여 남산은 옮길 수 있겠지만, 이 사건의 결과는 절대 바꾸지 않습니다."라고 썼다고 한다.

39 홀연히: 원문은 '훌연(欻然)'이다.

"귀신이란 대개 어른거리는 형상만 있지 실체는 없습니다. 따라서 사라질 때는 홀연히 사라지지 담을 넘어 갈 수 없습니다."

그리하여 곧 바로 귀신이 넘어갔던 담 주위를 살펴보았다. 기와[40]는 깨져 있지는 않았지만, 막 비가 내린 뒤라 몇 겹 지붕마다 진흙 발자국이 어렴풋이 남아 있었다. 발자국은 외벽아래까지 이어지다가 사라졌다. 비장은 진흙을 가리키며 공에게 말했다.

"이는 필시 죄인의 뇌물을 받은 도적의 소행일 것입니다."

공은 깊이 생각하다가 문득 깨달은 바가 있어 원래의 판결을 따른 채, 그 일을 묻어두고 더 이상 깊이 따지지 않았다.

制府唐公執玉, 嘗勘鞫一殺人案, 獄具矣. 一夜秉燭獨坐, 忽微聞泣聲, 似漸近窗戶. 命小婢出視, 噭然而仆. 公自啓簾, 則一鬼浴血跪階下. 厲聲叱之, 稽顙曰: "殺我者某. 縣官乃誤坐某. 讐不雪, 目不瞑也." 公曰: "知之矣." 鬼乃去.

翌日, 自提訊, 衆供死者衣履, 與所見合. 信益堅, 竟如鬼言改坐某. 問官申辯百端, 終以爲南山可移, 此案不動. 其幕友疑有他故, 微叩公. 始具言始末, 亦無如之何. 一夕幕友請見, 曰: "鬼從何來?" 曰: "自至堦下." 曰: "鬼從何去?" 曰: "欻然越牆去." 幕友曰: "凡鬼有形而無質. 去當奄然而隱, 不當越牆." 因卽越牆處尋視. 雖甃瓦不裂, 而新雨之後, 數重屋上, 皆隱隱有泥迹. 直至外垣而下. 指以示公曰: "此必囚賄捷盜所爲也." 公沉思恍然, 仍從原讞, 諱其事, 亦不復深求.

40 기와: 원문은 추(甃)이다.

13.

무너진 절의 중

경성(景城)의 남쪽에 한 무너진 절이 있었는데, 사방 주위로 사는 사람이 없었다. 절에는 제자 둘을 데리고 향과 초를 관리하는 스님 한 분이 있을 뿐이었다. 이들은 모두 시골 머슴처럼 어리석기 짝이 없어 사람을 만나도 예를 갖출 줄 몰랐다. 그러나 간교한 사기술만은 매우 뛰어나서 몰래 송진을 사다가 갈아 가루로 만든 다음 밤에 송진가루를 종이에 둘둘 말아 불을 붙여 하늘에 뿌렸는데, 그러면 불꽃이 사방으로 튀었다. 멀리서 이를 보고 달려와 물으면, 이들 사제는 문을 잠그고 깊이 잠든 척 하면서 모르는 일이라고 했다. 또 몰래 극장에서 사용하는 불의(佛衣)를 사들여 보살과 나한의 모습으로 분장하고는 달밤에 용마루에 서 있거나 절문 나무 아래에 희미하게 모습을 드러냈다. 멀리서 이를 본 사람들이 달려와 물으면 역시 아무 것도 보지 못했다고 했다. 간혹 어떤 사람이 자신이 본 정황을 설명하면, 합장하면서 이렇게 말했다.

"서천에 계신 부처께서 이 낡은 절에 무엇 하러 오시겠소? 지금 관가에서 한창 백련교를 금하고 있고, 나는 당신과 아무런 원한도 없는데, 하필 그런 말을 만들어 내어 내게 화를 입히려 하시오?"

이에 사람들은 더욱 더 진짜 부처가 현신한 것이라 믿고 보시[41]하는 사람들이 날로 많아졌다.

그러나 절이 나날이 허물어져 가는데도 그들은 기와 한 장, 서까래 하나도 수리하려 하지 않고, 도리어 이렇게 말했다.

"이곳 사람들은 유언비어 만들어내기를 좋아해 매번 이곳에서 자주 괴이한 일이 일어난다고 말합니다. 만약 다시 절을 웅장하게 수리한다면[42] 사람들을 미혹시키는 자들에게 구실만 제공하게 될 것입니다."

십여 년이 지나자 절에는 점점 재물이 늘어났다. 그러던 어느 날 한 도적이 절을 엿보다가 사제를 때려죽인 뒤 재물을 모두 털어 달아났다. 관가에서 사제가 남긴 자루와 상자를 조사하여 송진과 무대의상 같은 것을 찾아내자, 사람들은 비로소 그들의 간교함을 깨달았다. 이는 명(明)나라 숭정(崇禎)[43] 연간 말년에 일어난 일이다.

돌아가신 고조부 후재공(厚齋公)[44]이 말씀하셨다.

"이 중들은 사람을 안 속이는 척하면서 사람을 속였으니, 정말로 교활하구나! 그러나 사람을 속여 얻은 재물로 스스로를 죽음에 몰아넣었으니, 지극히 어리석다 말해도 될 것이다."

景城南有破寺, 四無居人. 唯一僧攜二弟子司香火. 皆蠢蠢如村傭, 見人不

41 보시: 원문은 '단시(檀施)'이다. 불가에서는 보시하는 것을 단시라고 한다.

42 웅장하게 수리한다면: 원문은 '장엄(莊嚴)'이다. 불가에서는 화려하게 꾸미는 것을 장엄이라 한다

43 숭정(崇禎): 명나라 제16대 황제 사종(思宗) 주유검(朱由檢)의 연호(1628~1644)이다.

44 후재공(厚齋公): 기윤의 고조 기곤(紀坤)이다. 기곤(1570~1642)은 자가 후재이며, 저서로는 『화왕각잉고(花王閣剩稿)』가 있다.

能爲禮. 然譎詐殊甚, 陰市松脂, 煉爲末, 夜以紙捲燃火撤空中, 焰光四射. 望見趨問, 則師弟鍵戶酣寢, 皆曰不知. 又陰市戲場佛衣, 作菩薩羅漢形, 月夜或立屋脊, 或隱映寺門樹下. 望見趨問, 亦云無睹. 或擧所見語之, 則合掌曰: "佛在西天, 到此破落寺院何爲? 官司方禁白蓮教, 與公無讐, 何必造此語禍我?" 人益信爲佛示現, 檀施日多.

然寺日頹敝, 不肯葺一瓦一椽, 曰: "此方人喜作蜚語, 每言此事多妖異. 再一莊嚴, 惑衆者益藉口矣." 積十餘年漸致富. 忽盜瞰其室, 師弟並拷死, 罄其貲去. 官檢所遺囊篋, 得松脂戲衣之類, 始悟其姦. 此前明崇禎末事.

先高祖厚齋公曰: "此僧以不蠱惑爲蠱惑, 亦至巧矣! 然蠱惑所得, 適以自戕, 雖謂之至拙可也."

14.

노승의 가르침

미소년을 사랑한 서생이 있었는데, 두 사람은 부부처럼 서로를 아꼈다. 소년이 병들어 죽게 되자, 서생은 말로 다 할 수 없을 정도로 애틋해하고 슬퍼했다. 소년 역시 숨이 끊어졌는데도 서생의 팔목을 붙잡고 있다가 손으로 떼어내고서야 겨우 손을 놓았다. 후에 서생은 꿈에서도 소년을 보았고, 등불아래서도 보이더니 점점 대낮에도 보였다. 소년은 늘 7~8자의 거리를 유지하면서 서생이 물어봐도 대꾸하지 않았고, 불러도 앞으로 다가오지 않았으며, 다가서면 뒤로 물러났다. 이때부터 서생은 실의에 빠지더니 결국 마음의 병이 생겨, 도사까지 불러 부적과 주문으로 다스려 보았지만 효험이 없었다.

서생의 부친은 귀신이 부처가 있는 곳에는 감히 들어오지 못할 거라 생각해서 잠시 절[45]에 가 있으라고 했지만, 절에 와서도 소년은 여전히 보였다. 한 노스님이 말했다.

"모든 악귀는 모두 마음에서 시작됩니다. 정말로 그 소년이 맞습니까?

45 절: 원문은 '총림(叢林)'이다. 『조정사원(祖庭事苑)』에 따르면, 산스크리트어 빈댜바나(vindhyavana, 貧陀婆那)의 음역이다. 큰 나무가 울창하게 모여 있는 것처럼 스님들이 함께 모여 사는 곳을 일러 총림이라 한다.

그 소년이 맞다면 모두 마음에서 불러들인 것입니다. 그 소년이 아닙니까? 그 소년이 아니라면 이것 역시 마음에서 만들어낸 환영일 뿐입니다. 마음을 비우시면 모든 것이 사라질 것입니다."

그러자 다른 노스님이 말했다.

"선사께서는 이런 미천한 사람에게 그런 고상한 설법을 말씀하시다니, 의지가 없는데 그가 어떻게 마음을 비울 수 있겠습니까? 이것은 병증만을 말하고 약을 쓰지 않는 것과 같습니다."

그리고는 서생에게 이렇게 말했다.

"사념에 사로잡혀 있는 것은 뿌리에서 풀이 자라나는 것과 같고, 구멍에 물체가 끼여 있는 것과 같습니다. 쐐기[46]를 이용해 물체를 빼내면 되는데, 쐐기가 구멍에 꼭 맞으면 물체가 저절로 빠져 나옵니다. 그대는 한번 생각해 보시오. 이 소년은 죽은 뒤 몸은 점점 굳어져서 차갑게 되고, 점점 시체가 부풀어 오르면서 악취가 나고, 썩고 부패되면 시체에서 벌레가 기어 다니게 될 것입니다. 또 오장육부가 찢기고, 피와 살이 낭자해 온갖 이상한 모습을 할 것입니다. 얼굴이 점점 바뀌고 피부색도 바뀌고 모습도 변해 결국에는 나찰[47]같이 될 것이고, 그러면 자연 공포심이 생겨날 것입니다.

또 소년이 살아 있다고 가정해 봅시다. 날로 자라서 점점 건장해지면 더 이상 교태를 부리지 않을 것이고, 얼굴에 수염이 나 결국에는 다른 사람

---

46 쐐기: 원문은 '설(楔)'이다. 물건과 물건 사이에 난 틈에 박아서 물체를 고정시키는 도구를 말한다.

47 나찰: 악귀의 이름이다. 살펴보건대 나찰은 범어 나찰파(羅刹婆)의 줄인 말로, 잔악하고 난폭하게 사람을 잡아먹는 귀신이다. 본래는 인도의 힌두교와 불교 신화에 등장하는 가상의 종족인 라크샤사 또는 나찰(羅刹)을 지칭하는 명칭이었으나, 아리안족(Aryan Race, 雅利安)에 와서 두렵고 무섭다는 명사로 쓰이기 시작했다.

을 찌를 만큼 자랄 것입니다. 또한 얼굴은 점점 거무스름해지고, 머리카락은 반백이 되며, 양쪽 귀밑머리가 눈처럼 하얗게 쇠고, 머리카락이 빠지고 이가 빠지며,[48] 허리가 굽고 기침을 하며, 눈물과 콧물을 흘리고 침을 흘리면 더러워서 가까이 다가갈 수 없고, 그러면 자연 그를 버리고 싶은 마음이 들 것입니다. 또 생각해 보면 이 소년이 먼저 죽었기 때문에 그를 그리워하게 된 것입니다. 본인이 먼저 죽는다면 소년은 아름다운 외모 때문에 틀림없이 다른 사람의 유혹을 받을 것입니다. 돈으로 유혹하고 권세로 협박한다면 소년은 과부처럼 정절을 지키지 못하고 하루아침에 당신의 곁을 떠나 다른 사람의 잠자리에 들것입니다. 생전에 본인에게 했던 달콤한 말과 온갖 미소를 그 사람에게 보내고, 그 사람은 마음껏 누릴 것입니다. 종전의 모든 유혹이 뜬구름처럼 흩어지고 사라져서 전혀 남지 않게 되면 분노가 생겨날 것입니다. 또 생각해 보시오. 이 소년이 살아서 혹시 총애를 믿고 경거망동해 본인이 감당할 수 없는 지경에 이르고, 또 어쩌다가 당신의 감정을 건드리게 되면 안색을 바꾸고 욕을 하게 될 것입니다. 또 본인이 재산이 넉넉지 않아 원하는 대로 해줄 수 없다면 딴 마음을 먹고 차갑게 대할 것입니다. 그가 본인을 버리고 부자를 따라가서 본인을 처음 보는 사람처럼 대하면 그에 대한 원망이 생겨날 것입니다. 이로 볼 때 모든 생각은 마음에서 생겨나고 사라지니, 마음에 여유가 없게 될 것입니다. 마음에 여유가 없으면, 일체의 사랑의 끈이나 욕망의 끈도 받아들일 수 없게 됩니다. 그러면 모든 잡념은 떨쳐내지 않아도 저절로 사라질 것입니다."

---

48 머리카락이 빠지고 이가 빠지며: 원문은 '두동치활(頭童齒豁)'이다. 한유(韓愈)의 「진학해(進學解)」에 보면, "머리카락이 빠지고 이가 빠져 결국에는 죽게 될 터인데 무슨 도움이 되겠는가(頭童齒豁, 竟死何裨)?"라는 문장이 있다.

서생이 스님의 가르침대로 했더니 처음 며칠 동안은 보였다 안보였다 하다가 며칠 뒤에는 완전히 사라졌다. 병이 나은 후 다시 절을 찾아가 보았더니, 절에는 그런 두 분의 스님이 없었다. 어떤 사람은 고불(古佛)이 현신했다고 하고, 어떤 사람은 행각승[49]이 구름처럼 왔다 갔다 하다가 부평초와 물처럼 우연히 만났을 뿐[50] 석장을 타고[51] 이미 다른 곳으로 갔다고 했다.

有書生嬖一孌童, 相愛如夫婦. 童病將歿, 悽戀萬狀. 氣已絶, 猶手把書生腕, 擘之乃開. 後夢寐見之, 燈月下見之, 漸至白晝亦見之. 相去恒七八尺, 問之不語, 呼之不前, 即之則却退. 緣是惘惘成心疾, 符籙劾治無驗. 其父姑令借榻叢林, 冀鬼不敢入佛地, 至則見如故. 一老僧曰: “種種魔障, 皆起於心. 果此童耶? 是心所招. 非此童耶? 是心所幻. 但空爾心, 一切俱滅矣.” 又一老僧曰: “師對下等人說上等法, 渠無定力, 心安得空? 正如但說病證, 不疏藥物耳.” 因語生曰: “邪念糾結, 如草生根, 當如物在孔中. 出之以楔, 楔滿孔則物自出. 爾當思惟. 此童歿後, 其身漸至僵冷, 漸至洪脹, 漸至臭穢, 漸至腐潰, 漸至尸蟲蠕動. 漸至臟腑碎裂, 血肉狼藉, 作種種色. 其面色漸至變貌, 漸至變色, 漸至變相如羅刹, 則恐怖之念生矣. 再思惟此童如在. 日長一日, 漸至壯偉, 無復媚態, 漸至鬑鬑有鬚, 漸至修髯如戟. 漸至面蒼黧, 漸至髮斑白, 漸至兩鬢如雪, 漸至頭童齒豁, 漸

49 행각승: 원문은 ‘시방(十方)’이다. ‘시방상주(十方常住)’는 한 곳에 머물지 않고 떠돌아다니는 스님들을 대접했던 절을 말한다. 이로부터 행각승의 의미가 나왔다.

50 부평초와 물처럼 우연히 만났을 뿐: 원문은 ‘평수우봉(萍水偶逢)’이다. 왕발(王勃)의 「등왕각서(滕王閣序)」에 보면, “부평초와 물이 서로 만난 듯하지만, 모두가 타향의 길손이라네(萍水相逢, 盡是他鄉之客).”라는 구가 나온다.

51 석장을 타고: 원문은 ‘비석(飛錫)’이다. 『석씨요람(釋氏要覽)』에 보면, 행각승은 비장(飛錫)을 만들어 들고 다니고, 한 곳에 머물러 있는 스님은 괘장(掛錫)을 만들어 들고 다녔다고 한다.

至傴僂勞嗽, 涕淚涎沫, 穢不可近, 則厭棄之念生矣. 再思惟此童先死, 故我念彼. 倘我先死, 彼貌姣好, 定有人誘. 利餌勢脅, 彼未必守貞如寡女, 一旦引去薦彼枕席. 我在生時, 對我種種淫語, 種種淫態, 俱回向是人, 恣其娛樂. 從前種種暱愛, 如浮雲散滅, 都無餘滓, 則憤恚之念生矣. 再思惟. 此童如在, 或恃寵跋扈, 使我不堪, 偶相觸忤, 反面詬誶. 或我財不贍, 不饜所求, 頓生異心, 形色索漠. 或彼見富貴, 棄我他往, 與我相遇, 如陌路人, 則怨恨之念生矣. 以是諸念起伏, 生滅於心中, 則心無餘閑. 心無餘閑, 則一切愛根慾根, 無處容著. 一切魔障, 不祛自退矣." 生於所教, 數日或見或不見, 又數日竟滅. 至病起往訪, 則寺中無是二僧. 或曰古佛現化, 或曰十方常住, 來往如雲, 萍水偶逢, 已飛錫他往云.

15.

국수 장수와 여우 자매

돌아가신 어머니의 유모 요씨(廖氏)가 해준 이야기이다.

창주(滄州)의 마락파(馬落坡)[52]에 국수를 팔아 살아가는 여자가 있었는데, 그녀는 팔다 남은 국수로 시어머니를 모셨다. 또한 노새를 기르지 못할 정도로 집이 가난해, 매일 밤 사경이 되도록 혼자서 직접 맷돌질을 했다.

시어머니가 죽은 후 성묘를 마치고 돌아오던 길에 젊은 여자 두 명을 만났는데, 여자를 보고 웃으면서 말을 건넸다.

"이십여 년을 함께 살았는데, 저희들을 알아보지 못하겠어요?"

여자가 깜짝 놀라며 어떻게 대답해야 할지 몰라 하자, 두 여자가 말했다.

"아주머니께서는 놀라지 마세요. 우리 자매는 여우입니다. 아주머니의 효심에 감동받아 매일 밤 아주머니를 도와 맷돌을 돌렸습니다. 이 일로 뜻밖에 상제의 칭찬을 받아 참선하고 열반의 경지에 들게 되었습니다.[53] 아주머니께서 시어머니를 봉양하는 일이 오늘로서 끝났기 때문에 저희자매도

---

52 마락파(馬落坡): 창주(滄州)에서 동북쪽으로 25리 떨어진 곳에 있다.

53 열반의 경지에 들게 되었습니다: 원문은 '정과(正果)'이다. 불교 용어로, 불교를 배우는 사람이 정진 수도해 터득하는 것을 증과(證果)라고 하고, 별도로 외도(外道)에서 배우는 것을 정과라고 한다. 과(果)는 바로 과일이 익는 것처럼 도를 완성하는 것을 비유한 말이다.

신선이 되어 떠나가게 되었습니다. 그래서 이렇게 작별인사를 하러 왔습니다. 그동안 저희들을 잘 돌봐주셔서 감사합니다."

여자들은 말을 다 하고는 바람처럼 사라져서 순식간에 보이지 않았다. 여자는 돌아와서 맷돌을 다시 돌렸지만, 힘에 겨워 더 이상 옛날처럼 자유자재로 돌릴 수 없었다.

先太夫人乳媼廖氏言. 滄州馬落坡, 有婦以賣麪爲業, 得餘麪以養姑. 貧不能畜驢, 恒自轉磨, 夜夜徹四鼓. 姑歿後, 上墓歸, 遇二少女於路, 迎而笑曰: "同住二十餘年, 頗相識否?" 婦錯愕不知所對, 二女曰: "嫂勿訝. 我姊妹皆狐也. 感嫂孝心, 每夜助嫂轉磨. 不意爲上帝所嘉, 緣是功行, 得證正果. 今嫂養姑事畢, 我姊妹亦登仙去矣. 敬來道別. 並謝提攜也." 言訖, 其去如風, 轉瞬已不見. 婦歸, 再轉其磨, 則力幾不勝, 非宿昔之旋運自如矣.

16.

우루무치

우루무치를 번역하면 좋은 사냥터이다. 내가 우루무치에 있을 때, 만한 문서를 번역하던 사람[54]이 있었는데, 그의 이름이 우루무치였다. 작명한 날짜를 계산해 보더니, 서역(西域)[55]을 평정하기 20여 년 전의 일이라며, 그가 말해주었다.

"제가 막 태어났을 때 아버지께서 꿈에서 할아버지를 보셨다고 하셨습니다. 할아버지께서 '너의 태어날 아들은 마땅히 우루무치라 이름지어야 한다.'라고 하시며 손가락으로 글자를 써서 보여 주셨습니다. 아버지는 깨어나서도 그 말이 무슨 뜻인지 깨닫지 못했으나, 꿈이 너무 선명해 잠시 그 이름으로 불렀습니다. 그런데 뜻밖에도 지금 이곳으로 오게 되었으니, 아무래도 이곳에서 생을 마감할 것 같습니다."

---

54 만한 문서를 번역하던 사람: 원문은 '필첩식(筆帖式)'이다. 청대의 관직명으로, 만주어를 번역하는 사람을 말한다.

55 서역(西域): 한(漢)나라 때 신강성(新疆省)을 서역이라 부른데서 연유했다.

후에 그는 인방(印房)[56]의 주사(主事)[57]가 되었다가 결국 임지에서 죽었다. 가만히 따져보았더니 그는 출정한 이래로 죽을 때까지 시종 이곳을 떠난 적이 없었다. 모든 일은 사전에 정해져 있다고 하더니, 어찌 그 말을 믿지 않을 수 있겠는가!

烏魯木齊, 譯言好圍場也. 余在是地時, 有筆帖式, 名烏魯木齊. 計其命名之日, 在平定西域前二十餘年, 自言: "初生時, 父夢其祖語曰: '爾所生子, 當名烏魯木齊.' 併指畫其字以示. 覺而不省爲何語, 然夢甚了了, 姑以名之. 不意今果至此, 意將終此乎." 後遷印房主事, 果卒於官. 計其自從征至卒, 始終未嘗離此地. 事皆前定, 豈不信夫!

---

56 인방(印房): 팔기인방(八旗印房)으로, 팔기도통(八旗都統) 아문내의 기구 가운데 하나이다. 도통의 인장과 상주문을 관리하는 동시에 국가 장려금 사용의 적절성 여부를 함께 관리했다. 옹정제 때 처음 설치되었고, 건륭제 때 정식으로 관제에 들어갔다.

57 주사(主事): 청대의 각 부(部)와 원(院)에 정6품 벼슬 주사를 두었는데, 경현지현(京縣知縣)이나 각 성의 통판(通判)에 해당한다. 경현지현(京縣知縣)은 도성 소재 현의 행정장관으로, 청대에 순천부(順天府)에는 대흥현(大興縣)과 완평현(宛平縣) 두 현만이 경현에 해당되었다.

17.

하인 파랍(巴拉)

우루무치가 또 해준 이야기이다.

파랍(巴拉)이라 불리는 하인[58]이 있었는데, 출정해 도적을 만나면 그때마다 있는 힘을 다해 싸웠다고 한다. 후에 빗나간 화살이 그의 왼쪽 뺨을 관통해 오른쪽 귀 뒤로 나왔지만, 그는 여전히 씩씩하게 칼로 도적 한 명을 베어 죽이고 함께 죽었다.

후에 일 때문에 고목제(孤穆第) 원주: 우루무치와 테네게르(Teneger)[59] 사이에 위치해 있다. 에 갔을 때 꿈에 파랍이 나타나 인사를 하고 의관을 바로 하는데, 예전의 천한 모습과는 훨씬 달라 보였다. 꿈속에서 그가 죽었다는 사실을 잊어버리고 "그간 어디에 있었는가? 지금 어디로 가는 중인가?"라고 묻자, 그는 이렇게 대답했다.

"명을 받들고 일하러 가던 중에 이곳을 지나게 되었습니다. 우연히 주인 어르신을 뵙게 되어 옛정도 있고 해서 안부를 묻게 되었습니다."

---

58 하인: 원문은 '시양(厮養)'이다. 『사기』「장이진여전(張耳陳餘傳)」에 보면, "땔나무하는 하인은 시(厮), 밥 짓는 일을 하는 하인은 양(養)이라 불렀다(析薪爲厮, 炊烹爲養)."라는 주가 있다.

59 테네게르(Teneger): 원문은 '특납격이(特納格爾)'로, 특눌격이(特訥格爾)라고도 한다. 테네게르는 신강의 부강현(阜康縣)에 위치한다.

어떻게 벼슬을 하게 되었는지 묻자 이렇게 대답했다.

“충효절의(忠孝節義)는 상제께서 중히 여기는 바입니다. 무릇 나라를 위해 자신의 목숨을 버린 사람은 하인이라 하더라도 생전에 지은 죄가 없으면, 유명세계에서는 반드시 직무를 부여합니다. 죄가 원래 있었던 사람은 이전의 죄를 용서해주고 인간 세상으로 보냅니다. 지금 저는 보그드산(Bogd Uul)[60] 산신의 부장으로 있는데, 이승의 효기교(驍騎校)[61]에 해당합니다.”

“어디로 가는 중인가?”

“창길(昌吉)에 가는 중입니다.”

다시 무슨 일로 가는지 묻자 이렇게 대답했다.

“공문을 가지고 가는 중이지만, 그 내용은 알 수 없습니다.”

우루무치는 화들짝 꿈에서 깨어났는데, 파랍의 음성이 아직도 귓전에 남아 있는 듯 했다. 이때가 건륭 33년(1786) 무자년 6월이었다. 8월 16일에 창길에서 변란이 터졌는데, 대개 귀신은 미래의 일을 먼저 발설하지 않는 것 같다.

烏魯木齊又言. 有厮養曰巴拉, 從征時, 遇賊每力戰. 後流矢貫左頰, 鏃出於右耳之後, 猶奮力斫一賊, 與之俱仆. 後因事至孤穆第, 原註: 在烏魯木齊特納格爾之間. 夢巴拉拜謁, 衣冠修整, 頗不類賤役. 夢中忘其已死, 問向在何處, 今將何往, 對曰: “因差遣過此. 偶遇主人, 一展積戀耳.” 問何以得官, 曰: “忠孝節義,

60 보그드산(Bogd Uul): 원문은 ‘박극달산(博克達山)’이다. 몽고어로 수산(首山)을 말하는데, 수산은 지금의 신강 부강현에 있다.

61 효기교(驍騎校): 청나라 팔기군(八旗軍)의 직책으로, 좌령(佐領)에 소속되어 있다.

上帝所重. 凡爲國捐生者, 雖下至僕隸, 生前苟無過惡, 幽冥必與一職事. 原有過惡者, 亦消除前罪, 向人道轉生. 奴今爲博克達山神部將, 秩如驍騎校也." 問"何所往?", 曰: "昌吉". 問何事, 曰: "賫有文牒, 不能知也." 霍然而醒, 語音似猶在耳. 時戊子六月. 至八月十六日, 而有昌吉變亂之事, 鬼蓋不敢預洩云.

18.

꽃 신발

창길에서 성을 쌓을 때의 일이다. 땅을 5자정도 팠을 때 붉은 모시에 꽃무늬가 수놓인 여자 신발이 한 짝 나왔다. 아주 정교하게 만들어졌는데, 전혀 썩지 않은 상태였다. 내가 지은 『우루무치잡시』에 보면 다음의 시가 있다.

> 성을 쌓느라 땅을 파는데 깊기도 하구나.
> '어기영차[62]' 소리치며 절구 공 소리 내네.
> '괴이한 일이다.' 소리치자 일제히 주목하는데,
> 이끼 낀 초승달 같은 꽃 신발 덩그러니 놓여있네.

이 시는 바로 그 일을 읊은 것이다. 5자 이상의 흙에 파묻혀서 지금까지 수십 년이 되었거늘, 어찌 썩지 않을 수 있단 말인가? 오이라트(Oyrat)[63]

---

62 어기영차: 원문은 '사허(邪許)'이다. 사람들이 함께 힘을 쓸 때 내는 추임새이다. 『회남자(淮南子)』「도응훈(道應訓)」에 보면, "무릇 큰 나무를 들 때 앞에서 '어기영차' 하고 소리치면 뒤에서도 '어기영차' 하고 소리친다(夫擧大木者, 前呼邪許, 後亦應之)."라는 문장이 있는데, 힘을 내서 일하자는 의미로 사용된다.

63 오이라트(Oyrat): 원문은 '액노특(額魯特)'이다. 몽골의 서북에서 일어나 서몽골이라고도 하

의 여자들은 전족[64]을 하지 않는데, 어떻게 3치밖에 되지 않는, 활처럼 둥근 모양의 신발이 나올 수 있단 말인가! 여기에는 틀림없이 이유가 있을 것이나, 지금으로서는 알 수 없다.

昌吉築城時. 掘土至五尺餘, 得紅紵絲繡花女鞋一. 製作精緻, 尙未全朽. 余『烏魯木齊雜詩』曰: "築城掘土土深深, 邪許相呼萬杵音. 怪事一聲齊注目, 半鉤新月蘚花侵." 咏此事也. 入土至五尺餘, 至近亦須數十年, 何以不壞? 額魯特女子不纏足, 何以得作弓彎樣, 僅三寸許! 此必有其故, 今不得知矣.

는데, 청대에는 와랄(瓦剌)이라 불렸다. 오이라트는 토르구트부, 코슈트부, 도르베트부 등 많은 부족의 연맹체로 이루어져 있었다.

64 전족: 『도산신문(道山新聞)』에 따르면, 이후주(李後主)의 비빈 요낭(窅娘)은 날씬하고 아름다웠으며 춤을 잘 추었다고 한다. 후주는 6자 높이의 황금 연꽃(金蓮)을 만들고 요낭에게는 발을 비단으로 감싸 가늘고 위로 불룩하게 솟게 해서 초승달 모양으로 만들게 했다. 평소 요낭이 버선을 신고 연꽃 위에서 춤을 추면 구름을 뚫고 하늘을 나는 모습 같았다. 이로부터 사람들이 이를 본받아 비단으로 발을 감싸면서 가늘고 활처럼 위로 불룩 솟은 발을 최고로 여겼다고 한다. 이를 통해 볼 때 전족은 오대(五代) 이래로 성행하기 시작했음을 알 수 있다. 양승엄(楊升菴)은 악부 「쌍전행(雙纏行)」의 "새 비단으로 전족을 하자 발등이 봄처럼 예쁘네. 다른 사람들은 예쁘다 말이 없고 오직 나만 어여쁨을 아네(新羅繡行纏, 足趺如春妍. 他人不言好, 獨我知可憐)."라는 시구를 인용하면서 전족이 육조(六朝)에서 비롯되었다고 보고 있다. 그러나 『사기』에 보면, "임치 여자들은 현을 타고 전족을 했다(臨淄女子彈弦纏足)", "긴 소매를 흔들고 뾰족한 신발을 신었네(揄修袖, 躡利屣)."라는 구가 있는데, 이복(利屣)은 바로 뾰족한 신발의 끝을 말한다. 이를 통해 볼 때 전족의 풍속은 예로부터 있었으며, 송나라 이후에 특히 성행했을 뿐이다.

19.

곽육(郭六)

곽육(郭六)은 회진(淮鎭)에 사는 시골 아낙이다. 남편의 성이 곽씨(郭氏)인지 부친의 성이 곽씨인지는 알 수 없지만, 들리는 바에 따르면 모두들 그녀를 곽육이라 불렀다고 한다.

옹정(雍正) 갑진년(1724)에서 을사년(1725) 사이에 세상에 큰 흉년이 들었다. 곽육의 남편은 먹고 살길이 없어 사방으로 걸식을 나가려 했다. 떠날 때 남편은 곽육을 향해 머리를 숙이고 말했다.

"늙고 병드신 양친으로 인해 당신에게 폐를 끼치게 되었구려."

곽육은 본디 자태가 빼어나서 마을의 젊은 사내들이 그 궁핍함을 보고 돈으로 그녀를 유혹하며 집적댔지만, 그녀는 아무 대꾸도 하지 않은 채 그저 삯바느질을 해가며 시부모를 모셨다. 얼마 뒤에 시부모를 넉넉하게 모실 수 없게 되자, 곽육은 마을 사람들을 모아 놓고 머리를 조아리며 말했다.

"남편이 부모님을 제게 부탁했는데, 이제는 힘에 부칩니다. 달리 방법을 모색하지 않으면 함께 죽고 말 것입니다. 마을에서 저를 도와주실 수 있으면 도와주십시오. 저를 도와주실 수 없다면 제가 몸을 팔더라도 원주: 아녀자가 문에 기대어 매춘하는 것을 속어로 꽃을 판다라고 한다. 부디 비웃지 말아주십시오"

마을 사람들은 주저하고 어물거리다가[65] 천천히 흩어졌다. 이어서 곽육은 통곡하면서 시부모께 그와 같은 사실을 아뢰고, 공공연하게 여러 사내들과 놀아났다. 곽육은 밤에 몸을 팔아 모은 돈으로 여자 한 명을 몰래 사들였지만, 철저하게 숨겨 다른 사람들이 얼굴을 보지 못하게 했다. 누군가가 곽육이 이 여자를 이용해 큰돈을 벌 속셈이라고 말했지만, 곽육은 이에 대해서 아무 해명도 하지 않았다.

삼 년이 지난 뒤 남편이 돌아왔다. 인사를 한 뒤 곽씨(郭氏: 郭六)는 바로 남편과 함께 시부모를 뵈러 갔다.

"부모님께서 모두 살아 계시니, 이제 당신께 돌려드리겠습니다."

또 자신이 사들인 여자를 데리고 와서 남편에게 보이며 말했다.

"저는 몸이 더러워져서 차마 더 이상 당신을 대할 수가 없습니다. 이미 당신을 위해 다른 여자를 사들여 놨으니, 이제 당신께 드리겠어요."

남편이 깜짝 놀라 무어라 대답하지 못하자, 다시 이렇게 말했다.

"음식을 준비해야겠어요."

곽육은 부엌으로 가서 스스로 목을 매고 죽었다. 현령이 와서 시신을 검시하는데, 두 눈만은 감지 않은 채 빛나고 있었다. 현령은 가족묘에 장사지내되 부부를 합장[66]해서는 안 된다고 판결을 내리며 말했다.

"부부의 합장을 금하는 것은 남편과의 관계를 끊기 위함이고, 가족묘

---

65 주저하고 어물거리다가: 원문은 '자저섭유(趑趄囁嚅)'다. 자저(趑趄)는 앞으로 나아가려다 주저하면서 나아가지 못하는 것을 말하고, 섭유(囁嚅)는 말을 하려다 다시 움츠러드는 것을 말한다. 한유의 「반곡으로 돌아가는 이원을 전송하며(送李愿歸盤谷序)」에 보면, "나아가려다 나아가지 못하고, 말을 하려다 머뭇거린다(足將進而趑趄, 口將言而囁嚅)."라는 문장이 있다.

66 합장: 원문은 '부(祔)'이다.

에 묻게 하는 것은 시부모와의 의만은 끊을 수 없음을 밝히기 위함이다."

곽육은 여전히 눈을 감지 않았다. 이에 시부모가 슬피 울면서 말했다.

"우리 며느리는 정절을 아는 여인인데, 우리 두 사람 때문에 이 지경에 이르렀소. 아들은 우리를 봉양하지 못했으나, 며느리는 도리어 못난 지아비를 대신해서 우리를 봉양했는데, 관계를 끊으라니? 게다가 사내가 되어 부모 봉양도 하지 못하고 달아나면서 도리어 자신의 젊은 처에게 우리를 내맡겼으니, 길가는 사람들도 그 속셈을 알 것이요. 이것이 누구의 허물인데, 며느리와 관계를 끊으라니요? 이는 우리 집안일이니 관가에서 굳이 참견할 필요 없습니다."

그 말이 끝나자 며느리의 두 눈이 감겼다.

당시 이 사건에 대한 마을 사람들의 의견은 달랐다. 선조 총여공(寵予公)[67]께서는 이렇게 말씀하셨다.

"절개와 효도는 모두 중요하다. 또한 절개와 효도 두 가지를 모두 온전하게 할 수 없다면, 이 일은 성현이 아니면 판단해서는 안 된다. 그러기에 나는 감히 한 마디도 않겠다."

郭六, 淮鎭農家婦. 不知其夫氏郭父氏郭也, 相傳呼爲郭六云爾. 雍正甲辰乙巳間, 歲大饑. 其夫度不得活, 出而乞食於四方. 瀕行, 對之稽顙曰: "父母皆老病, 吾以累汝矣." 婦故有姿, 里少年瞰其乏食, 以金錢挑之, 皆不應, 惟以女工養翁姑. 旣而必不能贍, 則集鄰里叩首曰: "我夫以父母託我, 今力竭矣. 不別作計,

67 총여공(寵予公): 기윤의 조부 기천신(紀天申)이다. 기천신(1665~1732)은 자가 총여로, 감생(監生)과 고직현승(考職縣丞)을 지냈다.

當俱死. 鄰里能助我, 則乞助我. 不能助我, 則我且賣花, 原註: 里語以婦女倚門爲賣花. 毋笑我.” 鄰里趑趄囁嚅, 徐散去. 乃慟哭白翁姑, 公然與諸蕩子游. 陰蓄夜合之資, 又置一女子, 然防閑甚嚴, 不使外人覿其面. 或曰是將邀重價, 亦不辯也.

越三載餘, 其夫歸. 寒溫甫畢, 卽與見翁姑, 曰: “父母併在, 今還女.” 又引所置女, 見其夫曰: “我身已汚, 不能忍恥再對汝. 已爲汝別娶一婦, 今亦付汝.” 夫駭愕未答, 則曰: “爲汝辦餐.” 已往廚下自刭矣. 縣令來驗, 目炯炯不瞑. 縣令判葬於祖塋, 而不祔夫墓, 曰: “不祔墓, 宜絶於夫也, 葬於祖塋, 明其未絶於翁姑也.” 目仍不瞑. 其翁姑哀號曰: “是本貞婦, 以我二人故至此也. 子不能養父母, 反絶代養父母者耶? 況身爲男子不能養, 避而委一少婦, 途人知其心矣. 是誰之過而絶之耶? 此我家事, 官不必與聞也.” 語訖而目瞑. 時邑人議論頗不一. 先祖寵予公曰: “節孝並重也. 節孝不能兩全也, 此一事非聖賢不能斷. 吾不敢置一詞也.”

20.

늦은 유감

어사(御史) 아무개가 사형을 당한 뒤 한 취조관이 낮잠을 자다가 비몽사몽간에 그를 보고 깜짝 놀라 물었다.

"무슨 억울함이라도 있소?"

그러자 어사가 말했다.

"간관(諫官)이 뇌물을 받고 상주문을 팔았으니, 법에 따라 죽는 것은 마땅한 일, 무슨 억울함이 있겠소?"

"억울함도 없는데, 어째서 나를 찾아왔소?"

"당신에게 유감이 있소이다."

"7~8명의 취조관 가운데 나처럼 당신과 오랜 친분이 있는 사람만 해도 두세 명은 더 있는데, 어째서 유독 나에게만 유감이 있소?"

"나는 당신과 전생에 원수지간이었지만, 그저 엎치락뒤치락 다투기만 했을 뿐, 불구대천[68]의 원수는 아니었소. 내가 심문을 받을 때[69] 당신은 내게

68 불구대천: 원문은 '대천(戴天)'이다. 『예기』에 보면, 부친의 원수와는 같은 하늘을 이고 살지 말라고 했는데, 이 말은 원수를 죽이고 나서야 끝난다는 것을 의미한다.

69 심문을 받을 때: 원문은 '대부(對簿)'이다. 『사기』「이장군열전(李將軍列傳)」에 보면, "대장군이 장사(長史)를 시켜 이광의 막부로 가서 문서에 근거해 사실을 심문하고 엄히 질책했다

혐의를 품고 있었으면서도 죄를 묻지 않고 득의양양한 태도로 덕을 베풀 기색이었소. 그러나 나의 죄목이 확정되었을 때는 빈말로 나를 위로하는 척하면서도 은연중에 경박함을 드러내었소. 다른 사람들이 법에 따라 나를 사형시키려 할 때도 당신은 전생의 원한 때문에 나를 빨리 사지로 몰아넣었소. 사람이 어려움에 처해 있을 때, 당신의 이와 같은 태도는 사람의 마음을 더욱 아프게 하오. 그러니 내가 어찌 유감이 없겠소!"

취조관은 두렵기도 하고 부끄럽기도 해 사죄하며 말했다.

"내게 복수할 작정이오?"

어사가 말했다.

"내가 법에 따라 죽었으니 당신에게 어찌 복수할 수 있겠소? 그대의 이런 마음가짐은 복을 쌓는 길도 아니지만, 그렇다고 내가 보복할 필요도 없소. 그저 내 마음이 편치 않아 당신에게 알려주려 했을 뿐이오."

취조관은 꿈인지 현실인지 분간할 수 없었다. 눈을 떠 보니 어사는 온데간데없었고, 책상 위의 차는 여전히 따뜻했다.

훗날 친한 사람이 얼이 빠져 있는 그의 모습을 보고 몰래 물어 보았더니, 자초지종을 말하며 이렇게 탄식했다.

"정말 다행이네. [그가] 함정에 빠졌을 때 내가 돌을 던지지[70] 않았으니, 그나마 이 정도로 한을 품었지. 일찍이 증자께서 '불쌍히 여기고 기뻐하지

(大將軍使長史急責廣之幕府, 對簿)."라는 문장이 있는데, 부는 바로 문서를 말한다. 따라서 대부는 문서에 근거해 사실에 부합하는지 아닌지를 국문하는 것을 말한다.

70 돌을 던지지: 원문은 '하석(下石)'이다. 한유의 『유자후묘지명(柳子厚墓地銘)』에 보면, "함정에 빠졌을 때 손을 내밀어 구하지 않고, 도리어 밀어 넣으면서 돌을 던지는데, 모두 그러하오(落陷穽, 不一引手救, 反擠之, 又下石焉者, 皆是也)."라는 문장이 있다.

말라[71].'고 하셨는데, 과연 그렇지 아니한가!"

친한 사람이 다른 사람에게 그 이야기를 전하며 이렇게 탄식했다.

"일단 사심이 생기면 죄가 분명해도 인정하지 않기 마련인데, 하물며 억울한 죄를 뒤집어쓴 경우야 오죽하겠는가!"

御史某之伏法也, 有問官白晝假寐, 恍惚見之, 驚問曰: "君有寃耶?" 曰: "言官受賂鬻章奏, 於法當誅, 吾何寃?" 曰: "不寃, 何爲來見我?" 曰: "有憾於君." 曰: "問官七八人, 舊交如我者亦兩三人, 何獨憾我?" 曰: "我與君有宿隙, 不過進取相軋耳, 非不共戴天者也. 我對簿時, 君雖引嫌不問, 而陽陽有德色. 我獄成時, 君雖虛詞慰藉, 而隱隱含輕薄. 是他人據法置我死, 而君以修怨快我死也. 患難之際, 此最傷人心. 吾安得不憾!" 問官惶恐愧謝曰: "然則君將報我乎?" 曰: "我死於法, 安得報君? 君居心如是, 自非載福之道, 亦無庸我報. 特意有不平, 使君知之耳." 語訖, 若睡若醒. 開目已失所在, 案上殘茗尚微溫.

後所親見其惘惘如失, 陰叩之, 乃具道始末, 喟然曰: "幸哉. 我未下石也, 其飲恨猶如是. 曾子曰: '哀矜勿喜.' 不其然乎!" 所親爲人述之, 亦喟然曰: "一有私心, 雖當其罪猶不服, 況不當其罪乎!"

---

71 불쌍히 여기고 기뻐하지 말라: 원문은 '애긍물희(哀矜勿喜)'이다. 『논어(論語)』「자장(子張)」에 보면, "그들의 자백을 받더라도 불쌍히 여기되 기뻐하지 말라(如得其情, 則哀矜而勿喜)."라는 문장이 있다.

21.

죽어야 끝나는 원한

편수(編修) 정어문(程魚門)[72]이 말했다.

“원한 중에서도 사람에 대한 원한이 가장 깊은 법입니다. 송소암(宋小岩)은 죽으면서 친구에게 이런 편지를 보냈습니다.

백골은 진토가 되어도,
떠도는 혼백 끝내 흩어지지 않으니.
황천의 업경대(業鏡臺)[73]에서
자네 오기를 기다리겠네.

72 정어문(程魚門): 이름은 진방(晉芳)으로, 청나라 안휘성(安徽省) 흡현(歙縣) 사람이다. 정어문(1718~1784)은 주사(主事)로서 사고전서관(四庫全書館) 편수관(編修官)에 임명되었다.

73 업경대(業鏡臺): 유월(兪樾)은 『다향실총초(茶香室叢鈔)』에서 『유양잡조』의 다음 문장을 인용하고 있다. 명경(明經) 조업(趙業)은 뜻을 잃고 병들었다고 한다. 붉은 옷에 정수리가 평평하게 생긴 사람이 그를 끌고 동쪽으로 갔다. 사조(司曹)에 가서 보니 매제 가혁(賈奕)이 있었다. 일찍 그와 죽은 소 때문에 다툰 일이 있었다. 가로로 1길 정도 되는 커다란 거울이 공중에 걸려 있었다. 거울을 보니 가혁은 칼을 들고 있고, 자신은 문 뒤에서 화를 내고 있었다. 가혁은 이것을 보고 나서 자신의 죄를 인정했다. 이것이 바로 세상에서 말하는 ‘업경’이라고 하는 것인가?라고 했다고 한다.

제가 직접 그 편지를 보았습니다. 친구는 임종 때가 되자 침대를 어루만지며 '송공(宋公: 宋小岩)! 여기 앉으시게.'라고 말했는데, 그것도 제가 직접 보았습니다."

程編修魚門曰: "怨毒之於人甚矣哉. 宋小岩將歿, 以片札寄其友曰: '白骨可成塵, 游魂終不散. 黃泉業鏡臺, 待汝來相見.' 余親見之. 其友將歿, 以手拊床曰: '宋公! 且坐.' 余亦親見之."

22.

속임수에 빠진 아무개 공

전해오는 바에 따르면 아무개 공이 사신으로 갔다가 돌아오는 길에 객사에 묵게 되었다고 한다. 때마침 뜰에 국화가 흐드러지게 피어 있어 꽃 사이를 헤매고 다니다가 성긴 대나무 사이로 비치는 소년을 언뜻 보았다. 소년은 열 네댓 살쯤 되어 보였는데, 화장한[74] 여자처럼 단아하고 예뻤다. 이름을 물어보고서야 객사주인의 아들임을 알게 되었다. 소년을 불러 이야기를 나누다보니 매우 총명하고 영리했다. 공이 부채 하나를 선물로 주자 소년은 눈물을 흘리며 눈길을 보내는데, 마치 [공에게] 다가서려는 눈치 같았다. 아무개 공도 소년의 수려함을 아껴 부드러운 말로 이야기를 나누기 시작했다. 때마침 좌우에 아무도 없었던 터라 소년은 곧 바로 무릎을 꿇고 아무개 공의 옷자락을 잡아당기며 말했다.

"공께서 저를 버리지 않으신다면, 저도 공을 속이지 않겠습니다. 아버지께서 모함을 받아 억울한 옥살이를 하고 계신데, 공의 말 한 마디면 살아나실 수 있습니다. 공께서 도와주신다면 이 몸 아끼지 않겠습니다."

74　화장한: 원문은 '정장(靚妝)'이다. 사마상여의 『상림부(上林賦)』에 보면, "예쁘게 화장하고 단정하게 머리를 빗다(靚粧刻飾)."라는 문장이 있는데, 정장(靚粧)은 흰 분을 바르고 눈썹을 검푸르게 칠하는 것으로, 즉 예쁘게 화장하는 것을 말한다.

소년이 소매를 더듬으며 고소장을 꺼내려는 순간 갑자기 하늘에서 폭풍이 치고 창문 여섯 개가 활짝 열렸는데, 하마터면 시종들에게 이 상황을 들킬 뻔했다. 아무개 공은 뭔가 이유가 있을 것이라 생각해 급히 손을 내저으며 나가라고 했다.

"천천히 생각해 볼 테니, 저녁까지 기다리거라."

그리고는 허둥지둥 명을 내린 뒤 말을 타고 떠났다.

후에 조사[75]를 통해 한 토호가 사람을 죽이고 옥에 갇혀 풀려날 길이 없게 되자, 서리(胥吏)에게 뇌물을 주고 아무개 공을 자신의 집에 묵게 했으며, 또한 미소년을 몰래 사들여 양자로 들였음을 알게 되었다. 또한 아무개 공의 시종들을 매수해 소년을 아무개 공 앞에 데려다 놓고, 진약란(秦弱蘭)[76]을 이용해 도곡(陶穀)을 유혹하는 계책을 사용했음을 알게 되었다. 그런데 뜻밖에도 원혼이 나타나 기이함을 드러냈던 것이다.

구문달 공이 일찍이 말했다.

"아무개 공은 이런 일을 많이 당하는데 거의 모두 계책에 걸려들었다. 사대부는 말 한마디 행동 하나에도 신중을 기해야 한다. 만약 그때 포공[77]

---

75 조사: 원문은 '렴(廉)'으로, 살피다의 뜻이다. 『후한서』「노공전(魯恭傳)」에 보면, "원안이…인서연 비친을 보내 조사하게 했다(袁安…使仁恕掾肥親往廉)."라는 문장이 있다. 인서연(仁恕掾)은 관직명으로, 옥사를 담당했다. 비친(肥親)은 인명이다.

76 진약란(秦弱蘭): 남당(南唐) 『습유기(拾遺記)』에 따르면, 도곡은 사신이 되어 강남(江南: 南唐을 지칭)에 가서 [북송황제의] 서신을 전한다는 핑계로 남당의 정세를 살폈다고 한다. 남당의 학사(學士) 한희재(韓熙載)는 관반사(館伴使)를 시켜 육조의 편지를 완성하게 하는데, 반년이나 걸렸다. 도곡은 기녀 진약란을 역졸(驛卒)의 딸로 알고 그녀에게 빠져 「풍광호(風光好)」라는 사를 지어 바쳤다고 한다.

77 포공: 원문은 '포효숙(包孝肅)'이다. 『송사(宋史)』「포증전(包拯傳)」에 보면, 포증은 자가 희인(希仁)이고, 여주(廬州) 합비(合肥) 사람이었다고 한다. 관리로서 의지가 굳고 강직해서 그의 이름만 들어도 사람들이 두려워했다. 사람들은 그의 웃음을 황하(黃河)의 맑은 물에 비유

처럼 사람을 대했다면, 어찌 다른 사람이 비집고 들어올 틈이 있겠는가!"

相傳某公奉使歸, 駐節館舍. 時庭菊盛開, 徘徊花下, 見小童隱映疏竹間. 年可十四五, 端麗溫雅如靚粧女子. 問知爲居停主人子. 呼與語, 甚慧黠. 取一扇贈之, 流目送盼, 意似相就. 某公亦愛其秀穎, 與流連軟語. 適左右皆不在, 童卽跪引其裾曰: "公如不棄, 卽不敢欺公. 父陷冤獄, 得公一語可活. 公肯授手, 當不惜此身." 方探袖出訟牒, 忽暴風衝擊, 窓扉六扇皆洞開, 幾爲騶從所窺. 心知有異, 急揮之去, 曰: "俟夕徐議." 卽草草命駕行.

後廉知爲土豪殺人, 獄急不得解, 賂胥吏引某公館其家, 陰市孌童, 僞爲其子. 又賂左右, 得至前爲秦弱蘭之計. 不虞冤魄之示變也. 裘文達公嘗曰: "此公偶爾多事, 幾爲所中. 士大夫一言一動, 不可不愼. 使爾時面如包孝肅, 亦何隙可乘!"

했다고 한다.

23.

도적의 요구를 거부한 딸

명나라 숭정 말년 맹촌(孟村)의 한 대도(大盜)가 마음대로 재물을 약탈하다가 미색이 뛰어난 여자를 보고는 부모와 함께 납치했다. 여자가 욕보이기를 거부하자, 부모를 포박해서 기름 발린 구리기둥 위로 걷게 했다.[78] 부모가 딸에게 도적의 요구대로 하라고 울부짖자, 딸은 부모를 놓아준다면 기꺼이 따르겠다고 했다. 도적은 딸의 속임수를 눈치채고 기어코 먼저 욕을 보인 뒤에야 풀어주겠다고 했다. 딸은 결국 온 힘을 다해 도적의 뺨을 때리고 난 뒤 부모와 함께 살해되어 들판에 버려졌다. 후에 도적이 관병과 싸울 때 말이 이들의 시체 곁으로 달려가다 그 시체를 보고 깜짝 놀라 뒤로 물러나면서[79] 앞으로 가지 않으려 했기에 도적은 결국 진흙탕에 빠져 관병에게 사로잡혔다. 이 여자의 지각이 이곳에 남아 있었던 모양이다. 그러

78 기름 발린…걷게 했다: 원문은 '포락(炮烙)'이다. 『한씨외전(韓氏外傳)』에 보면, "주(紂) 임금이 포락형을 만들었다."라는 문장이 있고, 또 『열녀전(列女傳)』에 보면, 기름을 바른 구리기둥 아래에다 재를 쌓아두고 죄수에게 구리기둥을 걷게 했는데, 걷는 족족 잿더미 속으로 떨어졌다고 한다. 그러자 달기(妲己)가 웃으면서 '포락지형(炮烙之刑)'이라 이름 지었다고 한다.

79 깜짝 놀라 뒤로 물러나면서: 원문은 '벽역(辟易)'이다. 『사기』「항우본기(項羽本紀)」에 보면, "사람과 말이 모두 깜짝 놀라 몇 리 밖으로 달아났다(人馬俱驚, 辟易數里)."라는 문장이 있다.

나 안타깝게도 그 이름은 알 수 없었다.

이 일을 두고 어떤 사람은 딸이 시집가지 않았으므로 마땅히 부모의 뜻을 따라야 한다고 했다. 부모가 도적을 따르라고 했지만, 딸은 자신의 명예를 지키기 위해 부모가 참혹한 고문을 당하는 것을 좌시했는데, 딸이 지나치게 잔인한 것이다. 또 어떤 사람은 부모의 명도 정상적일 때와 그렇지 않을 때[80]가 있으니, 딸이 도적을 따르는 것을 여자의 출가에 비교해서는 안 된다고 했다. 부모가 창기가 되라고 한다고 해서 또한 창기가 될 수 있겠는가? 그러니 딸은 죄가 없다고 했다. 돌아가신 아버지 요안공께서 말했다.

"이 일은 곽육의 일과는 정반대이다. 모두 나름대로의 이유가 있기는 하지만, 감히 확신할 수는 없다. 말의 간을 먹지 않아도 그 맛은 알 수 있다.[81]"

---

80 정상적일 때와 그렇지 않을 때: 원문은 '치란(治亂)'이다. 『좌전』「선공(宣公)」 15년에 따르면, 춘추전국시대 진(晉)나라의 위무자(魏武子)에게는 애첩이 있었는데, 그녀는 자식이 없었다고 한다. 위무자가 병이 들자 아들 위과(魏顆)에게 "반드시 재가시켜라."라고 했다. 그러나 후에 병세가 심해지자, "반드시 함께 순장해라."는 말을 남기고 죽었다. 그러자 위과는 그녀를 개가시키면서 "병이 나 정신이 어지러워지셨기에 정신이 맑을 때의 분부를 따랐다."라고 했다고 한다.

81 말의 간을…알 수 있다.: 『사기』「유림전(儒林傳)」에 보면, 원고생(轅固生)이 황생(黃生)과 더불어 경제(景帝) 이전의 일에 대하여 논쟁을 벌였고 한다. 황생이 말하기를, "탕 임금과 무왕은 천명을 받은 것이 아니라 그 임금을 시해한 것입니다."라고 했다. 이에 원고생이 말했다. "그렇지 않습니다. 무릇 걸과 주가 천하를 어지럽게 하여 천하의 민심이 탕 임금과 무왕에게로 기울었고, 탕 임금과 무왕은 천심에 힘입어 함께 걸과 주를 죽였습니다. 탕 임금과 무왕이 걸, 주를 죽였다고 해서 백성들이 탕 임금과 무왕에게로 마음이 돌아선 것은 아닙니다. 이에 탕 임금과 무왕이 부득이하게 왕위에 오르게 되었는데, 이것이 천명이 아니고 무엇이란 말입니까?" 황생이 말했다. "…지금 걸과 주가 비록 실덕하긴 했지만, 그래도 여전히 천자의 자리에 있고, 탕 임금과 무왕은 성인이라고는 하지만, 여전히 신하의 자리에 있습니다. 무릇 천자가 잘못하면 신하가 바른 말로 그 잘못을 바로 잡아 존중해야 하거늘, 천자를 받들 수 없다고 해서 도리어 그 잘못을 탓하여 죽이고 대신 일어서서 천자

明崇禎末, 孟村有巨盜肆掠, 見一女有色, 併其父母縶之. 女不受汚, 則縛其父母加炮烙. 父母並呼號慘切, 命女從賊, 女請縱父母去, 乃肯從. 賊知其紿己, 必先使受汚而後釋. 女遂奮擲批賊頰, 與父母俱死, 棄尸於野. 後賊與官兵格鬪, 馬至尸側, 辟易不肯前, 遂陷淖就擒. 女亦有靈矣. 惜其名氏不可考. 論是事者, 或謂女子在室, 從父母之命者也. 父母命之從賊矣, 成一己之名, 坐視父母之慘酷, 女似過忍. 或謂命有治亂, 從賊不可與許嫁比. 父母命爲娼, 亦爲娼乎? 女似無罪. 先姚安公曰: "此事與郭六正相反. 均有理可執, 而於心終不敢確信. 不食馬肝, 未爲不知味也."

의 자리를 유린했으니, 이것이 시해가 아니고 무엇이란 말입니까?" 원고생이 말했다. "굳이 그렇게 말한다면, 고제(高帝)가 진(秦)을 대신해서 천자의 자리에 나아갔는데, 이것도 잘못된 것입니까?" 그러자 경제가 "고기를 먹을 때 말의 간을 먹지 않는다고 해서 고기 맛을 모른다고 해서는 아니 되오. 이것은 무릇 학자들이 탕 임금과 무왕이 천명을 받은 것에 대해 말하지 않는다고 해서 어리석다고 해서는 안 되는 것과 같소."라고 말하자 그만두었다. 그 후로 학자들은 천명과 시해에 대해 감히 말하지 않았다고 한다. 또한 『한서(漢書)』 안사고(顔師古) 주에 보면, "말의 간에는 독이 있어 이것을 먹으면 사람이 죽을 수 있다."라는 말이 있는데, 그 맛을 안다고 하는 것은 반드시 말의 간을 먹을 필요가 없다는 것이다. 이를 통해 학자들이 탕 임금과 무왕의 일을 굳이 논할 필요가 없음을 비유한 말이다.

24.

유우충(劉羽沖)

유우충(劉羽沖)은 창주 사람으로, 그 이름은 알 수 없다. 돌아가신 고조부 후재공이 자주 그와 시를 주고받았다. 그는 성품이 고집스럽고 고대의 제도에 대해 말하기를 좋아했지만, 실제로는 모두 현실 생활과는 동떨어진 것이라 쓸데가 없었다. 그가 한번은 동천사(董天士)에게는 그림을 그려달라고 부탁하고 후재공에게는 그 그림에 제시(題詩)를 지어달라고 부탁했다. 「추림독서(秋林讀書)」라는 그림에 다음 시를 써주었다.

혼자 우두커니 가을날 나무뿌리에 앉아,
짝 없이 홀로 고독하게 있네.
무슨 책 읽는지는 모르겠지만,
온통 희끗희끗해진 수염과 눈썹만 보이네.
손에 들고 있는 것이
혹여 『정전보(井田譜)』[82]가 아닐까 근심스러울 뿐.

82 『정전보(井田譜)』: 송의 하휴(夏休)가 지은 책 이름이다.

아마도 그에게 충고하기 위해 쓴 시 같다. 유우충은 우연히 고대의 병법서를 손에 넣게 되었는데, 1년 동안 푹 빠져서 읽더니 스스로 10만 대군도 거느릴 수 있겠다고 했다. 때마침 그 지방에 도적이 들끓자 직접 향병(鄕兵)을 훈련시켜 그들과 대적했는데, 전군도 패하고 하마터면 자신도 사로잡힐 뻔했다.

또 고대의 수리서(水利書)를 얻어 1년 동안 푹 빠져서 읽더니 스스로 천 리의 땅을 옥토로 만들 수 있다고 했다. 그가 그림을 그려가면서 주(州) 장관에게 자신의 의견을 유세하자, 주 장관도 좋은 일이라며 시험 삼아 한 마을을 다스려 보라고 했다. 하지만 봇도랑이 완성되자마자 큰물이 져, 물이 도랑을 따라 들어오는 바람에 마을 사람들이 하마터면 물고기 밥이 될 뻔했다.[83] 유우충은 그때부터 뜻을 이루지 못한 것에 대한 한이 맺혀 늘 혼자서 정원 계단을 거닐면서 고개를 흔들며 이렇게 중얼댔다.

"고인들이 어찌 나를 속이겠는가(古人豈欺我哉)!"

유우충이 날마다 천백번을 되뇌는 말은 오직 이 여섯 글자뿐이었다. 얼마 지나지 않아 유우충은 병이 나 죽었다. 후에 맑은 바람이 불고 달 밝은 밤이면 그 혼백이 묘 앞의 송백나무 아래서 고개를 흔들며 혼자 걷는 것이 보였다. 귀 기울여 들어보면 여전히 이 여섯 글자를 중얼거리고 있었다. 혹시라도 누가 웃으면 혼백이 갑자기[84] 사라졌다고 한다. 다음날 가서 살펴보면 혼백은 전날 밤과 마찬가지로 또 그러고 있었다.

---

83 물고기 밥이 될 뻔했다: 원문은 '인기위어(人幾爲魚)'이다. 『좌전』「소공(昭公)」 원년에 보면, "훌륭하구나! 우임금의 공이여. 그 지혜로움이 깊고도 크도다. 우임금이 없었다면 내 하마터면 물고기가 될 뻔 했구나(美哉! 禹功. 明德遠矣. 微禹, 吾其魚乎)."라는 문장이 있다.

84 갑자기: 원문은 '훌(欻)'이다.

옛것에 빠져 있는 사람이 어리석긴 하지만 어쩌다가 어리석음이 이 지경까지 이르렀는고? 아문근(阿文勤)[85]공이 일찍이 내게 이렇게 가르치셨다.

"배속이 글로 가득 차 있어도 일을 그르칠 수 있고, 배속에 책 한 권의 지식이 없어도 일을 그르칠 수 있다. 그래서 국수(國手)는 옛 기보(棋譜)를 홀시하지도, 그렇다고 옛 기보에 빠져 있지도 않고, 어의는 옛 의술을 멀리하지도, 그렇다고 그것에 사로잡혀 있지도 않는다. 그런 까닭에 [『주역』에서는] '신묘하게 사물의 이치를 밝히는 것은 그것을 운용하는 사람에게 달려 있다.[86]'라고 했고, 또 [『맹자』에서는 목공과 수레 만드는 장인이] '다른 사람에게 규구는 줄 수 있어도 그 사람의 솜씨를 좋게 만들지는 못한다.'[87] 라고 했던 것이다."

劉羽沖, 佚其名, 滄州人. 先高祖厚齋公多與唱和. 性孤僻, 好講古制, 實迂濶不可行. 嘗倩董天士作畵, 倩厚齋公題. 內「秋林讀書」一幅云: "兀坐秋樹根, 塊然無與伍. 不知讀何書, 但見鬚眉古. 祇愁手所持, 或是『井田譜』." 蓋規之也. 偶得古兵書, 伏讀經年, 自謂可將十萬. 會有土寇, 自練鄕兵與之角, 全隊潰覆, 幾爲所擒.

又得古水利書, 伏讀經年, 自謂可使千里成沃壤. 繪圖列說於州官, 州官亦好事, 使試於一村. 溝洫甫成, 水大至, 順渠灌入, 人幾爲魚. 由是抑鬱不自得, 恒獨步庭階, 搖首自語曰: "古人豈欺我哉!" 如是日千百遍, 惟此六字. 不久, 發病死.

---

85 아문근(阿文勤): 이름은 아극돈(阿克敦)으로, 협판대학사(協辦大學士)를 지냈다.

86 신묘하게…달려 있다: 『주역』「계사(繫辭)」(상)에 보인다.

87 다른 사람에게…못한다: 『맹자』「진심(盡心)」(하)에 보인다.

後風淸月白之夕, 每見其魂在墓前松柏下, 搖首獨步. 側耳聽之, 所誦仍此六字也. 或笑之, 則欻隱. 次日伺之, 復然.

泥古者愚, 何愚乃至是歟? 阿文勤公嘗教昀曰: "滿腹皆書能害事, 腹中竟無一卷書, 亦能害事. 國奕不廢舊譜, 而不執舊譜, 國醫不離古方, 而不離古方. 故曰: '神而明之, 存乎其人.' 又曰: '能與人規矩, 不能使人巧.'"

25.

위충현(魏忠賢)

명나라 위충현(魏忠賢)[88]의 악행은 역사책에서도 찾아보기 힘들다. 누군가는 위충현이 실패할 것임을 예감하고, 도망칠 준비를 하며 하루에 700리를 달릴 수 있는 말을 길렀고, 또 자신의 죽음을 대신할 외모가 닮은 사람을 준비해두었다고 한다. 후에 위충현은 정말로 부성현(阜城縣)의 우가점(尤家店)에서 이 방법을 이용해 몰래 달아났다.

나는 이 말이 터무니없다고 생각한다. 천도(天道)로 따져보아도 하늘의 이치가 거짓되지 않았다면 위충현에게는 결코 요행수란 있을 수 없다. 또한 인사로 따져보아도 위충현이 마음대로 정권을 휘두른 지 7년이나 되었는데, 그를 모르는 사람이 어디 있겠는가. 설령 그가 옛 동료의 집에 숨어 있다 해도, 힘이 없어지면 떠나는 소인들의 교우방식을 볼 때, 그를 잡아 넘길 것이다. 만약 그가 외진 곳에 몰래 숨어 농부와 목동들 사이에서 산다고 해도, 갑자기 자신들과 목소리가 다르고 외모가 다른 환관이 온다면 사

88 위충현(魏忠賢): 명나라의 환관으로, 숙녕(肅甯) 사람이다. 위충현(1568~1627)은 희종(熙宗) 때 조정을 휘어잡고 발호했는데, 그 폐해가 천하에 널리 퍼졌다. 그는 일시에 올바른 선비들을 죽이고, 즉위하려고 했다. 뒷날 봉양(鳳陽)에 유배되어 죄 값을 치르게 되자 위충현은 자살했는데, 황제는 그 시체를 찢어 죽이라고 명했다.

람들이 깜짝 놀라, 삼 일도 안 되어 들통 날 것이다. 또 저 멀리 국경 밖으로 달아난다 해도 옛날처럼 엄세번(嚴世蕃)[89]이 일본과 내통하고, 구란(仇鸞)이 [타타르의 칸] 안다(諳達)와 내통하는[90] 그런 일은 위충현에게는 없다. 험한 산과 깊은 강이 가로막고 있고, 변방을 잇는 나루터는 끊어져 있으니, 장차 어디로 도망갈 수 있겠는가? 그 옛날 건문제(建文帝)[91]가 어디론가 달아났지만, 뒷날에도 여전히 의문이 많이 남았다. 건문제가 덕을 잃었다는 소문은 들어본 적도 없고, 사람들의 마음도 그를 떠나지 않았으며, 옛 신하와 유로들은 여전히 옛 군주를 그리워했다. 연왕(燕王)이 무력으로 황제의 자리를 빼앗고 충성스런 어진 신하를 죽였지만,[92] 그와 뜻을 달리한 사람들

---

89 엄세번(嚴世蕃): 명나라 가정(嘉靖: 1522~1566) 연간에 엄세번(1513~1565)이 죄를 짓고 뇌주(雷州)로 유배되었는데, 유배지에 도착하기도 전에 돌아왔다. 엄세번이 여러 차례 도당 나용문(羅龍文)과 왕래하면서 일을 도모했기에 어사(御史) 임윤(林潤)은 표문을 올려 그 죄상을 낱낱이 까발렸다.

90 구란(仇鸞)이 [타타르의 칸] 안다(諳達)와 내통하는: 명나라 가정연간에 타타르(韃靼)의 군주 알탄 칸 안다가 여러 번 국경을 넘어와 도적질을 하자 황제가 구란을 시켜 도성을 감독케 하고 행정을 돌보게 했다. 구란은 사람이 미련하고 겁이 많아 도적을 두려워한 나머지, 몰래 사람을 시켜 재물을 가지고 가서 안다의 의붓아들 토크토아([illegible], 托克托)와 결탁했고, 사신을 보내 말을 바치며 물물교환하기를 청하자 안다가 허락했다. 그러나 얼마 지나지 않아 구란이 죽은 뒤, 금의도독(錦衣都督)은 그가 도적과 내통하고 뇌물을 받은 사실을 폭로했다. 조정에서 조서를 내려 그 시신을 도륙해서 머리를 구변(九邊: 九鎭)에 돌리게 했다.

91 건문제(建文帝): 명나라 혜제(惠帝)의 연호로, 4년 동안 황제의 자리에 있었다. 연왕(燕王) 주체(朱棣)가 군대를 일으켜 강을 건너 도성까지 침범했다. 도성은 함락되고 궁궐에 화재가 나는 바람에 혜제가 어디로 갔는지 알 수 없었다. 궁의 지하도를 따라 밖으로 달아나 그 뒤에 전(滇)·검(黔)·파촉(巴蜀)에서 스님이 되어 세상을 돌아다녔다고도 해서 천하대사(天下大師)로 불리기도 했다.

92 연왕(燕王)이…죽였지만: 명나라 태조(太祖) 홍무(洪武) 25년(1392)에 혜제가 황태손(皇太孫)이 되자, 나라 안팎의 사람들이 그를 촉망했다. 그러나 유독 연왕 주체만이 불만에 쌓여 호시탐탐 기회를 노렸다. 혜제가 왕위에 오르자 번진을 철폐하자는 의론이 일어났고, 이듬해 주체가 군대를 일으켜 모반을 꾀했다. 건문 4년(1402)에 도성이 함락되고 황제의 종

이 건문제를 도와 숨겨주었는데, 정리상 충분히 있을 법한 일이다. 위충현의 악독한 기운이 천지를 물들이고, 그 독이 사해를 떠다니고 있어, 사람들은 기꺼이 그가 사로잡히기를 바란다. 지금은 명나라가 망한 지 15년이나 되었지만, 그가 이 15년 동안 어찌 꼭꼭 숨어서 모습을 드러내지 않을 수 있겠는가? [사람들은] 그가 도망쳤다고 하지만, 나는 결코 그렇게 생각하지 않는다.

문안(文安) 사람 왕악방(王岳芳)이 말했다.

"건륭(乾隆)[93] 초에 현학에 갑자기 천둥이 문묘를 에워쌌고, 섬광이 붉은 뱀을 끌고 전문(殿門)으로 들어갔다가 되돌아 나오기를 십여 차례나 반복했소. 훈장 왕저(王著)가 '분명 이유가 있을게야.'라고 하고는 일어서서 나가 비를 무릅쓰고 전문 안으로 들어가 보았더니, 커다란 지네가 공자의 위패 앞에 엎드려 있었다고 했소. 그가 지네를 잡아 계단 앞으로 던지는 순간 벼락이 쳤는데, 그때 지네가 죽었소. 지네가 죽고 나자 하늘이 개었는데, 나중에 지네의 등을 살펴보았더니 '위충현'이란 붉은 글자가 적혀 있었다고 했소."

나는 이 말을 믿는다.

明魏忠賢之惡, 史冊所未睹也. 或言其知事必敗, 陰畜一騾, 日行七百里, 以備逋逃, 陰蓄一貌類己者, 以備代死. 後在阜城尤家店, 竟用是私遁去. 余謂此無

적은 묘연했다. 연왕이 황제의 자리에 등극했으니, 그가 바로 성조(成祖)이다. 성조는 병부상서(兵部尙書) 제태(齊泰), 태상경(太常卿) 황자등(黃子登), 문학박사(文學博士) 효누(孝孺) 등을 죽이고, 그 친족들을 멸족시켰다.

93 건륭(乾隆): 청나라 제6대 황제 고종 애신각라홍력(愛新覺羅弘曆)의 연호(1735~1796)이다.

稽之談也. 以天道論之, 苟神理不誣, 忠賢斷無倖免理. 以人事論之, 忠賢擅政七年, 何人不識. 使竄伏舊黨之家, 小人之交, 勢敗則離, 有縛獻而已矣. 使潛匿荒僻之地, 則耕牧之中, 突來閹宦, 異言異貌, 駭視驚聽, 不三日必敗. 使遠遁於封域之外, 則嚴世蕃嘗通日本, 仇鸞嘗交諳達, 忠賢無是也. 山海阻深, 關津隔絕, 去又將何往? 昔建文行遁, 後世方且傳疑. 然建文失德無聞, 人心未去, 舊臣遺老, 猶有故主之思. 燕王稱戈簒位, 屠戮忠良, 又天下所不與, 遞相客隱, 理或有之. 忠賢虐燄薰天, 毒流四海, 人人欲得而甘心. 是時距明亡尙十五年, 此十五年中, 安得深藏不露乎? 故私遁之說, 余斷不謂然. 文安王岳芳曰: "乾隆初, 縣學中忽雷霆擊格, 旋繞文廟, 電光激射, 如掣赤練, 入殿門復返者十餘度. 訓導王著起曰: '是必有異.' 冒雨入視, 見大蜈蚣伏先師神位上. 鉗出, 擲階前, 霹靂一聲. 蜈蚣死而天霽, 驗其背上, 有朱書魏忠賢者." 是說也, 余則信之.

26.

홍류와(紅柳娃)

우루무치의 깊은 산중에서 마소 치는 사람들은 늘 키가 한 자 정도 되는 소인들을 보았는데, 남녀노소가 다 있었다고 한다. 이들은 홍류(紅柳)[94]에 꽃이 필 때면, 유반(柳盤)을 꺾어 작은 고리를 만들어 머리 위에 쓰고 단체로 춤을 추면서 곡보(曲譜)에 맞춰 노래하듯 "요요—" 하고 소리를 냈다. 그들은 간혹 행군 중인 병사들의 장막에 가서 먹을 것을 훔치다가 잡히면 바로 무릎을 꿇고 울었다. 병사들은 그들을 붙잡아 굶겨 죽였다. 또한 그들을 놓아주면 처음에는 빨리 달아나지 못하고 몇 걸음 정도 가다가 뒤를 돌아보곤 했다. 누가 그들을 좇아가며 욕이라도 하면 바로 무릎을 꿇고 운다. 거리가 좀 멀어지고 그들이 좇아올 수 없다는 생각이 들면 그제야 물을 건너고 산을 넘어 달아난다. 그러나 그들이 둥지를 틀고 사는 곳은 끝내 찾아낼 수 없었다. 그들은 나무귀신도 아니고, 산짐승도 아닌 그저 소인국[95]의

94 홍류(紅柳): 버들처럼 생겼는데 버들은 아니고, 표피는 약간 붉은데 그릇을 만들 수 있을 정도로 크다.

95 소인국: 원문은 '초효국(僬僥國)'이다. 『열자』「탕문(湯問)」에 보면, "중주(中州)로부터 동쪽으로 40만 리 떨어진 곳에 초요국이 있는데, 사람들의 키가 1자 5치이다(從中州以東四十万里, 得僬僥國, 人長一尺五寸)."라는 문장이 있다.

사람들인 듯 하나, 그 이름은 알 수 없었다. 그들은 어린아이처럼 생겼고, 머리에 홍류(紅柳) 쓰기를 좋아해서 '홍류와(紅柳娃)'라 불렸다.

한번은 현승(縣丞) 구천금(邱天錦)이 말 목장[96]을 순시하다가 그들 중 한 사람을 잡아 포[97]로 만들어서 가지고 돌아온 적이 있었다. 눈썹과 머리카락을 자세히 살펴보니 영락없는 사람이었다. 이로보아 『산해경(山海經)』에서 말하는 정인(竫人)[98]이 틀림없다. 아주 작은 사람이 있으면 아주 큰 사람도 있기 마련이니, 『열자』에서 말하는 용백국(龍伯國)[99]도 틀림없이 있을 것이다.

烏魯木齊深山中, 牧馬者恒見小人高尺許, 男女老幼, 一一皆備. 遇紅柳吐花時, 輒折柳盤爲小圈, 著頂上, 作隊躍舞, 音呦呦如度曲. 或至行帳竊食, 爲人所掩, 則跪而泣. 縶之, 則不食而死. 縱之, 初不敢遽行, 行數尺輒回顧. 或追叱之, 仍跪泣. 去人稍遠, 度不能追, 始驀澗越山去. 然其巢穴棲止處, 終不可得. 此物非木魅, 亦非山獸, 蓋僬僥之屬, 不知其名. 以形似小兒, 而喜戴紅柳, 因呼曰'紅

96 말 목장: 원문은 '목창(牧廠)'으로, 청대 만리장성과 유변(柳邊) 바깥에 둔 말 목장을 말한다.

97 포: 원문은 '석(腊)'으로, 말린 고기(乾肉)를 말한다.

98 정인(竫人): 『산해경』에 보면, "소인국이 있는데, 정인이라고 한다."라는 문장이 있는데, 곽박(郭璞)의 주에 따르면, "정(竫)은 정(靖)이라고도 한다." 또 『열자』에 보면, "정인은 키가 9치이다."라는 문장이 있다.

99 용백국(龍伯國): 『열자』에 따르면, 용백국에 거인이 있었는데, 발을 들어 몇 걸음 가지 않아서 오산 앞에 도착했다고 한다. 한번 낚시를 던져서 여섯 마리의 거북을 잡아 어깨에 메고 돌아와서는 그 뼈를 불태워 길흉화복을 점쳤다. 그리하여 대여(岱輿)·원교(員嶠) 두산의 물이 북극으로 흘러들고, 대해가 침수하는 바람에 수많은 선성(仙聖)들이 다른 곳으로 거처를 옮겨갔다. 이에 화가 난 천제(天帝)는 용백국을 점점 줄이고 용백국 사람들의 몸을 작게 만들었다. 복희(伏羲)·신농(神農) 때에 와서도 여전히 그 몸이 몇 길이나 되었다고 한다.

柳娃'.

丘縣丞天錦, 因巡視牧廠, 曾得其一, 腊以歸. 細視其鬚眉毛髮, 與人無二. 知『山海經』所爲靖人, 鑿然有之. 有極小必有極大, 『列子』所爲龍伯之國, 亦鑿然有之.

27.

설련(雪蓮)

변방에 설련(雪蓮)이 있는데, 설련은 높은 산의 쌓인 눈 속에서 핀다. 오늘날의 양국(洋菊: 다알리아)과 비슷하게 생겼다고 해서 연(蓮)이라 이름 붙였을 뿐이다. 이 설련은 반드시 암수 한 쌍이 함께 자라는데, 수련은 크고 암련은 작다. 그렇다고 암수 한 쌍이 같은 뿌리에서 자라는 것이 아니라 늘 1~2길 정도 떨어져서 자란다. 그래서 한 그루를 발견하면 다른 그루도 반드시 찾을 수 있다. 대개 실새삼과 복령[100]처럼 기(氣)가 변해서 생긴 것이

100 실새삼과 복령: 원문은 '토사(兎絲)·복령(茯苓)'이다. 『회남자』「설산훈(說山訓)」에 보면, "천 년된 소나무 아래에는 복령이, 위에는 토사가 자라고 있다."라는 문장이 있다. 또 『포박자(抱朴子)』에 보면, "실새삼의 풀뿌리에 복령이 자라고 있다. 복령이 없으면 실새삼을 볼 수 없는데, 사실 실새삼과 복령은 뿌리가 붙어 있지 않다. 그렇지만 실새삼을 뽑아내면 복령도 죽는다."라는 문장이 있다. 살펴보건대 실새삼은 복령과 그 뿌리가 다르다. 『본초강목(本草綱目)』에서도 이미 이를 바로 잡아 놓았다.

그림1 | 토사
https://baike.baidu.com/pic/%E8%8F%9F%E4%B8%9D

그림2 | 복령
https://baike.baidu.com/pic/%E8%8C%AF%E8%8B%93

라, 그 기가 서로 통한다. 대개 멀리서 설련을 보고 조용히 다가가면 쉽게 찾을 수 있지만, 손으로 설련이 있는 곳을 가리키면 설련은 눈 속으로 들어가 흔적도 없이 사라지기 때문에 눈 속을 파헤치고[101] 찾아 다녀도 볼 수 없다. 초목이 지각이 있다고는 하지만, 이치상으로는 이해할 수 없는 일이다. 그곳 사람들은 "산신(山神)이 설련을 아껴서 그렇다."고 하는데, 혹여 그런 것인가?

설련은 아주 추운 곳에서 자라지만 성질은 매우 뜨겁다. 대개 음기와 양기 가운데 어느 한 기가 다른 기보다 강한 경우는 있지만, 기가 전혀 없을 수는 없다. 음기가 밖에서 쌓이면 양기는 안에서 맺힌다. 감괘(坎卦)는 한 개의 양기가 두 개의 음기 가운데 빠진 형상이고, 박괘(剝卦)와 복괘(復卦)[102]는 한 개의 양기가 다섯 개의 음기 아래 위에 있는 형상인데, 이것이 바로 그 징후이다. 그런데 설련은 술에 넣으면 보약이 되지만 많이 마시면 혈이 뜨거워져 도리에 어긋난 행동을 하게 된다. 그래서 간혹 미약(媚藥)을 만들 때 설련을 함께 넣어 조제하면 그 화가 더욱 심해진다. 대개 천지의 음양이 조화를 이루어야 만물이 생장하고, 사람의 몸도 음양이 조화를 이루어야 모든 혈맥이 고르게 된다. 그런 까닭에 『소문(素問)』[103]에서 이렇게 말한 것이다.

"하나가 지나치게 강성하면 해가 되니, 그 뒤를 잇는 기운이 나와 이를

---

101 파헤치고: 원문은 '촉(斸)'이다.

102 박괘(剝卦)와 복괘(復卦): 박괘는 아래는 땅(坤)이요 위는 산(艮)으로,[「山地剝」괘라 하고], 복괘는 아래는 우레(震)요 위는 땅(坤)이니, ['地雷復']이다.(剝卦坤下艮上, 復卦震下坤上)

103 『소문(素問)』: 의학서이다. 당나라 왕빙(王冰)의 주에 따르면, 모두 24권으로 이루어져 있다. 황제와 신하 기백(岐伯)이 묻고 대답한 내용을 기록한 것으로, 중국의 의서 가운데 가장 오래된 책이다.

제어한다.”

단계(丹溪) 주진형(朱震亨)[104]이 양기는 늘 실하고 음기는 늘 부족하다[陽常有餘, 陰常不足說]고 말한 이후, 의원들은 그의 본뜻은 잃어버린 채 종종 고한(苦寒)으로 생기를 손상시켰다. 장개빈(張介賓)[105] 등이 그들의 잘못을 바로 잡기는 했지만 결국에는 보양(補陽)으로 치우치게 되었다. 또한 인삼(人蔘), 시초(蓍草), 육계(肉桂), 부자(附子)와 같은 약재는 사람을 죽음에까지 이르게했다. 이것은 『주역』에서 말하는 부양(扶陽)의 원리를 몰랐기 때문이다. 그래서 건괘의 최상의 괘(一爻)에서도 “끝까지 올라간 용은 후회한다”[106]라고 경고한 것이다. 지금은 정욕의 풍조가 날로 심해지고, 몸이 허약한 이들이 많은데, 몸을 데워주는 약물이 쉽게 효험을 드러내기 때문에 그

---

104 주진형(朱震亨): 원(元)나라 금화(金華) 사람으로, 자는 언수(彥修)이고, 별호는 단계생(丹溪生)이다. 본래는 유생이었는데, 허겸(許謙)을 스승으로 섬겨 수제자가 되었다. 주진형(1281~1358)은 나지제(羅知悌)에게서 유수진(劉守眞)의 학문을 배웠는데, 그 이론은 다음과 같다. 양기는 쉽게 움직이고, 음기는 쉽게 허물어진다는 성질을 이용해 음기를 강화시켜 화열을 내리는[滋陰降火] 것을 중시해서 양은 늘 실하고 음은 늘 부족하다(陽常有餘, 陰常不足說)는 이론을 창시했고, 정성을 다해 음식과 색욕을 경계하라고 했다. 그의 저서로는 『격치여론(格致餘論)』, 『국방발휘(局方發揮)』, 『금궤구원(金匱鉤元)』 등의 책이 있다.

105 장개빈(張介賓): 명나라 산음(山陰) 사람으로, 자는 회경(會卿)이고, 호는 경악(景岳)이며 의술에 정통했다. 장개빈(1563~1640)의 지론은 온보(溫補)를 최고로 친다. 즉 사람의 생기(生氣)는 양기(陽氣) 위주로 되어 있는데, 양기는 어렵게 얻어서 쉽게 잃어버리는 것이고, 또 잃어버린 뒤에 회복하기 어려운 것이다. 그는 필사적으로 단계(丹溪) 주씨(朱氏: 朱震亨)를 공격했으며, 저서로는 『경악전서(景岳全書)』와 『유경(類經)』 등이 있다.

106 끝까지 올라간 용은 후회한다: 원문은 ‘항룡유회(亢龍有悔)’이다. 『주역』「건괘(乾卦)」에 보면, 항룡유회라는 상구(上九)의 효문(爻文)으로, 가장 위에 있는 효의 이름이다. 항(亢)이란 지나치게 높은 곳에 머물러 있어 내려올 수 없다는 뜻으로, 양기가 극에 도달한 것은 마치 오랫동안 하늘에 머물러 있으면서 연못으로 돌아오지 않는 높고 강한 용과 같다. 그래서 점치는 사람들은 사물이 극에 달하면 돌아오고 세력이 성하면 기울어지고, 행동하면 반드시 후회한다고 했다.

것을 믿는 사람이 많아졌다. 그래서 나는 지나치게 양기를 내치는 자들은 한비(韓非)[107]의 형명학(刑名學)에 가깝고, 지나치게 양기를 돋우는 자들은 상앙(商鞅)[108]의 부국강병술(富國强兵術)에 가깝다고 생각한다. 처음에 약을 복용하면 모두 효과가 있지만, [약의 기운이] 쌓이고 쌓여 되돌릴 수 없게 되면, 결국 근본을 손상하게 되니, 이점에서는 매 한가지이다. 설련으로 허한 기를 보(補)할 수 없다는 것도 같은 이치이다.

塞外有雪蓮, 生崇山積雪中. 狀如今小洋菊, 名以蓮耳. 其生必雙, 雄者差大, 雌者小. 然不並生, 亦不同根, 相去必一兩丈. 見其一, 再覓其一, 無不得者. 蓋如兎絲·茯苓, 一氣所化, 氣相屬也. 凡望見此花, 默往探之則獲, 如指以相告, 則縮入雪中, 杳無痕迹, 卽劚雪求之亦不獲. 草木有知, 理不可解. 土人曰: "山神惜之." 其或然歟?

此花生極寒之地, 而性極熱. 蓋二氣有偏勝, 無偏絶. 積陰外凝, 則純陽內結. 坎卦以一陽陷二陰之中, 剝復二卦, 以一陽居五陰之上下, 是其象也. 然浸酒爲補劑, 多血熱妄行. 或用合媚藥, 其禍尤烈. 蓋天地之陰陽均調, 萬物乃生, 人身之陰陽均調, 百脈乃和. 故『素問』曰: "亢則害, 承乃制." 自丹溪立陽常有餘·陰常不足之說, 醫家失其本旨, 往往以苦寒伐生氣. 張介賓輩矯枉過直, 遂偏於補

---

107 한비(韓非): 전국(戰國) 시대 사람으로, 한(韓)나라의 여러 공자 중의 한 명이다. 그는 형명학을 좋아했고, 10만 자가 넘는 『한비자』라는 책을 지었다. 태사공(太史公)은 "한비는 먹줄을 당기듯 일처리를 정확하게 하고 시비를 명확히 밝혔으나, 아주 참혹하고 가혹하게 법을 집행하고 은덕에 야박했다(韓非引繩墨, 事情, 明是非, 其極慘礉少恩)."라고 논했다.

108 상앙(商鞅): 전국시대 위(衛)나라 사람으로 형명학을 좋아했다. 후에 진(秦)나라 효공(孝公)을 받들어 변법령(變法令)을 정하고 정전(井田) 제도를 폐지하고 천맥(阡陌)을 이용해 진나라를 부강하게 만들었다.

陽. 而參耆桂附, 流弊亦至於殺人. 是未知『易』道扶陽. 而乾之上九, 亦戒以“亢龍有悔”也. 嗜慾日盛, 羸弱者多, 溫補之劑易見小效, 堅信者遂衆. 故余謂偏伐陽者, 韓非刑名之學, 偏補陽者, 商鞅富强之術. 初用皆有功, 積重不返, 其損傷根本, 則一也. 雪蓮之功不補患, 亦此理矣.

28.

바람굴

당나라 태종(太宗)의 「삼장성교서(三藏聖教序)」[109]에 보면, 풍재귀난(風災鬼難) 지역이 있다고 하는데, 아마도 지금의 피잔[110]과 투루판[111] 지역인 것 같다. 이곳 사막 한 가운데에서 홀로 길을 가던 사람이 종종 자신의 이름을 부르는 소리를 듣고 대답하면 소리를 따라 가서 다시는 돌아오지 않는다. 또 천산(天山)[112]에 있는 풍혈(風穴)은 크기가 우물만 한데, 불시에 바람이 그 안에서 불어나오면 수십 리 밖에까지 분다. 먼저 파도소리가 나고 늦어도 1~2각(刻) 안에 바람이 분다. 바람이 지나가는 지역은 사방 3~4리에 불과하기 때문에 빨리 달아나면 피할 수도 있다. 미처 바람을 피하지 못하면, 굵은 끈으로 많은 수레를 하나로 묶어야 한다. 바람이 아래위로 요동치면 마치 출렁대는 바다 위에 떠 있는 배처럼 흔들린다. 혹시라도 수레 한 대가

---

109 「삼장성교서(三藏聖教序)」: 「서(序)」는 당나라 태종이 지은 것으로, 법사(法師) 현장(玄奘)이 서역에 가서 불경을 구한 일을 기록하고 있다. 비석이 두 개 있는데, 하나는 동주(同州)에 있고 다른 하나는 장안(長安)의 자은사(慈恩寺)에 있다.

110 피잔: 원문은 '벽전(闢展)'으로, 신강성 선선현(鄯善縣)에 해당한다.

111 투루판: 원문은 '토로번(土魯番)'으로, 신강성 소재의 현 이름이다.

112 천산(天山): 원문은 '남산(南山)'이다.

바람에 휩쓸리게 되면 사람, 말, 수레, 화물 할 것 없이 모두 낙엽처럼 가볍게 둥둥 떠서 어디론가 날아가는데, 어디로 날아가는지 알 수 없다. 바람은 대개 남쪽에서 북쪽으로 불다가 며칠 뒤에 북쪽에서 다시 남쪽으로 부는데, 마치 호흡하는 것처럼 불고 내쉬고를 반복한다.

내가 우루무치에 있을 때 피잔에서 온 공문을 받아 보았는데, 군교(軍校: 輔助職의 軍官) 뇌정(雷庭)이 어느 날 말과 함께 바람에 날려 영북(嶺北)을 지나갔으며, 흔적도 찾아볼 수 없다고 적혀 있었다. 또 창길의 통판(通判)이 아무 일 오각(午刻)에 하늘에서 한 사람이 내려왔는데, 바로 테네게르(Teneger)[113]에서 보낸 죄수 서길(徐吉)이 바람에 날려 그곳까지 왔다고 알려왔다. 잠시 뒤에 테네게르의 현승(縣丞)이 "서길이 그날 도망쳤다."라고 알려왔는데, 그 시간을 계산해보았더니 사시(巳時)에서 정오(正午)까지 200리 남짓 날아왔다. 이 땅에서는 이런 일이 그리 기이하지 않지만, 다른 지방에서는 기이한 이야기로 들린다.

서길이 말했다.

"바람에 날려 갈 때는 꿈을 꾸는 듯 술에 취한 듯 했으며, 몸이 수레바퀴처럼 굴러가는 바람에 눈을 뜰 수가 없었습니다. 귀에서는 온갖 북소리가 들리고, 입과 코에 이물질이 꽉 차서 숨을 쉴 수가 없었습니다. 한참동안 기를 쓰고 난 뒤에야 겨우 숨을 쉴 수 있었습니다."

살펴보건대 『장자』에 보면 "무릇 대지가 내쉬는 숨결을 바람이라 한다."[114]라는 말이 있는데 기(氣)는 어디에나 존재하며, 기가 맞지 않으면 구

113 테네게르(Teneger): 원문은 '특납격이(特納格爾)'로, 특눌격이(特訥格爾)라고도 한다. 테네게르는 신강의 부강현(阜康縣)에 위치한다.

114 무릇…한다: 『장자』「제물론(齊物論)」에 보인다.

멍이 생기기 마련이다. 기가 어쩌다가 함께 모이면, 이상한 현상이 생긴다. 이것은 마치 화기가 우연히 파촉(巴蜀)에서 모여 화정(火井)[115]이 되고, 어쩌다가 수맥이 우전(于闐)[116]에서 모여 황하의 원류[117]가 된 것과 같다.

唐太宗「三藏聖教序」, 稱風災鬼難之域, 似卽今闢展, 土魯番地. 其地沙磧中, 獨行之人往往聞呼姓名, 一應, 則隨去不復返. 又有風穴在南山, 其大如井, 風不時從中出, 每出, 則數十里外. 先聞波濤聲, 遲一二刻風乃至. 所橫徑之路, 濶不過三四里, 可急行而避. 避不及, 則衆車以巨繩連綴爲一. 尙鼓動顚簸, 如大江浪湧之舟. 或一車獨遇, 則人馬輜重皆輕若片葉, 飄然莫知所往矣. 風皆自南而北, 越數日自北而南, 如呼吸之往返也.

余在烏魯木齊, 接闢展移文, 云軍校雷庭, 於某日人馬皆風吹過嶺北, 有無踪跡. 又昌吉通判報, 某日午刻, 有一人自天而下, 乃特納格爾遣犯徐吉, 爲風吹至. 俄特納格爾縣丞報, 徐吉是日逃, 計其時刻, 自巳至正午, 已飛騰二百餘里.

---

115 화정(火井): 지금의 사천성(四川省) 자중현(資中縣)에 있다. 우물 속에 기체가 있기 때문에 불을 붙일 수 있다. 그리하여 이곳 사람들은 이것을 사용해 소금을 구웠다. 우물입구는 동모(銅帽)로 덮어두었고 사방 주위는 텅 비어 있으며, 철관(鐵管)으로 벗겨 내었다. 한 우물의 가스로 수십 번을 사용할 수 있는데, 중국 사천성의 특산물이다.

116 우전(于闐): 신강성의 현(縣) 이름이다.

117 황하의 원류: 원문은 '하원(河源)'이다. 살펴보건대 황하의 원류는 청해(靑海)의 바얀 하르산맥[巴顔哈喇山]에서 시작되는데, 본래 이름은 알타이강[阿爾坦河]이다. 동쪽으로 300리 흘러 악돈달랄(鄂敦撻剌, 鄂端諾爾, 鄂端) 즉 고대의 성수해(星宿海)에 이른다. 또 동쪽에 찰릉(札凌), 악릉(鄂凌) 두 개의 호수가 있는데, 이것이 황하의 원류이다. 우전국의 강과는 상관없다. 기윤의 이 말은 『한서』「서역전」을 근거로 나온 말인 것 같다. 우전국의 강은 포창해(蒲昌海)를 경유해 지하로 흐른다. 남쪽 사막에서 지상위로 흘러 중국 강이 된다는 것이다. 포창해가 로프노르[羅布泊]인지는 모르겠다. 최근 사람 도기(屠寄, 1856~1921)의 말에 따르면 서양인이 로프노르을 측량했는데, 로프노르은 황하보다 지대가 낮고, 원줄기는 4천 자 정도 되기 때문에 거슬러 올라갈 수가 없다. 따라서 이 원류설은 사실이 아니다.

此在彼不爲怪, 在他處則異聞矣. 徐吉云: "被吹時如醉如夢, 身旋轉如車輪, 目不能開. 耳如萬鼓亂鳴, 口鼻如有物擁蔽, 氣不得出. 努力良久, 始能一呼吸耳."

按: 『莊子』稱"大塊噫氣, 其名爲風." 氣無所不至, 不應有穴. 蓋氣所偶聚, 因成斯異. 猶火氣偶聚於巴蜀, 遂爲火井, 水脈偶聚於于闐, 遂爲河源云.

29.

경전 읽는 여우

하려암(何勵菴) 선생이 해준 이야기이다.

전해오는 바에 따르면 명나라 말년에 한 서생이 홀로 풀숲을 거닐다가 우연찮게 낭랑하게 울려 퍼지는 글 읽는 소리를 들었다고 한다. 그는 이 넓은 들판 어디에서 글 읽는 소리가 날까하고 기이하게 생각해 소리가 나는 곳을 찾아가 보았다. 그랬더니 한 노인이 주인 없는 무덤 사이에 앉아 있었고, 그 옆으로 십여 마리의 여우가 각자 책을 들고 무릎을 꿇고 앉아 있었다. 노인이 서생을 보고 일어나서 맞이하자 여우들도 책을 들고 사람처럼 일어났다. 서생은 그들이 글을 읽고 이해하고 있는 것으로 보아 화를 끼치지 않을 것이라 생각하고, 예를 갖추어 인사한 뒤 자리를 잡고 앉아 물었다.

"어쩐 일로 글을 읽고 계십니까?"

그러자 노인이 말했다.

"우리는 모두 신선의 도를 닦고 있습니다. 무릇 여우가 신선이 되는 길은 두 가지가 있습니다. 하나는 천지의 정기를 빨아들이고 별을 향해 절을 하면, 점차 영성에 통달하고 변화하게 됩니다. 그런 연후에 다시 정과(正果)를 닦는데, 이것은 요물에서 신선이 되는 길입니다. 그러나 혹시라도 잘못된 길로 빠지면 하늘의 법률을 어기게 되는데, 이 방법은 빠르긴 하지만 위험이 따릅니다. 다른 하나는 먼저 몸을 단련하여 사람이 되고, 사람으로 변한 후에 내단(內丹)[118]을 배워야 하는데, 이것은 사람에서 신선이 되는 길입니다. 비록 토납도인법(吐納導引法)[119]은 하루아침의 공으로 이루어지는 것이 아니지만, 오랫동안 꾸준히 수련하면 자연스럽게 성공하게 될 것입니다. 따라서 그 길은 멀지만 비교적 안전한 방법이라고 할 수 있습니다. 다만 겉모습은 저절로 변하지 않고 마음에 따라 변합니다. 그런 까닭에 먼저 성현의 책을 읽어 삼강오륜(三綱五倫)[120]의 이치를 깨달아야 마음이 변하고, 겉모습도 그에 따라 변하게 됩니다."

서생이 그 책을 빌려서 보았더니, 모두 『오경』·『논어』·『효경』·『맹자』와 같은 책들이었는데, 경문(經文)만 있을 뿐 주석이 없었다. 이에 서생이 물었다.

---

118 내단(內丹): 소식(蘇軾)의 「여산으로 돌아가는 건도사를 전송하며(送蹇道士歸廬山)」에 보면, "끊이지 않는 미풍 속에 내단과 외단이 순식간에 이루어졌네(綿綿不絶微風裏, 內外丹成一彈指)."라는 시구가 있는데, 도가에서 금석(金石)을 달구는 것을 외단(外丹)이라 하고, "용호비결과 단전호흡, 낡은 기운을 내보내고 신선한 새 기운을 들이마시는(龍虎胎息, 吐故納新)" 것을 내단(內丹)이라 한다고 주 달려 있다.

119 토납도인(吐納導引): 『장자』「각의(刻意)」에 보면, "심호흡을 하면서 낡은 공기는 토해 내고 신선한 공기를 들이마시며, 곰이 나무에 매달리고 새가 날면서 발을 뻗히는 것 같은 체조를 하는 것은 오래 살려는 것이다(吹呴呼吸, 吐故納新, 熊經鳥申, 爲壽而已矣)."라는 구절이 있는데, 이것은 도인(道引)한 선비나 양형술(養形術)을 터득한 사람이나, 팽조(彭祖)처럼 장수한 사람들이 좋아하는 것이다. 또 『한서』「장량전(張良傳)」에 보면, "장량이 관중에 들어갔는데 체질적으로 병이 많아, 도인술을 행하면서 오곡을 먹지 않았다(良從入關, 性多疾, 卽道引不食穀)."라는 구절이 있는데, "'도(道)'는 '도(導)'로 읽히며 오곡을 물리치고 약을 먹지 않고 조용히 거하면서 기를 돌게 하는 것이다."라는 주가 달려 있다.

120 삼강오륜(三綱五倫): 『백호통(白虎通)』에 따르면, 군신부자부부가 지켜야 할 도리를 삼강이라 하고, 오상(五常)은 오륜이라고도 한다. 부자유친·군신유의·부부유별·장유유서·붕우유신 이 다섯 가지는 사람들이 늘 지켜야 하는 도리이기 때문에 오상(五常)이라 불렀다.

"경문을 해석할 수 없는데, 어떻게 통달할 수 있단 말입니까?"

노인이 말했다.

"우리들은 글을 읽을 때 오직 명확한 이치만을 구할 뿐입니다. 성현의 말씀은 본디 그다지 깊지도 않고 구두로 전수되고 있어, 대충 그 뜻과 해석을 대강 이해하면 바로 근본 취지를 알 수 있는데, 주석이 왜 필요합니까?"

서생은 그 논지가 괴벽하다는 생각에 당황하여 아무런 대꾸도 하지 못했다. 서생이 나이를 묻자, 노인이 말했다.

"나는 [내 나이를] 기억하지 못하고 그저 경전을 받은 날만을 기억할 뿐인데, 그때는 아직 세상에 인쇄된 책[121]이 없었습니다."

서생이 다시 물었다.

"여러 왕조를 살아오셨을 텐데, 세상사에 뭐 달라진 것이라도 있습니까?"

노인이 말했다.

"대체로 크게 달라진 것은 없지만, 그저 당나라 이전에는 유생들만 있었습니다. 그런데 북송이후로는 아무개가 성현이라는 말을 듣게 된 것이 조금 다를 뿐입니다."

서생은 그 말의 의미를 알 수 없어 그저 노인에게 인사한 뒤 그곳을 떠

---

121 인쇄된 책: 원문은 '판서(板書)'이다. 송나라 섭몽득(葉夢得)이 말하기를, 세상에서 말하는 조판을 떠서 인쇄되어 나온 책은 풍도(馮道)에게서 비롯되었다고 하는데, 이것은 옳지 않다. 그러나 감본(監本: 官刻本) 『오경』만은 풍도가 만든 것이다. 『유비훈서(柳玭訓序)』에 보면, 그가 촉(蜀)나라 세상일 때 한번은 서점에서 책을 보았는데, 자서(字書)와 『소학(小學)』이 모두 조판으로 인쇄된 종이를 사용하고 있었다고 하는 것으로 보아 당나라 때에 이미 조판이 있었다. 또 『연한록(燕閒錄)』에 보면, 수나라 문제(文帝)가 개황(開皇) 13년(593) 12월 8일에 조판된 불경을 세상에 전파하라고 한 것으로 보아, 책의 인쇄는 수나라 때부터 시작되었다.

나왔다. 훗날 서생이 길에서 [다시] 그 노인을 만났지만, 노인은 무언가 말하려다 말고 고개를 숙인 채 그대로 갔다.

생각건대 이것은 하려암 선생이 지어낸 우언(寓言)[122] 같다. 하려암 선생은 일찍이 이렇게 말씀하셨다.

"강경(講經)으로 과거에 급제하기 위해 지리멸렬하게 내용을 덧붙이면서 문장은 더욱 화려해졌지만, 경전의 뜻은 점점 엉망이 되었다. 또한 경을 강설하며 학파를 세우려는 이들이 서로를 반박하는 바람에 그 말은 더욱 상세해졌지만, 경문의 본뜻은 더욱 황당해졌다."

이 말의 뜻이 우언에 딱 맞아떨어진다. 또 말씀하셨다.

"모름지기 교묘한 방법은 온당치 않은 구석이 있기 마련이다. 발걸음이 안정적이면 비록 잠시 발을 헛디뎌 넘어질 수는 있어도 팔이 부러지거나 발이 다치는 지경까지는 이르지 않는다."

이 말은 노인이 말한 신선의 도를 닦는 두 가지 방법과 같은 뜻이다.

何勵庵先生言. 相傳明季有書生, 獨行叢莽間, 聞書聲琅琅. 怪曠野那得有是, 尋之. 則一老翁坐墟墓間, 旁有狐十餘, 各捧書蹲坐. 老翁見而起迎, 諸狐皆捧書人立. 書生念旣解讀書, 必不爲禍, 因與揖讓席地坐, 問: "讀書何爲?" 老翁曰: "吾輩皆修仙者也. 凡狐之求仙有二途. 其一採精氣, 拜星斗, 漸至通靈變化. 然後積修正果, 是爲由妖而求仙. 然或入邪僻, 則干天律, 其途捷而危. 其一先鍊

---

122 우언(寓言): 『사기』「장주전(莊周傳)」에 보면, "저서 십여 만 마디의 말이 있는데, 대개가 말을 기탁한 것이다(著書十餘萬言, 大抵率寓言也)."라는 구절이 있다. "우(寓)는 기탁한다는 뜻으로, 가상의 인물을 만들어 이를 통해 자신의 뜻을 전달하는 것이다. 따라서 『장자』에 「우언」편이 있게 된 것이다."라고 주 달려 있다.

形爲人, 旣得爲人, 然後講習內丹, 是爲由人而求仙. 雖吐納導引, 非旦夕之功, 而久久堅持, 自然圓滿. 其途紆而安. 顧形不自變, 隨心而變. 故先讀聖賢之書, 明三綱五常之理, 心化則形亦化矣." 書生借觀其書, 皆『五經』·『論語』·『孝經』·『孟子』之類, 但有經文而無註. 問: "經不解釋, 何由講貫?" 老翁曰: "吾輩讀書, 但求明理. 聖賢言語, 本不艱深, 口相授受, 疏通訓詁, 卽可知其義旨, 何以註爲?" 書生怪其持論乖僻, 惘惘莫對. 姑問其壽, 曰: "我都不記, 但記我受經之日, 世尙未有印板書." 又問: "閱歷數朝, 世事有無同異?" 曰: "大都不甚相遠, 惟唐以前, 但有儒者. 北宋後, 每聞某甲是聖賢, 爲小異耳." 書生莫測, 一揖而別. 後於途間遇此翁, 欲與語, 掉頭徑去. 案此殆先生之寓言. 先生嘗曰: "以講經求科第, 支離敷衍, 其詞愈美而經愈荒. 以講經立門戶, 紛紜辯駁, 其說愈詳而經亦愈荒." 語意若合符節. 又嘗曰: "凡巧妙之術, 中間必有不穩處. 如步步蹋實, 卽小有蹉失, 終不至折肱傷足." 與所云修仙二途, 亦同一意也.

30.

와호산인(臥虎山人)

한 부계점 치는 사람이 강남에서 왔다. 그가 불러 온 신선은 자칭 와호산인(臥虎山人)이라고 했는데, 그는 길흉화복은 말하지 않고 그저 사람들과 시사(詩詞)만 주고받았다. 또한 그는 그림에도 능해 불과 몇 획 만에 난초와 대나무를 그려내었는데, 마치 살아있는 듯 했다. 그의 시는 맑고 담백하면서도 속되지 않았다. 한번은 그가 내려와 절구(絶句) 짓는 모습을 눈앞에서 본 적이 있다.

예쁜 선홍색 꽃 물위에 피어나니,
작은 정자의 백학[123]이 배회하네.
꽃의 신 내 소매 푸르다고 나무라더니,
푸른 이끼에 기대어 조용히 자고 있네.

또 배는 '거(車)'자로 묘사하고, 수레는 '주(舟)'자로 묘사했다.

---

123 백학: 학(鶴)은 선인이 타는 것이다. 『열선전(列仙傳)』에 보면, 주(周)나라 왕자교(王子喬)는 피리불기를 좋아했는데, 봉황의 울음소리를 잘 내었다. 7월 7일에 백학을 타고 세상 사람들에게 이별을 고하며 떠나갔다고 한다.

졸졸 흐르는 2자 남짓한 얕은 물에서
대나무 수레 타고 이리저리 오가니 이 흥을 어찌할꼬?
고개 들어 산기슭의 흐드러진 봄을 바라보며,
대나무 수레[124] 끄는 노쇠한 소 걱정하네.

삐걱거리는[125] 작은 수레에 검은 소 묶고,
술 실은 채 하릴없이 논두렁을 거니네.
왕손의 금수레 부러워마소.[126]
두 바퀴 천천히 도니 배처럼 편안하네.

그 밖의 시들도 대체로 이와 같았다. 이름을 묻자 이렇게 대답했다.

"세상 밖의 사람인데 이름은 남겨서 무엇 하겠소? 굳이 알고자 한다면 억지로 만들어[127] 대답할 수밖에."

갑과 을이 함께 점치는 법을 배우고자 그를 불러 내려오게 했으나, 그

---

124 대나무 수레: 원문은 '박분거(薄笨車)'이다. 『송사』「유응지전(劉凝之傳)」에 보면, "부부가 함께 박분거를 타고 저자거리에 가서 물건을 바꾸었다(夫妻共乘薄笨車, 出市貿易)."라는 문장이 있는데, 박본거는 바로 대나무 수레이다.

125 삐걱거리는: 원문은 '역록(轣轆)'이다. 원래는 수레가 다니는 길을 가리키나, 여기서는 수레바퀴가 움직이는 소리를 말한다.

126 왕손의 금수레 부러워마소: 『맥상상(陌上桑)』에 보면, "말 머리엔 황금굴레(黃金絡馬頭)."라는 시구가 있다.

127 억지로 만들어: 원문은 '두찬(杜撰)'이다. 『야객총서(野客叢書)』에 보면, 두묵(杜默)이 시를 지음에 대부분 운율(韻律)에 맞지 않았다고 한다. 그래서 일이 격에 맞지 않는 것을 일러 두찬이라 했다. …민간에는 두전(杜田), 두원(杜園)이라는 말이 있는데, 여기서 '두'는 덜 하다 또는 가짜라는 뜻이다. 또 집에서 빚은 맛없는 술을 '두주(杜酒)'라고 하는데, 두보의 '두주어서 마시라 권하고(杜酒偏勞勸)'라는 시구에도 보인다. 하지만 '두주'는 또 다른 의미로, 술을 처음 만든 사람인 두강(杜康)이 빚은 술을 가리키기도 한다. 여기서 말하는 '두찬(杜撰)'은 후자의 의미에 더 가깝다.

가 쓴 글자는 대부분 알아볼 수 없어 부계점의 수법을 익히지 못했다.

하루는 을이 부적을 태웠지만, 신선이 내려오지 않았다. 며칠 뒤에 다시 을이 그를 불렀지만, 이번에도 내려오지 않았다. 뒷날 신선이 갑의 집에 내려왔기에 갑이 머리를 조아리고 을이 불렀을 때 내려오지 않은 이유를 물었더니, 이렇게 대답했다.

"사람은 효도와 형제간의 우애를 근본으로 삼아 살아야 하는데, 이 두 가지에 부끄러움이 있으면 사람이라 할 수 없소이다. 그 사람은 최근에 형과 재산을 나누면서 천금을 몰래 숨겼으며, 또 부친에게 묵은 빚이 있다며 형제가 함께 갚자고 거짓말한 뒤, 형이 갚은 돈을 가로챘소. 내 비록 세상 밖에서[128] 한가로이 지내면서 세속의 일에 간섭하지 않지만, 의리상 이런 사람과는 인연을 맺을 수가 없소. 번거롭겠지만 그대가 이 말을 전해주고 이후로는 나를 욕되게 하지 말라고 하시오."

또 갑에게는 이렇게 적었다.

"그대는 최근에 햇과일을 가져와 외로운 조카들은 생각하지 않고 자식들에게만 먹여 조카들을 밤새 울렸소.[129] 아무 생각 없이 한 일이겠지만, 그것은 편견에서 비롯된 행동이오. 앞으로 다시 이 같은 행동을 한다면 나도 다시는 오지 않을 것이오."

돌아가신 아버지 요안공께서 말씀하셨다.

"내가 그 시를 보고 신령한 귀신이라 생각했는데, 지금 하는 의론(議論)

---

128 세상 밖에서: 원문은 '방외(方外)'이다. 『장자』「대종사(大宗師)」에 보면, "그는 세상 밖에서 노니는 사람이다(彼遊於方之外者也)."라는 문장이 있는데, 방외는 세상 밖을 가리킨다.

129 울렸소: 원문은 '철읍(啜泣)'이다. 『시경』「왕풍(王風)·중곡유퇴(中谷有蓷)」에 보면, "흐느껴 우네(啜其泣矣)"라는 시구가 있다.

을 들어보니 선인인 듯하구나."

有扶乩者, 自江南來. 其仙自稱臥虎山人, 不言休咎, 惟與人唱和詩詞. 亦能作畵, 畵不過蘭竹數筆, 具體而已. 其詩淸淺而不俗. 嘗面見下壇一絶云: "愛殺嫣紅映水開, 小停白鶴一徘徊. 花神怪我衣襟綠, 纔藉莓苔穩睡來." 又詠舟, 限車字, 詠車, 限舟字, 曰: "淺水潺潺二尺餘, 輕舟來往興何如? 回頭岸上春泥滑, 愁殺疲牛薄笨車." "小車轣轆駕烏牛, 載酒聊爲陌上遊. 莫羨王孫金勒馬, 雙輪徐轉穩如舟." 其餘大都類此. 問其姓字, 則曰: "世外之人, 何必留名? 必欲相迫, 有杜撰應命而已."

甲與乙共學其符, 召之亦至, 然字多不可辨, 扶乩者手不習也. 一日, 乙焚符仙竟不降. 越數日再召, 仍不降. 後乃降於甲家, 甲叩乙召不降之故, 仙判曰: "人生以孝悌爲本, 二者有慚, 則不可以爲人. 此君近與兄析産, 隱匿千金, 又詭言父有宿逋, 當兄弟共償, 實掩兄所償爲己有. 吾雖方外閑身, 不預人事, 然義不與此等人作緣. 煩轉道意, 後毋相瀆." 又判示甲曰: "君近得新果, 徧食兒女, 而獨忘孤姪, 使啜泣竟夕. 雖是無心, 要由於意有岐視. 後若再爾, 吾亦不來矣." 先姚安公曰: "吾見其詩詞, 謂是靈鬼, 觀此議論, 似竟是仙."

31.

맹부인(孟夫人)

광서(廣西) 제독(提督) 전경야(田耕野)는 처음에 맹부인(孟夫人)에게 장가 들었으나, 부인이 일찍 죽었다. 전경야가 양주진(涼州鎭)에서 벼슬할 때의 일이다. 전경야가 달밤에 홀로 관청의 서재에 앉아 있었는데, 순간 정신이 몽롱해지더니 부인이 나뭇가지 끝에서 날아 내려오는 꿈을 꾸었다. 부인은 생전과 다름없이 그의 노고를 위로하며 말했다.

"저는 본래 천상의 선녀인데, 숙명에 따라 당신의 부인이 되었다가 인연이 다해 돌아갔습니다. 오늘 이곳을 지나다가 당신을 만나게 된 것은, 다하지 않은 인연이 남아 있기 때문입니다."

전경야가 말했다.

"내가 어떤 벼슬자리에 있을 때 죽소?"

그러자 부인이 말했다.

"여기서 멈추지 않고 다른 곳으로 가실 것입니다."

전경야가 다시 물었다.

"나는 몇 살까지 살겠소?"

그러자 부인이 말했다.

"그것은 말하기 어렵습니다. 공께서는 죽을 때 고향에 있지도, 관저에 있지도, 길가의 역관에 있지도 않으며, 그렇다고 전쟁터에서 죽는 것도 아닙니다. 그때가 되면 자연히 알게 되실 것입니다."

전경야가 말했다.

"사후에도 다시 당신을 만날 수 있소?"

부인이 말했다.

"그것은 공께 달려 있습니다. 공께서 노력하여 승천하시면 만날 수 있지만, 그렇지 않으면 불가능합니다."

전경야는 후에 묘족(苗族)을 정벌하고 도성으로 돌아오다가 막부(幕府)에서 생을 마감했다.

廣西提督田公耕野, 初娶孟夫人, 早卒. 公官凉州鎭時. 月夜獨坐衙齋, 恍惚夢夫人自樹杪翩然下. 相勞苦如平生, 曰: "吾本天女, 宿命當爲君婦, 緣滿乃歸. 今過此相遇, 亦餘緣之未盡者也." 公問: "我當終何官?" 曰: "官不止此, 行去矣." 問: "我壽幾何?" 曰: "此難言. 公卒時, 不在鄕里, 不在官署, 不在道途館驛, 亦不歿於戰陣. 時至自知耳." 問: "歿後尙相見乎?" 曰: "此在君矣. 君努力生天, 卽可見, 否則不能也." 公後征叛苗, 師還, 卒於戎幕之下.

32.

하인 위조(魏藻)

하인 위조(魏藻)는 성정이 경박하고 아녀자들을 훔쳐보기를 좋아했다. 하루는 마을 밖에서 젊은 여자를 만났는데, 어디서 본 듯은 했지만 어디 사는 누구인지는 알 수 없었다. 위조가 말을 걸면서 집적대자 여자는 대답도 않고 눈길을 보내더니[130] 곧장 서쪽으로 갔다. 위조가 여자를 뚫어지게 볼 때마다 여자는 마치 그를 부르기라도 하는 듯 돌아보았다. 위조는 곧바로 그녀를 따라나섰고, 점점 가까워졌다. 여자는 얼굴을 붉히며[131] 낮은 목소리로 위조에게 말했다.

"왕래하는 사람이 너무 많아 의심받을까 두렵습니다. 반리 정도 떨어져서 저를 따라 저희 집에 오시면, 제가 담 밖의 수레창고에서 당신을 기다리겠습니다. 대추나무 아래에 소가 묶여 있고, 그 옆에 돌 고무래[132]가 있는 곳이 바로 저희 집입니다."

---

130 눈길을 보내더니: 원문은 '목성(目成)'이다. 『초사(楚辭)』「구가(九歌)·소사명(少司命)」에 보면, "제당 가득 미인들, 유독 나하고만 눈을 마주치네(滿堂兮美人, 忽獨與余兮目成)."라는 시구가 있다.

131 붉히며: 원문은 '정(赬)'이다.

132 돌 고무래: 원문은 '녹독(碌碡)'으로, 밭을 평평하게 갈 때 사용하는 농기구이다.

잠시 뒤 둘 사이의 거리가 점점 더 멀어졌다.

해질 무렵 이가와(李家窪)에 도착했는데, 집에서 30리 떨어진 곳이었다. 밤새 내린 비가 이제 막 그쳐 진흙이 정강이를 차고 올라왔고, 발도 퉁퉁 부어올라 아팠다. 위조는 저 멀리로 여자가 수레창고로 들어가는 것을 보고는 내심 기뻐하며 급히 달려갔다. 여자는 등을 돌린 채 서 있다가 갑자기 얼굴을 돌리는데 나찰의 모습을 하고 있었다. 이빨은 톱니 같고 손톱은 갈고리 같았으며, 얼굴은 검고 눈은 등불처럼 반짝반짝 빛났다. 위조가 깜짝 놀라 달아나자 나찰이 급히 그를 쫓아왔다. 위조는 20여 리를 미친 듯이 달려 상국장(相國莊)[133]으로 내뺐는데, 이미 아홉시가 지난 뒤였다. 그는 장인어른의 집을 알아보고 쉬지 않고 문을 두들겨댔다. 문이 열리자마자 위조가 갑자기 뛰어 들어가는 바람에 한 여자가 위조와 부딪쳐 넘어졌고, 위조도 따라 넘어졌다. 여자들은 화가 나 소리를 지르며 각자 다듬잇방망이를 손에 들고 위조의 엉덩이를 사정없이 때렸다.[134] 위조는 숨이 차서 말도 못하고 그저 "나야 — 나"라고 소리칠 뿐이었다. 잠시 뒤 한 할멈이 등불을 가지고 나와 비춰보고서야 비로소 자신의 사위임을 알게 되었다. 사람들은 영문을 몰라 놀라기도 하고 웃기도 했다.

다음날 위조는 소달구지를 타고 집으로 돌아와 두어 달 동안 침상에 누워서 지냈다. 위조가 귀신을 따라 왔다 갔다 하던 때에 사람들은 그가 혼자 왔다 갔다 하는 것만 보았을 뿐, 나찰도 젊은 여자도 보지 못했다. 이것이 어찌 사악함이 사악함을 부른 것이 아닌가? 여우나 귀신이 그 틈을 이용하

---

133 상국장(相國莊): 직례성 헌현에 있는 지명이다. 오대(五代) 때 풍도가 이곳에 산 데서 유래되었다.

134 때렸다: 원문은 '추(捶)'이다.

여 위조를 놀린 것이 아닌가?

죽은 형 기청호(紀晴湖)가 말했다.

"위조는 이때부터 더 이상 여자들을 희롱하지 않았고, 혹시라도 길에서 여자를 만나면 반드시 머리를 숙이고 지나갔네. 그러니 천지신명이 벌을 내린 것이라 해도 될 법하지 않은가."

奴子魏藻, 性佻蕩, 好窺伺婦女. 一日, 村外遇少女, 似相識而不知其姓名居址. 挑與語, 女不答而目成, 徑西去. 藻方注視, 女回顧若招. 卽隨以往, 漸逼近. 女面頳小語曰: "來往人衆恐見疑. 君可相隔小半里, 俟到家, 吾待君牆外車屋中. 棗樹下繫一牛, 旁有碌碡者是也." 旣而漸行漸遠.

薄暮將抵李家窪, 去家三十里矣. 宿雨初晴, 泥將沒脛, 足趾亦腫痛. 遙見女已入車屋, 方竊喜, 趨而赴. 女方背立, 忽轉面乃作羅刹形. 鋸牙鉤爪, 面如靛, 目睒睒如燈. 駭而返走, 羅刹急追之. 狂奔二十餘里, 至相國莊, 已屆亥初. 識其婦翁門, 急叩不已. 門甫啓, 突然衝入, 觸一少女仆地, 亦隨之仆. 諸婦怒譟, 各持擣衣杵, 亂捶其股. 氣結不能言, 惟呼我我. 俄一媼持燈出, 方知是壻. 共相驚笑.

次日以牛車載歸, 臥床幾兩月. 當藻來去時, 人但見其自往自還, 未見有羅刹, 亦未見有少女. 豈非以邪召邪? 狐鬼乘而侮之哉? 先兄晴湖曰: "藻自是不敢復冶遊, 路遇婦女必俛俯首. 是雖謂之神明示懲可也."

33.

소경 위씨(衛氏)

우리 집에서 10리 정도 떨어진 곳에 위씨(衛氏) 성을 가진 소경이 살았다. 건륭 3년(1738) 무오년 섣달 그믐날 밤에 그는 평소 자신을 불러 탄창(彈唱)을 부탁했던 집을 두루 찾아다니면서 새해 인사를 했다. 집집마다 음식을 싸주자 그것을 짊어지고 집으로 돌아가는 길이었다. 반쯤 왔을 때 위씨는 발을 헛디뎌 그만 마른 우물 속으로 빠지고 말았다. 우물은 넓은 들판의 외진 길에 있었고, 집집마다 설을 쇠느라[135] 길가는 사람도 없었기에, 목이 마르도록 불러 보았으나 대답하는 사람이 없었다. 다행히 우물 바닥에 온기가 남아 있고, 또 [사람들에게 받은] 먹을 과자도 있었으며, 갈증이 심하면 과일을 먹으면서 그렇게 며칠 동안을 죽지 않고 버텼다.

때마침 백정 왕이승(王以勝)이 돼지를 몰고 집으로 돌아가던 중이었다. 그런데 우물에서 반리 정도 떨어진 곳에서 돼지가 갑자기 줄을 끊고 달아났다. 돼지는 온 들판을 미친 듯이 내달리다가, 그만 실족하여 우물에 빠졌다. 왕이승은 고리를 이용해 돼지를 꺼내다가 위씨를 발견했는데, 위씨가

135 설을 쇠느라: 원문은 '수세(守歲)'이다. 『동경몽화록(東京夢華錄)』에 보면, 그믐날 저녁 궁중에서 폭죽을 터뜨렸는데, 그 소리가 밖에까지 들려 서민이나 관리할 것 없이 화로 주위에 앉아서 새벽이 되도록 잠을 자지 않았으며, 이를 수세라고 한다고 한다.

숨만 겨우 붙어 있었다. 이 우물은 본래 백정이 다니는 길이 아니었는데, 아마도 누군가가 그를 보낸 것 같다.

죽은 형 기청호가 위씨에게 우물 안에 있을 때의 심정이 어떠했냐고 물었더니, 위씨가 말했다.

"그때는 온갖 상념이 다 사라지고 그저 '이젠 [꼼짝없이] 죽었구나!' 하는 생각만 들었습니다. 다만 몸져누워 계신 노모를 아직 이 눈먼 아들이 돌봐드려야 하는데 하는 생각뿐이었습니다. 이제 눈먼 아들조차도 없어져, 벌써 굶어 돌아가셨을지도[136] 모른다는 생각이 들자 속이 시리고 간과 비장이 아리는 듯해 견딜 수가 없었습니다."

형이 말했다.

"그런 일념이 아니었다면 왕이승이 몰고 가던 돼지가 끈을 끊지는 않았을 것이네."

去余家十餘里, 有瞽者姓衛. 戊午除夕, 徧詣常呼彈唱家辭歲. 各與以食物, 自負以歸. 半途, 失足墮枯井中. 旣在曠野僻徑, 又家家守歲, 路無行人, 呼號嗌乾, 無應者. 幸井底氣溫, 又有餠餌可食, 渴甚則咀水果, 竟數日不死. 會屠者王以勝驅豕歸. 距井猶半里許, 忽繩斷豕逸. 狂奔野田中, 亦失足墮井. 持鉤出豕, 乃見瞽者, 已氣息僅屬矣. 井不當屠者所行路, 殆若或使之也. 先兄晴湖, 問以井中情狀, 瞽者曰: "是時萬念皆空, 心已如死. 惟念老母臥病, 待瞽子以養. 今併瞽子亦不得, 計此時恐已餓莩, 覺酸徹肝脾, 不可忍耳." 先兄曰: "非此一念, 王以勝所驅豕, 必不斷繩."

136 굶어 돌아가셨을지도: 원문은 '부(莩)'로, 표(殍)자와도 통한다.

34.

대도 제대(齊大)

제대(齊大)는 헌현의 대도이다. 한번은 패거리들과 함께 약탈 나갔는데, 패거리 중 한 명이 예쁜 부인을 보고 핍박하며 욕보이려 했다. 여자가 칼로 위협해도 따르지 않자, 손을 뒤로 꺾어 의자에 묶고 하의를 벗기려 했으며, 또 다른 도적 두 명을 불러 양쪽에서 그녀의 발목을 잡게 했다. 제대는 망을 보다가 원주: 간장(看莊)은 도적의 말로, 옥상에서 망을 보고 있다가 상황이 여의치 않을 때 도움을 주는 사람을 말한다. 부인의 고함을 듣고 집 마루에서 뛰어 내려와 칼을 빼들고 급히 안으로 들어가 말했다.

"누가 감히 이런 짓을 하느냐? 나는 너희들과 함께 하지 않겠다!"

제대가 기세 등등해하며 싸우려 드는데, 굶주린 호랑이마냥 눈빛이 사나웠다. 머리카락 한 올 들어갈 틈도 없이 제대가 빠르게 왔기 때문에 여인은 위기를 모면할 수 있었다. 후에 도적들은 모두 체포되어 처형 당했으나, 제대만은 잡을 수 없었다. 패거리들의 말에 따르면, 관에서 체포하러 왔을 때 제대는 말구유 밑에 엎드려 있었다고 한다. 병졸들은 몇 번이고 마구간을 왔다 갔다 하면서 샅샅이 찾아보았지만, 말구유 밑에는 썩은 대나무 한 묶음밖에 없었다. 그 대나무 묶음은 10여 개의 대나무로 엮어져 있었는데, 몇 해 동안 방치된 것처럼 진흙이 묻어 있고 아주 더러웠다고 한다.

齊大, 獻縣劇盜也. 嘗與衆行劫, 一盜見其婦美, 逼汚之. 刀脇不從, 反接其手縛於櫈, 已褫下衣, 呼兩盜左右挾其足矣. 齊大方看莊, 原註: 盜語謂屋上瞭望以防救者爲看莊. 聞婦呼號, 自屋脊躍下, 挺刃突入曰: "誰敢如是? 吾不與俱生!" 洶洶欲鬪, 目光如餓虎. 間不容髮之頃, 竟賴以免. 後群盜並就捕駢誅, 惟齊大終不能弋獲. 群盜云官來捕時, 齊大實伏馬槽下. 兵役皆云往來搜數過, 惟見槽下朽竹一束. 約十餘竿, 積塵汚穢, 似棄置多年者.

35.

장경각(藏經閣)의 여우

공생 장청람(張晴嵐)이 해준 이야기이다.

한 사원의 장경각(藏經閣)에 여우가 위쪽에 살고 있고, 스님들은 아래쪽에서 지내고 있었다고 한다. 어느 무더운 날에 한 행각승[137]이 시끄러운 것을 싫어해 곧장 좌구(坐具)를 옮겨 장경각 위에서 살게 되었다. 그날 스님들은 갑자기 들보 위에서 여우가 이렇게 말하는 소리를 들었다.

"그대들은 각자의 거처로 돌아가시오. 우리 가족들이 적지 않으니 장차 장경각 아래로 내려가서 살아야겠소."

스님이 말했다.

"오랫동안 장경각 위에서 살다가 무슨 이유로 갑자기 이곳을 차지하려 하시오?"

"화상이 그곳에 계십니다."

"화상을 피하는 것이요?"

"화상은 불자인데, 어찌 감히 피하지 않을 수 있겠습니까?"

---

137 행각승: 원문은 '타포승(打包僧)'으로, 스님 가운데 짐 보따리를 매고 다니면서 사방에서 걸식하는 승을 말한다.

"우리들은 화상이 아니란 말이오?"

그러자 여우는 대답하지 않았다. 이에 재삼 다시 묻자 여우는 이렇게 말했다.

"그대들 스스로가 화상이라 생각하니, 내가 또 무슨 말을 하겠소?"

종형 기무원(紀懋園)[138]이 이 이야기를 듣고 말했다.

"이 여우는 흑백이 분명하구나. 그러나 도교·불교·유교 삼교[139]의 사람들에게 깊은 반성을 하게 만드는구나."

張明經晴嵐言. 一寺藏經閣上有狐居, 諸僧多栖止閣下. 一日天酷暑, 有打包僧厭其囂雜, 徑移坐具住閣上. 諸僧忽聞樑上狐語曰: "大衆且各歸房. 我眷屬不少, 將移住閣下." 僧問: "久居閣上, 何忽又欲據此?" 曰: "和尚在彼." 問: "汝避和尚耶?" 曰: "和尚佛子, 安敢不避?" 又問: "我輩非和尚耶?" 狐不答. 固問之, 曰: "汝輩自以爲和尚, 我復何言?" 從兄懋園聞之曰: "此狐黑白太明. 然亦可使三教中人, 各發深省."

---

138 기무원(紀懋園): 기윤의 종형 기소(紀昭)이다. 기소(1717~1770)는 자가 무원(懋園)이고 호는 이헌(怡軒)이며, 기용아(紀容雅)의 장자이다. 기윤과 함께 제생(諸生)이 되었고, 건륭 22년(1757)에 진사가 되어 중서사인(中書舍人)을 지낸 뒤 귀향했다. 저서로는 『모시광의(毛詩廣義)』 5권이 있다.

139 도교·불교·유교 삼교: 『번역명의집(飜譯名義集)』에 따르면, 오(吳)나라의 군주가 삼교가 무엇이냐고 물었더니, 상서령(尙書令) 감택(闞澤)이 "공자와 노자의 설교는 하늘을 본받아 만든 것이니 감히 하늘의 뜻을 거스를 수 없습니다. 부처의 설교는 천하에서 모두 받듭니다(孔老設教, 法天制用, 不敢違天. 佛之設教, 諸天奉行)."라고 대답했다고 한다. 이것이 바로 도교·불교·유교 삼교에 관한 설인데, 이를 통해 볼 때 삼국 시대에 삼교가 모두 있었음을 알 수 있다.

36.

꼬리에 꼬리를 무는 속임수

갑이 을의 부인을 보고 마음에 들어 병에게 말했다. 그러자 병이 말했다.

"남편이 성질이 거칠고 난폭하니, 어찌해볼 수 있을 것 같네. 돈을 아끼지 않고 푼다면 내 자네를 위해 이 일을 한번 해봄세."

그리고는 같은 마을[140]의 난봉꾼을 골라 그에게 돈을 주고 일을 부탁했다.

"대낮에 을의 집에 잠입해 있다가 을에게 들리게 소리를 지르게. 만약 잡히면, 물건을 훔치려 했다고 하게. 백주대낮은 도둑질을 할 시간도 아니고, 또한 자네의 생김새와 차림새를 보면 도둑 같지 않으니, 간음하려 했다고 의심할 게 분명하네. 이때 승복해서는 안 되네. 관에서 다시 심문하면 그때 간음을 인정하게. 그러면 몇 대 맞고 풀려날 것이네. 내가 옥사가 성립되지 않도록 힘을 쓸 테니, 그러면 아무런 고초도 치르지 않을 것이네."

같은 마을의 난봉꾼은 그의 지시대로 했고 결국 옥사는 성립되지 않았지만, 을은 부인을 집에서 내쫓았다. 병은 을이 후회할까 염려해 을의 처가를 사주해 을을 고소하게 하는 한편, 몰래 증인에게 뇌물을 주어 처가가 패

140 같은 마을: 원문은 '읍자(邑子)'로, 같은 마을에 사는 사람을 말한다. 『사기』「장이진여전(張耳陳餘傳)」에 보면, "신과 같은 마을에 사는 사람이라 평소 알고 지냅니다(臣之邑子素知之)."라는 문장이 있다.

소하도록 만들었다. 을의 처가에서는 화가 나 딸을 다른 곳으로 시집보내려 했고, 을 역시 단호하게 절연하며 그녀가 갑에게 재가하도록 놓아두었다. 그러자 갑은 많은 돈을 주고 그녀를 사들여 첩으로 삼았다. 병은 또 마을의 난봉꾼을 시켜 갑을 물어뜯고 그의 음모를 까발리게 하면서, 갑에게는 난봉꾼에게 뇌물을 주어 사건을 무마시키게 했다. 병이 [이 일로] 앞뒤로 꿀꺽 삼킨[141] 돈이 천 냥이나 되었다.

때마침 병은 마을에서 사회(社會)[142]가 열린다는 소문을 듣고 신에게 올릴 제수를 준비해 가서 복을 빌려고 했다. 전날 밤 묘축(廟祝)은 꿈에서 신을 보았는데, 신이 이렇게 말했다.

"아무개가 돈이 어디서 나서 이렇게 많은 음식을 차려 내게 제사를 지내는가? 내일 아침에 오거든 사당으로 들여보내지 말거라. 예의에 어긋나는 제사는 귀신도 받지 않거늘, 하물며 의롭지 않은 제사야 말해 무엇 하겠는가?"

병이 사당에 오자 묘축은 신의 말을 전하며 거절했다. 병이 화가 나서 그 말을 믿지 않으며 계단을 오르려고 할 때, 제수를 든 사람이 나자빠져서 제수가 모두 엎어졌다. 그 광경을 보고 병은 머리끝이 쭈뼛해져서 돌아왔다.

갑은 1년 남짓 뒤에 죽었다. 마을의 난봉꾼은 자신도 공모했다는 이유로 병의 집을 자주 들락거리다가 결국 그의 딸을 꾀어 달아났다. 그 일로 병도 기가 막혀 죽고 그의 처는 재물을 가지고 개가했다. 딸은 덕주(德州)로 갔다가 사람들에게 잡혀 간통죄가 드러났고, 관에서는 고소장을 원적

---

141 꿀꺽 삼킨: 원문은 '건몰(乾沒)'로, 재물을 꿀꺽 삼키는 것을 말한다. 『사기』「장탕전(張湯傳)」 주에 보인다.

142 사회(社會): 과거 마을의 안녕을 위해 신에게 올렸던 제사 모임의 하나로, 제사 후에는 절이나 절 부근 또는 토지묘(土地廟) 근처에서 임시 시장도 열렸다.

지로 보내 매질한 뒤, 그녀를 팔아버렸다. 그때 이미 병의 간교함이 다 드러난 상태라, 을은 너무나 한스러운 나머지 가산을 처분해 병의 딸을 사들이고, 사흘 동안 잠자리를 들게 한 뒤 다시 다른 사람에게 팔아버렸다.

누군가가 "병이 죽었을 때 을이 장가가지 않은 상태였기 때문에 병의 처가 그에게 시집갔다."고 했다. 하지만 그것은 속을 후련하게 해주는 이야기일 뿐 실제 그런 일은 없었다. 마을의 난봉꾼은 후에 거지가 되었고, 병의 딸은 돌고 돌아서 창기가 되었는데, 이 이야기는 사실이었다.

甲見乙婦而艷之, 語於丙. 丙曰: "其夫粗悍, 可圖也. 如不吝揮金, 吾能爲君了此事." 乃擇邑子冶蕩者, 餌以金而屬之曰: "爾白晝潛匿乙家, 而故使乙聞. 待就執, 則自承欲盜. 白晝非盜時, 爾容貌衣服無盜狀, 必疑姦. 勿承也. 官再鞫而後承. 罪不過枷杖. 當設策使不竟其獄, 無所苦也." 邑子如所教, 獄果不竟, 然乙竟出其婦. 丙慮其悔, 敎婦家訟乙, 又陰賂證佐使不勝. 乃恚而別嫁其女, 乙亦決絶, 聽其嫁甲. 甲重價買爲妾. 丙又敎邑子反噬甲, 發其陰謀, 而敎甲賂息. 計前後乾沒千金矣.

適聞家廟社會, 力修供具賽神, 將以祈福. 先一夕廟祝夢神曰: "某金自何來, 乃盛儀以饗我? 明日來, 愼勿令入廟. 非禮之祀, 鬼神且不受, 況非義之祀乎?" 丙至, 廟祝以神語拒之. 怒勿信, 甫至堦, 舁者顚蹶, 供具悉毁. 乃悚然返. 後歲餘甲死. 邑子以同謀之故, 時往來丙家, 因誘其女逃去. 丙亦氣結死, 婦攜貲改適. 女至德州, 人詰得姦狀, 牒送回籍, 杖而官賣. 時丙姦已露, 乙憾甚, 乃鬻産贖得女, 使薦枕三夕, 而轉售於人. 或曰: "丙死時, 乙尙未娶, 丙婦因嫁焉." 此故爲快心之談, 無是事也. 邑子後爲丐, 女流落爲娼, 固實有之.

37.

산중 목객

익도(益都) 사람 이사원(李詞畹)이 해준 이야기이다.

추곡(秋谷) 선생[143]이 남방으로 정처 없이 떠돌다가 어느 집의 정자를 빌려 지내게 되었다고 한다. 하루는 밤에 취침하려다 말고 시가 짓고 싶어졌다. 이에 한참동안 골똘히 생각하고 있는데, 창밖에서 말소리가 들렸다.

"공께서는 아직 안 주무십니까? 공의 맑고 고운 시구[144]에 심취한 지 벌써 10여 년이 넘었습니다. 지금 다행히 공께서 이곳에 머무시게 되어 잠시 공의 탁견을 들어보고자 했지만, 유감스럽게도 한 달이 넘도록 의문 나는 것을 묻지 못했습니다. 또 혹여 공께서 갑자기 다른 곳으로 가시게 되어 저의 평소 지론을 다 말하지 못하면 평생의 한이 될 것 같아 당돌함[145]을 무릅

---

143 추곡(秋谷) 선생: 조집신(趙執信)이다. 조집신(1662~1744)은 자가 신부(伸符)이고, 호는 추곡이며, 청대 산동 익도 사람이다. 어려서부터 남달리 총명했고, 신동의 눈을 가지고 있었으며, 시를 잘 지었다. 신성(新城) 사람 왕사정(王士禎)과는 마음이 맞지 않아 『담용집(談龍集)』을 만들 때 배척했다.

144 맑고 고운 시구: 원문은 '청사려구(淸詞麗句)'로, 두보(杜甫)의 『희위육절구(戱爲六絶句)』에 보면, "맑고 고운 시구는 반드시 곁에 두어라(淸詞麗句必爲鄰)."라는 시구가 있다.

145 당돌함: 원문은 '당돌(唐突)'로, 부딪치다. 기만하다의 뜻이다. 『진서(晉書)』「주의전(周顗傳)」에 보면, "어찌 무염의 얼굴을 꾸며서 서시를 모욕하려 하는가(何乃刻畫無鹽, 唐突西施)?"라는 문장이 있다.

쓰고 이렇게 창밖에서 공의 휘주지명(揮麈之名)[146]을 듣고자하니, 거절하시진 않으시겠지요?"

추곡선생이 "그대는 뉘시오?"라고 묻자, 그가 이렇게 대답했다.

"심산유곡의 별장은 밤에도 문을 꼭꼭 닫고 있으니, 자연 인적이 이를 수 있는 곳이 아닙니다. 선생은 정신세계가 넓고 소탈하신 분이니, 진실로 두려운 것이 없을 터, 역시 깊이 묻을 필요도 없습니다."

이에 추곡선생이 다시 물었다.

"어찌하여 들어오셔서 만나지 않으십니까?"

그러자 이렇게 대답했다.

"공의 성정이 소탈하시고, 저 역시 예의를 싫어합니다. 정신적으로 교유[147]할 수 있다면 굳이 대면할 필요가 있겠습니까?"

그리하여 추곡선생은 날마다 그와 응대하며 『시경(詩經)』의 육의(六義)[148]에 대해 더욱 깊이 이야기했다. 며칠 저녁을 그렇게 보내던 어느 날 취중에 추곡선생이 장난스럽게 물었다.

"그대의 의론을 들어보니 신(神)도 아니고, 선(仙)도 아니고, 그렇다고 귀(鬼)도 아니고 호(狐)도 아닌 것 같고, 혹시 '산중의 목객이 시를 읊을 줄

---

146 휘주지명(揮麈之名): 『명원(名苑)』에 보면, 사슴 가운데 큰 사슴을 주(麈)라고 하는데, 사슴들은 이 사슴이 꼬리를 흔드는 것을 보면서 따라갔다고 한다. 옛날에는 이것을 두고 말을 지휘한다고[揮馬] 했다. 생각건대, 동물학자들은 주가 도처에서 보이는 일반 사슴들과 달리 그 꼬리로 먼지를 떤다고 생각해서 풍아(風雅)를 지닌 동물로 보았다.

147 정신적으로 교유: 원문은 '신교(神交)'이다. 『원굉산도별전(袁宏山濤別傳)』에 보면, 산도는 본래 완적(阮籍)과 혜강(嵇康)을 몰랐으나, 그들과 한번 만나고 나서는 바로 정신적 교분을 나누었다고 한다.

148 육의(六義): 『시서(詩序)』에 보면, "『시』에는 육의가 있는데, 바로 풍(風)·아(雅)·송(頌)·부(賦)·비(比)·흥(興)이다."라는 문장이 있다.

아네.'[149] 라는 시구에 나오는 그 목객이시오?"

말이 끝나기가 무섭게 주위가 조용해졌다. 이에 구멍을 뚫어 밖을 내다보니 흐린 달빛 사이로 그림자가 바람소리를 내며 수정(水亭)의 처마 끝을 스쳐 지나가고 있었다. 정원의 고목이 구름 높이 뻗어 있는 것으로 보아 나무 요괴[150]가 아닐까 싶다.

이사원이 또 해준 이야기이다.

추곡선생이 목괴(木怪)와 이야기를 나눌 때 누군가가 엿듣고 있는 듯한 기분이 들었다고 한다. 목괴가 말했다.

"어양산인(漁洋山人)[151]의 시 가운데 '이름난 산과 빼어난 물, 기이한 나무와 그윽한 꽃'이라는 시구는 오곡을 심을 만한 작은 땅조차 없음을 뜻하고, '깎아 놓은 난간과 굽이치는 정자, 꽃이 활짝 핀 연못가의 관사 사람을 즐겁게 하네.'라는 시구는 잠을 자거나 비바람을 피할 곳이 없음을 의미합

149 산중의 목객이 시를 읊을 줄 아네: 『만수시화(漫叟詩話)』에 따르면, 소동파(蘇東坡)가 지은 「건주팔경시(虔州八境詩)」에, "산중의 목객이 시를 읊을 줄 아네(山中木客解吟詩)"라는 시구가 있다. 『십도사번지(十道四番志)』에 보면, 건주(虔州)의 낙산(洛山)에 있는 목객귀(木客鬼)가 사람과 아주 친밀했다는 기록이 있으나, 시를 지을 줄 안다는 기록은 없다. 『속법첩(續法帖)』에 보면, '술 떨어지면 그대여 술 팔아오지 말게나, 술병 비면 이내 몸 떠나야 하네. 저자는 너무 시끄럽고 번잡하니, 산으로 돌아가 밝은 달과 놀려네(酒盡君莫沽, 壺傾我當發. 城市多囂塵, 還山弄明月).'라는 「목객시(木客詩)」가 있다고 한다. 이를 통해 '산중의 목객이 시를 읊을 줄 아네'라는 시구가 나오게 된 원인을 알 수 있다.

150 나무 요괴: 원문은 '목매(木魅)'이다. 포조(鮑照)의 「무성부(蕪城賦)」에 보면, "나무 요괴 산 귀신(木魅山鬼)"이라는 구가 있다.

151 어양산인(漁洋山人): 청대의 왕사정(王士禎)을 말한다. 왕사정(1634~1711)은 자가 이상(貽上)이고, 호는 완정(阮亭)이며, 별호가 어양산인이다.

니다. '제기[152]와 대야[153]가 반짝이며 제상에 가득하네.'라는 시구는 밥을 지을 솥조차 없음을 뜻하고, '붉은 끈과 비단 인끈[154]은 미래에 대한 예언에서 나오네.'라는 시구는 더위와 추위를 막을 가죽이나 거친 베옷이 없음을 의미합니다. '춤추는 옷과 노래하는 부채,[155] 열두 개의 금비녀[156]'라는 시구는 집안에 음식을 맡아서 할[157] 아내가 없음을 뜻하고, '황실의 동산[158]과 금곡(金谷),[159] 고상한 손님 방안 가득하네.'라는 시구는 간언해 줄 좋은 친구가

---

152 제기: 원문은 '이정(彝鼎)'이다. 이(彝)는 항상 변치 않는 도를 말한다. 『좌전』「양공(襄公)」 19년에 보면 "그들이 노획한 무기로 제기를 만들고(取其所得以作彝器)"라는 문장이 있는데, 이기(彝器)는 바로 종정으로 종묘(宗廟) 제향에서 항상 사용되던 제기라고 주 달려 있다.

153 대야: 원문은 '뇌세(罍洗)'로, 옛날에 씻을 때 사용하는 그릇이다. 『구당서(舊唐書)』「고려전(高麗傳)」에 보면, "음식은 변두, 보궤, 준조, 뇌세에다 담았는데, 기자의 풍조가 강했다(食用籩豆·簠簋·樽俎·罍洗, 頗有箕子之風)."라는 문장이 있고, 「예악지(禮樂志)」에 보면, "여섯 번째로 익힌 음식을 진상하는 것을 '진숙'이라 하는데, 황제는 대야에 가서 손을 씻고 술잔을 씻는다(六曰進熟, 皇帝詣罍洗盥手洗爵)."라는 문장이 있다.

154 붉은 끈과 비단 인끈: 원문은 '찬조금수(纂組錦繡)'로, 찬(纂)은 짠 붉은 끈을 말하고, 조(組)는 인끈의 한 종류이다. 그 가운데 작은 끈을 면영(冕纓)이라고 한다. 『한서』「경제기(景帝紀)」에 보면, "비단에 수를 놓고 인끈을 짜는 일은 여인의 길쌈질을 망친다(錦繡纂組, 傷女紅者也)."라는 구절이 있다.

155 춤추는 옷과 노래하는 부채: 진(陳) 장정견(張正見)의 시에 "노래하는 옷 화려한 소매 흔들고 노래하는 부채 단선을 가리네(舞衫飄冶袖, 歌扇掩團紗)."라는 시구가 있다.

156 열두 개의 금비녀: 원문은 '십이금채(十二金釵)'이다. 고시에 보면, "머리에 금비녀 12개가 있네(頭上金釵十二行)"라는 시구가 있는데, 의상이 화려한 것을 말한다. 또 백거이(白居易)의 시에 보면, "금비녀 12개(金釵十二行)"라는 시구가 있는데, 시첩이 많음을 말한다.

157 집안에 음식을 맡아서 할: 원문은 '중궤(中饋)'이다. 『주역』에 보면, "때를 건너지 않고 집안에서 음식을 하다(無攸遂, 在中饋)."라는 구가 있는데, 부인이 집안에서 음식을 대접하는 일을 맡아하는 것을 말한다.

158 황실의 동산: 원문은 '양원(梁園)'이다. 이백(李白)의 「사인 채웅에게 적어보는 마음의 글(書情題蔡舍人雄)」에 보면, "십년동안 양원을 떠도네(十載客梁園)."라는 시구가 있다. 생각건대, 한나라 때 양효왕(梁孝王)이 궁실(宮室)과 원유(苑囿) 만드는 것을 좋아했는데, 늘 빈객들로 가득했다. 시에서는 이를 빌려 비유했다.

159 금곡(金谷): 정원 이름이다. 『진서(晉書)』「석숭전(石崇傳)」에 보면, 석숭은 하양(河陽)에다 따

없음을 의미합니다.”

추곡선생이 무릎을 치고 탄복하자, 목괴가 다시 말했다.

“명나라 말년에는 시풍이 평범하고 잡스러웠기 때문에 어양산인은 청신함으로 이를 바로잡았고, 근래 사람들의 시가 날로 부박해지자 선생은 직설적이고 강한 표현(刻露)으로 시풍을 구했습니다. 그러나 이 두 시풍은 본래 서로 연결되어 있어, 어느 한 쪽으로만 치우칠 수는 없습니다. 제 생각으로는, 두 종파가 마땅히 조절해서 서로 조화를 이루면 양쪽 모두 좋겠지만, 그렇지 않고 멀어지면 결국 양쪽 모두 다치게 됩니다.[160]”

이 말에 추곡선생은 상당히 불편해했다고 한다.

益都李詞畹言. 秋谷先生南游日, 借寓一家園亭中. 一夕就枕後, 欲製一詩. 方沉思間, 聞窓外人語曰: “公尙未睡耶? 淸詞麗句, 已心醉十餘年. 今幸下榻此室, 竊聽緒論, 雖已經月, 終以不得質疑問難爲恨. 慮或倉卒別往, 不罄所懷, 便爲平生之歉, 故不辭唐突, 願隔窓聽揮塵之名, 先生能不拒絶乎?” 秋谷問: “君爲誰?” 曰: “別館幽深, 重門夜閉, 自斷非人迹所到. 先生神思夷曠, 諒不恐怖, 亦不必深求.” 問: “何不入室相晤?” 曰: “先生襟懷蕭散, 僕亦倦於儀文. 但得神交, 何必定在形骸之內耶?” 秋谷因日與酬對, 於六義頗深. 如是數夕, 偶乘醉戲問曰: “聽君議論, 非神非仙, 亦非鬼非狐, 毋乃山中木客解吟詩乎?” 語訖寂然. 穴隙窺之, 缺月微明, 有影蓬蓬然, 掠水亭簷角而去. 園中老樹參雲, 疑其木魅矣.

로 금곡이라는 정원을 마련했다고 한다.

160 조화를 이루면…됩니다: 육기(陸機)의 『문부(文賦)』에 보면, “떨어지면 쌍방이 좋고, 합치면 쌍방이 다친다(離之則雙美, 合之則兩傷).”라는 문장이 있다.

詞畹又云: 秋谷與魅語時, 有客竊聽. 魅謂: "漁洋山人詩, 如名山勝水, 奇樹幽花, 而無寸土藝五穀, 如雕欄曲榭, 池館宜人, 而無寢室庇風雨. 如彝鼎罍洗, 斑斕滿几, 而無釜甑供炊爨, 如纂組錦繡, 巧出仙機, 而無裘葛禦寒暑. 如舞衣歌扇, 十二金釵, 而無主婦司中饋, 如梁園金谷, 雅客滿堂, 而無良友進規諫." 秋谷極爲擊節, 又謂: "明季詩, 庸音雜奏, 故漁洋救之以清新, 近人詩, 浮響日增, 故先生救之以刻露. 勢本相因, 理無偏勝. 竊意二家宗派, 當調停相濟, 合則雙美, 離則兩傷." 秋谷頗不平之云.

38.

우루무치의 약 파는 도사

우루무치의 저자거리에 약을 파는 도사가 있었는데, 누군가가 그가 요술을 부린다고 했다. 사람들은 그가 밤이면 객사에서 머물며 잠자리에 들 때, 꼭 허리춤에 묶여 있던 작은 호리병 하나를 꺼내 검은 환 두 개를 쏟아 내는 것을 보았는데, 환은 젊은 여자 두 명으로 변했다고 한다. 그는 이들과 함께 잠을 잤는데, 날이 밝으면 여자들은 흔적도 없이 사라졌다. 그에게 물어보면 그런 일이 없다고 했다. 이에 나는 『철경록(輟耕錄)』에 실린 주월석(周月惜)의 일[161]이 떠올라 그에 대해 말했다.

"젊은 여자들은 바로 도사가 뺏은 살아있는 사람의 혼으로, 이 법술은 말고기를 먹이면 물리칠 수 있습니다."

때마침 군영에서 말이 죽었기에, 나는 관리를 보내 몰래 여관주인에게 부탁하여 방금 죽은 말고기를 맛볼 수 있는지를 물어보았다. 그러자 도사는 고개를 가로 지으며 말했다.

"어떻게 말고기를 먹을 수 있겠소?"

---

161 주월석(周月惜)의 일: 이 이야기는 『남촌철경록(南村輟耕錄)』권13에 실려 있다.

내가 도사를 더욱 의심하며 이 일을 처리하려[162] 하자, 동료 진제교(陳題橋)가 입을 열었다.

"공은 도사가 젊은 여자를 데리고 다니는 것을 직접 본 적도 없고, 말고기를 먹지 않는 것도 직접 본 적이 없습니다. 주월석의 일은 도구성(陶九成)의 소설에서 나온 이야기일 뿐, 그 진위를 알 수 없고, 말고기로 법술을 물리칠 수 있다는 것도 효험이 있는지 없는지 모릅니다. 그런데 공께서는 전해오는 말만 믿고 근거 없는 말에 기대어 큰 옥사를 일으키려 하시니, 이는 옳지 않습니다. 국경 밖에 잡색인(雜色人)이 머물러서는 안 되니 영을 내려 그들을 국경 밖으로 몰아내시면 될 일입니다."

그제야 나는 그 일을 그만두었다.

후에 장군 온공(溫公)[163]이 그 이야기를 듣고는 말했다.

"계속 추궁했다면 크게 잘못되었을 것입니다. 그가 형벌을 두려워한 나머지 말을 꾸며 냈다면 사안은 훨씬 중대해졌을 것이고, 또한 정확한 물증도 없는데 어떻게 처리하시겠습니까? 그를 국경 밖으로 쫓아낸 것만으로도 부족합니다. 만약 그가 다른 곳에 가서 살다가 혹시라도 사단을 일으키고 일찍이 우루무치에서 오래 살았다고 말한다면 누가 그 책임을 지겠습니까? 행적이 의심스러운 사람은 관청에서 예에 따라 조사하고, 확실한 증거가 있으면 관리에게 넘겨 처리하는 것이 맞고, 확실한 증거가 없으면 소장을 구비해 본적지로 돌려보내 사람들을 미혹케 하지 않도록 해야 합

---

162 처리하려: 원문은 '요리(料理)'로, 처치하다의 뜻이다. 『진서(晉書)』「왕휘지전(王徽之傳)」에 보면, 환충이 왕휘지에게 "자네가 관청에 있는 시간이 기니 마땅히 자네가 처리해야하네(桓沖謂徽之曰: 卿在府日久, 比當相料理)."라고 말했다고 한다.

163 온공(溫公): 창길에서의 반란을 평정한 도통(都統) 온복(溫福)을 가리킨다.

니다. 이 방법이 더 낫지 않을까요?"

우리 두 사람은 모두 온공의 의론에 탄복했다.

烏魯木齊, 有道士賣藥於市, 或曰: "是有妖術." 人見其夜宿旅舍中, 臨睡必探佩囊, 出一小壺盧, 傾出黑物二丸, 卽有二少女與同寢, 曉乃不見. 問之, 則云無有. 余憶『輟耕錄』周月惜事, 曰: "此乃所採生魂也, 是法食馬肉則破." 適中營有馬死, 遣吏密囑旅舍主人, 問適有馬肉可食否. 道士掉頭曰: "馬肉豈可食?" 余益疑, 擬料理之, 同事陳君題橋曰: "道士攜少女, 公未親見, 不食馬肉, 公亦未親見. 周月惜事出陶九成小說, 未知眞否, 所云馬肉破法, 亦未知驗否. 公信傳聞之詞, 據無稽之說, 遽興大獄, 似非所宜. 塞外不當留雜色人, 飭所司驅之出境, 足矣." 余乃止.

後將軍溫公聞之曰: "欲窮治者太過. 倘畏刑妄供別情, 事關重大, 又無確據, 作何行止? 驅出境者太不及. 倘轉徙別地, 或釀事端, 云曾在烏魯木齊久住, 誰職其咎? 形迹可疑人, 關隘例當盤詰搜檢, 驗有實證, 則當付所司, 驗無實證, 則具牒遞回原籍, 使勿惑民. 不亦善乎?" 余二人皆服公之論.

39.

인명재천

학사(學士) 장목순(莊木淳)은 어린 시절 부친 장서석(莊書石) 선생을 따라 해안가에 배를 대고 머물렀다. 밤에 발을 헛디뎌 강에 빠졌지만, 뱃사람들은 아무도 그 사실을 몰랐다. 장목순이 물속에서 허우적대고 있을 때, 갑자기 사람들의 말소리가 들렸다.

"복건학원(福建學院)을 구해야 하오. 이 일은 사안이 중대하니 대충 처리해서는 안 되오."

부지불식간에 배의 방향타에 걸려 구해달라고 소리쳐서 살아났다. 장목순은 후에 정말로 복건학정이 되었다. 부임지로 갈 때 그가 나에게 그 일을 이야기하며 "[이번에 가면] 돌아오지 못할 것 같습니다."라고 했다. 그 말에 내가 천명설로 격려했지만, 그는 결국 임지에서 죽었다.

또 그의 형인 예부시랑(禮部侍郎)[164] 장방경(莊方耕)은 옹정 경술년(1730)에 도성에 있을 때, 지진을 만나 좁은 골목에 끼었다. 그때 담 두 개가 서로 마주보며 무너져 '인(人)'자 모양을 하고 있었는데, 그는 그 사이에서 하루

164 예부시랑(禮部侍郎): 원문은 '소종백(少宗伯)'으로, 중국고대의 관직이다. 북주(北周) 때 처음 설치되어 수당을 거쳐 청대에도 있었는데, 정2품에 해당한다.

밤낮을 보내고 사람들에게 발견되어 빠져 나왔다. 이 어찌 삶과 죽음이 정해져 있는 것이 아니겠는가!

莊學士木淳, 少隨父書石先生泊舟江岸. 夜失足落江中, 舟人弗知也. 漂蕩間, 聞人語曰: “可救起福建學院. 此有關係, 勿草草.” 不覺已還掛本舟舵尾上, 呼救得免. 後果督福建學政. 赴任時, 擧是事語余曰: “吾其不返乎.” 余以立命之說勉之, 竟卒於官.

又其兄方耕少宗伯, 雍正庚戌在京邸, 遇地震, 壓於小衖中. 適兩墻對圮, 相柱如人字帳形, 坐其中一晝夜, 乃得掘出. 豈非死生有命乎!

40.

객귀

하려암(何勵菴) 선생이 해준 이야기이다.

그가 열 서넛 살 때 벼슬에서 물러난 부친을 따라 도성으로 돌아오는 길이었다고 한다. 사람은 많고 배가 작아 그는 결국 커다란 상자 위에 자리를 깔고 잠을 자게 되었다. 밤에 누군가 손으로 자신을 만지는 것 같았는데, 손이 얼음처럼 차가웠으며, 한참 동안 가위에 눌려 있다가 겨우 깨어났다. 그 뒤로 밤마다 같은 꿈을 꾸었기에 정신이 허해졌다고 생각하고 약을 먹었지만, 아무런 효과가 없었다. 뭍에 오르고 나서야 그 증세가 없어졌다. 후에 그는 그 상자가 하인의 것임을 알게 되었다. 하인의 어머니가 관아에서 죽은 후, 관을 들녘에 두었다. 그곳을 떠나올 때 몰래 관을 불태우고 의복으로 유골을 싸서 상자 속에 넣었다고 했다. 산 사람이 그 위에서 자면 혼이 불안해서 이런 변괴를 일으키곤 한다. 그런 즉 객사한 혼이 유골을 따라 돌아온다고 하더니, 정말 그러하구나.

何勵庵先生言. 十三四歲時, 隨父罷官還京師. 人多舟狹, 遂布席於巨箱上寢. 夜分覺有一掌撋之, 其冷如冰, 魘良久乃醒. 後夜夜皆然, 謂是神虛, 服藥亦無效. 至登陸乃已. 後知箱乃其僕物. 僕母卒於官署, 厝郊外. 臨行陰焚其柩, 而以衣包骨, 匿箱中. 當由人眠其上, 魂不得安, 故作是變怪也. 然則旅魂隨骨返, 信有之矣.

41.

귀승(鬼僧)

하려암 선생이 또 해준 이야기이다.

섭씨(聶氏) 성을 가진 친구가 있었는데, 서산(西山)[165]의 깊은 곳으로 성묘 갔다가 돌아오는 길에 날씨는 춥고 해는 짧아 갑자기 날이 저물었다[166]고 한다. 그는 호랑이에게 잡아먹힐까 두려워 기력이 딸리는데도 비틀거리면서 있는 힘을 다해 걸었다. 산중턱에 있는 무너진 사당을 보고 급히 그곳으로 달려갔을 때는 이미 날이 저문 뒤였다. 그런데 담벼락 구석에서 누군가의 말소리가 들렸다.

"이곳은 사람이 있을 곳이 아니니 시주[167]는 속히 가시오."

섭 아무개는 마음속으로 스님이라 생각하고 바로 "선사께서는 무엇 때문에 이렇게 어두운 곳에 계십니까?"라고 물었더니, 이렇게 대답했다.

"불가에서는 거짓말을 하지 않습니다. 저는 목매달아 죽은 귀신으로

---

165 서산(西山): 도성에서 서쪽 30리에 위치해 있는데, 태항산(太行山)의 다른 언덕이다. 산이 높고 경치가 빼어나며 도성의 우측을 감싸고 있어 명승지로 불렸다. 명승지로 이름 난 곳만 해도 수십 곳은 된다.

166 저물었다: 원문은 '훈(曛)'으로, 황혼 무렵을 말한다.

167 시주: 원문은 '단월(檀越)'이다. 불가에서는 시주(施主)를 단월이라고 하는데, 단(檀)은 베풀다의 뜻이다.

이곳에서 저를 대신할 사람을 기다리고 있는 중입니다."

섭 아무개는 모골이 송연해져서 잠시 후에 다시 말했다.

"호랑이에게 잡아먹히느니 차라리 귀신의 손에 죽겠습니다. 저는 선사와 함께 있겠습니다."

귀신이 말했다.

"안 가셔도 상관없습니다. 다만 이승과 저승은 길이 서로 달라 그대는 엄습하는 음기를 견디기 어려울 것이며, 저 역시 빛나는 양기를 감당할 수 없어, 모두 불안해질 것입니다. 그러니 각자 한쪽 구석에 앉아 서로 다가가지 않는 것이 좋겠습니다."

섭 아무개가 멀리서 대신할 사람을 기다리는 까닭을 묻자, 귀신이 대답했다.

"상제께서는 생명을 소중히 여기시어, 사람이 스스로 목숨을 끊는 것을 원치 않으십니다. 충신이 절개를 다하고 열부가 정절을 지키다 횡사하는 것은 천수를 다한 것과 다름없어 따로 대신할 사람을 찾을 필요가 없습니다. 상황이 절박하고 더는 살길이 없는 자들에게는 연민을 베푸시어 부득이 윤회의 길로 들어서게 하지만, 이는 여전히 하나의 삶으로 간주되며, 그들 또한 선악에 따라 보응을 받으니, 역시 대신할 사람을 기다릴 필요가 없습니다. 만약 실낱같은 희망이 있어 살 수 있는데도, 사소한 분노를 참지 못해 스스로 목숨을 끊거나, 이를 핑계로 다른 사람을 연루시켜 자신의 못된 기를 드러내고 경솔하게 목숨을 끊는다면, 이는 천지가 만물을 만드신 마음에 위배됩니다. 그래서 벌을 주기 위해 반드시 대신할 사람을 기다리게 합니다. 이렇게 해서 음지에서 지내는데 걸핏하면 백년이 넘습니다."

다시 섭 아무개가 "다른 사람을 속여 대신할 사람으로 삼을 수는 없습니까?"라고 묻자, 귀신이 말했다.

"저는 차마 그렇게 하지는 못하겠습니다. 대개 사람이 목을 매어 죽을 때, 절개 때문에 죽는 이는 혼이 머리에서부터 떠올라 숨이 빨리 끊어집니다. 그러나 분노나 질투 때문에 목숨을 끊는 자는 혼이 심장 아래로 내려가 더디게 죽습니다. 숨이 완전히 끊어지기 전에 모든 혈맥이 거꾸로 치솟아[168] 피부가 마디마디 찢어지는데, 칼로 살을 저미는 듯한 고통이 밀려듭니다. 또한 가슴과 복부, 위와 장에서는 불꽃이 맹렬히 타오르는 듯한 고통이 밀려와 도저히 견딜 수 없습니다. 이런 고통을 열 시간 정도 겪어야 비로소 육신과 혼이 분리됩니다. 이런 극심한 고통을 생각하면 목을 매려는 사람을 보면 빨리 달려가서 막고 싶은데, 어찌 다른 사람을 끌어들일 수 있겠습니까?"

섭 아무개가 말했다.

"선사께서 그런 생각을 가지고 계시니 자연 승천하실 것입니다."

그러자 귀신이 말했다.

"어찌 감히 바라겠습니까? 그저 한 마음으로 염불하고, 회개하기를 바랄 따름입니다."

잠시 후 동이 틀 무렵 섭 아무개가 다시 물었으나, 더 이상 말이 없었다. 이에 자세히 살펴보니 아무 것도 없었다.

후에 섭 아무개는 성묘를 올 때마다 음식과 지전(紙錢)[169]을 가지고 와서

---

168 거꾸로 치솟아: 원문은 '도용(倒湧)'이다. 『회남자』에 보면, "온갖 맥과 구혈이 따르지 않는 바가 없으니, 신이 거처하는 곳이 제 위치를 얻었기 때문이다(百脈九竅莫不順者, 其所居神者得其位也)."라는 문장이 있다.

169 지전(紙錢): 지전이라는 명사는 『신당서(新唐書)』「왕서전(王嶼傳)」에서 처음 보이는데, 대개

그를 위해 제사를 지냈는데, 그때마다 회오리바람이 좌우에서 불었다. 1년이 조금 지난 뒤부터는 회오리바람이 불지 않았기에, 섭 아무개는 그가 좋은 생각을 해서 이미 귀도(鬼道)에서 벗어났다고 여겼다.

勵庵先生又云. 有友聶姓, 往西山深處上墓返, 天寒日短, 翳然已暮. 畏有虎患, 竭蹶力行. 望見破廟在山腹, 急奔入時已曛黑. 聞牆隅人語曰: “此非人境, 檀越可速去.” 心知是僧, 問師何在此闇坐? 曰: “佛家無誑語. 身實縊鬼, 在此待替.” 聶毛骨悚慄, 旣而曰: “與死於虎, 無寧死於鬼. 吾與師共宿矣.” 鬼曰: “不去亦可. 但幽明異路, 君不勝陰氣之侵, 我不勝陽氣之爍, 均刺促不安耳. 各占一隅, 毋相近可也.” 聶遙問待替之故, 鬼曰: “上帝好生, 不欲人自戕其命. 如忠臣盡節, 烈婦完貞, 是雖橫夭, 與正命無異, 不必待替. 其情迫勢窮, 更無求生之路者, 閔其事非得已, 亦付轉輪, 仍核計生平, 依善惡受報, 亦不必待替. 倘有一線可生, 或小忿不忍, 或借以累人, 逞其戾氣, 率爾投繯, 則大拂天地生物之心. 故必使待替以示罰. 所以幽囚沉滯, 動至百年也.” 問不有誘人相替者乎? 鬼曰: “吾不忍也. 凡人就縊, 爲節義死者, 魂自頂上升, 其死速. 爲忿嫉死者, 魂自心下降, 其死遲. 未絶之頃, 百脈倒湧, 肌膚皆寸寸欲裂, 痛如臠割. 胸膈腸胃中, 如烈焰燔燒, 不可忍受. 如是十許刻, 形神乃離. 思是楚毒, 見縊者方阻之速返, 肯相誘乎?” 聶曰: “師存是念, 自必生天.” 鬼曰: “是不敢望? 惟一意念佛, 冀懺悔

한나라 이래로 장례를 치르는 사람들이 돈을 함께 묻었다. 뒷날 세속에서 종이를 잘라 돈을 만들어 귀신을 모셨다. 개원(開元) 26년(738) 왕서가 사제사(祠祭司)가 되어 제사를 모시면서 처음 지전을 사용했다. 『법원주림(法苑珠林)』에 보면, “지전은 은장사(殷長史)에서 비롯되었는데, 왕서가 처음으로 제사에 사용한 것 같다. 따라서 왕서가 처음 만들어낸 것은 아니다.”라는 문장이 있다.

耳." 俄天欲曙, 問之不言. 諦視亦無所見. 後聶每上墓, 必攜飮食紙錢祭之, 輒有旋風繞左右. 一歲, 旋風不至, 意其一念之善, 已解脫鬼趣矣.

42.

꿈을 보는 여우

왕반선(王半仙)이 한번은 자신의 여우친구를 찾아갔더니, 여우가 웃으면서 그를 맞이하며 말했다.

“자네, 어젯밤 꿈에 범주(范住)의 집에 가서 재미있게 놀더구먼.”

범주는 읍의 유명한 기생이다. 왕반선은 자신이 정말 그런 꿈을 꾸었던 것을 떠올리며, 어떻게 알았냐고 묻자 여우가 대답했다.

“사람은 양기를 가지고 살기 때문에, 양기는 상승하면 종종 정수리를 통해 흘러나오기 마련이네. 잠을 잘 때는 정신이 마음속에 모이는데, 그 순간 성령과 양기가 서로를 비추어 마음이 맑은 거울처럼 밝아지네. 꿈은 마음에서 비롯되며, 그 영상은 모두 양기를 통해 나타난다네. 그 영상들이 왔다 갔다 하면서 생성되고 소멸되다가 갑자기 영상이 1~2치 크기의 소인으로 변하는데, 그 모습은 그림 같기도 하고 연극 같기도 하며, 마치 벌레가 꿈틀거리는[170] 것 같기도 하네. 그래서 다른 사람에게 말할 수 없는 온갖 일들이 꿈속에 드러나게 되는데, 귀신은 이 모든 것을 볼 수 있네. 또 영성에 통한 여우도 이 모든 것을 볼 수 있지만, 단지 꿈 속의 말소리만은 들을 수

---

170 꿈틀거리는: 원문은 ‘연(蠕)’이다.

없네. 어제 밤에 우연히 자네 집 앞을 지나가다가 자네 꿈을 보게 되었네."

계속해서 여우가 말했다.

"사람의 마음속 선악도 양기를 통해 드러나네. 착한 생각을 하면 양기에서 한줄기 불꽃같은 빛이 뿜어져 나오고, 나쁜 마음을 먹으면 짙은 연기가 나와 머리를 덮네. 한 줄기 빛이 남아 있으면, 그는 축생도(畜生道)[171]에서 사는 사람이고, 그마저도 없으면, 바로 지옥[172]에서 사는 사람이네."

왕반선이 물었다.

"나쁜 사람의 머리 위에 짙은 연기가 드리워져 있다면, 어떻게 그 꿈속을 볼 수 있는가?"

여우가 말했다.

"사람의 마음은 본래 선한데, 나쁜 생각이 그것을 덮어 가린다네. 잠을 자는 동안에는 어떤 생각도 하지 않으니, 마음은 본래의 모습으로 돌아가고, 그에 따라 양기도 절로 빛을 발하네. 잠에서 막 깨어났을 때는 상념이 일어나지 않아 그 빛이 여전히 빛난다네. 상념이 조금씩 일기 시작하면 마음도 점차 흐려지고, 상념이 완전히 생기면 모든 것이 시커멓게 변한다네. 자네는 책을 읽지 않으니 수재에게 가서 한번 물어보게나. 『맹자』에서 말하는 야기(夜氣)가 바로 그것일세."

왕반선은 등골이 오싹해져 말했다.

---

171 축생도(畜生道): 불교에 따르면, 인간 사후 사람은 육도(六道)의 길에서 윤회하는데, 육도는 천도(天道)·인도(人道)·아수라도(阿修羅道)·귀도(鬼道)·축생도(畜生道)·지옥도(地獄道)를 말한다.

172 지옥: 원문은 '이리(泥犂)'이다. 『번역석명집(飜譯釋名集)』에 보면, 지옥을 범어로 이리라 부른다.

"귀신은 사람 꿈속까지 살피고 감시하는구나."

王半仙嘗訪其狐友, 狐迎笑曰: "君昨夜夢至范住家, 歡娛乃爾." 范住者, 邑之名妓也. 王回憶實有是夢, 問何以知, 曰: "人秉陽氣以生, 陽親上, 氣恒發越於頂. 睡則神聚於心, 靈光與陽氣相映, 如鏡取影. 夢生於心, 其影皆現於陽氣中. 往來生滅, 倏忽變形一二寸小人, 如畵圖, 如戲劇, 如蟲之蠕動. 卽不可告人之事, 亦百態畢露, 鬼神皆得而見之. 狐之通靈者, 亦得見之, 但不聞其語耳. 昨偶過君家, 是以見君之夢." 又曰: "心之善惡, 亦現於陽氣中. 生一善念, 則氣中一線如烈燄, 生一惡心, 則氣中一線如濃烟, 濃烟冪首. 尙有一線之光, 是畜生道中人, 倂一線之光而無之, 是泥犂獄中人矣." 王問: "惡人濃烟冪首, 其夢影何由復見?", 曰: "人心本善, 惡念蔽之. 睡時一念不生, 則此心還其本體, 陽氣仍自光明. 卽其初醒時, 念尙未起, 光明亦尙在. 念漸起, 則漸昏, 念全起, 則全昏矣. 君不讀書, 試向秀才問之. 『孟子』所謂夜氣, 卽此是也." 王悚然曰: "鬼神鑑察, 乃及於夢寐之中."

43.

벼락 맞아 죽은 사람

우레는 땅에서 생겨나는데, 일전에 복건의 백학령(白鶴嶺)[173]에서 본 적 있다. 백학령은 높이가 50리 정도 되는데, 장맛비가 내릴 때 꼭대기에서 내려다보면 짙은 구름이 산중턱에서 피어오르고, 한 줄기 기(氣)가 구름 속에서 샘솟듯 솟아올라 하늘로 치솟는다. 가느다란 기에서 갑자기 불꽃이 흩어지며[174] '펑—' 하고 굉음을 내는데, 마치 화포 소리같다. 그러나 사물에 부딪쳐 나는 우레는 하늘에서 내려온다.

건륭 3년 무오년(1738) 여름에 나는 종형 기무원, 기탄거(紀坦居)[175]와 함께 최장(崔莊)의 3층 건물에서 글을 읽고 있었다. 창문을 열고 사방을 바라보면 몇 리 밖까지 보였다. 마침 우레가 칠 때 저 멀리 어떤 사람이 남쪽에서 걸어오는 것이 보였는데, 최장에서 반리정도 떨어진 곳에서 느닷없이 땅에 무릎을 꿇었다. 그때 갑자기 구름이 끼어[176] 더 이상 볼 수 없었다. 잠

---

173 백학령(白鶴嶺): 복건(福建) 영덕현(寧德縣) 서남쪽에 있다.

174 흩어지며: 원문은 '병(迸)'이다.

175 기탄거(紀坦居): 기윤의 종형 기역(紀易)이다. 기역(1720~1783)은 자가 탄거(坦居)로, 기용아의 둘째 아들이며, 기소의 친동생이다. 저서로는 『근언집(近言集)』 4권이 있다.

176 끼어: 원문은 '멱(冪)'이다.

시 뒤 우레 소리가 진동하고 눈앞에서 섬광이 번쩍이더니, 구름이 걷히고 하늘로 올라갔다. 잠시 뒤 고천(高川) 사람 이선인(李善人)이 벼락에 맞아 죽었다고 떠들썩했다. 사람들을 따라 가보니, [이선인은] 온몸이 까맣게 탄 채 두 손을 모으고 단정하게 꿇어앉아서 하늘을 향해 고개를 들고 있었다. 그의 등에는 붉은 글씨가 쓰여 있었는데, 전서(篆書)[177]도, 주문(籀文)[178]도, 초서(草書)[179]도, 예서(隸書)[180]도 아니었으며, 글자의 점과 획이 한곳에 뒤엉켜 있어, 몇 글자도 알아볼 수 없었다. 이선인은 결재를 지내고 예불을 드리

---

177 전서(篆書): 소전(小篆)을 가리킨다. 장회관(張懷瓘)의 『서단(書斷)』에 따르면, 진(秦)나라의 이사(李斯)는 상고시대의 대전(大篆)이 유행한지 오래되었지만, 사람들이 대전을 잘 모른다고 생각하고, 복잡한 것은 잘라내고 합당한 뜻만을 취해 소전을 만들었다. 소전은 진전(秦篆)이라고도 한다.

178 주문(籀文): 원문은 '주(籀)'로, 대전을 가리킨다. 『서단』에 따르면, 주(周)나라 선왕(宣王)과 태사(太史) 사주(史籀)가 만든 것이다. 고문에서 변했기 때문에 어떤 글자는 고문과 비슷하고 어떤 글자는 달랐으며, 이를 일러 '전(篆)'이라 했다. 전(篆)은 전(傳)으로, 사물의 이치를 전하여 끝없이 연구하는 것을 말한다.

179 초서(草書): 『서단』에 따르면, 초서는 후한(後漢)의 징사(徵士) 장백영(張伯英)이 만들었다. 개중에는 초서가 진(秦)나라 말기에 나왔다고 하는 이도 있다.

180 예서(隸書): 오늘날의 해서(楷書)를 말한다. 『서단』에 따르면, 예서는 진(秦)나라 하비(下邳) 사람 정막(程邈)이 만들었다고 한다. 정막이 현리(縣吏)로 있을 때 진시황에게 죄를 지어 운양(雲陽)의 옥사에 갇혔다. 10년 동안 고심한 끝에 대전과 소전에 방(方)과 원(圓)을 더해 예서 3천자를 만들었다. 진시황은 이를 좋게 생각하고 정막을 어사(御史)로 임용했다. 나라에 올라온 사건은 많고 전서는 쓰기가 어려워서 예서를 사용하게 되었다. 하급관리들이 사용하는 좌서(佐書)로 빨리 쓸 수 있었기 때문에 예서라 부르게 되었다. 또 예서는 팔분서(八分書)의 빠른 글씨체로, 본래 해서라 불렀다. 또 양(梁)나라 유견오(庾肩吾)의 『서품(書品)』서(序)에 따르면, 예서의 기원을 살펴보면 진나라 때의 하급관리이자 합비 사람인 정막이 만들었다고 한다. 진시황이 이를 보고 정막을 중용했다. 사건은 많고 전서는 쓰기가 어려웠기 때문에 이 서법을 사용하게 되었기에 예서라 부르게 되었다고 한다. 예서는 지금의 정서(正書)이다. 또 『노학암필기(老學菴筆記)』에 따르면, 예서는 지금의 진서(眞書)라고 한다. 조명성(趙明誠)은 팔분서를 예서로 잘못 부르게 된 것은 구양공(歐陽公)에서부터 시작되었다고 한다.

며, 선행도 악행도 행한 적이 없었는데, 전생의 업보 때문에 그렇게 된 것인지, 드러나지 않은 악행 때문에 그렇게 된 것인지 알 수 없었다. 그 조카 이사흠(李士欽)이 말했다.

"그 날 새벽에 일어나더니, 아무 일도 없이 반드시 최장에 가야 한다며 비를 무릅쓰고 오다가 이런 봉변을 당했습니다."

어떤 사람이 말했다.

"그날 최장에서 6일장이 열렸는데, 원주: 최장 사람들은 시장에 모여 교역했는데, 6일장은 크고 24일장은 작다. 아마도 귀신이 다른 사람들에게 보여주기 위해 그를 데려온 것 같습니다."

雷出於地, 向於福建白鶴嶺上見之. 嶺高五十里, 陰雨時俯視, 濃雲儘發山半, 有氣一縷, 自雲中湧出, 直激而上. 氣之纖末, 忽火光迸散, 卽砰然有聲, 與火礮全相似. 至於擊物之雷, 則自天而下.

戊午夏, 余與從懋園坦居, 讀書崔莊三層樓上. 開窓四望, 數里可睹. 時方雷雨, 遙見一人自南來, 去莊約半里許, 忽跪於地. 倏雲冪氣下垂冪之不見. 俄雷震一聲, 火光照眼如咫尺, 雲已斂而上矣.

少頃, 喧言高川李善人, 爲雷所殛. 隨衆往視, 徧身焦黑, 乃拱手端跪, 仰面望天. 背有朱書, 非篆·非籀·非草·非隸, 點劃繳繞, 不能辨幾字. 其人持齋禮佛, 無善迹, 亦無惡迹, 不知爲夙業爲隱慝也. 其姪李士欽曰: "是日晨起, 必欲赴崔莊, 實無一事, 竟冒雨而來, 及於此難." 或曰是日崔莊大集, 原註: 崔莊市人交易, 以一六日大集, 三八日小集. 殆鬼神驅以來, 與衆見之.

44.

여우의 경고

내가 병부시랑(兵部侍郎)으로 있을 때 한 관원이 여우에게 홀려 뼈만 남을 정도로 쇠약해졌다.[181] 이에 장진인(張眞人)[182]을 청해 부적으로 병을 치료했는데, 그때 갑자기 처마 끝에서 다음과 같은 말소리가 들렸다.

"당신은 관리로서 도리에 어긋나게 재물을 모았으니, 형벌을 받는 것이 마땅하오. 내가 전생에 당신의 은혜를 입었기에 미색으로서 당신을 미혹하고 정기를 빨아 폐병[183]으로 곱게 죽이려 했소. 내가 지금 쫓겨나는 것을 보니 당신의 업보가 너무 무거워 구할 수 없는 모양입니다. 그러니 당신은 마땅히 노력하여 선을 쌓아야만 그나마 희망이 있을 것이오."

이 관원은 이로부터 병은 나았으나, 끝내 자신의 잘못을 고치지[184] 않더니 결국에는 인신(印信)을 훔쳐 사사로이 마세(馬稅)를 거두어들이는데 사용하다가 죽임을 당했다. 그 일을 알고 있던 한 당리(堂吏: 胥吏)가 나중에 내게 말해주었다.

---

181 쇠약해졌다: 원문은 '왕(尫)'이다.

182 장진인(張眞人): 『난양소하록』(1)에 보인다.

183 폐병: 원문은 '채(瘵)'이다.

184 고치지: 원문은 '전(悛)'이다.

余官兵部時, 有一吏嘗爲狐所媚, 尫瘦骨立. 乞張眞人符治之, 忽聞簷際人語曰: "君爲吏, 非理取財, 當嬰刑戮. 我夙生曾受君再生恩, 故以艶色蠱惑, 攝君精氣, 欲君以瘵疾善終. 今被驅遣, 是君業重不可救也. 宜努力積善, 尙冀萬一挽回耳." 自是病愈, 然竟不悛改, 後果以盜用印信, 私收馬稅伏誅. 堂吏有知其事者, 後爲余述之云.

45.

장태부인

돌아가신 큰 어머니 장태부인(張太夫人)[185]에게 수란(繡鸞)이라 불리는 하녀가 있었다. 한번은 장태부인이 달밤에 당(堂) 앞의 계단에 앉아 그녀를 부르자, 동서 양쪽 행랑채에서 수란이 달려 나왔다. 두 사람은 생김새며 옷차림이 조금도 다르지 않았으며, 오른쪽 옷깃에 반쯤 접힌 모서리와 왼쪽 소매를 반쯤 말아 올린 것까지 똑같았다. 장태부인은 깜짝 놀라 하마터면 기절할 뻔했다. 다시 살펴보니, 한 명밖에 없었다. 장태부인이 물어보았더니 서쪽 행랑채에서 나왔다고 했다. 이에 다시 "동쪽 행랑채에서 나온 사람을 보았느냐?"라고 물어보았더니, "보지 못했습니다."라고 대답했다. 이는 7월에 일어난 일인데, 장태부인은 11월에 세상을 떠났다. 아마도 복록(福祿)이 다한 까닭에 귀신이 감히 그 모습을 드러낸 것 같다.

前母張太夫人, 有婢曰繡鸞. 嘗月夜坐堂堦, 呼之, 則東西廊皆有一繡鸞趨

185 장태부인(張太夫人): 기윤의 부친 기용서(紀容舒)의 둘째 부인이다. 기용서는 본래 안씨(安氏)에게 장가들어 기탁(紀晫)을 낳았다. 안씨가 죽자 기용서는 다시 장씨(張氏)에게 장가들었으나, 그녀 역시 일찍 죽었다. 기용서는 다시 장씨의 여동생에게 장가들었는데, 그녀가 기윤을 낳았다.

出. 形狀衣服無少異, 乃至右襟反摺其角, 左袖半捲亦相同. 大駭, 幾仆. 再視之, 惟存其一. 問之, 乃從西廊來. 又問見東廊人否? 云未見也. 此七月間事, 至十一月卽謝世. 殆祿已將盡, 故魅敢現形歟.

46.

공덕의 길

창주(滄州)의 삽화묘(揷花廟)에 동씨(董氏) 성을 가진 비구니가 살고 있었다. 석가[186] 탄신일이 되어 공양을 올릴 준비를 막 끝냈을 때 갑자기 피로를 느껴 안석에 기대어 잠시 쉬었다. 동씨는 어렴풋이 꿈속에서 관음대사가 나타나 말을 하는 것을 보았다.

"네가 공물을 바치지 않아 배가 고파 참을 수가 없구나. 그렇다고 지금 공물을 바친다고 해서 배가 부를 것 같지도 않구나. 절 밖에 네댓 명의 떠돌이가 있는데, 밥을 빌어먹지 못해 굶어죽기 직전이다. 그러니 공물을 거두어서 그들에게 줘 먹게 해라. 내게 공물을 바치는 것보다 그 공덕이 열 배는 크다."

동씨가 화들짝 놀라 깨어나 문을 열고 나가 보았더니 과연 관음대사의 말이 틀리지 않았다. 그 이후로 동씨는 매년 공물 바치는 일을 그만두고, 대신 거지들에게 보시하며, 보살의 뜻이라고 말했다.

---

186 석가: 원문은 '대사(大士)'이다. 관음보살은 관음대사(觀音大士)라고도 한다. 도주공(陶朱公)의 서에 보면, 2월 19일 관음 탄신일 날에 날씨가 좋으면 시주가 많고, 날씨가 궂으면 시주가 적다고 한다.

滄州挿花廟尼, 姓董氏. 遇大士誕辰, 治供具將畢, 忽覺微倦, 倚几暫憩. 恍惚夢大士語之曰: "爾不獻供, 我亦不忍飢. 爾卽獻供, 我亦不加飽. 門外有流民四五輩, 乞食不得, 困餓將殆. 爾輟供具以飯之. 功德勝供我十倍也." 霍然驚醒, 啓門出現, 果不謬. 自是每年供具獻畢, 皆以施丐者, 曰此菩薩意也.

47.

의리의 뱃사공

돌아가신 어머니께서 해주신 이야기이다.

창주에 전(田) 아무개라는 가마꾼이 있었는데, 모친이 고창 병에 걸려 곧 죽을 판이었다. 전아무개는 경화진(景和鎭)에 기이한 약을 가진 의원이 있다는 소문을 들었는데, 경화진은 집에서 100리나 떨어진 곳이었다. 그는 동틀 무렵 미친 듯이 출발해 해질 녘에 정신없이 돌아오는데, 숨이 턱에 붙어 있었다. 그런데 그날 저녁 위하(衛河)[187]의 물이 갑자기 불어나 배를 띄울 수가 없었다. 전아무개가 하늘을 우러러 통곡하자, 목소리에 눈물이 묻어났다. 많은 사람들은 그를 애처롭게 여겼지만, 어떻게 할 방법이 없었다. 그때 갑자기 한 뱃사공이 닻줄을 끄르며 말했다.

"신이 있다면 이 사람은 빠져 죽지 않을 것이오. 어서 타시오! 내가 건너 주리다."

뱃사공은 힘껏 노를 저어 흰 물살을 가르며 앞으로 나아갔는데, 눈 깜

187 위하(衛河): 수(隋)나라 대운하의 시작인 영제거(永濟渠)가 전신으로, 백구(白溝), 남운하(南運河), 어하(御河)라고도 한다. 강물이 춘추시대 위(衛) 땅에서 발원해서 산동성 임청주(臨淸州)를 거쳐 천진위(天津衛)에서 끝난다. 청대에 들어와 강물의 처음과 끝이 모두 위에서 시작해 위에서 끝나는 데서 위하라 부르게 되었다.

짝 할 사이에[188] 동쪽 해안에 다다랐다. 이를 지켜보던 사람들은 모두 합장하고 "아미타불"을 외쳤다. 돌아가신 아버지 요안공께서 말씀하셨다.

"이 뱃사공은 믿음이 강한 사람으로, 선비보다 낫구나."

先太夫人言. 滄州有轎夫田某, 母病患臌將殆. 聞景和鎭一醫有奇藥, 相距百餘里. 昧爽狂奔去, 薄暮已狂奔歸, 氣息儘屬. 然是夕衛河暴漲, 舟不敢渡. 乃仰天大號, 淚隨聲下. 衆雖哀之, 而無如何. 忽一舟子解纜呼曰: "苟有神理, 此人不溺. 來! 來! 吾渡爾." 奮然鼓楫, 横衝白浪而行, 一彈指頃, 已抵東岸. 觀者皆合掌誦佛號. 先姚安公曰: "此舟子信道之篤, 過於儒者."

---

188 눈 깜짝할 사이에: 원문은 '일탄지(一彈指)'이다. 『여씨춘추(呂氏春秋)』에 보면, 눈을 스무 번 깜빡이는 동안을 일탄지라고 한다. 소식의 「영락향으로 문장로를 찾아갔더니 이미 죽었네(過永樂文長老已卒)」에 보면, "세 번 만나는 동안에 늙고 병들고 죽었으니, 눈 깜짝할 사이에 과거 현재 미래가 다 지나가네(三過門間老病死, 一彈指頃去來今)."라는 시구가 있다.

저자 소개

기윤(紀昀, 1724~1805)

청대의 대표적인 학자이자 유머대사로, 호는 효람(曉嵐), 자는 춘범(春帆), 시호는 문달(文達)이다. 직례성 하간부 헌현 출신으로, 건륭 21년(1756)에 진사에 급제한 뒤 한림원 편수관으로 관계에 발을 들여놓았다. 귀주 도균부 지부를 거쳐, 한림원 시독학사, 예부상서, 협판대학사 등의 요직을 역임했으며, 유득공, 박제가, 홍량호 등 조선 사신들과의 시문 교류를 통해 동아시아 문인의 풍류를 나누기도 했다. 건륭 33년(1768), 사돈 노견증의 국고 유용 사건에 연루되어 우루무치로 유배되었으나, 3년 뒤 복귀하여 『사고전서』, 『역대직관지』, 『하원기략』 등 국책 편찬 사업을 주관하였다. 저서로는 『열미초당필기』와 『기문달공유집』 등이 있다.

역주자 소개

이민숙(李玟淑)

한국외국어대학교에서 중국고전소설로 박사학위를 받았다. 현재 한림대학교 인문학연구소 학술연구교수로 재직 중이며, 한국외국어대학교에도 출강하고 있다. 고서적 읽는 것을 좋아해, 틈틈이 중국 전통 시대의 글을 번역해 출간하고 있다. 특히 필기문헌에 실려 있는 중국 전통문화를 이해하고 재구성하는 것에 관심이 많다. 저서로는 『한자 콘서트』(공저), 『중화미각』(공저), 『중화명승』(공저), 역서로는 『태평광기』(공역), 『우초신지』(공역), 『풍속통의』(공역), 『강남은 어디인가: 청나라 황제의 강남 지식인 길들이기』(공역), 『임진기록』(공역), 『녹색모자 좀 벗겨줘』(공역), 『열미초당필기』(선역), 『해국도지』(공역), 『영환지략』(공역) 등이 있다.